엘리자베트 루디네스코 지음
양녕자 옮김

JACQUES LACAN

자크 라캉

2 라캉과 정신분석의 재탄생

새물결

Jacques Lacan. Esquisse d'une vie, histoire d'un système de pensée by Elisabeth Roudinesco
Korean translation copyright ⓒ Saemulgyul Publishing House, 2010
All rights reserved.
Korean translation edition is published by arrangement with Librairie Arthème Fayard, Paris
through KCC, Seoul

옮긴이 양녕자
제주 출생으로 이화여자 대학교를 졸업했다. 역서로『모네』(창해 출판사)와
『자기를 찾는 아이들』(새물결)이 있다.

라크라캉 — 2 라캉과 정신분석의 재탄생
지은이 엘리자베트 루디네스코 | 옮긴이 양녕자
펴낸이 조형준 | 펴낸곳 새물결 출판사
첫번째 펴낸 날 2000년 12월 7일 | 세번째 펴낸 날 2010년 7월 15일
등록 서울 제15-52호(1989.11.9)
주소 서울특별시 마포구 연남동 565-31 우편번호 121-869
전화 (편집부) 3141-8696 (영업부) 3141-8697 | 팩스 3141-1778
E-mail sm3141@kornet.net
ISBN 978-89-88336-66-3
ISBN 978-89-88336-64-9(세트)

일러두기

1. 이 책은 Elisabeth Roudinesco의 *Jacques Lacan. Esquisse d'une vie, histoire d'un système de pensée*(Fayard, 1993)를 번역한 것이다. 따라서 〈부록〉에 실려 있는 모든 자료들은 1993년을 기준으로 한 것이다.

2. 이 책을 옮기는 과정에서 Barbara Bray의 영역본인 *Jacques Lacan*(Columbia University Press, 1997)과 Hans-Dieter Gondek의 독일어 번역본인 *Jacques Lacan*(Verlag Kliepenheuer & Witsch, 1996)을 참고했다. 영역본이나 독일어 번역본에 들어 있는 번역자 주는 따로 영역자 주 또는 독일어본 역자 주 등으로 표시해두었다.

3. 본문에서 이탤릭으로 강조되어 있는 부분은 고딕으로 처리했다.

4. 주요 개념어의 경우에는 루디네스코와 Michel Plon이 공동으로 편집한 『정신분석학 사전』을 참조했다. 하지만 많은 번역어가 기존에 국내에서 통용되는 것들과는 차이가 있다. 예를 들어 '상징계' 대신 '상징적인 것'으로 번역한 것 등이 그러한 예이다. 하지만 많은 번역 용어가 아직은 확정적인 것이기보다는 잠정적인 것이라는 점을 밝혀둔다.

자크 라캉
2 라캉과 정신분석의 재탄생

【차례】

자크 라캉
1 라캉의 시대

6부 사유 체계의 기본 요소들

"나는 존재하지 않는 곳에서
생각한다, 고로 나는 생각하지
않는 곳에서 존재한다."

4 향연과 격동

SFP가 지속된 10년은 라캉과 돌토에게는 그들의 사상과 학설이 꽃을 피운 시기였다. 프랑스 정신분석 3세대가 출현하기 시작하면서 위기에 처하게 된 이 학회에서[1] 두 사람은 서서히 각각의 라이벌인 다니엘 라가슈와 쥘리에트 파베-부토니에보다 우위를 차지하게 되었다. 나는 이미 이 빛나는 성공을 가져온 여러 가지 이유에 대해 언급한 바 있다. 그 중 두 가지를 강조할 필요가 있을 것이다. 먼저 돌토와 라캉은 천재성을 갖고 있었다. 반면 2세대(SFP와 SPP)의 이들의 맞수들은 겨우 재능만을 갖고 있었을 뿐이다. 따라서 당연히 돌토와 라캉이 대부분의 훈련 지원자들을 끌어모을 수 있었다(물론 두 사람이 반드시 같은 수의 학생들을 끌어들인 것도 또 같은 방법으로 그렇게 한 것은 아니었다). 이 두 사람이 화려하게 성공한 또다른 이유는 이들이 10년 동안 SFP에서 이들 세대로서는 유일하게 프랑스적 전통을 가진 대학의 심리학에서 전혀 아무런 영향도 받지 않은 프로이트 해석을 고수한 데서 찾을 수 있을

것이다.[2]

대학에서 따로 전문적인 철학 교육을 받지는 않았지만 라캉은 1933년부터 이미 당대 최고의 사상가들과 특별한 관계를 맺어야겠다고 결심했다. 코이레, 코제브, 코르뱅, 하이데거, 레비-스트로스, 이폴리트, 리쾨르, 그리고 나중에는 알튀세, 데리다 등과 종종 어렵기도 했지만 개인적 관계를 맺을 수 있었는데, 이것은 프로이트 정신분석을 계속 진지하게 이끌고 나가려면 철학적 탐구를 거쳐야 한다는 그의 생각을 잘 보여준다. 하지만 그렇다고 해서 정신의학의 임상 분야를 포기하지는 않았으며, 모든 제자들에게 의학을 공부하도록 촉구했다. 이를 통해 그는 언제 어디서나 프로이트 정신분석의 확립에 필수적인 두 가지 주요 접근 방향을 완전하게 통합시킬 수 있었다. 즉 임상 지식을 통해 광기의 세계를 발견하는 의학적 접근과 하나의 학설에 이론적 토대를 부여할 수 있는 유일한 길인 지적인 접근(문학이나 철학)이 그것이다.

라캉의 맞수인 라가슈의 접근 방향은 라캉과는 정반대였다. 철학자로 훈련받은 그는 프로이트 학설을 철학적으로 재정비하기 위해서가 아니라 이것을 대학의 심리학과의 일반적 장에 통합시키기 위해 평생 노력했는데, 이를 통해 궁극적으로 극히 다양한 심리학의 분야를 통일시키려고 했다. 그에게 적대적이었던 심리학자들에게 그는 언제나 정신분석의 대표자였고, 심리학적 유산을 거부한 프로이트 추종자들에게는 심리학의 선교사였다. 그 결과 큰 낭패를 볼 수밖에 없었다. 이론적 관점에서 볼 때 심리학적 접근 방식은 아무리 큰 제도적 힘을 갖고 있건 프로이트주의의 확립과 관련해서는 여전히 지엽적 문제였기 때문이다.

한편 쥘리에트 파베-부토니에도 이와 거의 비슷한 도정을 밟는다. 그녀 역시 자네에게서 물려받은 전통적인 가치들을 실현하면서 심리학의 후원 하에 정신분석학을 대학에 설립하기 위해 노력했다. 그녀에 대한 돌토의 입장은 SFP에서 라가슈에 대한 라캉의 입장과 거의 같았다. 하지만 파베-부토니에가 제니 오브리의 도움으로 교사로서 자리잡은 분야는 정신의학이 아니라 소아과 분야였다. 제니 오브리는 1945년 이후 그녀가 운영하는 여러 병원에 종종 그녀를 고용했다.

프랑스 프로이트주의의 가장 중요한 두 명의 창립자 중의 하나로 두각을 나타내는 동안 돌토 역시 분석 훈련에 사용한 방법 때문에 IPA 지도부에 의해 제명되었다. 1953년 여름에 런던에서 열린 대회에서 하인츠 하르트만이 이끄는 중앙 집행위원회는 SPP에서 탈퇴한 사람들의 가입을 거부했다. 중앙 집행위원회는 탈퇴자들이 결성한 새로운 학회의 후보자 가입 신청 심사를 한 위원회에 맡겼는데, 통상 그렇듯이 이 위원회는 조사 위원회로 바뀌었다. 위원장인 위니콧을 비롯해 이 위원회는 에른스트 크리스와 절친한 미국인 필리스 그리네이커, 안나 프로이트의 친구인 빈 출신의 영국인 윌리 호퍼, 프로이트에게서 수련을 받았으며 안나 프로이트와 마리 보나파르트와 절친한 네덜란드인 잔느 랑플 드 그로트로 구성되었다. 반란의 '주모자들'을 심의하는 것이 조사 위원회의 임무였다. 그들은 분열의 원인이 분석가 양성 문제 때문이라는 것을 잘 알고 있었다. 또 이들 중 두 사람, 즉 위니콧과 호퍼는 영국의 '대논쟁'과 밀접하게 연루되어 있었다. 위니콧은 돌토를 만났다. 조사 위원회의 구성원 중 그가 어린이 정신분석에 관한 그녀의 연구를 평가하기에 최적임자였기 때문이다. 그는 돌토의 연구를 아주 긍정적으로 평가했고, SFP 내에 머물러 있을 것을 촉구했다. 그러나 그는 돌토의 훈련 분석가적 자질에 대해서는 불만을 나타냈다. 그는 그녀가 방법을 결여하고 있으며, 환자와 훈련 분석가에게서 '제멋대로 전이'를 일으켰다고 말했다. 따라서 젊은이들에게 무분별하게 '영향을 주지 않도록' 거리를 유지하라고 충고했다.[3]

따라서 위원회는 라캉에 대해서와 마찬가지로 그녀의 방법에 대해서도 부정적인 평가를 내렸다. 라캉은 특히 짧은 상담 시간 때문에 비판받았다. 그러나 다른 비판도 있었다. 즉 그가 너무 많은 학생들의 주의를 끈다는 점, 전이 분석에 있어서 무능력하다는 점, 그리고 SFP 내에서 그의 영향력이 너무 과도하고 불건전하다는 점이 그것이었다.

라캉이나 돌토 모두 멜라니 클라인과 안나 프로이트가 사용했던 용어의 의미로 볼 때 훈련 분석의 '전문가'들은 아니었다. 그들은 어떤 '기준'이나 규칙도 따르지 않았다. 그들은 전이나 역전이 혹은 저항에 대한 개입을 엄격히 자제하지 않았다. 그들은 환자가 하는 말을 분석하는 중 어느 특정한 순간에 해석하지 않았고, 스톱워치로 시간을 재지도 않았으며, 주당 4~5회의 상담 시간을 의무적으로 지켜야 하는 규칙도 충실히 따르지 않았다. IPA가 강력하게 비난한 분석 방법을 실시했던 라포르그에게서 훈련 분석을 받은 돌토는 현행의 규칙에 전혀 익숙하지 않았다. 다른 한편 라캉은 IPA가 요구하는 전문가에게서 분석받긴 했지만 IPA가 강요하는 규칙들을 혐오했다. 위원회가 민감하게 반응한 부분은 바로 이 '전문성'의 부족이었다.

그러나 학생 양성 방법에서 돌토와 라캉은 전혀 닮지 않았다. 돌토는 50분을 상담 시간으로 하는 규칙을 충실히 따랐다. IPA에 복종하기 위해서가 아니라 그녀 스스로 그럴 필요가 있다고 느꼈기 때문이다. 그녀는 훈련 분석 지원자를 거의 받지 않았으며, 마리 보나파르트, 어네스트 존스, 에드워드 글로버, 멜라니 클라인, 라캉 등 프로이트 운동의 대가들이 범했던 위반을 전혀 저지르지 않았다. 그녀는 자기 아이들을 분석하지 않았고, 한 가족의 구성원들을 분석하는 것도 피했으며, 두말할 필요도 없이 환자와는 어떤 성적 관계도 갖지 않았다(게다가 그녀는 결혼 후에 남편에게 충실했고 어떤 불화도 일으키지 않았다). 사실 그녀에게도 많은 숭배자들이 있었다. 하지만 지나친 숭배를 조장하지는 않았다. 그녀는 도착적이지도 않으며, 정신이상자도 아니고, 방종하지도, 내성적이지도, 동성애자도 아니라는 점으로 볼 때 원칙상 IPA에 가입할 수 있는 '정상성'의 자질들을 충분히 갖고 있었다.[4] 그러나 그렇게 되지 않았다.

1959년 7월의 코펜하겐 대회에서 중앙 집행부는 프랑스의 입후보자들을 심사하기 위한 새로운 위원회를 조직할 것을 지시했다. 곧 조사 위원회로 변신한 이 위원회는 알제리에서 군사 쿠데타가 일어난 3주 후인 1961년 5월 15일에 파리에 도착했다. 그리고 웨스트민스터 호텔에 본부를 설치한 후 '노장파들'(2세대)과 '소장파들'(3세대)로 분리된 SFP 회원들을 심의하기 시작했다.[5]

이 위원회는 이전 위원회와 아주 달랐다. 프로이트 운동의 어떤 유명인사(위니콧이나 랑플 드 그로트와 같은)도 끼여 있지 않았으며, 클라인 학파에 속하는 두 영국인인 파울라 하이만과 피에르 터켓이 들어 있었다. 이 두 사람은 안나 프로이트 학파에 속하는 동료들보다 훨씬 더 입회에 우호적일 것 같았다. 마리 보나파르트의 친구인 후자의 사람들은 확실히 SPP만이 정통파로 인정되기를 원했다. 따라서 이들의 입장은 안나 프로이트의 미국 친구들, 특히 하인츠 하르트만과 루돌프 뢰벤슈타인과는 달랐다. 이 두 사람은 라캉이 있건 없건 상관없이 늘 SFP 편에 섰다.

파울라 하이만에게서 훈련 분석을 받은 피에르 터켓은 프랑스 출신으로 전시에 영국 정신의학의 개혁자로 활동했다. 그는 개인적으로 라캉을 알고 있었으며, 라캉은 1946년 BPS에서 강연할 때 언급했듯이 그를 존경했다. 베를린 출신의 유대인이었던 파울라 하이만은 나치가 정권을 잡자 런던으로 이주했다. 멜라니 클라인에게서 분석받은 그녀는 멜라니의 가장 뛰어난 제자 중의 하나로 취리히 대회에서 역전이에 관한 발표로 주목받았다. 그러나 1953년에 이 두 여성간에 무시무시한 갈등이 터져나온다. 자기가 멜라니의 '노예'라고 느끼게 된 파울라는 그녀에게 경쟁과 불복종을 선언했다. 무자비하게 거부당한 그녀는 2년 후 클라인 학파에서 탈퇴했다. 1959년에 이 위원회 의원이 되었을 당시 그녀는 훌륭한 임상가, 부정적 전이의 전문가로 인정받고 있었다. 스승에게 실망한 제자의 입장이었던 그녀는 라캉의 제자들에게 질문하면서 직면하게 될 모든 어려움을 직접 체험한 바 있었다.[6]

위원회의 다른 두 위원은 이보다는 색깔이 덜 분명했다. 빈 출신으로 안나 프로이트와 가까웠던 일자 헬만은 반역자들에게, 특히 라캉에게 항상 아주 적대적이었다. 그녀는 라캉의 활동이나 그것의 중요성을 전혀 이해하지 못했다. 그녀는 정신분석은 그저 단순한 치료법일 뿐이라고 믿었을 뿐만 아니라 프로이트의 저서를 철학적 해석의 대상으로 삼아서는 안 된다고 생각했다.[7] '훈련' 전문가로 IPA의 차기 회장이 되는 피에터 얀 반 데어 뢰브도 일자 헬만의 이러한 확신에 공감하고 있었다.

1961년 5월부터 1963년 12월까지 두 번에 걸친 IPA 대회(1961년 여름의 에딘버러 대회와 1963년 여름의 스톡홀름 대회)에서 합의된 결정들이 곁들여지면서 일련의 협상이 길게 이루어졌다.[8] 이 요란한 논쟁의 주요 참석자들은 SFP 측의 블라디미르 그라노프와 세르주 르클레르, 그리고 위원회 측의 피에르 터켓이었다. 우리는 이 협상에 대해 '거대한 게임'이라는 이름을 붙인 바 있다. 협상 과정에서는 당연히 라캉의 계속적인 활동에서 커다란 영향을 받은 프랑스 식의 프로이트주의와 영미식의 프로이트주의가 대립되었다. 영미 프로이트주의의 대표자들은 확실히 활발하게 진행되고 있는 외국의 운동에는 관심을 보이면서도 위험스럽거나 불투명하게 보이는 학설은 통제하려고 했다. 이 협상은 결국 재난으로 이어졌다. 라캉과 SFP의 대부분의 제자들이 정통 IPA에서 제명된 것이다.

라캉에 대한 깊은 우정과 훌륭한 동지애를 공유하고 있던 프랑스의 두 협상가는 라캉이 가변적인 상담 시간을 포기하지 않으리라는 것을 잘 알고 있었다. 또한 그가 분석 수행자들의 수를 줄일 수 없으리라는 것도 알고 있었다. 그들의 생각이 옳았다. 확실히 라캉은 거세라는 주제를 아주 세밀하게 이론화하기를 즐겼고, 자아의 전능함을 믿음으로써 주체가 처할 수 있는 위험을 환자와 제자들에게 경고했기 때문이다. 하지만 그토록 훌륭한 학설을 본인에게 적용하려는 생각은 한순간도 해본 적이 없었다.

열렬한 국제주의자인 르클레르와 그라노프는 라캉과 IPA 간의 분열이 프랑스 프로이트주의, 라캉, IPA 모두에게 큰 재앙이 되리라고 확신했다. 그러나 두 사람은 이 거대한 게임에서 서로 다른 방식으로 행동했다. 르클레르는 우선 왕(라캉)의 고문이었고, 따라서 충성을 제일의 미덕으로 실천했다. 그는 스승을 섬겼다. 하지만 결코 복종이나 숭배에 의한 것이 아니라 스승이 개혁적인 프로이트주의의 대변자였기 때문이다. 르클레르는 1950년에 프랑스 최초의 '라캉주의자'가 되면서부터 그를 지지했다. 그는 라캉에게서 분석받았고, 그리고 그의 뒤를 이어 라캉에게서 분석받은 제자들이 라캉의 학설을 아주 설득력 있게 지지한다면 IPA 조사가들이 받아들이지 않는 사항, 즉 가변적인 상담 시간도 수락될 수 있을 것이라고 생각했다. 그러나 그것은 그의 착각이었다.

르클레르처럼 그라노프 역시 프랑스 식 프로이트주의인 라캉주의가 IPA의 승인을 얻을 수 있도록 노력했다. 하지만 그는 왕의 고문이 되려고 하지는 않았다. 오히려 그는 같은 세대 회원들의 맏형을 자임했다. 따라서 그는 스승에 대한 충성보다는 오히려 그룹에 대한 연대 의식을 기본 행동 지침으로 삼았다. 그래서 그는 스승과 그룹을 결합시키는 정책을 더 중시했다. 하지만 이것 역시 르클레르처럼 완벽한 실패로 끝났다.

라캉과 SFP를 IPA에 통합시킬 필요가 있다고 확신한 터켓은 이 프랑스의 우두머리가 중앙 집행부와 타협하려면 결국 분석 수행자 수를 줄이라는 IPA의 제안을 받아들일 것이라고 진심으로 믿었다. 게다가 라캉을 IPA에 재가입시키기 위한 다른 전략이 없었던 르클레르와 그라노프가 라캉이 양보할 것이라고 믿게 했기 때문에(이들은 속일 의향은 전혀 없었다) 터켓은 더욱 고무되었다. 그러나 1961년 5월과 6월에, 그리고 1963년 1월에 일련의 긴 심의가 진행되는 동안 터켓은 라캉이 그의 실천 방식을 포기하지 않았다는 것을 감지했다. 오히려 그는 분석 수행자 수를 계속해서 늘려가면서도 위원회 앞에서는 정상적인 상담 시간을 준수하고 있다고 맹세했다.

이 모든 상황을 참고해 터켓은 재가입에 대한 부정적인 견해를 표명한 보고서를 두 번 작성했다. 첫번째 보고서를 제출받은 중앙 집행부는 20개 항으로 구성된 '권고안'을 작성했고, 이것은 1961년 8월 2일 에딘버러 대회에 제출되었다. 13항에는 라캉이 더이상 어떤 훈련 분석이나 점검도 실시해서는 안 된다고 규정되었다. 그리고 2년 후에 나온 두번째 보고서의 결과 중앙 집행부는 라캉을 IPA가 아니라 SFP의 훈련 분석가 명단에서 제명시켰다. 이 결정은 1963년 8월에 열린 IPA 대회에서 채택되었다. 이것은 스톡홀름 '권고 사항'으로 알려졌다.[9]

터켓은 라캉의 제자들의 증언을 통해 전이라는 차원에서 과연 라캉의 분석 과정에서 어떤 일이 일어나는지를 알 수 있었다. 제자들의 상황은 크게 세 가지로 분류되었다. 우선 라캉에게 분석받은 옛 분석 수행자들과 그에게 분석받지는 않았지만 간혹 그의 점검을 받은 제자들로 구성된 그룹이 있었다. 그들은 하나같이 그의 분석 방법과 학설에 찬사를 보냈다. 물론 특별히 개인적으로 그를 숭배하지는 않았다. 그리고 현재 분석중인 많은 제자들이 있었다. 이들은 다시 두 그룹으로 구분되었다. 첫번째 그룹은 가장 우수한 제자들로서 수는 좀 적었지만 선배들처럼 이미 SFP의 정회원이나 후보 회원이 된 제자들이었다.[10] 그들은 IPA가 라캉의 학설을 인정해주기를 바랐지만 위원회 앞에서 라캉에게서 받은 분석 치료에 대해 언급할 때는 분석가로서 그와 거리를 두었다. 이런 식으로 이 회원들은 바로 1969년에 '파리 프로이트 학교(EEP)'에 도입된 '통과' 절차에서 라캉이 '기(旣)통과자들'에게 부여하게 될 바로 그 역할을 위원회 앞에서 수행하고 있었던 셈이다.[11] 그들은 분석의 종결을 향한 '통과'를 확실히 수행했다. 그러나 이 '통과'는 단순한 분리가 아니라 분열로 끝났다. 두번째 그룹은 덜 우수한 제자들로서 SFP의 근간을 구성했다.

약간의 예외를 제외하면 이 그룹은 대부분 훈련생들(stagiaires)과 객원들(invités)로 구성되었다. 전반적으로 이들의 증언은 스승의 무한한 재능에 대한 신앙 고백 형태를 띠었다.

이처럼 상세한 심문 결과 SFP 회원의 3/4이 라캉이 훈련 분석가로 IPA에 재가입되기를 희망한다는 사실을 알 수 있었지만 터켓은 이와 반대로 그에게 훈련 활동을 금지시켜야 한다는 결론을 내렸다. 왜 그랬을까? IPA 규정에 따르면 라캉의 분석 방법은 받아들일 수 없었기 때문이다. 라캉은 지키지도 않는 약속을 했고, 환자들에게 개인적인 관심을 끌었는데 이들은 그에게 지나치게 순종적이거나 혹은 지나치게 반역적이었다. 한마디로 라캉은 '카리스마적인 우두머리'이지 훈련 전문가는 아니었다. 이 모두가 사실이었다. 하지만 피에르 터켓과 파울라 하이만은 이러한 위반 사항들이 BPS의 경우 멜라니 클라인의 측근에서도 똑같이 존재하고 있다는 사실을 잘 알고 있었다. 하지만 클라인 학파는 여전히 IPA의 중요한 요소였다. 물론 클라인과 이 학파 회원들이 IPA가 수락할 수 있는 분석 기술 원리를 만들어냈기 때문이다. 하지만 라캉은 1960년부터 1963년 사이에 그렇게 하지 않았다.

그럼에도 불구하고 그는 1955년부터 1960년 사이에 씌어진 네 편의 긴 논문에서 이 문제에 대해 자기 생각을 표명했다.

1955년에 앙리 에는 그에게 『내-외과학 백과사전Encyclopédie médico-chirurgicale』에 실을 논문을 써줄 것을 요청했는데, 이것은 SPP의 입장을 대표하는 모리스 부베의 논문과 동시에 실릴 것이라고 했다. 부베는 치료 형태에 관해 신프로이트주의 식의 논문을 작성했고, 라캉은 「표준 치료에 대한 변형태들」이라는 제목의 텍스트를 준비했다.[12] 라캉은 분석가의 위치는 '죽음을-향한-존재'라는 명제를 다시 채택해 '로마 강연'에서 발표한 것과 유사한 치료 이론을 내놓았다. 하지만 그는 부베와 SPP 내의 반대파들을 비난했고, 이때부터 그가 '미국식 정신분석'이라고 이름붙인 것을 공격했다. 이 표현은 미국의 프로이트주의의 역사적 현실이 아니라 프로이트 정신분석의 '정도(正道)를 벗어난' 관점이라고 설명한 것, 다시 말해서 이드가 아니라 자아에 초점을 맞추고, 개인의 사회적 적응을 지향하는 학설을 가리키는 말이었다. 그는 안나 프로이트주의와 '자아심리학'을 비롯해 빈 학파에서 나온 모든 이론을 여기에 포함시켰다. 이를 통해 그는 예전에는 찬사를 보냈던 방어 메커니즘이라는 개념과 '자율적 자아'라는 개념을 공격하게 되었다.[13] 그는 이것을 그와 일정한 공통점을 갖고 있던 페렌치와 발린트의 헝가리 전통뿐만 아니라 프로이트주의에 대한 자기의 재검토와 대비시켰다. 프로이트주의에 대한 그의 재검토는 주체의 진실과 함께 자아의 환상을 넘어선 무의식의 욕망을 드러내려는 탐구에 초점을 맞추고 있었다. 그러나 이 논문은 너무 난해하다고 평가되어 1960년에 『백과사전』에서 제외되었다. 이에 분노한 라캉은 1966년에 『에크리』에 포함시키기 위해 이 논문을 보다 신랄한 어조로 수정했다.

「1956년의 정신분석의 상황과 정신분석가의 양성」이라는 제목의 두 번째 논문은 『철학 연구Etudes philosophiques』지의 프로이트 탄생 백 주년 기념 특별호에 발표되었다.[14] 라캉은 신랄한 어조의 이 논문에서 50년대 중반의 IPA에서 전형적으로 나타나는 관료주의를 묵시적인 필체로 묘사했다. 그는 IPA 회원들을 네 종류의 우의적(寓意的) 인물로 분류했다. 먼저 프로이트주의 정통파의 권위적인 고위층을 '자기 도취에 빠진 거만한 자들'로 규정했다. 여기에는 교수, 회장, 비서, 부회장, 현역 회원 등이 포함되었다. 그는 이들이 고대적 형태의 민주주의, 즉 노예 노동에 기반한 주인들의 사회만을 알고 있다고 비난했다. 또 이들은 그저 징신분석 분야에서 단 히니의 유형의 관료들을 무한대로 복제해내는 기능을 할 뿐이라고, 즉 자신의 강하고 독립적인 사회적 자아와 스스로를 동일시하는 현대의 교육자를 무한대로 복제해내는 기능을 할 뿐이라고 주장했다. 그리고 이 단체의 최하층에는 일반 회원이나 훈련생들 혹은 '거만한 자들'의 노예인 '조무래기들'이 있었다. 그리고 이러한 상층과 하층 사이에 다른 두 계층이 추가되었다. 하나는 노예들을 양성하기 위해 주인들이 임명한 '꼭 필요한 자들'이고, 다른 하나는 '거만한 자들'의 대변자들인 '진복팔단'(眞福八端, 가톨릭에서 그리스도의 산상수훈 가운데 들어 있는 여덟 가지 행복을 이르는 말 — 옮긴이)으로서 위원회에서 훈련 분석 지원자들을 지도, 평가 혹은 누락시키는 책임을 맡고 있다.

IPA에 전형적인 교육 내용에 관한 라캉의 묘사도 이에 못지않게 신랄한 어조를 띠었다. 그는 그것을 픽션을 위한 소재들로 규정하며 의학적인 측면만 여기서 제외시켰다. 그렇지만 그는 이 교육도 불필요하다고 주장했다. 왜냐하면 그것은 대부분의 지원자들이 의대에서 배우더라도 상관없는 것이었기 때문이다. 다른 한편 훈련 분석에 관해 그는 그것이 지원자를 일종의 문맹(그는 이것을 '탈지성화'라고 불렀다)으로 이끌 뿐이라고 생각했다. 게다가 그는 훈련의 경우 IPA는 질보다는 양('백 명의 무능한 분석가들')을 우선시한다고 주장했다. 즉 엘리트 서클보다는 대량 생산된 그룹을 선호하고, 이로 인해 로봇 같은 전문가들이 생겨난다는 것이다. 그는 이들을 이렇게 표현했다. "이제 한번 제대로 힘써 보지도 못하고 서서히 해체되어 저항에의 미련을 떨치지 못하고

안을 묵묵히 쳐다보는 또는 뒤를 돌아다보는 듯한 표정을 하고 있다."[15] 마지막 부분에서 그는 에드가 앨런 포의 단편소설인 「발드마르 씨의 사례」를 인용하여 IPA를 최면에 걸려 동면에 빠진 시체에 비유했다.

1958년 7월에 SFP가 루아요몽에서 주최한 심포지움에서 라캉은 「치료를 이끌기와 그 힘의 원칙들」이라는 제목의 긴 강연에서 소위 '미국식' 정신분석에 다시 선전포고를 했다.[16] 그는 안나 프로이트의 기술을 '위조 화폐'라고 규정했고, 에른스트 크리스가 발표한 사례에 주석을 붙이며 그의 해석 방법을 조롱했다. 에른스트가 발표한 사례는 강한 표절 충동에 사로잡힌 어떤 남자 이야기였다. 이 남자의 첫 분석가인 멜리타 슈미데베르크는 이 충동을 유년기의 비행에서 유래하는 신경병적 증상의 재발로 해석했다. 이 환자는 유년기에 책과 과자를 훔치는 버릇이 있었다. 이 사례를 인계받은 크리스는 이 남자가 식당 메뉴에서 그가 좋아하는 요리 이름, 즉 '신선한 골'이라는 이름이 적혀 있는 것을 볼 때마다 멈춰 선다는 사실을 알게 되었다. 그는 그것에서 증상의 의미를 추론했다. 즉 이 환자는 진짜로 도둑이 되는 것을 피하기 위해 표절자가 되려고 노력한다는 것이다.

라캉은 이러한 해석을 논박했다. 그에 따르면 이 해석은 방어 행동에 대한 분석에 초점을 맞춘 전형적인 치료라는 것이었다. 그러면서 그는 다른 해석을 제시했다. 즉 도둑질한다는 생각에 대한 방어가 환자를 스스로 도둑으로 여기게 만드는 것이 아니라 그가 자기만의 생각을 가질 수 있다는 사실에 대한 방어라는 것이다. 다시 말해 신선한 골에 대한 욕구는 일종의 액팅 아웃(acting out)으로서, 이것은 환자가 '아무것도 아닌 것'을 훔치고 있다는 것을 의미한다는 것이다. 그는 강박증이 아니라 정신적 식욕 부진에 걸린 것이다. 그는 '먹지 않는 것'이 아니라 '무(無)'를 먹는다는 것이다. 다시 말해 뭔가를 먹는 것이다. 라캉은 표절에 관한 생각을 자기 목적에 맞게 다시 꺼내기 위해 크리스에 대한 이러한 비판을 이용했다. 알다시피 이 생각은 '거울 단계' 문제부터 계속해 그의 머리에서 떠나지 않았던 것이기도 하다.

그는 이러한 체험 모델을 왈롱에게서 빌려왔지만 이 사실을 언급하지 않은 채 자신을 거울 체험의 선구자가 아니라 거울 단계라는 개념의 창안자로 소개했다. 해마다 그는 왈롱의 이름을 밝히지 않은 채 청중에게 이 개념의 창안은 마리엔바트 회의에서 시작되었다고 거듭 말했다. 이 회의에서 IPA 회장이 그의 말을 과감히 끊자 그는 회의 책임자들에게 귀중한 텍스트를 남기는 것도 잊은 채 회의장을 떠나버렸다. 그리고 이제 그는 이 사건을 목격한 크리스의 이름을 언급하면서 자기를 괴롭히는 반대자들을 비난하기 시작했다. "결국 크리스가 정착하게 된 미국에서는 출판이 지위를 의미하고, 내 학설과 같은 것은 그런 곳에서는 분명히 수없이 자행될 표절에 맞서 매주 보강책을 강구해야 할 것이다. 프랑스에서는 내 생각들이 내 생각을 금지하는 지시에 따르는 그룹 속으로 물이 스며들듯 침투하고 있다."[17]

이처럼 라캉은 이런 유형의 절도는 '아무것도 아닌 것'을 훔치려는 욕망 때문에 표절에 대한 충동에 사로잡히는 신경쇠약증 환자의 병든 머리에서나 가능하다는 것을 증명하는 바로 그 순간에 '생각의 절도'가 이루어진다고 철석같이 믿었다.[18] 그는 페렌치와 헝가리 학파에 다시 찬사를 보낸 다음 진정한 프로이트적 정신분석의 방향에 필수적인 사항을 다섯 가지로 정의하면서 강연을 마쳤다.

그의 이야기의 요지는 이러했다. 분석이 정확하지 않으면 그러한 분석은 의식(意識) 쪽으로 넘어가 결국 권력 행사로 나가게 된다. 효과적인 분석을 위해서는 분석이 전이 단계에서 무의식적 욕망을 인정하는 법칙에서 벗어나서는 안 된다.[19] 욕망이 인정되려면 세 가지 조건이 충족되어야 한다. (1) 분석가는 기술에 복종되기보다는 오히려 자기 존재의 우위를 이용해야 한다. (2) 분석가는 피분석자의 요구에 양보해서는 안 된다. 이것이 자아의 나르시시즘적 전능에 한계를 부과하는 유일한 방법이다. (3) 분석가는 말하는 것에 모든 힘을 부여해야 한다. 이것이 환자에게 진정한 자유, 다시 말해 필연적으로 자유의 행사가 내포하고 있는 불행을 의식하도록 이끌 수 있는 유일한 방법이다.

라캉은 확실히 초기 프로이트의 실천을 그대로 되살린 훌륭한 치료 이론을 수립하고 있었다. 하지만 이 이론은 IPA 안에서 실천되고 있던 모든 기준들과 정반대였다. 그도 이것을 잘 알고 있었다. 그래서 정통파의 관료주의를 그토록 철저하게 비판했던 것이다. 게다가 자기가 실제로 실천하고 있는 분석 방법을 소개하기보다는 오히려 본인이 정신적 지도자라고 자임하고 있는 젊은이들의 공동체에게 바로 이러한 이론, 아니 이상을 제시했다.

1960년에 프로이트에 의해 시작된 정신분석 운동은 다양한 단체로 구성된 다국적 조직과 비슷했다. 이 단체들이 양성해낸 치료사들은 성실하고 유능했지만 정신분석이 뿌리 내린 민주주의 사회를 지배하고 있던 순응주의에 완전히 순응했다. 나는 정통 프로이트주의를 구성하는 이러한 조직화 방식을 대중적 정신분석이라고 부를 생각인데, 이것은 프로이트의 두번째 제자들로 구성된 국제 정신분석 3세대의 특징이었다. 그러나 정신분석이 프랑스에서는 비교적 늦게 자리잡았기 때문에, 그리고 SPP 창립자 중에 진정한 스승이 없다는 사실 때문에, 또한 런던이나 미국에는 이민온 유대인들이 많았지만 프랑스에서는 독일 점령 때문에 상황이 전혀 달랐던 사실 때문에 라캉의 재가입 요청은 역사와 걸음이 맞지 않는 것 같았다. IPA가 성실한 기술자들만을 양성하던 시대에 독창적인 학설의 창립자 중의 하나였던 그는 대량 생산으로 변질되어가는 운동에 직면하게 된 새로운 엘리트의 대표자이자 새로운 정통파의 주역이 되고 싶었다. 1960년에 라캉은 정통파였다. 왜냐하면 그는 프로이트주의의 정도를 벗어나려는 모든 시도에 맞서 초기의 정통 노선으로의 복귀를 주장했기 때문이다. 또한 그는 엘리트주의자였다. 왜냐하면 빈의 첫 모임과 유사한 정예 학파, 즉 어떤 것의 또는 본래적인 어떤 것의 신비에 사로잡힌 학파를 자기 주위에 집결시키기를 꿈꾸었기 때문이다

그가 IPA의 기술주의에 반대해서 내놓은 치료 이론에는 이처럼 깊은 뜻이 감추어져 있었다. 다른 한편 그는 1960~61년 세미나에서 일 년 동안 그의 이러한 엘리트주의적 이상을 설명했다. 세미나 주제는 전이였는데, 그는 철학사에서 가장 아름다운 텍스트 중의 하나인 플라톤의 『향연』에 주석을 달면서 이 주제를 다루었다.[20] 잘 알려진 대로 이 대화편에서는 소크라테스가 여섯 명의 인물과 대화를 나누면서 사랑에 대한 각자의 해석을 소개하고 있다. 이 중에는 고르기아스의 제자인 시인 아가톤이 있었다. 사람들은 그의 승리를 축하하고 있는 것이다. 그리고 소크라테스가 최고의 선에 대한 애정과 불멸의 욕망, 즉 철학을 더 좋아했기 때문에 그의 연인이 되기를 거부한 미남 정치가 알키비아데스도 있었다. 남색(男色)을 배경으로 온갖 형태의 육체적·정신적 사랑이 이야기되는 이 향연에 여성은 한 명도 참석하고 있지 않다. 그러나 소크라테스가 사랑에 대한 자신의 철학적 견해를 소개하기 위해 신비로운 디오티마라는 여성의 말을 인용한다. 따라서 그녀는 아갈마 (agalma) 문제를 중심으로 전개된 이 대화편의 여덟번째 인물이 되는데, 플라톤은 이 아갈마라는 말을 선(善)이라는 이념을 대표하는 대상의 원형으로 규정한다.[21]

고대부터 이 대화편의 주석가들은 플라톤이 대화술을 이용하는 방법을 강조해왔다. 즉 그는 이 대화편에 나오는 인물들을 통해 사랑에 관한 이론들을 표현하고 있는데, 이러한 사랑은 모두 특정한 욕망과 연

결되어 있으며, 다시 이것은 이 대화의 참석자들이나 저자 본인에 의해 의식적으로 이름이 붙여진다는 것이다. 그런데 라캉은 최초로 이 텍스트를 마치 각 인물의 무의식적 욕망을 해석하는 방식으로 주해했다. 다시 말해 그는 소크라테스에게 정신분석가의 지위를 부여했다. 즉 소크라테스는 제자들에게 의식에는 포착되지 않은 진실을 드러내주는 것이다. 이런 관점에서 아갈마는 욕망의 대상, 즉 '존재의 결핍'으로 규정되었다. 라캉은 나중에 이러한 규정을 멋진 공식으로 이렇게 요약한다. "사랑, 그것은 자기가 갖고 있지 않는 것을 그것을 전혀 원치 않는 누군가에게 주는 것이다."[22] 프로이트적인 정신분석가로 변신한 소크라테스가 절제를 선택하는 이유는 철학에 대한 사랑 때문이 아니라 알키비아데스의 진짜 욕망의 대상은 그(소크라테스)가 아니라 아가톤이라는 사실을 알키비아데스에게 명백히 전달할 수 있는 힘을 가지고 있었기 때문이다. 이것은 전이적 사랑이다. 이것은 평범한 사랑과 같은 재료로 이루어지지만 인위적인 것이다. 왜냐하면 전이적 사랑은 무의식적으로 실제로는 다른 대상을 반영하는 대상으로 향하기 때문이다. 알키비아데스는 소크라테스를 욕망한다고 생각하지만 사실은 아가톤을 욕망하고 있는 것이다.

1960년에 라캉이 소크라테스에게 정신분석가의 위치를 부여한 이유는 프로이트적 담론이 현대에서는 유일하게 철학의 소크라테스적 단계와 대등하다고 보았기 때문이다. 이 단계에 일군의 엘리트들이 지식인 공화국이라는 황금기를 배경으로 스승 주위로 모여들었던 것이다. 동시에 『향연』에 대한 라캉의 빼어난 주석은 플라톤이 규정한 소크라테스적 선택의 본질까지도 절묘하게 해석해냈다. 이것은 라캉으로 하여금 철학에 대한 새로운 입장을 확고하게 굳힐 수 있는 계기가 되기도 했다. 무의식이 구조라는 관점에서 이론화(이것은 두 단계로 이루어졌다. 즉 1953년에 레비-스트로스를 이용해 그리고 1957년에는 야콥슨를 이용해 이루어졌다)되기까지 라캉은 프로이트주의를 재해석하기 위해 철학적 담론을 이용했다. 그러나 1954~55년에 프로이트의 *Verneinung*에 관해 장이폴리트와 대화하는 가운데 변화가 나타나기 시작했다. 이것은 구조주의로 입문한 직접적 결과였다.[23] 이때부터 라캉은 프로이트주의의 발전을 위해 철학적 담론을 이용하는 대신 철학이 무의식의 존재에 의해 얼마나 궁지에 몰렸는지를 부여주면서 철학적 담론을 비판, 심지어 '청산하는' 경향으로 기울어졌다. 이리하여 이제 그는 프로이트의 담론을 철학적으로 해석하는 동시에 철학을 죽음으로 내모는 반(反)철학자로 자처하기 시작했다. 바로 이 문제가 1960년 가을에 본느발에서 있었던 유명한 회의에서 다루어지게 되는데, 이곳에서 현상학적 프로이트주의 지지자들과 구조주의 옹호자들이 대립했다. 라캉은 커다란 승리를 거머쥐었다. 하지만 그를 지지할 것으로 여겼던 친구 메를로-퐁티는 무의식이 전적으로 언어 법칙에 지배받는다는 식의 라캉의 주장이 전체주의적으로 보인다는 이유를 들어 정반대 입장을 표명했다.[24]

라캉이 소크라테스를 모델로 사용한 것은 진정 하나의 도전이었다. 익히 알려져 있듯 정통 프로이트주의자들에게 동성애는 어두운 대륙이었다. 따라서 동성애자의 훈련 분석 지원을 받아들일 생각은 처음부터 배제되었다. 그런데 바로 여기서 라캉은 전이라는 주제를 설명하기 위해 이 분야에 가장 설득력 있는 플라톤의 대화편을 선택했다. 그런 다음 자기를 현실을 지배하고 있는 민주주의의 훌륭한 시민들이 희생양으로 삼은 스승으로, 거만하게 비꼬면서 모든 형태의 타협을 거부한 죄로 독약을 마셔야만 하는 스승으로, 젊은이들을 타락시킨다고 비난받는 스승으로 자처했다. 게다가 그는 그의 스승의 이름을 신비로운 여성인 디오티마와 연결시켰다. 이러한 병치가 무엇을 의미하는지는 아주 분명했다. 그는 이렇게 말했다. 그것은 마치 내가 프랑수아즈 돌토의 입을 빌려 말한 것과 같다고.

소크라테스적 정신분석 학파에 대한 이러한 목가적인 묘사와 라캉이 에딘버러 대회 직전인 1961년 7월 24일에 로마에서 그라노프에게 보낸 편지에서 그려 보이고 있는 무시무시한 초상을 비교해보는 것도 아주 재미있을 것이다. IPA 지도부는 '더러운 쓰레기들'이고, 마리 보나파르트는 '이오네스코의 극에 나오는 시체'로 묘사되었다. 그는 그녀가 1953년에 갑자기 태도를 바꾼 것을 정직하지 못한 짓이라고 비난하면서 프로이트 저서를 [형편없이] 번역한 것은 결국 배신 행위나 다름없다고 비판했다. 그는 하르트만을 '전후좌우를 모두 살펴보고 움직이는 게'에 비유했고, 존스를 '복수심에 불타는 소인배 웨일즈 놈'이라고 불렀다. 그리고 안나를 '고집세고 용의주도하고 책략을 꾸미는 데 능숙한' 여자라고 했다. 끝으로 그는 이 제국의 사람들을 어머니들의 무적함대, 즉 클라인, 랑플 드 그로트, 안나, 공주를 보고는 기겁해서 '토끼처럼 도망가는 겁쟁이들'이라고 맹렬히 비난했다. 하지만 정말 제대로 분석하고 나서 이런 이야기를 했을까?

다른 한편 마리 보나파르트 역시 반대파들을 상대로 엄청난 폭언을 퍼부었다. 1961년 6월에 안나 프로이트에게 보낸 편지에서는 프랑수아즈 돌토를 반쯤 미친 여자로 취급했고, 블랑슈 르베르숑은 천치로, 뢰벤슈타인은 '약골'로 취급했다. 그녀는 모든 타협을 거부했다. "나는 이제 절대로 이런 자들과는 어떠한 것도 함께하지 않을 겁니다. 당신의 부친과 마찬가지로 나도 타협은 증오합니다." IPA 집행 위원회에 보낸 편지에서는 라캉이 환자들을 겨우 '몇 분 동안'만 상담한다고 주장했다.[25]

그러면 왜 라캉은 SFP에 있으면서도 계속 그토록 맹비난했던 사람들의 제국으로 다시 들어가고 싶어했을까? 대답은 아주 간단하다. 당시 프랑스에서 프로이트주의 역사의 일부임을 내세우는 사람들에게 IPA 탈퇴는 언감생심이었기 때문이다. 그리고 1960년쯤이면 성숙기에 이르게 된 두 세대가 마침내 진정한 국제주의의 문턱에 도달한 것 같다고 느꼈기 때문에 더욱 그러했다. 이들은 이전 세대의 국수주의를 수치로 생각했고, '주류'에 동참함으로써 이를 지우고 싶어했다.

게다가 1953년의 항의자들은 SPP를 탈퇴하면 동시에 IPA 회원 자격도 상실하게 된다는 사실을 깨닫지 못했을 정도로 소속감이 아주 컸다. 다시 말해 라캉이 아무리 맹렬하게 IPA의 기능 방식을 비난해도 기어코 IPA에 소속되고 싶어하는 마음은 어쩔 수 없었던 것이다. 프로이트 텍스트의 '정통성'으로 되돌아감으로써 그는 자신이 분명하게 정통 학설을 구현했다고 생각했다. 그리고 그는 자기 학설이 영미권에서 공인됨으로써 이처럼 새로운 정통성이 세계화되는 것을 꿈꾸었다. 그가 참모 두 명이 세운 재가입 전략을 일관되게 지지한 것은 바로 이 때문이다.

1963년의 분열 이후 그는 터켓에게 '칠면조'(Turkey, 바보)라는 조롱 섞인 별명을 붙였으며, 모든 걸 쉽게 믿게 된 제자들 앞에서는 IPA의 승인을 얻기 위한 어떤 시도도 하지 않았다고 단언했다. 심지어 르클레르와 그라노프가 알리지도 않은 채 그를 '협상 대상으로 삼았다'고 비난했다.[26] 하지만 뻔한 거짓말이었다. 당시 그가 쓴 편지들이 입증해주듯이 그는 이 거대한 게임의 4번 타자였으며, 스톡홀름 대회까지 참석할 정도로 적극적으로 움직였다. 중요한 사건이 있을 때마다 그는 르클레르로부터 작전의 진행 상황에 관해 보고받았다. 때로 라캉은 이론 작업을 위해 시간이 필요하다며 한 발 비켜서 있다가 다른 때에는 두 보좌관과 차후의 전략을 숙의했다.

표절에 대한 강박증에 시달렸던 것처럼 이제 그는 가장 가까운 제자들이 그를 박해하려 한다고 믿기 시작했다. 에딘버러 대회 후에 IPA 중앙 집행부의 '권고 사항'을 피할 수 없었기 때문에 몹시 화가 난 라캉은 르클레르가 자기를 배신했다고 비난했다. 그러나 제자들이 조사 위원회의 질문에 다시 과감히 맞설 수 있을 만큼 충분히 자기 수중에 있다고 생각하고는 마음을 가라앉혔다. 그러나 그것은 착각이었다. 그는 가장 훌륭한 제자들 중의 유명한 소수파가 어떻게 그리고 왜 자신을 떠났는지를 이해하지 못했다, 아니 어쩌면 이해하고 싶지 않았을 수도 있다. 전이 과정에서의 욕망의 분출을 우선시하고, 그리고 이를 통해 환자가 진정한 자유에 접근해가는 것을 중시하는 그의 놀라운 이론을 통해 충분히 이러한 분열의 의미를 이해할 수도 있었을 것이다. 하지만 라캉은 자기 논리조차 제대로 따라가지 못했다. 장 라플랑슈가 1963년 11월 1일에 분석받는 것을 중단하면서 라캉에게 결별을 선언했음에도 불구하고 여전히 자기는 라캉의 충실한 제자라고 말하자 라캉은 격노하며 그가 자기를 이용했다고 비난했다. 마찬가지로 다니엘 비들뢰허가 IPA로부터의 축출을 받아들이라고 조심스럽게 말을 꺼내자 그는 불같이 화를 냈다.

당신은 뭘 원하는 거야? 나를 제명시키는 것? 더이상 내가 분석 훈련을 하지 못하도록 하는 거야? 자네, 완전히 미쳤군. 내가 막 유명해지려는 순간에 나를 떠나다니. 자네는 '누구랑' 떠나려고 하는가. 자네는 부자가 아닐세. 그런데도 돈 많은 젊은이들과 결탁하고 있네. 그들은 정신분석의 향락자들이야. 그러나 나는 자네들의 어떤 태도에도 놀라지 않겠네. 자네들은 거의 모두 의사들이지. 의사들과는 아무것도 할 수 없어. 게다가 자네들은 유대인이 아니야. 비유대인들과는 아무것도 할 수 없지. 자네들은 모두 아버지와의 문제를 갖고 있지. 그래서 자네들이 한꺼번에 나에게 대항하는 걸 거야. 나중에 내가 라가슈와 두 명의 파베를 공격하는 것이 아니라 내 수업을 이용하고 나를 배신한 자네들 모두를 공격할 거라는 것을 명심하게. 자네들이 공격받게 되는 날 공격이 어디에서 날아온 것인지 분명히 알 수 있을 거네. 이제 더이상 서로에게 할 말이 없을 것 같군.[27]

그러나 버림받는 것을 참을 수 없을 뿐만 아니라 혼자 힘으로는 사고할 수 없을 정도로 그에게 의존하던 제자들의 운명을 그들에게 내맡겨야 한다는 사실 역시 수락할 수 없었다. 그래서 위원회가 이런 의존성이 앞으로도 얼마든지 되풀이될 수 있다는 우려에서 이를 비판하자 (이러한 우려는 제법 근거가 있는 것이었다) 그는 어린 새끼들을 보호하는 이미 늑대처럼 적극적으로 '자기 제자들'을 보호했다. 그는 자기 제자들에 대한 부정적 평가는 자신에게서 나온 것을 제외하고는 어떤 것도 인정하지 않았다. 바로 이 때문에 그는 제자들에게 그에 대한 지나친 개인적 집착을 조장하게 되었다. 그는 자신을 이들의 아버지로 생각했다. 하지만 그들을 향한 그의 사랑은 그가 혐오스러워하면서 권한을 포기했던 전능한 어머니의 사랑에 더 가까웠다.[28]

SFP 회원들이 받은 심문을 계기로 라캉과 제자들의 관계에 변화가 일어났다. 일부 제자는 위원회와의 면담을 천재성으로 그들을 짓누르는 스승의 감독에서 빠져나갈 호기로 이용했고, 다른 제자들은 이와 반대로 이전보다 더 스승에게 의존하게 되었다. 다른 한편 피에르 터켓은 르클레르와 그라노프가 내놓은 정책을 이해할 수 없었다. 그는 허용될 수 있는 분석 방법을 실천하는 사람을 가입시키는 위험을 무릅쓰고 싶지 않았고, 가입 절차가 라캉에 대한 사실상의 통제를 부과해 결국 그의 분석 방법을 수정하게 만들 수 있으리라는 생각에 반대했다. IPA 조직의 분규에 끼인 그는 라캉의 뛰어난 임상 능력을 무시했다. 가령 진단을 내리는 비범한 능력, 광기에 대한 특별한 이해 능력 그리고 위선과 떳떳한 양심, 위선적 행위를 간파해내는 놀라운 명석함 등 정신분석가에게는 필수 불가결한 모든 자질을 그는 갖고 있었다.

그러나 이 모든 자질에도 불구하고 라캉은 그에 대한 중앙 집행부의 의도를 오판했다. 1963년 6월 말에 게임은 이미 끝났는데도 그는 자기 학설과 기술의 타당성을 IPA에 설득시킬 수 있으리라는 확신을 갖고 스톡홀름에 가기로 결심했다. 그러한 행동은 미친 짓이라고 생각한 르클레르는 묘한 말로 경고했다. "당신은 관록을 믿고 재앙 속으로 걸어가고 있습니다. 하지만 저는 당신에게 충실하고, 제가 진 빚도 잘 알고 있습니다. 그러니 저도 당신과 함께 가겠습니다."[29] 라캉은 이 경고를 무시하며 이렇게 답장했다. "나는 자네가 나를 초대해서 스톡홀름에 가게 된 것처럼 보일 생각은 추호도 없네. (……) 나는 오히려 자네가 싸움에 동참했으면 하네."[30] 그리고 나서 그는 장문의 영문 편지를 파울라 하이만에게 보냈다. 이 편지에서 그는 터켓 보고서의 결론에 이의를 제기했고 라가슈가 자기 생각들을 표절했다고 비난했다.[31] 그리고 이 편지를 르클레르에게 주었지만 그는 그것을 즉시 다른 문서 속에 치워두었다. 파울라 하이만과 라가슈가 얼마나 친한 친구인지를 알고 있었기 때문이다. 그러나 그는 라캉이 세미나 참석차 스톡홀름에 갈 계획이라는 것을 파울라 하이만에게 알려주었다.

이 스웨덴 원정은 파국으로 끝났다. 7월 초에 런던에서 열린 준비 학회에서 라캉은 IPA의 고위 위원들 앞에서 자기 학설을 상세히 설명하려고 했다. 그는 영어로 연설하면서 주체의 분리와 대상의 위치를 설명하려고 시도했다. 하지만 '잔여(reste)' 개념을 번역할 적당한 용어가 떠오르지 않았다. 그래서 청중에게 도움을 요청했다. 하지만 아무도 대답하지 않았다. 그러자 그는 아주 의연하게 회의장을 떠나 그처럼 어려운 시기에 기꺼이 함께 있어주고 싶어했던 친구이자 제자인 솔랑주 팔라데를 만나러 갔다. 한 달 후 스톡홀름에서 그는 추방 통지서를 직접 전달받았다. 8월 2일에 중앙 집행부는 에딘버러 '권고 사항'이 엄격히 적용될 것이며, 라캉의 추방은 늦어도 1963년 10월 31일에 실시될 것이라고 발표했다.

바로 그날 그는 돌토와 페리에, 르클레르, 그리고 딸인 주디트와 함께 1935년에 독일 작가인 쿠르트 투홀스키가 자살했던 유명한 그립스

홀름 성을 방문했다.[32]

스톡홀름 '지침'의 적용은 결국 융과 아들러처럼 일탈 노선을 추구
하는 것이 아니라 오히려 반대로 클라인처럼 정통 프로이트주의를 따
른다고 선언한 학설을 IPA에서 추방시키는 결과를 가져왔다. 이러한
측면에서 1963년의 분열은 전례가 없는 것이었다. 정신분석 운동사에
서 최초로 프로이트를 엄격히 따르는 학파가 실제로는 정통 프로이트
주의에서 배척된 것이다. 한편 이처럼 색다른 파문을 계기로 라캉은 본
의 아니게 새 학파를 세우게 된다. 이 학파는 프로이트(주의)적인 것이
라고 이름붙여졌지만 결국에는 어쩔 수 없이 라캉(주의)적인 것이 된다.
이에 대해서는 나중에 좀더 자세히 살펴보기로 하겠다.

'권고 사항'은 라캉과 마찬가지로 돌토 역시 SFP의 훈련 분석가 명
단에서 제명할 것을 요구했다. 제12항에서는 또 르네 라포르그와 안젤
로 에스나르도 똑같은 식으로 제명할 것을 요구했다. 나는 이미 앞에서
상당히 지긋한 나이였던 SPP의 이 두 창립자가 추방된 배경에 대해 설
명한 바 있다. 라포르그는 별난 구루(guru)처럼 보였고, 당시 괴링과 협
력했다는 어떤 확실한 증거도 없었음에도 불구하고 '친나치'로 취급당
했다. 다른 한편 에스나르는 그의 세대로서는 분석을 받아본 적이 없는
유일한 회원이었다. 게다가 그는 국수주의적 분파의 대표적인 주요 인
물 중의 하나였기 때문에 IPA가 그를 재가입시킬 어떤 이유도 없었다.
특히 그는 반유대주의자라는 의심을 받았기 때문에 더욱 그러했다.[33]
이처럼 '권고 사항'의 제12항은 수치로 여겨져온 프랑스 식 정신분석
의 과거의 잔재들을 별다른 물의를 일으키지 않고도 은밀히 제거하는
데 이용되었다. 그러면 라포르그와 에스나르의 제자들은 어떻게 되었
을까?

잘 알려져 있듯이 이미 1947년부터 이들은 좀더 '적합한' 스승 밑에
서 학업 과정을 마치도록 유도되었다. 이런 식으로 SPP 내에서 일종의

조용한 숙청이 감행되었다. 그러나 라포르그에게서 분석받은 일부 회원은 이미 충분히 훈련받았다고 생각했기 때문에 두번째 단계의 분석 과정을 거부했다. 바로 프랑수아즈 돌토가 그러했는데, 그녀의 분석은 여러 번의 집단 점검을 충분히 거쳤다. 따라서 그녀는 첫번째 심사 때부터 너무 '라포르그주의적'이라고 평가되었는데, 이런 식으로 그녀의 분석 실천에 불신을 표명했던 것이다. 그러나 돌토와 비슷한 입장이었던 쥘리에트 파베-부토니에의 경우에는 곧 문제가 해결되었다. 그녀에게는 훈련중인 분석 수행자가 거의 없었고 무엇보다 그녀는 대학 내의 학문 활동에 몰두하고 있었다. 따라서 그녀의 실천은 심사자들에게 이렇다 할 문제를 일으키지 않았다. 이와 반대로 돌토 역시 거의 훈련 분석을 하지 않았지만 그녀의 분석 실천을 지켜보는 수많은 학생들이 있었기 때문에 IPA의 규범주의자들뿐만 아니라 프랑스 어린이 정신분석 영역이 정신의학 제도에 의해 지배되기를 바라던 세르주 르보비치와 르네 디아트킨느 같은 SPP의 거물급 인사들 모두에게 골칫거리였다.

르네 라포르그가 사망한 지 몇 달 후인 1962년 9월 21일에 마리 보나파르트가 갑작스럽게 백혈병으로 사망했다. 이리하여 이제 에스나르는 프랑스에서 SPP 창립 세대 중 마지막 생존자가 되었다.[34] 스톡홀름 대회에서 중앙 집행부의 '지침'은 더이상 돌토의 제명을 언급하지 않았고, 에스나르와 라포르그의 이름도 제명 대상 명단에서 사라졌다. 그러나 2년 전 에딘버러에서 발표된 '권고 사항'은 계속해서 적용되었다. 따라서 에스나르와 돌토는 라캉을 따라 추방의 길을 오르는 것 외에는 다른 선택의 여지가 없었다. 1981년 9월에 돌토는 그녀가 그렇게 오랫동안 운명적으로 따랐던 남자에 대한 추억을 이렇게 떠올렸다. "처음으로 어린이 정신분석을 연구하고 싶어하는 젊은 정신분석가들을 받기 시작했을 때 어린이들의 말을 가장 잘 듣고 또 어린이들의 충격을 가장 잘 감수할 수 있는 정신분석가들은 주로 라캉에게서 분석받은 사람 중에서 발견되었다. 다시 말해 어린이, 심지어 아주 어린아이를 전문적인 교육 심리학자나 규범주의적인 소아 심리학자를 위한 연구 대상이 아니라 자기를 표현하려는 욕망을 가진 주체로 인정할 준비가 된 동지들을 만날 수 있었던 것은 오직 이들 사이에서뿐이었다. 이런 사실을 통해 나는 라캉이 진정한 정신분석가임을 이해하게 되었다. 다른 많은 정신분석가들은 많은 학설을 알고 있고 정신분석가라는 직함에 자부심을 느꼈지만 단지 그것을 하나의 직업으로만 삼았을 뿐이다."[35]

IPA 지도부는 프랑스 프로이트주의의 거장 두 명을 제명시키면서 명사들에게서 훈련받은 성실한 실습가들만을 받아들이기로 결정했다. 이리하여 표준화라는 명목으로, 또한 무절제에 대한 두려움 때문에 IPA 지도부는 이론적 혁신에 필수 불가결한 창의력을 상실하게 된다. 특히 지도부는 프랑스 정신분석의 상황을 오판하고 말았다. 1964년 6월 이후 IPA에 가입한 단체는 과거의 SPP와 해산된 SFP의 옛 회원들 삼십여 명이 새로 결성한 '프랑스 정신분석협회(APF)'뿐이었다. 여기에는 라가슈, 두 명의 파베, 그라노프, 앙지외, 그리고 라캉의 제자들, 즉 라플랑슈, 퐁탈리스, 퓌졸, 스미르노프, 라비, 비들뢰허 등이 포함되었다. 이리하여 정통파로 인정된 프랑스의 프로이트주의는 머리도 없고 사지도 없는 몸이 되었다. 돌토와 라캉을 잃음으로써 사고하는 머리를 잃었고, 뿐만 아니라 점점 더 보수주의 쪽으로 흐르는 일련의 표준화 규칙을 따르기보다는 탁월한 두 스승의 가르침을 따르기를 더 선호했던 다가올 세대, 즉 4세대의 3/4을 잃었다.

그런데 1963~64년의 분열은 라캉주의의 발전에서만큼이나 IPA에게도 재앙이었다. 왜냐하면 '프랑스는 예외다'라는 원칙을 다시 한번 확인해주는 결과를 가져왔기 때문이다. 라캉주의자들로 구성된 프랑스 정신분석 4세대와 여전히 스승을 충실히 따르던 대부분의 3세대에게 프로이트 제국은 이제 미국식 생활 방식의 이상적인 순응자들, 즉 코카

콜라를 배불리 마신 샘 아저씨들을 맹목적으로 재생산해내도록 만들어진 제국주의적 기계와 동일시되었다. 다른 한편 영국인이건 아니면 미국인이건 IPA의 거물들은 이제 '라캉주의자'라고 부르게 된 이들을 일상적인 신경병을 치료하기보다는 머리에 반항의 씨를 뿌리는 일에 더 적당한 신비주의적인 신학자들이나 과격한 자코뱅주의자들로 간주했다. 다른 한편 라캉도 이처럼 영구적인 추방을 통해 영미권에서 프로이트주의에 대한 재해석을 정통 학설로 인정받을 수 있는 가능성을 완전히 잃어버렸다. 그것은 영미권에서 기껏해야 이탈 혹은 상궤를 벗어나는 일탈, 즉 그가 원하던 것과는 정반대 형태로 받아들여질 뿐이었다. 다시 말해 프로이트주의의 보편성과 과학적 합리성을 대변하기를 자임했던 사람이 프랑스적인 것이라는 벽 안에 갇혀 끊임없이 도전했던 파벌적 한계 내에서 메시지를 선언할 수밖에 없는 운명을 감수하게 되었던 것이다.

5 구조와 아버지-의-이름

　젊은 여기자인 마들렌느 샵살은 남편인 장-자크 세르방-슈라이버가 새로 창간한 『렉스프레스*L'Express*』지의 기고자로 일하고 있었는데, 라캉을 처음 만났을 때 그는 적갈색의 텁수룩한 가발을 쓰고 있었다. '지베' 퐁탈리스가 그녀에게 라캉을 소개했고, 라캉은 그녀에게 춤을 청했다. 『현대』지가 주최한 '인텔리들'이 모이는 파티 중의 하나에서였는데, 이런 파티에서는 통상 가장 무도회가 열렸다.

　이제 오십을 넘긴 라캉은 그에 걸맞게 바로크 풍의 교육자 차림으로 참석했다. 본인이 바라는 모습 그대로였다. 매주 그는 세미나가 열리는 생트-안느 병원의 계단 강의실에서 종종 한숨과 고함을 섞어가며 갑자기 흥분했다가는 다시 사람을 깜짝 놀라게 하는 목소리로 말을 이어가곤 했다. 그는 항상 메모와 스케치로 가득 찬 몇 장의 종이를 들고 왔다. 이 종이들은 때때로 끊기곤 했던 그의 말로 인해 생기는 서스펜스를 길게 유지해주는 기능을 했다. 때로 그는 콜로누스의 오이디푸스처럼 중얼거리곤 했다. 무거운 침묵으로 시간을 중단하려는 시도로 보였다. 또 때로는 죽음 앞에 선 햄릿처럼 목소리를 높이기도 했다. 마치 이제 막 떠오르려는 생각이 왜 이리 느림보를 피우냐고 질책하는 듯했다. 냉철한 동시에 격렬한 목소리로 그는 끊어진 연설 또는 불확실한 기억에서 무의식의 엄격한 논리를 불러내 이 무의식의 흐름을 흉내내는 듯했다. 그의 세미나는 집단적인 카타르시스를 일으키곤 했다. 참석자들은 모두 각자 라캉이 자신에게만 말하는 것처럼 느꼈다. 1953년부터 1963년까지 이곳은 이 강의에 참석한 모든 사람들, 즉 철학자들, 정신분석가들, 작가들에게 일종의 실험실이었다. 소크라테스의 향연과 비슷한 분위기가 이곳을 지배했다. 물론 나중에 강의 내내 지속되었던 흥분 상태는 사라졌지만 스승과 청중들 간의 활기찬 의견의 교류에서 여전히 그러한 흔적을 발견할 수 있었다. 정말 풍부한 대화가 이루어졌던 것이다.

마들렌느 샵샬은 이 세미나에 참석할 기회가 없었다. 하지만 '지베'와 함께 여러 번 기트랑쿠르에서 주말을 보냈고, 그곳에서 실비아는 그녀에게 유익한 조언을 해주었으며, 그녀를 트리스탕 차라와 조르주 바타이유에게 소개시켜주었다.

그녀는 대학에서 철학을 공부하면서부터 프로이트 학설에 매력을 느꼈다. 그런데 그녀는 이제 당대의 작가나 사상가들과의 일련의 긴 인터뷰들을 통해 수준 높은 문학 저널리즘 세계 속에 입문하고 있었다. 그 중에는 사르트르나 말로, 보부아르, 셀린느처럼 이미 유명한 작가들도 있었고, 아직까지는 많이 알려지지 않은 사람들도 있었다. 이 후자의 사람들에게 그녀는 인지도 높은 주간지를 통해 광범위한 대중들에게 발언할 수 있는 기회를 제공해주었다.[1] 특히 그녀는 언어로 세계를 구조화시키려는 '비범하고' '반항적인' 지식인들을 좋아했다. 당시까지만 해도 아직 그녀는 소설가가 되려는 생각보다는 오히려 다른 사람들의 말을 해석하려고 노력했다. 라캉과 그녀는 금방 소중한 친구가 되어 꽃을 선물하거나 희귀서를 서로 빌려주고 편지들을 주고받곤 했다. 편지의 호칭으로는 '너'와 '당신'이 번갈아 쓰였으며 내용도 시와 산문이 섞여 있고, 숨박꼭질 놀이와 연애 기술도 엿볼 수 있었다. 그녀는 가장을 좋아하는 그의 성향, 즉 적갈색 가발, 사교계의 쾌락에 대한 선호, 연극적 상황들에 대한 열정을 좋아했다.[2]

상류 사회에서 태어난 그녀는 어머니인 마르셀 쇼몽과 대모인 마들렌느 비온네가 몸과 영혼을 다 바쳤던 그 덧없는 세계의 은밀한 의식(儀式)에 익숙해 있었다. 어린 시절 내내 몽테뉴 가의 살롱들에서 '상류 사회의 분위기'를 배운 그녀는 양장점의 여재봉사들이 공주나 스타 혹은 부유한 부르주아 계급의 여자들을 위한 화려한 드레스를 만드는 모습을 보며 경탄하곤 했다.[3]

라캉은 이 '영혼'과 사랑에 빠졌다. 그는 그녀와 스승인 클레랑보와 함께 직물에 대한 열정을 나누어 갖고 있었는데, 여기에는 약간의 페티시즘이 없지 않았다. 그는 마들렌느의 예절과 우아함, 섬세한 취미에 매료되었다. 1956년 2월에 마리-로르 드 노아이유 집에서 열릴 무도회를 위해 어떤 복장을 해야할지 고민이 된 그는 그녀에게 조언을 부탁했다. 그리고 특히 이 일에 대해 비밀을 지켜달라고 부탁했다. 다른 분야에서와 마찬가지로 이 분야에서도 그는 표절을 두려워했다. 어떤 날에는 그녀에게 자기 좌우명이 "사람들은 나를 배반하고도 벌받지 않고 무사히 도망간다"(이것은 스코틀랜드 기사단인 '엉겅퀴 기사단'의 훈장에 새겨져 있는 명구(銘句) "내게 도전한 어느 누구도 무사할 수 없다(Nemo me impune lacessit)"를 정반대로 뒤집어놓은 것이다)라고 말하기도 했다. 라캉은 나중에 이 문제를 다시 다루면서 영웅은 사람들에게 배반당하고도 아무 해를 입지 않는 대상으로 규정했다. 어쨌든 그날 밤 그는 철학에 대한 찬사를 상징하는 미네르바의 새, 부엉이로 가장했다.

역사주의에 대한 비판에서는 사건보다 구조를 우선시하고, 그가 사용한 전거나 인용문들을 분명히 밝히는 대신 암시적으로만 처리했던 그였지만 잡담이나 소문, 일화 등 특별한 형태의 역사 이야기에 대해서는 유달리 탐욕스러운 호기심을 보였다. 그는 속을 터놓은 사람에게만 들려줄 수 있는 은밀한 비밀 이야기를 듣는 것을 특히 좋아했다. 마들렌느는 이렇게 말한다. "그를 만나러 갈 때면 애써 최근의 수다 거리를 기억해내려 애썼다. 그것이 그에게는 어떤 과자 선물보다도 더 큰 기쁨을 줄 것이기 때문이다. (……) 그는 어느 수다쟁이보다 더 호기심이 많았다. (……) 하지만 자신에 관해서는 조금도 드러내는 법이 없었다."[4] 그는 (프루스트의) 잔인한 베르뒤랭 부인만큼이나 은밀한 대화에 굉장한 관심을 보였으며, 또한 언론계의 거물들이 모이는 장소에 드나드는 것도 아주 좋아했다. 언어가 투명할 수 있다는 환상을 계속 유지하는 것이 직업인 그들을 관찰하는 것은 그가 강의에서 이들에게서 은밀하게 가장 감탄했던 것, 즉 매체의 힘과 명료한 의사소통에 대한 열망에 도전할 때 아마 제법 도움이 되었을 것이다. 그는 종종 마들렌느를 마티뇽 가에 있는 '르 버클리'라는 레스토랑에 데리고 갔다. 그곳에서 그는 언론계 거물인 피에르 라자레프가 즐겨 앉는 테이블에서 멀지 않은 곳에 자리잡고는 그녀에게 값비싼 멧새 요리를 주문해주었다.

그녀도 라캉이 유혹하려 한다는 것을 익히 눈치챘지만 그가 여자가 아니라 기자로서의 그녀에게 환심을 사려 한다는 것을 알았다. 그는 자기를 힘껏 도와줄 기자를 기다렸던 것이다. "당시 라캉은 아직 아무런 책도 내지 않았다. 그는 인정받고 싶은 욕망에 불타고 있었다. 그는 나를 통해서 『렉스프레스』지를 보고 있었던 것이다."[5] 이리하여 그녀는 그와 자유연애 관계라는 애매한 게임을 즐기면서도 결코 그의 사랑의 표시에 응하지 않았다. 그럼에도 불구하고 그는 그녀를 사로잡기 위해 너무나 세련된 전략을 구사했다. 그는 그녀에게 이런 편지를 보내기도 했다. "애인이 많으면 무슨 소용이야, 어느 누구도 그대에게 세계를 가져다 주지 않는다면 말이야."[6]

1957년 봄에 그녀는 그에게 『렉스프레스』지에 실을 인터뷰를 제안했다. 단 일반 대중도 충분히 이해할 수 있도록 한다는 조건이 붙었다. 그는 즉시 수락했다. "그는 공개적인 장소에 입장하는 법을 익히 알고 있던 것처럼 큰 인기를 끌고 있던 잡지에 데뷔하는 일을 준비하는 데도 아주 능숙했다. 프로이트와 정신분석에 관한 나의 모든 질문(어떤 질문은 일부러 아주 기본적인 것들로 마련했다. 왜냐하면 나 역시 인터뷰가 신문에 실리기를 바랐기 때문이다)을 그는 아주 점잖고 주의 깊게 듣고는 정말 대가답게 고전적인 방식으로 너무나 명료하게 대답했다. 나는 그의 상냥함과 호의적인 태도, 그리고 자기 생각을 이해시키려고 노력하는 태도에 감동했다. 라캉은 강연에서는 보통 모호하고 바로크 풍으로 설명했지만 원한다면 얼마든지 명쾌하게 설명할 수도 있었던 것이다."[7] 인터뷰는 1957년 5월 31일자 잡지에 실렸다. '정신분석의 열쇠'라는 제목이 표지에 인쇄되고, 1면에는 이 대가의 사진도 실렸다. 그리고 사진에는 요한 복음에서 인용한 "태초에 말씀이 계시니라"라는 문구가 적혀 있었다.[8]

이 인터뷰를 통해 라캉은 놀라운 성공을 거두었다. 그는 『렉스프레스』지 구독자들에게 프로이트의 발견이 무엇이며, 그가 보기에 이 발견에 대한 진정한 해석(당연히 지극히 라캉적인 해석이었다)이 무엇인지를 명료하게 설명할 수 있었다. 잘 알려진 대로 프로이트는 모든 과학적 탐구는 인간의 나르시시즘에 모욕을 가져왔다는 것을 보여줌으로써 역사를 은유적 형태로 제시했다. 그는 연속적으로 나타난 모욕 중 중요한 세 가지를 예로 들었다. 첫번째는 우주론적 차원에 속하는 것으로서 지구가 우주의 중심에 있다는 환상을 깨부순 코페르니쿠스의 혁명에 의한 것이었다. 두번째는 생물학적 차원에 속하는 것으로서 다윈의 진화론 때문에 동물과 '다르다'는 인간의 주장이 힘을 잃게 되었다. 세번째는 심리학적 차원에 속하는 것으로서 무의식이 존재한다는 프로이트의 생각에 의한 것이었다. 이것은 자아가 주체의 주인이라는 생각과는 상반되는 것이었다.[9]

라캉은 중심의 해체라는 이러한 은유적 표현을 자기 목적에 맞게 변주해 프로이트 학설 전체가 과학, 논리학, 합리성 차원에 속한다고 주장했다. 프로이트를 비합리적이라고 비난했던 반(反)계몽주의자들에 맞서 그는 이제까지 합리화에 저항해오던 것을 프로이트가 합리화했을 뿐만 아니라 '그렇게 함으로써 합리적으로 추론하는 이성, 즉 실천중인 이성'을 보여주었다고 주장했다. 이어 그는 프로이트의 발견이 가진 전복적 성격을 상기시켰다. 이어 프로이트가 스스로와 동일시했던 두 명의 역사적 거물인 크리스토프 콜럼버스와 한니발을 인용하는 대신 프로이트를 이집트 상형문자를 최초로 해석한 샹폴리옹에 비유했다. 이런 식으로 라캉은 프로이트의 업적에 대해 여전히 초기 정신에 충실하지만 동시에 프로이트가 의도했던 것과는 아주 다른 해석을 내놓았다. 왜냐하면 프로이트는 결코 자기의 발견이 사회 질서를 전복할 수 있는 반역의 물결로 이론화될 수 있다는 식의 과격한 주장을 내놓은 적이 없었기 때문이다. 오히려 스캔들을 일으키거나 쉽게 받아들여지기 어려운 측면이 있다고 말하지 않았던가. 그는 또 무의식이 말 그대로의 엄밀한 의미에서 일종의 글쓰기(여기서 기호는 이 기호가 속하게 된 체계 속에서만 의미를 갖게 된다)가 될 수 있다고도 주장하지 않았다. 이 두 가지 가설, 즉 정신분석 학설의 전복적 성격과 무의식의 기호 체계로의 동화라는 가설은 프로이트의 과학적 개념에는 속하지 않았다. 하지만 프로이트 본인의 진술과 모순되지도 않았다. 따라서 라캉은 이 두 가설을 프로이트의 학설이라고 주장할 수 있었다. 그는 이렇게 말했다. "『꿈의 해석』을 읽어보세요. 『일상생활의 병리학』을 읽어보세오『농담과 무의식의 관계』를 읽어보십시오. 이 저서들의 아무 데나 펼쳐보십시오. 그러면 내가 말한 내용이 분명 거기 들어 있다는 것을 확인할 수 있을 것입니다."[10]

이처럼 프로이트의 작업은 전복적 성격을 갖고 있다는 가설을 내놓으면서 라캉은 내가 이미 다른 곳에서 윤곽을 그려 보인 바 있는 정신분석학에 대한 한니발 식 관점의 직계에 자신을 위치시켰다.[11] 하지만 프로이트가 한니발과 동일시했던 것은 자기 발견을 저항의 원리와 연결시키기 위한 것이었던 반면 라캉은 이보다 훨씬 더 나아가 이것을 가능한 모든 인간적 반역의 원형으로 만들려고 했다. 이 점에서 그는 프랑스적 예외의 전통을 그대로 따랐다. 잘 알려져 있듯이 프랑스는 프로이트가 완벽한 의미에서의 혁명을, 즉 이론적으로뿐만 아니라 정치적·이념적으로 완벽한 혁명을 수행했다고 강력히 주장하는 세계 유일의 나라이다. 이러한 예외성의 기원은 무엇보다 먼저 1789년 혁명으로까지 거슬러 올라간다. 프랑스 혁명은 광기에 대한 이성의 우위에 과학적이고 법적인 합법성을 부여했으며 이와 동시에 정신병원이라는 제도를 도입했다. 다시 이것은 드레퓌스 사건으로 거슬러 올라가는데, 이 사건은 지식인 계급에 자의식을 부여해주었다. 지식인들은 아방가르드를 자임함으로써 혁신적인 사상들을 독점해 이를 이용할 수 있었다. 여기에 보들레르, 랭보, 로트레아몽을 거쳐 형성된 현대 문학의 탄생을 추가할 수 있을 것이다. 그리고 "'나'는 타자이다(JE est un autre)"라는 랭보의 말을 기초로 인간(성)을 바꿀 수 있다는 사상이 새로운 글쓰기를 통해 표현된 점도 덧붙여야 할 것이다.

1789년의 프랑스 혁명이 없었다면 최초로 독일에서 등장한 병리론을 통합한 정신의학적 지식에 대한 오랜 연구도 없었을 것이며, 따라서 프로이트의 발견도 없었을 것이다. 그리고 드레퓌스 사건이 없었다면 자의식을 갖고 혁신적 사상을 흡수하는 아방가르드 지식인들도 없었을 것이다. 또한 현대 문학이 없었다면 프로이트의 발견은 다음과 같은 생각, 즉 이러한 발견은 주체의 전복("'나'는 타자이다")인 동시에 사회 질서에 대한 급진적 도전의 표현이 될 수도 있다는 생각과 연결될 수 없었을 것이다.[12)

라캉은 초현실주의자들과 또 나중에는 바타이유와 교류하고 니체의 저서들을 접하면서 고수하게 된 프로이트주의의 전복성에 관한 이 가설을 증명하기 위해 이러한 전복성의 기원을 프로이트 본인에게로 소급시키려고 했다. 하지만 어떤 증거도 발견되지 않는다면 과연 그러한 주장을 어떻게 증명할 수 있을까? 라캉은 1954년에 칼 구스타브 융을 방문함으로써 이 미묘한 문제를 해결할 수 있었다.

프로이트주의 역사상 가장 유명한 이단아인 융은 당시 이미 79세였다. 퀴스나하트라는 취리히 호숫가에 위치한 으리으리한 집에서 그는 세계 각지에서 찾아온 수많은 방문자들에게 동양의 늙은 도인처럼 치료도 해주고 이러저러한 조언과 박학한 지식을 들려주었다. 그에게 접근하기가 얼마나 어려운지를 잘 알고 있던 라캉은 오랜 친구인 롤랑 카엥에게 도움을 청했다. 정신과 의사로 독일어 학자였던 그는 1936년에 융을 알게 되었다. 이후 그의 제자가 되었으며 나중에는 그의 저서를 처음으로 프랑스어로 번역했다.[13) 전후 생트-안느 병원에서 나흐트와 라캉, 에, 라가슈와 알게 된 그는 이들에게 융의 학설을 참고하라고 설득했지만 헛수고였다. 라캉이 융에게 보낼 추천서를 요구하자 그는 이번 기회를 이용해 두 학설이 비교될 수 있을 것이라고 생각했다. "친구 들어보게. 자네의 시니피앙과 우리의 원형은 친사촌간이라네." 라캉은 단호하게 반박하면서 이렇게 대답했다. "결코 그렇지 않네. 하지만 나는 융을 만나러 갈 수 있기를 바라네. 왜냐하면 그는 분명히 프로이트에 관한 추억을 갖고 있을 테고, 나는 그것을 책으로 엮고 싶다네."[14)

당시 융은 아직 『회고록』을 쓰기 시작하지도 않았고 프로이트와 주고받은 서신도 아직 출간되지 않았으며, 따라서 그와 관련된 어떤 전기 집필 작업도 시작되지 않았다. 정신분석의 기원과 초기 상황에 관한 이야기를 접할 수 있는 유일한 자료는 프로이트의 성도전(聖徒傳)뿐이었다. 그런데 융은 두려움도 모르고 비난할 바도 전혀 없는 영웅으로 소개되는 이 빈의 대가의 지극히 신성한 초상에 대해 항상 부정적이고 불만을 가진 것처럼 보였다.[15] 따라서 프로이트와의 관계에 대해 융을 증인으로 내세우려는 라캉의 생각은 아주 훌륭한 것이었다. 두 사람의 만남은 이루어졌다. 하지만 롤랑 카엥은 아무 정보도 듣지 못한 점을 유감스러워했다. 라캉은 어떤 일이 있었는지에 대해 한마디도 해주지 않았고, 융은 이 만남에 대해 금방 잊어버렸다.

라캉이 친구에게 아무 얘기도 하지 않은 이유는 이것을 청중을 위한 정보로 남겨두기 위해서였다. 1955년 11월 7일에 빈에서 독일어로 발표한 프로이트의 '사물'에 관한 강연에서 그는 퀴스나하트로 융을 방문했던 사실을 처음으로 공개했다. "그래서 클라크 대학 초청으로 뉴욕 항에 도착해 세계를 밝힌다는 그 유명한 동상을 처음 보았을 때 프로이트가 융에게 '우리가 페스트를 가져왔다는 사실을 그들은 모르겠지'라고 했다는 말 ─ 나는 이 말을 융에게서 직접 들었다 ─ 이 융에게는 오만함을 다시 한번 확인해주는 것처럼 비쳤는데, 이 말이 가진 반어법과 우울함도 이 말에 들어 있는 흐릿한 빛을 완전히 없애버리지는 못했다고 합니다."[16]

이 말에 주석을 붙이면서 라캉은 프로이트가 착각했다고 지적했다. 즉 프로이트는 정신분석이 미국을 혁명적으로 변화시킬 수 있다고 생각했지만 실제로는 역할이 역전되어 미국이 프로이트의 가르침을 삼켜버려 전복적 정신을 제거해버렸다는 것이다. 프로이트가 했다는 이 말은 예상외로 널리 퍼져나갔다. 그러나 프랑스에서는 어느 누구도 프로이트주의의 전복성을 의심하지 않으며, 특히 프로이트가 1909년에 융과 페렌치와 함께 미국을 여행할 때 결코 이 말을 하지 않았으리라고는 아무도 감히 상상하지 않았다. 하지만 이와 관련된 텍스트와 서신, 문서들을 조사해보면 융은 라캉에게만 이처럼 귀중한 비밀 얘기를 해준 것처럼 보인다. 융도 『회고록』에서 이 여행에 대해 언급하지만 페스트에 관한 어떤 언급도 찾아볼 수 없다. 그리고 프로이트와 페렌치도 결코 이 말을 언급하지 않는다. 앙리 엘랑베르제, 빈센트 브롬, 클라렌스 오베른도르프, 폴 로아장, 나탄 G. 헤일, 피터 게이를 포함해 어네스트 존스부터 막스 셰에까지 이르는 프로이트주의 역사가들을 보면 이들은 단지 프로이트가 "우리가 무슨 말을 할지를 알면 깜짝 놀랄 겁니다"라고 말했다고 적고 있다.[17]

혼자만이 비밀을 아는 유일한 증인이라는 자부심을 느낀 라캉은 원래 사실보다 더 사실 같은 허구를 만들어 소위 미국식 정신분석에 맞서 이제부터 프로이트주의에 전복성이라는 낙인을 찍어 이 학설을 자기 식대로 재정식화하려고 했다. 그리고 오늘날에는 비라캉주의들까지도 그것이 직접 프로이트가 한 말이라고 믿을 정도로 '프로이트의 페스트' 이야기가 프랑스에 확고하게 자리잡은 것은 아마 이것이 '프랑스적 예외'를 직접 계승하고 있기 때문일 것이다. 라캉은 한때 이러한 전통을 경멸했지만 이제는 이러한 전통의 계승자이자 혁신자가 되었다.

정신분석의 창시자가 살았던 이 도시에서 라캉은 즉각 중부 유럽, 즉 처음에는 나치즘에 삼켜지고 다음에는 미 제국주의에 의해 역사에서 지워진 중부 유럽에 대한 기억을 떠올렸다. 그리고 1936년의 마리엔바트에서처럼 런던에 맞서 빈에, 그리고 신대륙에 맞서 유럽에 기대려고 했다. 이를 위해 그는 강연에 참석한 '빈 정신분석학회(WPV)' 회장인 알프레트 폰 빈터슈타인 백작을 증인으로 불러냈다. 영웅 시대의 마지막 생존자인 이 귀족은 나치 시대에 빈에서 아우구스트 아이히호른과 함께 훼손된 정신분석의 잔해들을 보존했다. 그리고 존스가 주창한 '구출' 정책에 결코 동의하지 않았다.[18] 라캉도 이러한 사실을 알고 있었다. 그가 프로이트가 말한 '페스트'의 전복적인 의미가 '흑사병'뿐만 아니라 다양한 적응 이론들과 대립되는 의미로 전달되기를 바란 것은 바로 이 때문이었다. 그러나 그의 계획은 이루어지지 않았다. 1947년에 이고르 카루소 백작을 WPV에서 추방시키도록 만든 분열에도 불구하고 WPV는 IPA에 완전히 통합되었다. 터켓 위원회에서 만나 알게 된 빌헬름 솔름스를 통해 라캉은 즉각 이러한 사정을 눈치챌 수 있었다. 이리하여 1955년 가을에 라캉은 초기 프로이트주의의 전복적인 힘을 망각한 이 도시를 맹렬히 비난하게 된다.

『렉스프레스』지에 실린 마들렌느 샵샬과의 두번째 인터뷰에서 라캉은 여전히 미국식 정신분석을 염두에 두면서 사회적 적응을 지향하는 정신분석은 전적으로 오류이며, 또한 이와 반대로 분석이 모든 억압에서 벗어나게 해줄 수 있는 방법일 수 있다고 상상하는 것도 잘못이라고 주장했다. 그리고는 프로이트의 유명한 문구를 갖고 말장난을 하면서 어떤 경우에도 주체인 '나'를 무의식의 자리인 '이드'에 갖다 놓아서는 안 된다고 주장했다. 그는 여기서 다시 한번 빈에서의 강의와 1956년 11월 6일에 SFP에서 열린 토론을 언급하고 있었다.

이날 에스나르는 프로이트가 1932년에 『새로운 정신분석 강의』의 한 장(章)인 「심리적 인격의 '해부'」의 끝부분에 쓴 Wo Es war, soll Ich werden이라는 문장에 주석을 붙였다.

이 문장은 정신분석이 문명에 부과한 새로운 임무를 규정하고 있었다. 그것은 쥐더 만(灣) 근처의 바다를 간척하는 것만큼이나 인류에게 중요한 임무였다. 1936년에 이 문장은 마리 보나파르트의 동료였던 안느 베르만에 의해 이렇게 번역되었다. "자아는 그것을 몰아내야 한다."

무의식을 다양한 의식적 사고 방식에 적응시켜야 한다는 것이었다. 물론 라캉은 이러한 번역에 반대하고 피숑이 제안한 '나/이드'라는 두 개념쌍을 이용해 이 유명한 문장을 다음과 같이 프랑스어로 번역했다. "Là où ça était(c'était), le je doit être(dois-je advenir)"('이드'가 있었던 그곳에 '나'가 있어야 한다). 독일어 동사 war는 반과거 시제를 써서 말 그대로의 의미로 번역했다. 이리하여 프로이트의 2차 위상학이 비심리학적 방식으로 해석될 수 있었다. 즉 정신분석의 임무는 자아를 이용해 '그것'을 몰아내는 것이 아니라 이와 반대로 모든 요소가 각각의 적당한 자리를 차지할 수 있도록 해야 한다는 것이다. 또 '자아(moi)'는 Ich의 전체가 아니라 가상의 '자아(moi)'와 발화의 주체인 '나(je)'로 나뉘어졌다.[19]

라캉은 이미 전후에 이러한 구분을 제안한 바 있었다. 하지만 1949년에 시작된 코기토에 관한 새로운 고찰의 결과 이러한 구분법은 구조 언어학적 관점의 성공적인 응용 속에 포함되는데, 이것은 두 단계에 걸쳐 진행되었다. 메를로-퐁티는 1953년 1월 15일에 있었던 콜레주 드 프랑스 취임 강연에서 프랑스에서는 최초로 소쉬르의 『일반 언어학 강의』에서 철학을 도출할 수 있다고 말했다. "언어학에서 발전된 것과 같은 기호 이론은 아마 사물과 의식의 대립을 넘어서는 역사적 의미라는 이론을 함축하고 있는 것 같습니다. (……) 이 경우 우연성 속에는 합리성, 체험된 논리, 그리고 역사에서의 우연성과 의미의 결합을 이해하는 데 반드시 필요한 자기-구성이 들어 가게 됩니다. 그리고 소쉬르는 새로운 역사 철학의 윤곽을 그릴 수도 있었을 것입니다."[20]

라캉은 이 메시지를 이해했다. '로마 강연'에서 최초로 하이데거 철학과 친족의 기본 구조에 입각해 주체와 언어와 발화를 연결시킨 이후 그는 이와 비슷한 방식으로 주체와 시니피앙의 관계 문제를 논리적으로 이론화하기 시작했는데, 이리하여 이제 그는 모든 존재론을 포기하게 된다. 이러한 이론화 작업은 점진적으로 그리고 오랜 시간에 걸쳐 바로크 풍의 나선형 문체를 통해 이루어졌다. 라캉은 결코 일직선으로 나아가지 않았다. 그는 자기가 하는 말에서 모든 형태의 역사적 흔적을 지워버리기라도 하듯 전혀 전거를 밝히지 않았을 뿐만 아니라 실제로는 자기가 만들어낸 개념을 프로이트의 것인 양 설명했다. 게다가 그는 세미나마다 방향을 바꾸곤 했다. 마치 그가 아주 좋아했던 영화 감독(그에 따르면 정신병의 논리적 엄정함을 선명하게 보여준) 루이 브뉘엘의 영화 <엘El>에 등장하는 편집증에 걸린 주인공의 갈지자 걸음걸이를 흉내내는 것 같았다.[21] 이처럼 그는 시니피앙과 주체를 번갈아가면서 다루었다. 즉 홀수번째 세미나(1, 3, 5, 7권 등)에서는 시니피앙을, 짝수번째 세미나(2, 4, 6권 등)에서는 주체를 다루었다. 이러한 배치는 또한 시니피앙의 우위와 관련된 라캉의 사고 체계의 핵심 주제에 따른 것이기도 했다. 그러나 이것들은 또한 그의 학설 속에서 개념들의 재정식화의 연결 관계와 단계들을 추적해서 구분하는 것을 어렵게 만들기도 한다.

소쉬르의 저서에 대한 두번째 강독을 통해 그리고 로만 야콥슨의 저서에서 지원을 받아 라캉은 롤랑 바르트, 미셸 푸코, 루이 알튀세 등과 같은 사람들과 함께 하나의 사유 방식의 학파를 세우게 되는데, 이 학파는 현상학과 단절하고 정신분석에 대한 소위 '반휴머니즘적', '구조주의적', '과학적' 구상을 제시하게 된다. 이러한 구조주의에다 라캉은 '대상 a' 이론과 '문명의 편집증적 자아' 이론을 통해 젊었을 때 심취했던 니체주의에 반영되어 있는 전복성을 추가했다. 그러나 이러한 니체주의에도 불구하고 라캉은 계몽주의 철학을 그대로 채택하는 대신 반계몽주의와 무신론적 합리주의와 대립적인 과학적 전통을 따랐다. 이처럼 과학에 특권적인 지위를 부여했기 때문에 그는 하이데거와 평생 우정을 유지했음에도 불구하고 결코 그의 철학을 받아들이지 않았다.

라캉의 구조주의의 경우 이것은 인간의 진정한 자유는 주체의 의식은 무의식에 의해 결정되기 때문에 인간은 전혀 자유롭지 않다는 의식에서 비롯된다는 생각에 기반하고 있었다. 그가 보기에는 데카르트적 회의에서 유래하는 분열된 자의식에 관한 이러한 프로이트의 사고 방식이 자유의 철학의 가능성에 대한 믿음, 예를 들어 사르트르의 믿음보다는 훨씬 더 전복적이었다.

소쉬르에 대한 라캉의 두번째 해석은 1954년 6월 23일에 시작되었다. 이날 처음으로 라캉은 랑그, 파롤, 랑가주의 개념들을 단순하게 인용하는 데서 그치는 것이 아니라 소쉬르의 기호 이론에 주석을 붙였다.[22] 1955년 5월 30일에 그는 에드가 앨런 포의 단편소설 「도둑맞은 편지」를 이용해 이러한 접근 방식을 보충하려고 했다. 5월 25일에는 '대타자 A'와 '대상 a' 관계를 이론화했고, 이어서 6월 8일에는 아버지의 기능을 '상징적 아버지'로 보는 이론을 발표했다. 그래서 '아버지-의-이름(nom-du-père)'을 단순한 가정에서 진정한 개념으로 변화시켰다. 그는 '동일시'에 관한 세미나(1961~62)에서 다시 이 주제들을 다루었다. 이 세미나에서 그는 버트란드 러셀을 격렬하게 비난하면서 고유 명사를 '유일무이의 특질(trait unaire)', 즉 시니피앙의 하나를 나타내는 것과 동일시했다.[23]

이와 비슷한 시기인 1956년 5월 2일에 그는 처음으로 은유와 환유에 관한 야콥슨의 논문들을 언급했다. 그리고 일 년 후 『렉스프레스』지와 인터뷰를 가진 시기인 1957년 5월 9일에 소르본느 대학 문과대학 학생들 앞에서 강연한 「무의식 속에서의 문자의 기능」에서 이 논문을 아주 유용하게 이용하게 된다.[24] 마지막으로 1960년 9월 19일부터 23일까지 장 발의 주최로 루아요몽에서 '변증법'을 주제로 조직된 콜로키움에서 라캉은 처음으로 (라캉적 의미에서의) 시니피앙을 규정하고 주체를 구조(혹은 상징적 연쇄)의 한 요소로 규정하는 유명한 정식, 즉 "시니피앙은 다른 시니피앙을 위해 주체를 표상한다"라는 정식을 소개했다.[25] 이로부터 시작해 그는 1961년에는 주체의 위상학적 구조 개념으로 넘어가게 된다.

다른 한편 얼마 전인 7월 10일부터 13일까지 SFP의 국제 회의가 열린 루아요몽에서도 그는 주체의 구조라는 과감한 구조주의적 개념을 인성의 구조에 관한 논문에서 라가슈가 제시한 인성주의적 이데올로기에 대비시켰다. 라캉은 심리학화된 정신분석의 프랑스 식 형태에 도전하고 있는 중이었는데, 이것의 미국식 형태가 바로 자아심리학이었다.[26]

포의 단편 소설은 잘 알려져 있다. 이 소설의 배경은 프랑스의 왕정 복고기로서, 명문가 출신의 젊은 신사인 오귀스트 뒤팽은 경찰국장의 요구로 장관 D가 여왕에게서 훔쳐내 어딘가에 숨겨둔 위험천만한 내용의 편지를 찾아내야 한다. 이 편지는 장관의 서재 벽난로 선반 위에 전혀 감춰지지 않은 채로 있었기 때문에 보려고만 한다면 얼마든지 쉽게 눈에 띌 수 있었다. 하지만 경찰은 자신들의 심리(학)에 갇혀 있기 때문에 편지를 발견하지 못한다. 바로 눈앞의 증거를 살펴보는 대신 편지를 숨길 만한 장소에 관한 복잡한 이론을 세운다. 뒤팽은 이와 전혀 다른 방법으로 행동하고 싶어한다. 그는 장관이 '거꾸로 전혀 감추지 않으려는 묘수'를 구사했다는 결론을 내리고는 장관에게 정중히 면담을 요청한다. 그는 장관과 말하는 동안 시선을 흐릿한 안경 뒤로 숨긴 채 세심하게 방 안을 샅샅이 살핀다. 그는 곧 편지를 발견하고는 순식간에 그것을 훔친 다음 장관이 모르게 겉으로는 똑같은 가짜 편지를 대신 놓아둔다. 그래서 장관은 편지를 도난당했다는 사실을 깨닫지 못한다. 그는 여전히 여왕이 자기 손안에 있다고 생각한다. 왜냐하면 편지를 소유한다는 것은 여왕에 대한 힘을 갖고 있다는 것을 의미하기 때문이다. 그러나 이제 장관은 자신에게 편지가 없다는 사실을 모르는 반면 여왕은 이제 협박꾼이 왕을 상대로 그녀에게 압력을 가할 수 없게 되었다는 사실을 안다. 왜냐하면 그녀에 대한 영향력을 행사할 수 있는 것은 편지를 사용하기 때문이 아니라 그것을 소유하고 있기 때문이다.

뒤팽은 화자에게 어떻게 편지를 발견할 수 있었는지를 설명하면서 하나의 픽션을 이용한다. 그는 단순하고 소박한 심성을 가진 학교 아이들이 경찰국장보다는 훨씬 더 추리력이 뛰어나다고 말한다. 그는 어떤 사내아이와 홀짝 놀이에 관한 일화를 들려준다. "저는 여덟 살 난 남자 아이를 하나 알고 있는데, 짝수/홀수를 알아맞히는 그 아이의 실력에는 모든 사람들이 감탄을 금치 못했죠. 놀이는 아주 간단한 것으로 구슬로 하는 놀이입니다. 한 명이 구슬 몇 개를 손에 쥔 다음 다른 사람에게 '홀, 짝' 하고 묻습니다. 맞히면 구슬 한 개를 따고 틀리면 반대로 구슬한 개를 잃습니다. 그런데 내가 말한 아이는 학교 친구들의 구슬을 모두 땄습니다. 물론 그 아이에게는 알아맞히는 비법이 있었습니다. 가만히 상대방의 미묘한 표정을 관찰해 추론하는 것이 바로 그것이었습니다."[27]

1955년 5월의 세미나에서 라캉은 제자들에게 짝수/홀수 놀이를 해볼 것을 제안했다. 수감자들 이야기와 비슷한 이 편지 이야기에 더 나은 주석을 붙이기 위해서였다. 물론 이 이야기의 핵심 요소는 자유를 획득하기 위해 뭔가를 결정해야 하는 주체가 아니라 주체를 결정 과정 속에 밀어넣는 편지/문자였다. 그러나 이 두 사례에서는 모두 시선(regard)과 놀이(jeu) 개념이 아주 중요한 역할을 하고 있다. 한 달 후 라캉은 실제로 「도둑맞은 편지」에 관한 본편의 글을 쓰기 시작해 8월에 마키아벨리가 태어난 산 카스키아토에서 끝냈다. 11년 후에 『에크리』의 첫번째 글로 실리게 될 이 핵심적인 논문에서 그는 프로이트의 무의식과 관련해 이제 더이상 상징적 기능의 우위성만 이야기하는 것이 아니라 시니피앙의 '정치적' 논리라고 할 만한 것을 구성해 보여주었다. 즉 편지(lettre)는 언제나 행선지에 도달한다는 논리가 그것이다. 왜냐하면 '문자(lettre)', 다시 말해 '시니피앙'은 무의식에 새겨지는 만큼 마키아벨리의 포르투나(fortuna)처럼 다양한 방향 속에서 주체의 운명을 결정하기 때문이다. 이것이 바로 '무의식 속에서의 문자의 기능'이었다. 라캉은 우선 1957년 5월에, 그리고 나서 1960년 9월에 이러한 기능이 어떻게 조직되는가를 설명하게 된다.

소쉬르는 언어 기호를 두 가지 요소로 나누었다. 즉 개념의 음성적 이미지를 시니피앙으로, 그리고 이 개념 자체는 시니피에로 불렀다. 따라서 언어 기호는 하나의 체계 안에서의 시니피앙과 시니피에의 관계에 따라 가치가 규정된다. 다른 한편 어떤 기호의 가치는 언어 속에서의 다른 모든 기호들의 동시적 현존에 따라 부정적으로 결정된다. 그러나 가치와는 다르게 의미 작용은 시니피앙과 시니피에 간의 외재적인 관계에서 유추된다. 그런데 구조주의 언어학에 비추어 프로이트의 2차 위상학을 해석하려면 이러한 기호라는 문제틀과 단절해야 했다. 소쉬르는 소위 '의미 작용'의 가로선을 통해 두 요소를 분리시키면서 시니피에를 시니피앙보다 우위에 두는 반면 라캉은 이러한 입장을 뒤집어 시니피앙을 시니피에보다 위에 두면서 시니피앙에 우선적인 기능을 부여했다. 그런 다음 가치 개념을 자기 목적에 맞추어 이용하면서 모든 의미 작용은 다른 의미 작용을 가리킨다고 주장했다. 이로부터 그는 의미 작용은 전혀 하지 않지만 주체의 무의식적 운명을 결정하는 문자(또는 말-상징)처럼 시니피앙은 시니피에로부터 분리되어야 한다는 생각에 도달하게 되었다. 한편 주체에 대해 라캉은 주체를 나와 구분하면서 처음에는 이 주체를 무의식의 주체라고 규정했다. 즉 분열(Spaltung)이라는 프로이트의 법칙에 따라 분열된 주체이며, 불일치(discordance)라는 정신의학적 명제에 따라 분할된 주체이다.[28]

이러한 맥락에서 볼 때 주체는 완전한 것으로 존재하지 않는다. 반대로 주체는 시니피앙에 의해 표상된다. 다시 말해 언어 속에서의 무의식의 정박소를 표시하는 문자로 표상된다. 하지만 동시에 시니피앙의 연쇄로도 표상되는데, 이때 언표된 것의 차원은 언표 행위의 차원과는 구분된다. 이처럼 주체는 하나의 전체를 이루는 구조 안에서 하나의 시니피앙을 통해 다른 시니피앙에 대해 표상된다.

이를 토대로 라캉은 데카르트의 나는 생각한다를 프로이트의 이드가 말한다로 대체시켰다. 바로 여기서 프로이트 학설과는 전혀 무관한 '무의식의 주체'라는 용어가 생겨난다. 이를 통해 라캉은 실제로는 프로이트가 정말로 주체를 억눌러 없애버린 것이 아니라 갈릴레이 이후 현대 과학을 탄생시킨 데카르트주의에 대한 반발의 일부로 그것을 병합시켜버렸다는 것을 보여주었다. 프로이트가 나르시시즘적 상처에 관한 논문에서 코페르니쿠스와 다윈의 계승자를 자임했다면 라캉은 오히려 코이레의 학설을 통해 갈릴레이의 계승자임을 자임했다. 이때부터 그는 (주체를 자기 사유의 장본인으로 만들어준) 데카르트적 회의와 (주체를 산업 사회에 적합한 도덕 이데올로기의 핵심으로 만들어준) 칸트적 윤리에서 이중적 결론을 끌어내 '문명의 편집증적 주체'로 규정되는 현대적 자아 이론을 도출해냈다. 이처럼 라캉은 프로이트의 실험이 코기토 철학을 근본적으로 전복시킨 것이라고 보았다. 하지만 라캉은 데카르트를, 즉 과학에 기반한 주체를 프로이트와 함께 거명함으로써 회의의 주체를 무의식에 다시 도입하게 되었다. 즉 분열된 주체를 말이다. 이리하여 "나는 내가 누구인지 모른다".

이리하여 이제 나의 분열(Ichspaltung)이라는 프로이트 개념을 번역하면서 인간 주체는 두 번 분열된다는 것을, 즉 첫번째 심급에서는 상상적 자아가 무의식의 주체로부터 분열되며, 두번째 심급에서는 이러한 분열이 무의식의 주체의 한가운데 새겨지며 이리하여 근원적 분열(Urspaltung)을 대변하게 된다는 것을 보여주는 것만 남아 있었다. 라캉은 치유할 수 없는 이 두번째 분열을 재분열(refente)이라고 불렀는데,

왜냐하면 주체는 항상 하나의 시니피앙에 의해 다른 시니피앙에게 표상되기 때문이다. 재분열 옆에 라캉은 이러한 연쇄에서의 주체의 출현과 소멸을 규정하기 위해 영어에서 (부정확하게) 차용한 '페이딩(fading)'이라는 용어를 갖다 놓았다. 이것은 영화에서처럼 이항적 형태가 연쇄적으로 희미해지거나 사라지는 것을 의미했다.

그러나 '데카르트 철학'을 공격하는 데는 소쉬르 저작만으로는 충분하지 않았다. 그래서 로만 야콥슨의 연구들을 이용했다. 라캉은 「문자의 기능」에 관한 강연이 있기 몇 달 전에 우연히 야콥슨과 모리스 알르가 함께 쓴 『언어의 원리Fundamentals of Language』(Den Hague 출판사)를 발견했다. 이 책의 한 장인 「언어의 두 가지 측면과 실어증의 두 가지 유형」은 라캉이 언어로서의 무의식을 구조주의적으로 이론화하는 데 도움이 되었다. 야콥슨은 언어가 양극적 구조를 갖고 있다는 것을 지적했다. 이러한 구조 때문에 화자는 무의식적으로 두 가지 형태의 행위를 하게 된다는 것이다. 첫번째 형태는 유사성으로 결합되어 있는 계합체(係合體, paradigma)의 문제로서 랑그 단위들의 선택과 관련되며, 두번째 형태는 인접성의 문제로서 이렇게 선택된 단위들의 통합체(統合體, syntagma)적 결합과 관련된다. 선택 과정에서 발화자는 이러저러한 말을 선택하거나 어떤 말을 다른 말보다 선호한다. 예를 들어 '기수 모자'나 '베레모' 대신 '챙 없는 모자'라는 말을 사용할 수 있다. 결합 과정에서는 두 가지 말을 하나의 관계로 결합시켜 연속성을 형성한다. 예를 들어 어떤 사람의 복장을 묘사하기 위해 '치마'라는 말을 '블라우스'라는 말과 연결시킬 수 있다.

이를 토대로 야콥슨은 실어증의 결과로 일어나는 언어 장애는 개인에게서 어떤 경우에는 선택 행위를, 다른 경우에는 결합 행위를 박탈한다고 설명했다. 그리고 나서 그는 언어학에 고전 수사학을 도입해 언어의 선택 행위는 은유적 기능의 실행과 다르지 않으며 결합 행위는 환유 과정과 비슷하다고 강조했다. 따라서 첫번째 언어 행위와 관련된 장애는 주체로 하여금 은유를 이용하지 못하도록 하며 두번째 장애는 주체에게 모든 환유적 행위를 금지시킨다. 야콥슨은 결론 부분에서 이 두 과정은 프로이트가 서술한 꿈의 작용에서 그대로 일어난다고 지적했다. 그는 상징화를 은유적 행위로 분류하고 응축(condensation, Verdichtung)과 전위(轉位, deplacement, Verschiebung)는 환유적 행위로 분류했다.[29]

라캉은 야콥슨의 이러한 해석을 수용하지만 이를 이용해 꿈 작업에 대한 프로이트의 개념을 다른 식으로 정식화했다. 일반적으로 꿈은 잠재적 내용과 겉으로 드러난 내용 간의 왜곡 활동으로 구성되는데, 이 과정을 소쉬르의 연구에 비추어보면 시니피에가 시니피앙 밑으로 미끄러져 들어가는 것으로 번역할 수 있다. 이처럼 시니피앙을 시니피에 위에 위치시키는 경우 두 가지 측면이 나타난다. 일종의 응축으로 규정될 수 있는 첫번째 효과는 시니피앙들(두 낱말의 음과 뜻을 합쳐 만든 합성어나 복합 인칭어 같은)의 부과 구조를 가리킨다. 다른 하나는 의미 작용(전체가 아니라 일부 또는 인접성)의 전환과 관련되며, 전위를 가리킨다. 하지만 야콥슨과 반대로 라캉은 프로이트의 응축 개념을 은유 방식과, 그리고 전위는 환유 방식과 동일시했다. 그에 따르면 증상은 은유의 범주에 속했다. 왜냐하면 사람들은 증상을 통해 신체적 시니피앙이 다른, 즉 억압된 시니피앙을 대체한다는 것을 간파하기 때문이다. 반면 항상 충족되지 못하는 욕망을 위한 욕망으로 나타나는 무의식적 욕망은 환유의 범주에 속했다.

"내가 시니피앙의 주체로서 차지하는 자리는 내가 시니피에의 주체로서 차지하는 자리에 비해 구심적인가 아니면 원심적인가?" 라캉은 원심적이라고 대답했다. 이것은 그가 코기토를 완전히 탈구(脫臼)시켰기 때문이다. 즉 "나는 내가 존재하지 않는 곳에서 생각하고, 따라서 나는 내가 생각하지 않는 곳에 존재한다". 이처럼 라캉의 위상학은 무의식에 언어 구조를 부여함으로써 성립했다. 이 위상학에서 나는 야콥슨이 지시사(shifter)로 부르는 것으로 규정되었다. 다시 말해 의미 작용이 메시지와 상관적인 문법 단위로서. 따라서 '지시사'는 의미 작용을 생각하지 않고 언표 행위를 하는 주체를 드러내주게 된다. 라캉은 이것을 부정적 시니피앙으로, 특히 피숑이 부정에 관한 유명한 글에서 규정한 대로 허사 ne로 표현했다.[30] 이후 라캉은 무의식에 대한 그의 구조(주의)적 재정식화를 설명하기 위해 다음과 같은 다양한 표현을 사용하게 된다. "무의식은 언어처럼 구조화되어 있다", "언어는 무의식의 조건이다", "무의식은 언어학의 조건이다."[31]

다른 한편 그는 시니피앙을 시니피에 위에 둠으로써 나타나는 효과를 설명하기 위해 세 가지 공식을 내놓았다. 일반 공식은 의미 작용에 대한 저항선으로부터 시작해 시니피앙의 기능을 서술하고 있다. 환유와 관련된 공식은 시니피앙들간의 결합 기능을 나타냈다. 이 과정에서 시니피에의 생략은 연쇄에서는 항상 결핍되는 욕망의 대상을 가리킨다. 마지막으로 은유와 관련된 공식은 하나의 시니피앙이 다른 시니피앙을 대체하는 기능을 나타내는데, 이를 통해 이때 주체가 표상된다. 라캉은 시니피앙이 시니피에와 묶여 하나의 의미 작용을 만들어내는 연쇄상의 한 점을 가리키기 위해 이것을 누빔점이라 이름붙였다. 이 용어를 통해 '로마 강연'에서 제출한 구두점 찍기라는 개념에 좀더 이론적으로 엄밀한 내용을 추가할 수 있게 되는데, 이 개념은 상담 과정에서의 내적인 단절의 필요성을 가리키기 위한 것이었다.

라캉은 여기서 다시 한번 자신의 접근 방식을 프로이트의 것인 양만들었다. 그는 심지어 프로이트도 이미 무의식을 시니피앙의 연쇄로보았다고까지 말했다. "이 공식은 프로이트의 텍스트 그리고 이 텍스트가 열어젖힌 실험에 부합하는 한에서만 나의 공식이 될 수 있다" 등.[32]

이리하여 그는 현실에서는 결코 이루어지지 않았던 프로이트와 소쉬르의 만남을 자기가 이제야 성사시켰다고 생각했다. 나중에 그는 농담 삼아 무의식을 발견한 사람은 자신이라고 말하기도 한다.

라캉이 주체에 관한 '데카르트 식' 이론과 무의식에 관한 '후기 소쉬르 식' 개념을 이용한 정신분석 학설을 내놓기까지의 이처럼 놀라운 지적 활동은 단지 야콥슨의 저작들을 해석한 데서 나온 것이 아니라 직접 그와 만난 결과이기도 했다. 이처럼 야콥슨은 코제브와 코이레에 이어 라캉의 발전에 중요한 역할을 맡게 되는 러시아 망명 지식인의 세번째 대표자가 되었다.

1896년에 모스크바에서 태어난 로만 야콥슨은 아주 어려서부터 언어에 대한 특별한 재능을 보였다. 그는 네 살 때부터 글을 읽었고 삼년 후에는 이미 러시아어는 물론 프랑스어와 독일어를 할 줄 알았다. 말년에 이르러서는 모든 로망스어, 슬라브어, 게르만어를 완벽하게 구사할 줄 알았다. 아시아 언어들에 대해서는 오직 친구인 예브게니 폴리바노프만이 그를 능가할 수 있었다. 로만의 부모는 예술가, 화가, 작가들의 계약 전문 변호사인 모스크바의 유리 카간 집안과 아주 가깝게 지냈다. 이 집안의 두 딸인 릴리와 엘자는 로만의 어릴 적 친구였다. 이들은 그를 '롬카'라고 불렀고 그의 적갈색 머리를 아주 좋아했다. 그는 엘자와 사랑에 빠졌다.

톨스토이가 죽은 1910년 이후 그는 상징주의 시인과 이론가들을 숭배했으며, 특히 초기의 미래파 선언문들에 열광했다. 1912년 3월에 릴리는 오시프 브리크와 결혼해 생 페테르스부르그에서 살게 되었다. 여섯 달 후 로만은 그녀를 방문했다. "브리크는 천재였다. 그런 확신이 든다. (……) 그의 목적은 글로 씌어진 작품을 만들어내는 데 있지 않았다. 그는 사물을 발견하고 싶어했다. (……) 특히 그는 일을 맡길 수 있는 청년을 만났을 때 아주 기뻐했다. 많은 논문이 다른 사람의 이름으로 출간되었지만 모두가 브리크의 영향을 받은 것들이었다."[33] 이 여행 중에 야콥슨은 금세기의 가장 위대한 시인이라고 여기던 벨레미르 흘레브니코프와 알게 되었다. 지식인들이 자주 찾는 유명한 선술집에서 한잔 하던 두 사람은 미래파들이 가상의 단어와 실제적인 접미사들을 결합시켜 만들어낸 '추이성적' 언어에 관한 서로의 생각을 주고받았다.

1914년 봄에는 모스크바에서 블라지미르 마야코프스키를 만나 곧 그의 가장 친한 친구 중의 하나가 된다. 이 친구는 브리크의 문학 살롱에 드나들면서 시적 언어를 공부하고 싶어하는 시인들과 작가들을 만났다. 그는 릴리와 정열적인 사랑에 빠져 그녀의 애인이 되었다. 1915년 3월에 야콥슨은 모스크바 언어학회 창립에 참여했다. 이 언어학회의 모임은 곧 마야코프스키의 아파트 위층에서 시작되었는데, 그도 이 모임에 참석해 자기 시를 낭송했다. 이 언어학회는 세 가지의 서로 다른 사상적 흐름이 결합해 만들어졌다. 먼저 러시아 언어학파의 연구들. 이 학파의 가장 혁신적인 대표자로는 보두앵 드 쿠르트네에 이어 니콜라이 트루베츠코이 '왕자'가 있었다. 그리고 후설의 현상학과 미래파 아방가르드.[34] 일 년 후에 회원들은 소쉬르 언어학에 입문하게 되는데, 세르게이 카르체프스키의 학업 덕분이었다. 소쉬르의 마지막 학생 중의 하나였던 그는 회원들에게 새로운 학설의 원칙을 생생하게 전해주었다.

10월 혁명이 일어나기 몇 달 전에 야콥슨은 페트로그라드에서 시어 연구회(OPOJAZ)를 창립했다. 시적 언어를 연구하기 위해 창립된 이 연구회는 브리크 그룹의 활동을 공식화했을 뿐만 아니라 나중에 러시아 형식주의라고 알려지게 되는 학파의 탄생에 결정적인 역할을 하게 된다. 이 연구회는 거물들을 불러모았다. 언어학자인 예브게니 폴리바노프, 시인인 보리스 아이헨바움, 언어 이론가인 빅토르 슈클로프스키를 비롯해 보리스 파스테르나크, 오시프 만젤스탐, 마야코프스키 등이 있었다. OPOJAZ의 목표는 문학적 대상 자체가 갖는 모든 외적 고려 사항들, 즉 작가의 '프시케', 사회적 가치, 사상의 역사 등은 철저하게 배제하고 오직 문학작품 자체와 관련된 시학을 만들어내는 데 있었다. 이처럼 모스크바 언어학회와 레닌그라드의 형식주의 학파는 언어 자체를 위한 언어 연구와 자율적인 표현 형태로서의 문학 연구를 결합시키게 된다. 그리고 이 두 그룹에게서는 시가 언어의 정수를 대변했다. 시에서는 언어가 언어 자체를 강조하기 때문이었다.[35]

10월 혁명 후에 두 그룹의 활동은 끝이 나고, 회원들은 각자 다른 길을 간다. 망명의 길을 선택하는 사람도 있었고, 러시아에 남는 사람, 그리고 1938년에 코카서스에서 총살당한 폴리바노프처럼 결국 스탈린의 숙청 대상이 되는 사람들도 있었다. 1923년에는 마야코프스키와 브리크를 중심으로 하는 LEF 혹은 '좌익 예술 전선'이 세워졌다. 과거의 러시아 문화와 낡은 정신 상태를 일소함으로써 미래파로부터 공산주의로 넘어가는 것이 이 이 단체의 목표였다.[36] 엘자 카간이 파리까지 그녀를 데려다준 프랑스 장교 앙드레 트리올레와 결혼하기 위해 1918년 러시아를 떠날 때 야콥슨은 그녀를 위해 시를 썼다. "너와 나 사이에 말이 전해진다/온몸으로 내가 그댈 사랑한다고/네가 타히티로 떠난다면/내 고통은 너무도 크리라." 그는 나중에 파리에서 루이 아라공 옆에 있는 그녀를 다시 만나게 된다.

그가 『일반 언어학 강의』를 처음 읽게 된 것은 1920년에 프라하에 도착했을 때였다. 그는 소쉬르가 대립의 문제에 부여한 중요성에서 깊은 인상을 받았다. 피카소나 브라크 같은 입체파 화가들처럼 그도 사물 자체가 아니라 사물들간의 관계를 강조했다. "언어학에서 항상 뇌리를 떠나지 않던 위상학적 태도가 동시에 입체파와 과학에서도 나타나고 있었다. (……) 소쉬르의 『강의』 속에 들어 있는 이 대립이라는 말은 필연적으로 은폐된 논리적 작업이 있다는 생각을 불러일으켰다."[37] 빈에서 그는 다시 트루베츠코이를 만났다. 혁명을 피해 도망쳐온 그는 음운론의 원리를 정초하기 위한 연구에 몰두하고 있었다. 두 사람은 함께 1926년 10월에 '프라하 언어학회'를 결성했다. 2년 후 두 사람은 헤이그에서 열린 언어학 대회에서 처음으로 '구조적이고 기능적인 언어학'이라는 용어를 사용했다. 이제 형식주의에서 구조주의로 넘어갈 차례가 된 것이다. 즉 랑그의 형식적 구조뿐만 아니라 언어(langage)를 전체적으로 다양한 구조적 기능을 가진 하나의 체계로 연구함으로써 소쉬르 혁명을 계속해야 했다. 이것이 바로 1929년에 프라하 언어학회가 새로 제시한 아홉 개의 명제의 논지였다.[38] 그리고 여기서는 음운론이 핵심적인 위치를 차지했다. 이처럼 의미를 전달할 수 있는 언어의 최소 변별 단위인 음소들의 학문인 음운론이 소리를 물리적으로 묘사하는 과거의 음성학을 대신했다. 소쉬르가 랑그와 파롤을 구분하고 기호를 음가(音價)라는 관점에서 규정했듯이 트루베츠코이는 각 음소는 다른 음소와 구분되는 변별적 특징을 갖고 있다고 보았다. 이러한 음소 연구는 모든 언어에 공통된 구조적 원리를 보편화시킬 수 있도록 해주었다. 야콥슨이 1941년에 스톡홀름에서 제시한 가설들, 즉 모든 언어에서 나타나는 가장 일반적인 음운학상의 변별적 특징들에 관한 가설들은 바로 여기서 나온 것이었다. 어린이가 제일 먼저 배우는 첫번째 음운학상의 변별적 특징들이 바로 이것이며 동시에 실어증 환자들이 가장 늦게 잃어버리는 변별적 특징들도 바로 이것이다. 이와 반대로 이보다 좀더 미묘한 변별적 특징들은 어린이의 언어 발달에서는 뒤에 나타나며, 실어증에 걸릴 때는 가장 먼저 사라진다.

야콥슨은 나치즘과 전쟁을 피해 망명한 뉴욕에서 망명중인 정신분석계 사람들과 교류했는데, 이 중에는 특히 레이몽 드 소쉬르도 있었다. 야콥슨은 그의 아버지의 저작에 대해 그와 얘기를 나눴다. 레이몽은 아버지의 저작에 대해 잘 알고 있었다. 1916년에 샤를 발리에게 보낸 편지에서 잘 알 수 있듯이 그는 이미 정신분석과 언어학에 공통적인 새로운 연구 분야를 개척해볼 생각을 갖고 있었다. 그는 이 계획을 계속 추진하지는 않았지만, 아마 야콥슨과의 만남을 통해 비로소 아버지의 『강의』의 전반적 의미를 파악할 수 있었을 것이다.[39] 언어학자로서 야콥슨이 처음으로 정신분석이 '언어학에 얼마나 큰 영향을 미칠 수 있는지' 그리고 또 이와 반대로 될 수 있는지를 절실히 깨닫게 된 것은 바로 뉴욕에서였다.[40]

역시 뉴욕으로 도피한 알렉상드르 코이레가 야콥슨을 클로드 레비-스트로스에게 소개했다. 레비-스트로스는 당시 스스로를 '고지식한' 구조주의자로 생각하고 있었다. "야콥슨은 이미 다른 학문 분야, 즉 나에게는 아주 생소했던 언어학에서 확립되어 있던 학설의 체계를 내게 보여주었다. 나에게 그것은 하나의 계시였다. (⋯⋯) 그는 자기 주변의 모든 것을 굽어보는 지성을 가진 사상가였다."[41] 우리는 이후 야콥슨이 레비-스트로스의 『친족 관계의 기본 구조』의 집필 과정에서 어떤 역할을 했는지를 잘 알고 있다. 이 두 사상가간의 형제 같은 우정은 결코 변하지 않는다. 야콥슨은 미국 시민권을 택했지만 정기적으로 파리를 방문하곤 했다. 그는 파리에서 레비-스트로스뿐만 아니라 연인이었던 엘자 트리올레를 만나기도 했고, 릴리 브리크가 모스크바에서 파리에 올 때면 가끔 그녀를 만나기도 했다. 시간이 지나면서 루이 아라공은 그를 공산주의 작가들에게 소개했다. 그들은 스탈린주의를 혐오하면서 형식주의, 미래주의, 초현실주의의 선구자들의 전설적 업적을 복구시키려는 꿈을 갖고 있었다. 야콥슨은 결코 혁명가였던 적이 없었지만 이들은 그를 진정한 혁명의 화신으로 보았다. 왜냐하면 그는 마야코프스키, 흘레브니코프, 브리크, 폴리바노프 등과 함께 금세기의 가장 위대한 혁명의 하나인 언어 혁명의 증인이자 당사자였기 때문이다. 이리하여 1789년 혁명의 나라인 프랑스는 야콥슨에게 프랑스어가 제2모국어

였듯이 제2의 조국이 되었다. 초기 여행 때 그는 레비-스트로스의 집에서 머물렀다. 그러나 1950년에 레비-스트로스가 그를 라캉에게 소개한 후에는 릴 가 3번지에서 머물렀다. 그후 그는 실비아의 집에 '그의 방'을 갖게 되었다.

그는 라캉의 강의에 여러 차례 참석했고 그의 가까운 동료와 친구들도 만났다. 그는 라캉의 미국 강연을 두 번이나 주선했다. 결국 1967년에 그는 라캉의 요청으로 '환상의 논리(학)'을 주제로 한 그의 세미나의 토론에 참여했다.[42] 그는 어린이의 언어 장애에 관한 제니 오브리의 질문과 '지시사'에 관한 뤼스 이리가라이의 질문 그리고 제도적 관계에서의 맥락 개념에 관한 장 우리의 질문에 아주 매력적으로 대답했다.『카이에 시스트르*Cahiers Cistre*』의 편집장이며 벨기에 출신의 뛰어난 교수인 로베르 조르쟁과의 인터뷰에서 그는 라캉과 나눈 대화들이 두 사람의 연구에 '영향을 끼쳤다'고 밝혔다. "우리의 공동 작업은 특히 은유와 환유의 문제에서 이루어졌습니다. 은유와 환유는 우리의 토론 주제 중의 하나였던 의미론과 이것의 표현의 두 극이기도 했습니다."[43]

이것은 이론적 사실이라기보다는 일종의 신앙 고백에 더 가까웠다. 왜냐하면 야콥슨은 라캉의 연구에서 '영향을 받지' 않았기 때문이다. 게다가 자주 손님으로 지냈던 사람에 대한 호의적인 표현들을 제외한다면 그는 결코 자기 연구에서 라캉의 생각을 고려하지 않았다. 로베르 조르쟁이 라캉의 작업에 대한 연구 논문집을 하나 내고 싶다며 야콥슨에게도 참여해달라고 부탁하자 그는 정중히 거절했다. 라캉은 이 일로 마음이 상했다.[44]

언어가 무의식의 산물일 수 있다는 생각은 신문법학자들과 구조주의자들 사이에서는 아주 널리 퍼져 있었다. 하지만 무의식에 관한 이들의 개념은 프로이트의 개념과는 달랐다. 예를 들어 야콥슨은 후설의 유산을 직접 이어받아 의식의 심층에 자리잡고 있다가 스스로도 미처 깨닫지 못하는 가운데 작용하는 직관적 지식을 설명하기 위해 잠재의식이라는 용어를 자주 이용했다. 그럼에도 불구하고 야콥슨의 반(反)심리주의적 태도 속에는 주관적 사견(私見)과 의식의 지향성에 관한 성찰이 들어 있었는데, 그의 생각은 전후의 라캉의 생각과는 완전히 달랐다. 금세기 초에 소쉬르와 테오도르 플루르누아는 엘렌느 스미스가 만들어 낸 화성의 방언이라는 유명한 에피소드 속에서 언어와 무의식의 관계 문제에 부딪히게 되었다. 그후 소쉬르는 전철어구(낱말의 철자를 바꿔 만든 말. signe[기호] → singe[원숭이] — 옮긴이)라고 이름붙인 시인의 은밀한 활동의 흔적들을 고대 로마의 라틴 시에서도 발견할 수 있다고 생각했을 때도 똑같은 문제에 부딪혔다.[45] 연구 범위를 그리스의 서사시와 서정시로부터 라틴 시 일반으로 확대해나가면서 그는 전철어구들, 즉 텍스트 밑에 있는 텍스트들이 우연히 생겨난 것인지 아니면 저자의 의도에 의해서 생겨난 것이지를 연구했다. 그는 해답을 찾지 못하자 이러한 방향에서의 연구를 포기했다.

그런데 라캉은 프로이트의 무의식 개념에서 출발했기 때문에 제네바에서 시작된 구조주의 혁명과 빈에서 이루어진 발견 간의 유익한 결합을 추진할 수 있는 금세기 최초의 사상가가 될 수 있었다. 하지만 그렇게 하려면 지향성 이론과 결부된 모든 개념을 버려야 했고, 프로이트 학설의 중심에 (분열된) 주체를 재도입해야 했다. 레비-스트로스가 야콥슨을 통해 소쉬르의 저작을 접하게 된 반면 라캉은 앙리 들라크루아와 피숑을 통해서『일반 언어학 강의』를 읽게 되었으며, 이후에는『친족 관계의 기본 구조』를 통해서 자연에서 문화로의 이행으로 이해되는 상징 기능을 보편화할 수 있게 된다. 마지막으로 야콥슨과 트루베츠코이의 프라하 구조주의를 통해 라캉은 주체 이론을 포함하는 시니피앙의 논리(그리고 유일무이한 특질이라는 논리)를 세울 수 있었다. 단지 이러한 업적만으로도 그는 20세기의 위대한 이론가들의 서열에 낄 수 있을 것이다.

라캉은 야콥슨에게 한없이 경탄했다. IPA와 갈등하면서 점점 프로이트주의자들에게서 내쫓기는 느낌을 받고 있던 10년 동안 라캉은 과거의 러시아에서 온 이 세계적인 대학자를 통해 젊었을 때 그를 프로이트적 혁명의 길로 이끌었던 지적 모험의 모든 신선함을 되찾았다. 이리하여 그는 정신분석이 추방당했던 동쪽으로의 방향 전환을 생각하기 시작했다. 이것은 소위 미국식 정신분석에 대한 신랄한 비판의 논리적 결론이기도 했다. 그래서 1953년에 그는 귀중한 '로마 강연'을 공산주의자 뤼시앙 보나페에게 맡겼다. 그리고 9년 후에는 어떤 대가를 치르고서라도 소련에 가고 싶어했다.

스탈린의 사망 이후 '주다노프주의' 시대[46]에 유행하던 프로이트주의에 대한 격렬한 비난은 더이상 유행하지 않는다는 사실은 그도 알고 있었다. 소련의 심리학자들은 50년대의 파블로프 식 이데올로기를 비판하기 시작했는데, 과거에 이 이데올로기는 프로이트의 소위 정신주의를 극복했다고 주장하면서 정신분석적 학설의 모든 흔적들을 지워버린 바 있었다.

소련 여행을 계획하게 된 것은 세계를 뒤흔든 한 사건을 접하게 되면서부터였다. 소련의 우주 비행사인 유리 가가린이 1962년 4월에 엄청난 업적을 이루어냈던 것이다. 과학 혁명은 항상 사유에서 전복적인 효과를 낳는다고 확신한 라캉은 오랜 친구인 엘렌느 그라시오-알팡데리와 만났다. 그녀는 왈롱의 제자이자 프랑스 공산당원이었다. 그는 그녀에게 이렇게 말했다. "난 반드시 소련에 가야 해. 그들에게 말해줘야 할 것들이 너무 많아. 이제 모든 것을 수정해야 해. 인간이 우주로 가는 지금 소련에는 새로운 심리학이 있을 거야."[47]

엘렌느는 1930년부터 라캉을 알았고 그녀의 딸은 주디트의 친구였다. 이 두 젊은 여성은 알제리 독립을 위해 열심히 투쟁했다. 라캉은 르네 자조에게도 계획을 얘기했다. "그는 소련에 가고 싶어했다. 여행객이 아니라 초청객으로 말이다. 며칠이 아니라 여러 달 머물 계획이었다. 소련 사람들에게 정신분석이 진정 무엇인지를 말해줄 생각이었으며, 이를 위해 세미나를 개최할 생각이었다. 내가 그를 도울 수 있을까? 하지만 그러한 계획은 당연히 실패할 것이라고 짐작한 나는 그에게 그렇게 말하기도 했지만 아무튼 레온티예프가 다음에 파리에 오면 한번 얘기해주기로 약속했다."[48] 1903년 생인 알렉시스 레온티예프는 '소련 교육 과학 아카데미'의 부회장으로 모스크바 대학 심리학과 학장이었다. 확신에 찬 마르크스주의자이며 반(反)파블로프주의자였던 그는 친구인 알렉산드르 루리야와 함께 두 사람의 스승인 예프 세미오노비치 비고츠키의 이론의 복권을 위해 싸우고 있었다.[49] 그렇게 하기 위해 그는 프랑스 동료들인 르네 자조와 폴 프래스에게 스승의 저작들 중의 일부가 프랑스어로 번역될 수 있도록 주선해달라고 부탁했다. 따라서 처음부터 그는 라캉에게 적대적이지 않았으며, 그와의 만남을 수락했다.

엘렌느는 디너 파티를 주최하는 임무를 맡았다. 실비아가 자조 부인과 이러저런 이야기를 나누는 동안 레온티예프와 라캉은 아무 말 없이 가만히 있었다. 대화를 시작하기 위해 자조는 가가린의 우주 비행과 '우주 비행사들의 정신생리학'에 관한 소련의 연구에 대해 얘기를 꺼냈다. 그러자 라캉은 즉시 단호하게 이렇게 말했다. "우주 비행사는 없습니다." 그러자 레온티예프는 라캉이 인간의 첫 우주 비행의 성공을 부정하면서 소련을 비방하려는 의도로 그렇게 말하고 있다고 확신하고는 분개하며 증거들을 내놓았다. 라캉은 주저하는 기색도 없이 이렇게 반박했다. "다름아니라 우주가 없기 때문에 우주 비행사는 없습니다. 우주는 지적 관점입니다." 알렉상드르 코이레의 훌륭한 제자이자 친구인 라캉은 갈릴레오의 물리학적 관점에서 우주는 조화로운 체계로 설명될 수 없다는 것을 지적했을 뿐이었다. 확실히 우주라는 말은 분명 코페르니쿠스 혁명 이전의 용어에 속했다. 자조는 오해를 풀기 위해 최선을 다했다. 그러나 레온티예프는 여전히 화가 나 있었다. "당신의 친구 분은 항상 이런 식으로 말합니까?" 라캉은 결코 그의 초대를 받지 못했다. 나중에 딸인 시빌이 모스크바에 머물고 있을 때 그는 그녀를 몹시 만나러 가고 싶어했다.

하지만 그는 다시 한번 실수를 저지르고 말았다. 사교계에서는 아주 품위 있게 처신할 줄 알았던 그였지만 막상 그가 인정받고 싶어하는 과학자나 일반 교수들에게는 그렇지 않았다. 이를테면 탁월한 미식가인 철학자 장 이폴리트를 처음 레스토랑으로 점심 초대를 했을 때 그는 웨이터에게 겨우 '보르도 산 포도주 작은 것 한 병'(프랑스에서 가장 대중적인 술 중의 하나이다 ─ 옮긴이)을 주문했다. 더 심했던 경우도 있었다. 즉 주디트의 철학 교수 자격 구술 시험이 있던 날 그는 자기 세미나에 참석한 몇몇 학생에게 함께 보러 가자고 했다. 시험이 끝나고 주디트가 후보자 중에서 일등을 하게 되자 그는 참지 못하고 심사위원장인 조르주 캉길렘에게 다가가 악수를 청하면서 감사를 표했다. 엄격함과 성실함으로 전설적인 명성을 갖고 있었고 레지스탕스 투사이자 프랑스 대학 교육의 훌륭한 스승이었던 이 과학사가는 결코 이러한 행동을 용서하지 않았다.[50]

라캉은 한때 교황을 만나고 싶어한 적도 있었지만 종교적 순응주의와 조금이라도 닮은 것은 어느 것이나 몹시 싫어했다. 마찬가지로 그는 공산주의자들이 자기 학설에 관심을 갖도록 설득하고 싶었지만 공산주의에 대한 어떤 공감도 갖고 있지 않았다. 그는 과거에 대해서는 마자랭을 프랑스가 낳은 가장 위대한 정치가로 보았다. 현재에 대해서는 공개적으로 표명하지는 않았지만 사회민주주의를 선호했다. 젊었을 때는 반(反)의회주의와 영국의 민주주의에 대한 숭배를, 다시 말해 정반대되는 입장을 동시에 선호했었는데, 언제나 이 입장과 비슷한 태도를 갖고 있었다. 하지만 실제로 그가 관심을 갖고 있던 정치 형태는 그의 학설을 지원해줄 수 있는 정치였다. 하지만 이 문제에서도 또한 그는 항상 플라톤부터 성인 아우구스티누스와 아리스토텔레스, 헤겔을 거쳐 마키아벨리까지 이르는 정치 철학사를 이용했다. 하버드에서 권력의 인격화에 관한 논문을 준비하던 중에 라캉을 만난 장 라쿠튀르는 라캉이 그러한 주제에 관심을 갖고 있는 것을 알고는 깜짝 놀랐다. 라캉은 그에게 이렇게 말했다. "하지만 제가 권력의 동기와 형태들 외에 다른 어떤 것을 연구한 적이 있었습니까?"[51]

1954년에 그는 마들렌느 샵살을 통해 프랑수아즈 지루를 알게 되었다. 지루 역시 장-자크 세르방-슈라이버의 『렉스프레스』지의 동인이었다. 그들은 곧 좋은 친구가 되었다. 어느 날 지루는 레비-스트로스의 권유로 피에르 망데스 프랑스와의 저녁 식사 자리를 마련했다. 피에르 망데스 프랑스는 이미 레비-스트로스를 알고 있었다. 언젠가 그가 자기 가족에 관한 자료를 찾고 있었을 때 이 인류학자가 벼룩 시장에 함께 동행해주었던 것이다.[52] 식사 동안 내내 라캉과 레비-스트로스는 말이 없었다. 반면 부인들은 평소처럼 얘기를 나눴다. 식사가 끝날 무렵 프랑수아 모리악과 세르방-슈라이버가 나타났다. 아마 신문사에서 일하다 오는 것 같았다. 프랑수아즈 지루는 이렇게 말한다. "라캉은 망데스 프랑스에게 매혹되었다. 그들은 이때 딱 한 번 만났을 뿐이다. 라캉의 흥미를 끈 것은 젊은이들에 대한 망데스의 이상한 마력, 그의 카리스마였다." 식사가 끝나자 망데스는 라캉과 레비-스트로스의 침묵에 얼마나 당황했는지를 프랑수아즈에게 말했다.[53]

라캉이 당시 변호사였던 롤랑 뒤마와 진실한 우정을 맺은 것도 바로 이때였는데, 그는 나중에 프랑수아 미테랑이 이끄는 사회당 정부에서 장관이 되었다. 그는 로랑스 바타이유가 법적인 문제를 안고 있었을 때 그녀의 변호인이었고, 그후 1962년 7월에 조르주 바타이유가 급사하면서 주디트의 친자 확인 소송을 내기로 결정했을 때도 조언자가 되었다. 소송은 결국 승소했다. 이날은 동시에 라캉이 고등 사범학교에서 처음으로 「파문」을 주제로 취임 강연을 한 날이기도 했다. 이처럼 정말 우연한 기회들을 통해 그는 딸의 합법적인 아버지가 되는 동시에 IPA를 떠날 수밖에 없었지만 이제 고등 사범학교에서 강의를 할 수 있게 되기도 했는데, 이 강의에 그는 '프로이트' 학교라는 명칭을 사용했다. 하지만 이것은 실제로는 그의 이름을 가진 학설의 전달 장소였다. 그가 1월 15일에 새로운 청중 앞에서 강의를 시작한 뒤산느 강의실에는 장차 사위가 될 자크-알랭 밀레가 있었다. 그는 아직 채 스무 살도 되지 않았다. ENS의 훌륭한 철학자인 그는 1966년 11월 12일에 기트랑쿠르에서 주디트와 결혼하게 된다. 그래서 주디트는 겨우 2년 동안만 아버지의 성을 합법적으로 갖게 된다. 이후에는 주디트 밀레라고 불리게 된다.[54]

라캉은 롤랑 뒤마 외에도 가스통 드페르와도 친구가 되었다. 라캉은 조르주 베르니에를 통해 마르세이유에서 그를 알게 되었는데, 그는 전쟁이 끝나갈 무렵 릴 가에 있는 실비아의 집에서 얼마 동안 머물렀다. 소설가인 그의 아내 에드몽드 샤를-루는 이렇게 쓰고 있다. "가스통 드페르는 개인적으로 라캉과 아주 가까웠다. 그들은 이탈리아에서 함께 여름 휴가를 보내기도 했다. 가스통 드페르는 라캉에게 수상 스키 타는 법을 가르쳐주려고 애쓰기도 했다. 하지만 성공하지 못했다. 확실히 이 이상한 우정에 관해서는 할 말이 많을 것이다. 알제리 사건 동안에 이 우정은 더욱 두터워지면서 새로운 국면에 이르게 되었다."[55]

라캉이 루아요몽에서 최초로 주체의 구조를 공식화한 시기와 본느발에서 한편으론 장 라플랑슈와 다른 한편으로는 메를로-퐁티와 논쟁하던 시기 사이에 아버지인 알프레드 라캉이 사망했다. 87세의 이 노인은 1960년 10월 15일에 동맥류 파열로 고통 없이 눈을 감았다. 며칠

후 시신은 블로뉴-쉬르-세느에서 샤토-티에리로 옮겨져 그곳에 있는 가족 묘지에 매장되었다. 그곳에는 이미 에밀리 보드리와 친가 쪽 조상들 대부분이 묻혀 있었다. 에밀 라캉과 부인인 마리 쥘리 드소만 빠져 있었다. 아버지 장례식에 참석하기 위해 전속력으로 차를 몰고 가던 라캉은 빨간 신호등을 무시하고 가다 경관에게 잡히는 바람에 장례식에 늦게 도착했다. 장지에는 말루의 아이들이 평상복 차림에 검은 상장(喪章)을 달고 있었다. 역시 상복 차림을 한 주디트는 얼굴에 장례식용 베일을 쓰고 있었다. 라캉은 알프레드의 아들로서 다시 한번 자식의 도리를 했던 것이다.

폴 클로델의 쿠퐁텐 삼부작에 나오는 부모 살해 문제를 부분적으로 다룬 이해의 세미나에서 그는 자기 아버지의 죽음에 대해서는 어떠한 암시도 하지 않았다. 그러나 7개월 후 메를로-퐁티의 무덤 앞에서는 눈물을 흘렸다. 1961년 5월 10일에 그는 세미나 청중들에게 이 철학자의 죽음을 감동적으로 언급했다. "그의 죽음은 저에게 큰 불행이었습니다. (……) 그의 죽음 때문에 우리 두 사람의 정신과 생각들을 서로 접근시킬 수 있는 시간을 갖지 못하게 되었습니다. (……) 그는 항상 — 제 바람과는 달리 — 제가 선생으로 이 자리에 앉아 있기를 바랐습니다."[57]

메를로-퐁티는 분명 라캉의 언어 이론에 동의하지 않았을 것이다. 하지만 사망하기 이틀 전 그는 기트랑쿠르에서 은방울꽃을 따며 달콤한 하루를 보냈다. 그는 미국으로부터 막 초대를 받았고, 모리셔스 섬에도 가볼 생각이었다. 마들렌느 샵살은 이렇게 쓰고 있다. "내가 기억하는 그의 마지막 모습은 63번 버스의 뒤쪽 플랫폼에 서 있는 그의 실루엣이다. 라캉이 선물한 은방울꽃을 단추 구멍에 단 채 그는 나를 향해 인사의 표시로 손을 흔들었다."[58]

1957년 5월에 『렉스프레스』지와 가진 인터뷰에서 라캉은 '쥐 인간'

에 관한 논평에 대해서는 얘기했지만 1955~56년도 세미나 주제였던 다니엘 파울 슈레버 판사의 사례에 대한 해석은 언급하지 않았다.[59] 그러나 정신병 일반과 특히 편집증에 관한 이 고찰에서 그는 '폐제 (forculsion)'(라캉이 프로이트의 Verwerfung의 번역어로 선택한 폐제(廢除 forclusion)란 원래 법률 용어로, 일정한 법정 원인이나 피상속인의 청구로 상속 순위에 있는 추정 유산 상속인의 자격을 법원의 판결에 의하여 폐지하는 일을 가리킨다 — 옮긴이)라는 중요한 새로운 개념을 도입했다. 이것은 그의 두번째 구조적 재해석의 일부가 된다. 이 용어는 이 학기의 마지막 시간인 1956년 7월 4일자 강의에서 처음으로 사용되었다.[60]

나는 이미 이 용어가 일반적으로 정신분석의 역사 속에 그리고 다음에는 라캉 본인의 담론 속에 최초로 출현하게 되는 배경을 자세히 살펴본 바 있다. 이 용어는 1895년에 이폴리트 베른하임이 마취 후 환자의 지각 영역에 존재하는 대상에 대한 지각 작용의 부재를 설명하기 위해 부정적 환각 개념으로 이것을 소개한 이후부터 사용되기 시작했다. 프로이트도 이 개념을 사용했지만 1914년에 정신병과 신경병 그리고 성도착증을 거세 이론의 범주 안에서 새롭게 분류하게 되면서 1917년부터는 더이상 사용하지 않았다. 이때 그는 억압된 것이 주체에 의해 부정적인 방식으로 인식되지만 받아들여지지 않는 언어의 메커니즘을 Verneinung(부정)이라고 이름붙였다. "당신은 꿈속의 이 사람이 누구냐고 묻는다. 어머니는 아니다." 하지만 아마 어머니일 것이다. 이 용어는 1934년에 프랑스어로 négation으로 번역되었다.

이 메커니즘 외에도 프로이트는 부정적 지각의 현실을 인정하기를 거부하는 주체의 태도를 가리키기 위해 Verleugnung(부인)이라는 용어도 함께 사용했다. 가령 여성의 경우 페니스의 부재를 발견할 때 그러한 사실을 부인한다고 설명했다. 이처럼 '부정'이 신경병 형태의 메커니즘을 표현한 반면 '부인'은 성도착증에 특징적인 메커니즘을 표현했다.

비슷한 시기에 프랑스에서는 피숑이 주체가 기억 혹은 의식으로부터 불쾌한 어떤 사실을 사라지도록 하는 무의식적 메커니즘 혹은 무분별하게 만들기를 설명하기 위해 '스코토미자시옹'(scotomisation, 괴로운 생각을 의식에서 사라지게 하기)라는 용어를 내놓았다. 1925년에 라포르그와 프로이트 사이에 논쟁이 벌어진 것은 바로 이 용어 때문이었다. 라포르그는 Verleugnung과 정신병 일반, 특히 정신분열증에서 전형적으로 나타나는 억압 메커니즘을 모두 '스코토미자시옹'으로 번역할 것을 제안했다. 프로이트는 이를 거부하고 대신 Verleugnung과 Verdrängung(억압)을 대립적인 개념으로 사용할 것을 제안했다. 라포르그의 제안은 지각의 무효화, 다시 말해 폐쇄라는 적극적인 심리 현상이라는 상황을 가리키는 반면 프로이트의 제안은 지각을 부정성의 범주에 포함시키는 것이었다. 즉 인정하고 싶지 않은 현실에 대한 지각의 폐쇄가 아니라 부인을 통한 지각의 실현이 이루어지는 것이다. 이 논쟁은 두 사람 모두 정신병에 특징적인 거부 메커니즘을 설명하기 위한 적절한 용어를 발견하지 못했다는 것을 보여준다. 라포르그는 탈부정화를 통해 해결책을 모색하려 했고 프로이트는 이 메커니즘을 부인과 억압 사이에 위치시키면서 이 문제로부터 벗어나려고 했다.

이런 배경 속에서 1928년에 피숑은 피에르 자네의 잡지에 「프랑스어에서 부정의 심리학적 의미 작용」이라는 유명한 논문을 발표했다. 이제 임상적 실천에서 벗어나 언어에 몰두하게 된 그는 사법 용어에서 '포르클뤼지프(forclusif, 소권 상실)'라는 용어를 빌려왔다. 그리고 프랑스어에서 부정을 의미하는 두번째 문장 요소는 화자가 더이상 사실이 아니라고 생각하는 사태에 적용된다고 설명했다. 이 사태들은 말하자면 '권리를 상실한' 것이다. 피숑과 그의 외삼촌인 다무레트는 『악시옹 프랑세즈』의 두 회원과 관련해 이러한 주장을 아주 유머스럽게 보여주었다. 1923년 8월 18일자 『주르날』지에는 에스테라지의 죽음에 관한 어느 기자의 이런 글이 실렸다. "그(에스테라지)는 이렇게 말한다. '드레퓌스 사건은 이제 덮인 책이다.' 그는 그것을 언젠가 열어보았던 것을 후회할 것이다." 다무레트와 피숑은 '후회하다(se repentir)'라는 동사의 사용은 실제로 존재했던 사실이 감정적으로는 과거로부터 확실히 배제되었다는 것을 의미한다고 주장했다. 이리하여 그들은 피숑의 말에 따르면 '스코토미자시옹'을 '포르클뤼지프'에 접근시키게 된다. "프랑스어에서 포르클뤼지프는 스코토미자시옹을 향한 욕망을 표현한다. 따라서 스코토미자시옹은 정상적인 현상을 나타낸다. 그런데 라포르그 선생과 우리들 중 한 명이 정신병리학의 용어로 설명한 스코토미자시옹은 이 현상을 병리학적으로 과장한 표현이다." 이 두 사람은 여기서 Verneinung의 메커니즘을 고려에 넣지 않았다.

따라서 1954년 2월 3일 이전까지는 전과는 다른 용어와 새로운 영역, 즉 현상학과 관련해 이 논쟁이 부활하지 않게 된다. 당시에는 아직 프로이트와 라포르그의 왕복 서신이 발표되지 않았고, 라캉도 스코토미자시옹을 폐제로 '대체하지' 않았다. '부정'이라고 번역한 Verneinung의 메커니즘을 이용해 이 문제에 접근했던 장 이폴리트와의 토론에서 라캉은 메를로-퐁티의 『지각 현상학』에 비추어 이 문제를 재고찰했다. 특히 메를로-퐁티가 환각을 주체의 지향성에 포함되는 '실재의 해체 현상'으로 규정한 대목을 중시했다.

'늑대 인간'을 분석하고 있는 한 대목에서 프로이트는 거세에 대한 자기 환자의 인정과 부인이 '거부(Verwerfung)'로 특징지을 수 있는 태도에서 비롯되었다고 설명했다. 이러한 거부는 환자가 성을 순전히 어릴 적의 가설, 즉 항문 성교의 관점에서만 바라보고 있기 때문에 나타나는 것이었다. 프로이트는 이런 주장을 좀더 명확히 하기 위해 세르게이 판케예프가 어렸을 때 체험한 시각적 환각을 상기시켰다. 세르게이 판케예프는 주머니칼에 의해 새끼손가락이 잘려진 것을 보았다. 그러나 곧 전혀 상처가 나지 않은 것을 알게 되었다. 프로이트는 존재하지 않는 것처럼 표상되는 현실의 거부는 억압의 문제가 아니라는 것을 강조했다. 왜냐하면 eine Verdrängung ist etwas anderes als eine Verwerfung(억압은 거부와 다른 것)이기 때문이다. 라캉은 1954년에 이폴리트와의 대화에서 이 텍스트를 읽으면서 Verwerfung를 'retranchement(삭제)'로 번역했다. 2년 후에 그는 신경병과 정신병을 구분하는 프로이트의 입장을 받아들여 여기에 라포르그와 피숑의 용어를 적용하는데, 이에 따르면 정신병에서 현실은 결코 의식에서 실제로 사라지지 않는다. 마지막으로 슈레버 판사의 편집증에 대해 길게 주석을 붙인 후 결국 Verwerfung를 '폐제'로 번역할 것을 제안했다. 그는 이것이 정신병 일반에 특수한 메커니즘과 관련되어 있다고 생각했다. 이 정신병은 편집증이라는 관점에서 규정되며, 기본적 시니피앙(아버지-의-이름)을 주체의 상징적 세계로부터 본원적으로 추방시키기 때문에 발생하는 것으로 보았다. 그는 이 폐제라는 용어를 억압과 구분하면서 폐제의 경우 말소된 시니피앙 또는 표상하는 시니피앙들은 주체의 무의식 속에 통합되는 것이 아니라 환각이나 망상의 형태로 현실 속에 되돌아오거나 주체의 말이나 지각에 침입해 들어온다는 것을 강조했다.

이처럼 이 개념이 걸어온 여정은 참으로 독특하다! 드레퓌스 사건과 관련해 한 문법학자가 스코토미자시옹이라는 병리학적 과정을 일반 언어로 번역하면서 고안된 이 용어는 1956년에 라캉의 강연에서 다시 나타났다. 라캉은 프로이트에 대한 두번째의 구조적 재해석의 틀 안에서 프로이트가 슈레버의 편집증이 아니라 판케예프의 유아기 신경병에서 발견한 메커니즘을 설명하기 위해 이 개념을 이용했다. 라캉은 용어라는 측면에서는 피숑의 진영에 남아 있었지만 언어학에 기대 시니피앙의 궤도를 여기에 포함시켰다. 라포르그에게 승리한 대가로 그는 한 과정('폐제'라는 의미에서의 Verwerfung)의 발견과 함께 프로이트가 발견하

지도 또 발명하지도 않은 한 개념(Verwerfung)의 발명을 프로이트의 공로로 돌렸다.[61]

폐제 개념의 정교화는 '아버지-의-이름'에 대한 이론적 정교화와 관련되어 있었는데, 이미 1953년부터 사용되어오던 이 개념은 1956년 6월 27일에 와서야 하나의 개념으로 공식화되었다. 또한 '대 타자'와 '대상 a'라는 두 용어도 최종적으로 확립되었다. 전자는 1955년 5월 25일에 처음으로 소개된 반면 후자는 이미 1936년부터 사용되어오고 있었지만 이때부터 이항적 형태로, 즉 A/a로 자리잡게 되었다. 라캉은 '로마 강론'에서 처음 규정한 대로 무의식을 '타자의 담론'으로 보다가 두 번째 재정식화 단계에서는 무의식을 '대 타자의 담론'으로 바라보게 되었다. 한편 상상적 나의 장소인 대상 a는 실재와 비상징적인 것 사이에 남겨진 잔여로 정의되었다. 즉 결핍과 욕망의 원인으로서의 대상이 된 것이다.[62] 라캉은 나를 버려질 어떤 것의 위치로 실추시키기 위해 이때 조르주 바타이유에게는 너무나 소중한 이종학(異種學)에 의지했다. 그것은 이제부터 라캉의 구조가 레비-스트로스가 그토록 의심했던 초월성이라는 형태로 신을 다시 끌어들이는 것이 결코 아니라는 사실을 보증해주었다.

하지만 A/a라는 이항적 대립을 파악하려면 먼저 이상적 나(Ideal-Ich)와 나의 이상형(Ich-Ideal)을 구분해야 했다.[63] 잘 알려져 있듯이 프로이트의 위상학 체계에는 이러한 구분이 존재하지 않는다. 프랑스어로는 'moi-idéal'로 번역되는 Ideal-Ich는 유아기의 나르시시즘 모델에 고착된 주체의 나르시시즘적 전능의 이상을 가리키는 신체 내부의 한 형성물로 정의되었다. 프로이트에 이어 1932년에는 헤르만 눈베르크가 이 개념을 세분해 '이상적 나'를 '초자아(surmoi)' 이전의 형성물로 만들었다. 그는 주체는 발달하면서 나르시시즘적 이상을 포기하게 된다고 말했다. 물론 특히 정신병의 경우에서처럼 다시 거기로 돌아가기를 열망하지만 말이다.[64] 눈베르크의 글을 읽던 라가슈는 라캉과 거의 동시에 이러한 구분법을 채택해 1958년에 루아요몽에서 열린 인성에 관한 콜로키움에서 이것에 이론적 형태를 부여한다.

다른 한편 1954년 3월에 라캉은 나르시시즘을 둘러싼 프로이트와 융의 논쟁으로부터 시작해 그리고 물론 눈베르크의 이름을 언급하지 않은 채 자기 식대로 '이상적 나'와 '나의 이상형'을 구분했다. 그에 따르면 '이상적 나'는 상상적 질서에 속하며 거울 단계에서 기원하는 나르시시즘적 형성물이며, '나의 이상형'은 주체와 타자들과의 관계 전체를 구성할 수 있도록 해주는 상징적 기능으로 규정되었다.[65] 이처럼 A/a라는 이원론의 도입은 '이상적 나'와 '나의 이상형'이라는 이원론이 탄생한 산물이었다. 이 체계에 라캉은 모든 근친상간을 자연에서 문화로의 이행으로 바라보는 레비-스트로스의 구분법을 재도입했다. 왜냐하면 이러한 구분을 통해 문화의 대표자이며 법의 화신으로서의 아버지의 상징적 기능과 자연의 질서에 종속되며 결핍된 페니스의 남근적 대상처럼 자식에게 몰입하도록 운명지어진 어머니의 상상적 위치를 대비시켜볼 수 있기 때문이다.

오이디푸스 단계를 자연에서 문화로의 이행기로 바라보는 라캉의 생각은 바로 여기서 비롯되었다. 인간 사회가 언어(대 타자, 시니피앙)의 우위성에 의해 지배된다는 이야기는 결국 아버지라는 극이 모든 주체의 역사적 구조화에서 비슷한 자리를 차지한다는 이야기이기도 하다. 라캉은 프로이트에 대한 첫번째 재해석 단계에서는 이러한 자리를 아버지의 기능으로 규정했다가 다음에는 상징적 아버지에 대한 기능으로, 다시 그후에는 아버지의 은유로 규정했다. 그리고 두번째 재해석 단계에서는 결국 이러한 기능 자체가 아버지-의-이름이라는 개념을 가리키게 되었다. 이 개념의 정교화 역시 시니피앙 이론의 확립과 관련해서 이루어졌으며 또 폐제라는 용어를 하나의 개념으로 사용하기 일 주일 전인 1956년 6월 20일에도 분명히 강조했듯이 폐제라는 개념에 대한 이론적 정식화와도 긴밀하게 관련되어 있었다. 그는 이렇게 말했다. "아버지라는 기능은 (……) 시니피앙의 범주 없이는 절대 생각할 수 없다."[66] 이러한 관점에서 볼 때 자연으로부터 문화로의 오이디푸스적 이행은 다음과 같이 이루어진다. 즉 자식에게 자기 성을 붙이기 때문에 시니피앙의 화신이 되는 아버지는 아들에게는 어머니를 빼앗아가는 자로, 따라서 나의 이상형이 생기게 해주는 자로 작용하게 된다.

프로이트의 연구에 대한 이러한 인류학적인 번역 과정에서도 라캉은 가족사를 반쯤은 은폐하는 방식을 그대로 사용했다. 남동생인 마르크-프랑수아의 소중한 기억 덕분에 오늘날 우리는 아버지-의-이름이라는 개념이 발생하게 된 기원을 라캉의 할아버지인 에밀 라캉이 가족의 계보 안에서 차지했던 위치에서 찾을 수 있다. 라캉은 평생 '아주 어릴 적부터 신을 저주하는 법을 배울 수 있게 해준 그 끔찍한 인물'을 증오했다. 출생 증명서에는 할아버지의 이름을 본 딴 라캉의 이름이 적혀 있다. 그는 할아버지가 아버지 알프레드에게 너무 폭군처럼 행동했기 때문에 아버지가 진짜 아버지 역할에 무능하게 만들었다고 비난했다. 이처럼 무서운 할아버지에게서 자란 아버지 알프레드는 다정다감하고 헌신적이고 선의로 충만한 아버지였지만 큰아들의 지적 재능에는 최소한의 관심도 보일 수 없었으며, 장남을 그저 변덕스럽고 책임감 없는 아이로 생각했을 뿐이다.

라캉이 1938년에 서양 사회에서 아버지 이마고는 불가피하게 쇠퇴할 수밖에 없다고 언급했을 때 그는 바로 아버지 알프레드의 취약한 위치를 생각하고 있었던 것이다. 또한 1953~63년 사이에 아버지의 상징적 기능의 재평가에 기초한 구조 체계를 만들어내면서도 똑같은 생각을 하고 있었다. 어린 시절 그를 고통스럽게 만들었던 아버지 위치의 쇠퇴로부터 출발해 그는 아직도 에밀, 즉 아버지의 아버지의 모습이 불러 일으키는 공포로부터 아버지-의-이름이라는 개념을 만들어낸 것이다. 그리고 알프레드에 관한 모욕적인 회상에 자신의 부성 체험을 덧붙였다. 딸에게 자기 성을 붙여줄 수 없는 점에 죄책감을 느끼면서 말로 하는 행위, 즉 호명만이 아버지가 자식을 인정할 수 있도록 해준다는 생각을 이론화했다. "그래서 어느 날 나는 내 이름, 사적이든 공적이든 내 이름으로 나 자신에게 말을 걸면서 나 자신에게 말했다. 결국 라캉, 네 딸이 벙어리가 아닌 것은 이 때문이다. 네 딸이 네 딸인 이유는 바로 이 때문이다. 왜냐하면 우리가 벙어리라면 그 아이는 결코 네 딸일 수 없기 때문이다."[67]

다니엘 파울 슈레버는 1842년 7월에 독일의 부르주아 프로테스탄트 집안에서 태어났다. 그의 집안은 판사, 의사, 학자, 교육자 등을 배출한 명문가였다. 아버지인 다니엘 고트로프 모리츠 슈레버 박사는 위생학, 정형술, 체육, 일광 요법에 기반한 엄격한 교육 이론의 창안자로 유명했다. 인간 본성에 의해 저질러지는 잘못들을 교정하려고 노력했던 그는 사회 전반의 타락을 치료하고 근대라는 새로운 시대에 걸맞는 완벽한 존재, 즉 건강한 신체에 건강한 정신을 가진 존재를 만들어내려고 했다. 그래서 그는 교육서들에서는 야만적인 도구를 사용해 어린이들에게 바른 자세를 갖도록 가르칠 것을 권했다. 독일 정신을 고양시키는 데 열성적이었던 다니엘 고트로프는 노동자들을 위한 주택에도 정원을 조성할 것을 주창했다(이러한 정원은 아직까지도 슈레버 정원이라는 이름으로 남아 있다—옮긴이). 이러한 제안은 처음에는 사회 민주주의의 지지를 받다가 다음에는 수정주의적인 것으로 비난받았고 결국 나치에 의해 수용된다. 그는 사다리가 머리에 떨어지는 사고가 있은 지 3년 후에, 그리고 비스마르크가 권력을 장악하기 직전인 1861년에 궤양이 터져 사망했다. 그의 나이 53세였고, 마지막 저서가 될 『독일 국민의 아버지와 어머니들을 위한 교육자이자 안내자와 같은 가정의 친구. 가정의 행복, 국민의 건강, 고결한 인간의 육성을 위하여』를 막 끝낸 상태였다.

그의 아들인 다니엘 파울 슈레버가 비스마르크가 격찬한 도덕 질서를 대변하는 보수당 후보로 선거에 출마한 것은 1884년이었다. 그는 명망 있는 법학자이자 삭소니 지방의 항소심 판사였다. 그는 이 지역에서 인기를 누리고 있던 사회민주당 후보에게 패했다. 바로 이때 첫번째 정신 장애가 나타났다. 그는 신경과 의사인 파울 플렉시히에게서 치료를 받았다. 그는 두 번이나 요양원에 장기간 입원했다. 1893년에 그는 드레스덴의 항소심 판사로 임명되었다. 하지만 7년 후에는 공직 취임이 금지되고 금치산자로 선고받게 되었다. 이후 그는 『어느 신경병 환자의 회고록』을 쓰게 되는데, 이것은 1903년에 발표된다. 이 책에서 그는 자신이 경험한 망상과 환각들을 이야기했다. 이 책 덕분에 그는 정신병원에서 나올 수 있었고 재산도 되찾았다. 그가 미치지 않았다는 사실을 증명했기 때문이 아니라 그의 광기가 감금하기 위한 법적 이유가 될 수 없음을 법원에 증명했기 때문이다. 그러나 1910년 4월에 그는 4년 전에 다시 입원했던 라이프치히의 한 요양소에서 사망했다. 1910년 말에 프로이트는 슈레버가 죽은 사실을 모른 채 1903년에 발표된 슈레버의 자서전에 입각해 그의 사례에 대한 주석을 쓰기 시작했다.[68] 이 자서전에는 화자의 가족에 관한 한 장(章)의 절반 부분이 빠져 있었다. 편집자들이 출판에 부적합하다고 판단해 빼버린 것이다.

슈레버의 『회고록』은 신에게서 박해당하는 인간의 독특한 광기 체계를 잘 보여주고 있다. 위도 방광도 없이 살았고, 가끔 '자기 후두(喉頭)를 먹어치우기도 했던' 그는 세계의 종말이 가까웠고, 그의 표현대로 하자면 '아무렇게나 되는 대로 해치워진 인간들의 망령'인 환자와 간호원 중에서 유일한 생존자는 자기뿐이라는 확신을 갖고 있었다. 그리고 신은 그에게 '신경 언어'나 '태초의 언어'로 말을 했다. 그리고 그에게 타락한 인류의 잔해 위에 새로운 종족을 낳기 위해 여자로 변신할 것을 명했다. 슈레버에 따르면 인간은 육체와 신경으로 이루어져 있으며 인간의 영혼은 '신경' 속에 들어 있다. 그러나 신은 신경으로만 구성되어 있다. 신과 하늘은 친밀하고 감각적인 관계들로 연결되어 있다. 인간의 신경은 죽음 이후 정화되어 신에 의해 '하늘의 입구'로 모이게 되며 신은 '빛'을 통해 인간에게 영향을 미친다. 슈레버는 이러한 '빛'에 의해 끊임없이 갱생하게 되어 불멸의 생을 부여받았지만 '기적을 받은' 새들에게 박해를 받았다. '하늘의 입구'의 파편들로 만들어진 이 새들은 시체의 독으로 채워진 후 그를 향해 날려보내졌다. 새들은 그에게 '인간의 옛 영혼이라는 매혹적인 유물'도 전달했다. 그리고 여성으로 변신해 신에 의해 임신되기를 기대하면서 그는 신의 박해도 태양을 향해 울부짖으면서 견뎌냈을 뿐만 아니라 플렉시히 박사가 선동한 사악한 음모, 즉 그를 성적으로 악용한 후 곧 갈가리 찢긴 그의 몸을 부패하게 만든 이 '영혼의 살해자'의 음모도 이겨냈다.

프로이트는 당시의 여느 과학자들과 마찬가지로 소위 정신적 질병들의 기원을 찾아내려고 고심하면서 슈레버의 언어와 함께 망상 속에서 위대한 신비주의자들의 대화를 그대로 들려주고 있는 이 미친 화자의 기묘한 이야기에 매혹되었다. 프로이트가 이 텍스트에 매료된 이유는 당시 그가 종교의 기원에 관심을 갖고 있었기 때문이다. 그는 곧 『토템과 터부』에서 이에 대한 해답을 제시한다. 하지만 이 사례 연구를 통해 그는 편집증을 정신분열증에 대한 새로운 규정 속에 포함시키려고 했던 블로일러와는 반대로 일관되고 확고한 편집증의 병리학을 제시하게 된다. 이미 앞에서도 언급했듯이[69] 융과 단절하는 계기가 된 빈 학파와 취리히 학파 간의 논쟁에서 프로이트는 정신병의 구성에 정신분석적 근거를 제시하고자 했다. 여기서 프로이트는 편집증을 정신병의 모델로 보았다.

그는 고전적 방법에 따라 과대망상, 피해망상, 색광증, 질투 등의 망상들을 편집증에 포함시켰다. 또한 동성애에 대한 방어와 함께 광인이 자신에 대해 갖게 되는 망상적인 생각은 이 광인의 광기를 설명하기 위해 임상가가 구성해내는 합리적인 지식만큼이나 진실일 수 있다는 생각을 여기에 덧붙였다. 그러나 후자만이 이론적 지위를 갖게 된다. 그런데 일년 전에, 즉 레오나르도 다 빈치에 관한 연구서를 쓸 때 프로이트는 동성애에 대한 접근 방식을 구상하게 되는데, 이것은 슈레버 사례를 분석하는 데 도움이 된다. 그는 같은 해에 알프레트 아들러와 결별하면서 편집증적 인식을 동성애의 카텍시스(Besetzung, Investissement), 이론적 인식을 이러한 카텍시스에 대한 거부와 연결시켜볼 생각을 하게 된다. 아들러와의 결별로 그는 빌헬름 플리스와 이별할 때의 고통을 다시 한번 겪게되었다. 이 때문에 프로이트는 1910년 10월자로 산도르 페렌치에게 보내는 편지와 같은 해 12월에 융에게 보내는 편지에서 그 유명한 말을하게 되는 것이다. "플리스와의 일의 경우 이제 그럴 필요는 사라졌네. 자네도 알다시피 나는 동성애적 카텍시스에 끌려 들어가 그것을 내 자아를 확장하는 데 이용했지. 나는 편집증 환자가 실패한 바로 그곳에서 성공한 셈이지. (……) 한때 친구였던 플리스는 나에 대한 모든 애정을 청산한 후 대단한 편집증 사례를 발전시켰네. 그것은 분명 대단한 것이었다네. 나의 이 생각[편집증이 동성애적 요소를 갖고 있다는 생각]은 그에게 빚진 것이라네."[70]

프로이트는 슈레버 아버지의 교육 이론을 면밀히 조사한 후 그가 얼마나 폭군이었는지를 여러 번 되풀이해서 강조했다. 그는 또 아들이 『회고록』에서 아버지는 시체들만 연구했다고 비난하면서 그의 의학 기술을 맹렬히 풍자했다는 것도 보여주었다. 하지만 프로이트는 아버지의 교육관과 아들의 편집증적 망상을 조금도 연관시키지 않았다. 하지만 그는 이미 편집증적 망상과 인간 본성의 변화를 목표로 하는 엄격한 체계 간의 유사성에 주목하고 있었다. 정신병에 관한 이처럼 새로운 이론의 맥락에서 그는 먼저 신을 향한 슈레버의 울부짖음을 아버지에 대한 반항의 표현으로 보았고, 억압된 동성애를 망상의 근원으로, 그리고 마지막으로 사랑이 증오로 변하는 것을 편집증의 기본 메커니즘으로 보았다. 또한 망상의 발생을 질병의 시작이라기보다는 회복의 시도로 보았다. 다시 말해 아버지(그리고 남동생)의 상실을 위로해줄 아들을 갖지 못한 슈레버가 신으로 변모한 아버지의 이미지와 화해하려고 시도했던 것처럼 보았다. 프로이트는 신의 모습 속에서의 이러한 회복과 변모를 차라리 긍정적인 것이라고 볼 수 있는 아버지 콤플렉스의 결과로 바라보았다. 다시 말해 그가 보기에는 늙은 고트로프 박사는 가정의 폭군이었던 만큼이나 좋은 사람이었다.

그런데 1955년 가을에 일 년 내내 슈레버 판사의『회고록』에 주석을 붙이고 있었을 때 편집증에 대한 라캉의 입장은 1911년의 프로이트의 입장과는 크게 달랐다. 1932년의 박사학위 논문과 파팽 자매에 관한 글에서 그는 여성 편집증에서 나타나는 동성애적 요소에 관심을 가졌다. 하지만 프로이트주의에 대한 두번째 구조적 재해석 단계에서는 이 문제가 전혀 다른 식으로 제기되었다. 그는 학생들에게 편집증적 지식이라는 개념을 언급하면서 30년대라는 시기와 프랑스의 정신의학사에 여자 정신병 환자인 에메의 사례 발표가 얼마나 커다란 충격을 주었는지를 상기시켰다. 그는 스승들인 클레랑보, 세리외, 카프그라 등의 이름을 거명했고, 체질론을 비판했다. 그리고 당시 널리 읽히고 있던 슈레버 연구서들을 주의 깊게 살펴보았다. 글로버의 제자로서 BPS에 반대하는 이다 매칼파인과 리처드 헌터의 글도 참조했다. 이들은 이제 막『어느 신경병 환자의 회고록』을 영어로 번역하고 서문을 썼다. 어머니(이다)와 아들(리처드) 관계인 이 두 저자는 프로이트가 아버지의 교육 이론들에서 뭔가를 추론해내는 것을 소홀히 했음을 지적하면서 슈레버의 편집증에 대한 클라인 식의 해석을 제시했다. 즉 이들에 따르면 미분화한 리비도의 원초적 단계로 심하게 퇴행함으로써 출산에 대한 어릴 적 환상들이 부활하게 되었다는 것이다.[71]

라캉은 프로이트에게 경의를 표하면서도 프로이트적인 문제틀을 바꾸어놓았다. 그는 편집증을 동성애에 대한 방어가 아니라 아버지 기능에 대한 구조적 의존(성)으로 보았다. 이리하여 그는 아버지의 교육 이론과 아들의 광기 간의 연결 관계를 살펴보려면 슈레버 아버지의 글들을 실제로 읽어볼 것을 제안하게 된다. 하지만 라캉은 아버지 위치의 우위성을 주장하기 위해 동성애적 요소의 우위성을 포기하고 싶지는 않았다. 또한 그는 망상적 지식과 이성적인 지식 간의 유사성에 대한 프로이트의 해석도 바꾸어놓았다. 망상적 지식을 동성애적 카텍시스에 연결시키고 이성적 지식을 이러한 카텍시스에 대한 거부와 연결시키는 해석 대신 그는 1932년부터 머릿속에서 구상해온 광기의 계보에 대한 생각을 이용했다. 바로 아무나 맘만 먹으면 미칠 수 있는 건 아니라는 생각이 그것이었다. 다시 말해 그는 광인이란 광기에 대해 너무나 정확한 생각을 갖고 있기 때문에 이것을 하나의 사실이 아니라 인간이 자기 자유의 한계로서 자기 내부에 갖고 있는 진리로 바라보는 사람이라는 가설을 다시 끄집어냈던 것이다.

1953년의 위상학의 맥락 속에서 그리고 프로이트주의에 대한 두번째의 구조적 재해석을 통해 라캉은 편집증에 관한 자신의 해석과 프로이트의 해석을 다시 생각해보았다. 그리고 이어서 이러한 수정의 결과를 정신병 일반의 영역으로까지 확대시켰다. 그는 편집증이 정신병의 모델이라는 확신을 프로이트와 공유했다. 1955~56년에 이루어진 이러한 수정을 통해 라캉은 폐제와 아버지-의-이름이라는 두 가지 개념을 도출해냈다. 이 개념들은 야콥슨에 대한 연구를 통해 새로운 시니피앙 이론이 점차 정교화되면서 만들어진다. 이러한 수정 덕분에 그는 슈레버의 편집증을 아버지-의-이름의 폐제라는 라캉적 용어로 규정할 수 있었다. 즉 다음과 같은 연쇄고리가 만들어지게 된다. D. G. M. Schreber의 이름, 다시 말해 인간 본성의 개혁을 목표로 하는 교육 이론들을 통해 아버지로 구현된 원초적 시니피앙의 기능은 아들의 상징적 세계에서 거부(폐제)되고, 화자의 담화 속에 들어 있는 망상적 실제로 되돌아가게 되었다. 라캉은 이처럼 추상적이고 복잡한 공식을 통해 이전에 『어느 신경병 환자의 회고록』에 대해 프로이트를 포함한 모든 주석가들이 제기했던 문제를 천재적인 방식으로 해결했다. 이들도 모두 아버지의 교육관과 아들의 망상 사이에 존재하는 관계에 주목했지만 라캉이 처음으로 이러한 관계를 이론화했고 미친 화자의 자전적 망상 속에서 이것의 작용 방식을 명확히 설명했다. 슈레버는 D. G. M. Schreber의 이름, 즉 아들의 『회고록』이나 '기억(Gedächtnis)'에서 제외되거나 폐제된 아버지-의-이름이 표지에 적혀 있는 교육 입문서들에서 권하고 있는 각종 장비들과 이상하게도 빼닮은 각종 고문 기구들로 가득 찬 세계를 그려 보였던 것이다.

라캉은 프로이트주의 역사의 개념 체계에 중요한 공헌을 했다는 생각과 함께 언제나처럼 말로 된 자기 학설이 표절되거나 오해되지나 않을까 두려워 1955~56년 세미나의 개요를 종합하는 글을 하나 써서 정신병을 주제로 다룬 『정신분석』지 4호에 발표했다. 그는 이 글에 '정신병의 모든 가능한 치료에 전제가 되는 하나의 예비적 문제에 대하여'라는 제목을 붙였고, 작성 날짜를 1957년 12월~1958년 1월로 명기했다. 그는 슈레버 가족을 연구한 최초의 프랑스인이었으며, 그가 편집하는 '프로이트의 장(場)' 시리즈에 『어느 신경병 환자의 회고록』의 최초의 프랑스어 번역본을 포함시켰다.[72]

프로이트가 블로일러와 융과 논쟁하면서 또 플리스와 결별하면서 편집증을 이론화했다면 라캉은 자기 아버지와의 관계에서 체험한 내밀하고 공포스런 경험을 이론 수립에 이용했다. 그가 슈레버 아버지의 교육 이론에 대해 가졌던 부정적이고 열정적인 관심에서 우리는 분명 한 편에서는 자기 아버지와 할아버지 간의 관계, 다른 한편에서는 자기 어머니와 친가 쪽 여자들 간의 관계의 장면들이 어린 시절에 불러일으켰던 공포스런 회상을 떠올리지 않을 수 없을 것이다. 슈레버의 회고록에 대한 라캉의 훌륭한 해석이 얼마나 폭군적인 아버지와 모욕당한 아버지 간의 변증법, 즉 이미 헤겔에게서 빌려온 변증법과 밀접하게 연결되어 있었는가는 아무리 강조해도 지나치지 않을 것이다. 그리고 이 모든 것으로부터 라캉의 구조주의 시대의 바로크 풍의 두 가지 개념, 즉 폐제와 아버지-의-이름이 나오게 되는 것이다.

7부 권력과 영광

"우리들에게 라캉의 '성격',
'스타일', '기행' 그리고
이것들이 낳은 모든 결과와
개인적 상처들은 이론의
값어치가 있는 것입니다."

1 루이 알튀세와의 대화

1963년 겨울부터 SFP가 점진적으로 분열되면서 프랑스 프로이트주의는 새로운 국면을 맞이하게 된다. 프랑스 프로이트주의는 엘리트 문화를 지양하고 대중적인 이데올로기로 변해갔을 뿐만 아니라 무대도 파리 중심에서 지방으로 확대되어나갔다. 이러한 대중화 현상(IPA의 경우 이것은 일종의 신프로이트주의의 확립으로 나타났다)은 이제 프랑스 정신분석 운동에도 영향을 끼치게 되었다. 그리고 이제 이 운동은 좀더 현대적인 형태로 바뀌어갔다.

이러한 과정이 전개되면서 라캉주의의 전개가 프랑스 프로이트주의의 최종적인 정착지라는 사실이 점점 분명해졌고, 이전 시기의 소규모 엘리트 그룹에 뒤이어 여러 가지 기관과 단체들이 형성되기 시작했다. 프랑스 정신분석 3세대만 하더라도 이전 두 세대의 운명과 긴밀하게 결부되어 있었고 이런 의미에서 전이 관계의 논리적이고 일관된 네트워크의 일부로 간주될 수 있었던 반면 4세대와 5세대의 활동은 앞 세대의 논리나 일관적 흐름에서 벗어나기 시작했다. 60년대에 진행된 엄청난 확대 과정은 게-뤼삭 가(街)의 바리케이드(1968년 혁명을 말함 — 옮긴이)로 인해 더욱 심화된다. 그리하여 개인의 운명이나 이론적 목표는 제도적 결정 요인보다 덜 중요한 문제가 된다. 이러한 변화는 이미 라캉이 처해 있던 역설적 상황을 한층 더 악화시킨다. 패배했으나 기세등등한 문학 공화국에서 명민한 소크라테스 노릇을 했던 그가 이제는 SFP의 주요 창립자들만큼 박식하거나 교양 있거나 학력이 높지도 않은 전사(戰士)들로 구성된 집단의 지도자가 되었다. 요컨대 1963년 12월의 분열 이후 라캉의 '사회적 기반'이 바뀐 것이다.

물론 그는 수많은 3세대 대표자들을 끌어들였다. 그 중에는 모 마노니와 옥타브 마노니, 세르주 르클레르, 프랑수아 페리에, 무스타파 사푸앙, 제니 오브리, 피에라 올라니에, 솔랑주 팔라데, 장 클라브륄 등이 있었다. 그러나 그는 다음 세대에서 양적으로는 많은 것을 얻은 대신 질적으로는 많은 손실을 보았다. 철학 향연에서 함께 논쟁하던 비판 정신을 가진 제자들 대신에 이제 몇몇 저명한 사람들을 제외하고는 확신과 공식, 실용적인 결과로 빚어진 지식을 추구하는 무리들에게 둘러싸이게 된 것이다. 10년 동안 그는 제자들과의 대화와 당대 최고 사상가들과의 활발한 교류를 바탕으로 대가의 권위를 발휘할 수 있었다. 하지만 63세가 된 그는 전과는 완전히 다른 종류의 권력을 갖게 된다. 그는 이제 한 학파의 지도자가 된 것이다.

그는 오랫동안 훈련 분석가의 교육 과정에 고전적인 임상 지식과 고급 철학 연구가 빠지지 않도록 싸워왔으나, 이제는 어쩔 수 없이 새로운 청중, 즉 심리학도들을 대상으로 강의를 해야 하는 처지가 되었다. 3세대와 이후 세대들을 결정적으로 단절시킨 프랑스 정신분석 운동의 이러한 대중화는 대학 입학 과정이 민주화됨으로써 파생된 결과 중의 하나였다. 1955~65년 사이에 학생수가 대폭 증가하면서 심리학 관련

과목을 가르치는 학과 수도 크게 늘어났다. 또한 기술 관료들이 점점 지식인들을 대체해나갔다.

1960년경까지 정신분석 훈련 과정에는 세 가지 가능성이 있었다. 먼저 의학 연구를 거쳐 정신의학이나 신경학을 전공하는 방법, 다음으로 문학 혹은 철학 연구를 거쳐 정신병리학을 수료(선택적으로)하는 방법, 마지막으로 이 모든 것을 함께 연구하는 방법. 그런데 민주화 과정이 결과 이러한 체계가 사라지고 심리학 전공이 독자적으로 분리되었다. 이때부터 정신분석 과정 지원자들은 사실상 이 방식을 택하게 되었다. 1965년부터 모든 프로이트 그룹들은 점점 심리학 전공자들로 채워졌다. 이것이 바로 대중 분석(Laienanalyse), 즉 의학에 대한 심리학의 승리를 위해 프로이트가 전개한 대투쟁의 가장 격렬한 마지막 단계였다.[1]

이처럼 프랑스 프로이트주의 역사에서 기술 관료들이 지식인의 자리를 대체해간 과정은 훈련 분석가 지원자들이 초기 교육 과정에서 선택한 과목에도 그대로 반영되었다. 점점 더 많은 사람들이 심리학적 접근법을 선택했다. 그것은 대학에 입학한 새로운 중간층들이 열망하는 기술적인 이상과 완벽하게 어울리는 방식이었다. 이 과정을 마친 사람은 무료 진료소, 의학 및 심리학 교육 센터, 주간 병원 등 다양한 치료 기관에 진출할 수 있는 자격을 얻었다. 그리고 이 과정에서 철학, 인문학, 정신의학과 같이 '고상한' 과목들은 무용지물로 평가되면서 사라지고 심리학 단 한 과목만 남게 되었다. 심리학은 다양한 '분야'를 망라함으로써 모든 과목을 감당할 수 있다고 주장됐다. 이처럼 프로이트주의 운동 4세대부터 교양의 결여로 인해 파벌주의가 조장되고, 라캉을 포함한 중요한 스승 주위에는 개인 숭배 현상들이 나타났다. 다시 말해 지적인 스승에서 한 학파의 지도자로 위상이 높아진 라캉은 통제할 수도 피할 수도 없는 변화의 논리 속으로 휩쓸려 들어가게 된 것이다. 이 과정에서 그는 신처럼 숭배되고, 그의 학설은 신성시되었다. 그리고 결국 라캉 추종자들은 많은 메시아적 단체들로 분해되기에 이른다.

1956년 12월에 조르주 캉길렘은 심리학이 이처럼 독립적인 과목으로서 대학에 침투하게 된 것을 비판하는 글을 발표했다. 「심리학이란 무엇인가?」라는 제목의 유명한 논문에서 저자는 경멸적인 어조로 심리학을 규정한다. 심리학은 '엄정함을 결여한 철학'이다. 객관적이라고 주장하지만 실은 절충적일 뿐이기 때문이다. 그것은 아무것도 요구하지 않는 윤리학이다. 경험을 아무런 비판적 평가 없이 받아들이기 때문이다. 그것은 검증 없는 의학이다. 명백하게 설명될 수 없는 질병, 즉 '신경성' 질병들에 대한 관찰을 기초로 세워진 가설 수준을 벗어나지 못하기 때문이다. "소르본느에서 생-자크 가 쪽으로 나올 때 사람들은 올라가거나 내려갈 수 있다. 올라가면 위대한 인물들을 모신 팡테옹에 가까워지고, 내려가면 경시청으로 향하게 될 것이다."[2] 이처럼 심리학은 아직까지 어느 심리학자도 매장되어본 적이 없는 팡테옹으로 올라가느냐 아니면 단순한 전문적 기술로 떨어지느냐 하는 기로에서 어느 한쪽을 선택해야 했다.

1961년 5월에 미셸 푸코가 제출한 박사 학위 논문 『광기와 문명: 고전주의 시대의 광기의 역사』에 대한 심사가 있었다. 다니엘 라가슈를 포함한 심사위원들 앞에서 푸코는 심리학 사가들의 작업에 기초가 되어온 이상(理想)들을 파괴했다. "이 책에서는 이성적인 인간에 대비되는 광인들의 역사나 광기와 대비되는 이성의 역사를 기술하지 않는다. 이 책의 목적은 광기와 이성의 분리의 역사 — 이 분리가 없었던 적은 없지만 분리의 경계선은 늘 변동해왔다 — 를 소개하는 데 있다." 그는 니체와 바타이유에 의거해 정신병리학적 개념들을 통해서만 인간 본성에 존재하는 광기를 설명할 수 있다는 생각을 부정했다. 그가 보기에 이러한 개념들은 이미 본성 속에 광기가 존재한다는 가정에 따라 소급적으로 꾸며진 것에 지나지 않았다. 그러나 광기는 본성이 아니라 문화의 산물이었다. 그리고 광기와 의학의 관계는 광기와 이성의 관계의 역사적 형태 중의 하나일 뿐이었다. 캉길렘이 푸코 논문에 대한 보고서를 작성하게 되었다. 그는 여기서 푸코가 정신의학에서 광기를 바라보는 방식을 근본적으로 재검토하고 있다고 지적했다. "그러므로 푸코 씨가 문제삼는 것은 프로이트 혁명 이전의 실증적 정신의학의 초기 상황이 가진 이미이다. 그는 더 나아가서 실증적 심리학 출현의 의미 또한 새로운 관점에서 조명한다."[3]

당연하게도 프랑스 프로이트주의 무대에 심리학이 등장하면서 어떤 위험이 나타날지를 인식하고 있던 라캉은 푸코의 반심리학주의에 아주 우호적인 태도를 보였다. 그는 데카르트에 기반하고 있는 현대 철학이 광기라는 현상을 배제하지는 않는다고 믿었기 때문에 푸코의 생각을 완전히 받아들이지는 않았지만, 어쨌든 『광기의 역사』의 출간을 대단한 사건으로 환영했다. 그 세대의 대부분의 다른 정신과 의사들, 특히 앙리 에와 달리 그는 광기가 그 자체로 고유한 논리를 가지며, 따라서 광기라는 주제에 대한 이성의 일방적인 독백과는 다른 방식으로 고찰되어야 한다는 생각을 받아들였다. 따라서 그는 영미 반정신의학자들의 사르트르적 주장에 깊은 관심을 기울이게 된다.

1963년 겨울에 청중을 일부 잃었다는 것을 깨달은 그는 다시 한번 철학으로 방향을 돌렸다. 이번에는 특히 심리학에 반대하는 캠페인을 벌였다. 그는 이때까지 철학자나 사상가들과 교유하기는 했지만 기대와는 달리 이들에게서 인정받은 적이 없었다. 코이레, 메를로-퐁티, 바타이유, 레비-스트로스, 야콥슨, 하이데거 등 어느 누구도 그의 저서를 진지하게 읽거나 그의 작업의 중요성을 강조하지 않았다. 다만 장 이폴리트와 알퐁스 드 밸랑스만이 진정한 대화를 시도했다. 그러나 이런 상황은 구조주의의 영향을 받은 새로운 철학 세대의 출현과 함께 변화되고 있는 중이었다. 특히 미셸 푸코와 루이 알튀세, 질 들뢰즈, 자크 데리다가 중요했다. 그러나 이전 사상가들과는 달리 이 새로운 철학자들은 라캉과 친구가 되지는 않았다. 이들은 라캉의 측근들과 덜 가까웠고, 그가 점점 더 신성화를 추구하는 데 대해 공감하지 않았다. 그러나 다른 한편으로 이들은 라캉 저서의 탁월한 해석자들이었고, 이들의 비판적 논평은 널리 인정받고 싶다는 라캉의 오랜 꿈이 실현되는 데 크게 기여했다.

프랑스 구조주의 사상은 하나로 통일되어 있는 것이 아니었다. 레비-스트로스와 라캉, 벤베니스트, 뒤메질, 베르낭이 최초로 구조주의 방법을 사용한 선구자들이었고 이들의 뒤를 이어 푸코와 데리다, 알튀세 역시 같은 방법을 사용했지만, 이용되는 양상은 근본적으로 달랐다. 따라서 프랑스 구조주의의 역사는 이론적으로 두 단계로 나뉘어질 수 있다. 첫번째 단계에서는 언어학이 정신분석, 인류학, 고대사 분야에서 선도적 역할을 담당했다. 두번째 단계에서는 매우 다양한 일련의 연구 주제들이 공통으로 소쉬르의 구조주의를 토대로 이용했다. 이 두번째 단계에서 라캉의 이론은 프로이트의 발견에 대한 과학적 재검토로 보였다. 푸코는 이렇게 지적한다. "'의미'란 아마도 표면적 효과, 반짝임, 거품일 뿐이며 우리에게 정말로 깊은 감동을 주는 것, 우리 전에 존재하는 것, 시간과 공간에서 우리를 지탱하는 것은 체계이다. 이 점을 레비-스트로스는 사회와 관련해서, 라캉은 무의식을 대상으로 하여 보여주었다. 그때가 혁명적인 전환점이었다."[4]

1963년 7월에 라캉은 루이 알튀세의 논문에 매료되었다. 「철학과 인문 과학들」이라는 제목의 이 논문은 『철학 교육 리뷰Revue de l'enseignement philosophique』지에 소개되었다. "마르크스는 '경제적 인간'이라는 신화에 대한 거부를 토대로 이론을 세웠다. 프로이트는 '심리적 인간'이라는 신화에 대한 거부를 토대로 이론을 세웠다. 라캉은 프로이트가 수행한 과거와의 해방적 단절을 이해했다. 그는 이러한 단절을 온전한 의미 그대로 이해했으며, 또한 이로부터 어떤 두려움이나 타협 없이 중요한 귀결을 끌어내었다. 다른 모든 사람들과 마찬가지로 그 역시 때때로 세부 사항이나 심지어 철학적 준거의 선택에서는 실수를 했을 수도 있을 것이다. 그러나 우리는 그에게 본질적인 것을 빚지고 있다."[5]

당시 두 사람은 결코 개인적으로 아는 사이는 아니었지만 부분적으로는 우연한 여러 가지 사건과 정신분석가에게 털어놓는 비밀 이야기로 이루어진 긴 역사를 공유하고 있었다.

종전 후 월름 가의 고등 사범학교에서 철학을 가르치고 있던 '악어' 조르주 귀스도르프는 교수 자격 시험 지원자들을 위해 정신병리학에 관한 일련의 강연을 조직했다. 라캉 역시 이 모임에 초대되었고, 1945년 11월에는 광기의 기원에 대해 이야기했다. 알튀세는 이것을 아주 싫어했다. 지나치게 기교를 부린 라캉의 언어가 싫었고, 광기를 포함한 코기토에 관한 그의 생각을 받아들일 수 없었다.[6]

1938년부터 알튀세는 매년 2월이면 시작되어 며칠간이나 계속되는 우울증으로 고통을 겪었다. 최초의 입원은 4년간의 독일 포로 수용소 생활중에 있었다. 라캉이 ENS에서 강연하고 있을 때 알튀세는 오랜 환멸의 시간을 겪은 후 청년기의 급진적 가톨릭 사상에서 공산주의로 개종하는 중이었는데, 그는 곧 이 이념에서 스탈린주의적 측면을 발견하게 된다. 그는 이미 프로이트의 진지한 독자였지만 자신을 주기적으로 마비시키고 이어서 강렬한 흥분 상태로 몰아가는 우울증이 신체 기관에서 유래하는 정신적 질병이라고밖에는 생각할 수 없었다. 그래서 그는 약과 복잡한 기술적 치료의 도움을 받아 우울증을 치료하기로 결심했다.

30살이 되었을 때 알튀세는 자신의 광기의 거울 속에서 정신분석과 정신의학의 역사를 만났다. 그는 푸코가 너무나 훌륭하게 묘사한 바 있는 감금의 운명을 1948년부터 스무 번도 더 겪게 될 것이었다. 그리고 항상 이론가로서의 위치와 이와는 확연히 다른 정신분석 혹은 정신의학의 환자로서의 위치 사이에서 평생 프로이트주의와 지극히 양면적인 관계를 유지했다. 한편으로 그는 끊임없이 반항하면서도 두려움 속에서 화학 요법에 동의했던 희생자였고 다른 한편으로는 본인이 받은 치료법의 효과를 부인하는 광기 이론을 옹호했다.

1946년에 조르주 르세브르 집에서 그는 러시아 태생의 유대인 여자인 엘렌느 리트만을 만났다. 그보다 8살 연상이었던 그녀는 친구들로부터 '약간 미친 여자' 취급을 받았다. 그녀는 레지스탕스 활동을 할 때 장 보프레의 친구로, 페리클레스 네트워크의 회원이었다. 그녀는 공산당에도 가입했었지만 모호한 이유로 출당 조치됐다. 그녀는 '트로츠키적 오류'와 '범죄'를 저질렀다고 비난받았다. 그리고 리옹 지역에 있었던 옛 동료들의 약식 처형에 참여했다는 소문이 있었다.

양차 대전 사이에 엘렌느는 '10월 그룹'과 어울렸는데, 아마 여기서 실비아 바타이유를 만났을 것이다. 이어 그녀는 장 르누아르가 <라 마르세이예즈>를 촬영할 때 그의 보조로 활동했고, 점령기 동안에는 니스에서 자크 라캉을 알게 되었다. 아마도 장 발라르와 『카이에 뒤 쉬드 *Cahiers du Sud*』의 인맥을 통해서였을 것이다. 그러나 곧 라캉과 사이가 틀어졌다. 라캉이 실비아가 코트 다쥐르에서 집을 구할 때 도와주지 않았다고 비난했기 때문이다. 그럼에도 불구하고 어느 날 프로므나드 데 장글레에서 대화를 나누면서 그는 그녀에게 정신분석가가 되기를 권했다. 그는 다른 사람의 말을 들어주는 그녀의 능력과 상대방의 말을 이해하는 능력을 높이 평가했다. 그러나 그녀는 거절했다.[7]

장 기통은 이렇게 말한다. "알튀세는 절대적인 것을 사랑하는 신비주의자이다. 그가 아내에게 매혹된 것도 이 때문이었다. 그녀 역시 완전한 신비주의자였던 것이다. 그녀가 나를 보러 왔다. 그녀는 테레사 수녀를 닮았다. 그가 내게 말했다. '선생님, 제가 사랑하는 여자를 소개해드리겠습니다.' 우리는 함께 저녁 식사를 했다. 처음 만난 순간부터 나는 그녀가 그를 압도하고 있고, 그녀가 그의 영혼이라는 것을 알 수 있었다. 그녀는 나를 대신해 그의 스승이 되었고, 그는 그녀 속에서 그녀를 위해 살고 있었으며, 그를 공산주의로 이끈 것도 그녀였다."[8] 비록 장 기통의 생각과는 달리 알튀세가 공산주의로 전향하는 데 엘렌느의 '영향'이 필요없었다 해도 그녀가 그에게 불어넣은 사랑은 그가 공산당과 정신 요양소, 정신분석과 40년 동안 맺은 관계와 마찬가지로 자기 비판과 혐오, 자기 파괴, 흥분, 융합의 욕망으로 이루어져 있었을 것이다. 어떤 면에서 알튀세의 운명은 이슬람과 기독교의 몇몇 위대한 신비주의자들의 운명과 비슷했다. 이들 중 일부는 법을 폐지하고 '주체가 없는' 정신적 공동체를 세움으로써 자유를 찾고자 했고, 다른 일부는 개별성의 원칙과 의식의 우위, 진보라는 신화에 도전했다.[9]

이런 관점에서 볼 때 알튀세의 우울증 체험은 급진적 가톨릭에서 과학적 마르크스주의로 개종하는 그의 인생의 초기 여정에서나 화학 처방이라는 구속복에서 오이디푸스적 전이로, 그리고 결국 평생 지옥 같은 비참함 속에 갇히게 되는 과정 모두에서 핵심적인 의미를 지니는 것이었다. 그는 무엇으로도 이처럼 주기적으로 일어나는 비극적인 광기를 극복할 수 없었다. 그것은 결국 의식적(儀式的)인 살인과 불가능한 혁명에 대한 욕망으로 귀결되었다. 알튀세와 그가 가르친 세대에게 공산주의를 새로운 사상으로, 마르크스주의를 창조적 철학으로 전환시키려는 모든 희망이 와해됨에 따라 알튀세의 광기는 서서히 잦아든 대신 모호한 형태를 띠기 시작한다.

그의 광기는 프랑스가 스당 전투에서 패배한 후 알제리에 정착한 중산층 가톨릭 가문에서 3세대를 거쳐 형성된 것이다. 20세기 초 뤼시엔느 베르제라는 한 처녀가 루이 알튀세라는 이름의 청년을 사랑하게 되었다. 막내인 그는 어머니의 편애를 받았고, 모든 종류의 지적 활동에서 두각을 나타냈다. 루이보다 좀 촌스럽고 사랑도 덜 받았던 형 샤를은 뤼시엔느의 언니 쥘리에트와 약혼했다. 1914년에 전쟁이 발발하자 군대에 징집된 루이는 정찰 비행중 베르됭 상공에서 사망했다. 그러자 앙가에서는 아직도 지중해 지역에서는 아주 엄격히 지켜지고 있는 옛날 성서의 법인 수혼제(嫂婚制, 자식 없이 죽은 형제의 배우자와 결혼하는 제도— 옮긴이)에 따라 아직 미혼인 큰형을 죽은 동생의 미망인과 결혼시키기로 결정했다. 그래서 샤를 알튀세는 뤼시엔느 베르제를 아내로 맞았고, 아들이 태어나자 삼촌의 이름을 따 루이라고 불렀다. 그러한 결혼의 '광기'는 수혼제라는 내면화된 전통에 대한 복종보다는 법을 참고하는 수준을 넘어서서 이루어진 행위 자체의 과도함에 있었다. 왜냐하면 동생은 뤼시엔느와 결혼한 상태가 아니었기 때문이다. 이상하게도 루이 알튀세의 출생 배경은 앙토냉 아르토와 아주 닮았다. 태생에 관한 똑같은 혼동이 있었고, 지중해 지방이라는 공간적 배경이며, 본원적인 환상의 비밀이 부정된 점, 그리고 신비주의와 일신교를 통해 사상적 편력을 시작한 점 등 여러 가지 일치점들이 발견된다. 루이 알튀세는 이렇게 쓰고 있다. "나는 아버지가 없었고, 따라서 아버지가 있다는 환상을 나 자신에게 부여하기 위해, 아니 도리어 나 자신에게 그러한 역할을 주기 위해 끝없이 '아버지의 아버지' 노릇을 했다. (……) 그래서 철학적으로 말해서 나는 나 자신의 아버지가 되어야 했다. 그리고 그것은 내게 진정한 아버지의 역할이 부여될 때에만 가능했다. 즉 있을 수 있는 모든 상황을 통제하고 '지배자'가 되는 것."[10]

알튀세의 정신의학과의 첫 접촉은 재앙이었다. "엘렌느가 침대에 있는 내 옆에 앉아 키스하고 나서 며칠 후에 '드라마'가 시작되었다. 나는 (서른 살이나 되었지만!) 여자와 키스해본 적이 없었고, 특히 여자에게 키스당해 본 적도 없었다. 내 속에서 욕망이 솟아올랐고, 우리는 침대에

서 사랑을 나누었다. 그것은 새롭고 격렬하고 가슴 떨리고 흥분된 경험
이었다. 그녀가 떠났을 때 불안의 심연이 내 속에서 열리면서 더이상
닫히지 않았다."[11] 피에르 말은 조발성 치매라고 진단하고는 알튀세를
생트-안느 병원의 에스키롤 분관에 보냈다. 비밀 활동에 익숙한 엘렌
느는 모든 감시망을 뚫고 그를 찾아갔다. 그녀는 쥘리앙 드 아쥐리아게
라에게 환자를 부살펴달라고 부탁했다. 그는 피에르 말의 진단이 잘못
되었다고 반박하면서, '광적인 우울증적 정신병'이라고 진단했다. 크래
펠린의 현대 병리학에서 빌려온 이 용어는 정신의학에서 고대부터 창
조자나 천재들의 광기로 설명되어온 우울증을 가리키는 말로 통용되고
있었다.[12] 이전에 아르토의 경우에 그랬듯이 알튀세는 당시 병원에서
흔히 사용되던 전기 충격 요법을 받게 되었다.

1950년 2월에 다시 발병한 후 알튀세는 정신과 의사인 로랑 스테브
냉에게서 마취 분석을 받았다. 이 의사는 이미 알튀세의 친구인 자크
마르탱을 치료하고 있었다. "우리의 눈에 그는 대단한 마력을 지닌 것
처럼 보였다(그는 내 누이와 어머니, 그리고 가까운 친구들 모두를 치료했다).
그는 자기가 소련 의사들과 개인적으로 알고 있으며, 이들이 거의 모든
경우에 기적적인 효과를 가져온다고 하는 보고몰레츠 혈청 앰플들을
보내주었다고 말했다. 그러나 그것은 여전히 미스터리였다."[13] 이 혈청
은 뤼시엔느 알튀세가 채식주의자가 되면서 심취했던 마르세이유 출신
의 수상쩍은 도사 오모 박사가 조제한 '작은 병들'을 상기시켰다.

1963년 7월에 라캉은 ENS에 초청받기를 희망하면서 루이 알튀세와
접촉했다. 그는 몇 년 동안 분석중이던 니콜 베른하임-알팡데리를 통
해 알튀세의 광기에 관해 알게 되었다. 그녀는 알튀세의 가까운 친구였
던 것이다. 라캉은 1945년에 ENS에서 가졌던 강연을 아주 분명하게 기
억했고, 베른하임-알팡데리를 분석하면서 그 강연에 대한 알튀세의 부
정적 반응에 관해서도 들을 수 있었다. 그래서 그가 '아버지의 이름'에

관해 생트-안느에서 고별 세미나를 가진 후인 1963년 11월 21일 밤에 알튀세에게 처음으로 쓴 편지에는 냉정하면서도 불안한 태도가 드러나 있었다. 그는 이렇게 말하고 있다. "알튀세, 우리 관계도 오래되었죠." 그리고 나서 자신과 관련해 '보고된' 부정적인 의견을 상기시킨 다음 이어 자기 세미나가 끝났음을 알렸다. "그렇게 해야 했지만 쉽지는 않았습니다." 마지막으로 그는 ENS에서 알튀세 주위에 있는 학생들을 언급하면서 이들에게 '뭔가를 얘기해줄' 것을 부탁했고, 그를 보러 오라고 초대했다.[14]

이리하여 서신을 통한 두 사람간의 이상한 대화가 시작되었다. 알튀세는 라캉에게 자기 연구의 의미와 함께 50년대에 있었던 프로이트로의 복귀가 수행한 역할을 설명하는 긴 설교조의 편지를 보냈고, 라캉은 알튀세에게 무엇보다 구체적인 문제들, 가령 앞으로 있을 세미나 날짜와 시간, 다양한 호의에 대한 감사 표시 등을 담은 간결한 메시지를 전했다. 라캉은 '마르크스주의 변증법'을 다룬 알튀세의 논문을 받고는 이 논문이 매력적이며 자기도 궁금해하고 있는 문제를 다루고 있다고만 말하고 말았다.[15]

라캉은 분명 알튀세의 철학에는 전혀 관심이 없었고, 마르크스주의를 혁신하려는 그의 계획을 믿지 않았다. 라캉에게 만남의 목적은 딱 한 가지였다. 바로 ENS의 학생들이었다. 그는 알튀세가 이들에게 자신의 학설을 환기시켜주었다는 것을 알고 있었다. 그는 자기 저작을 이해할 수 있을 뿐만 아니라 자신의 사상과 운동에 새로운 바람을 몰고 올 수 있을 만큼 철학 교육을 충분히 받은 미래의 제자들을 이들 중에서 찾을 수 있기를 희망했다. 이와는 반대로 알튀세는 편지를 통해 라캉을 격찬했다. 그는 자기가 '15년 동안 계속된 마르크스에 관한 모호한 연구들'에서 프로이트로의 복귀에서 나온 편심적인 주체 이론을 이용했다고 말했다. 그리고는 적극적인 협력을 제안했다. "나는 예언하고 있다는 것을 잘 알고 있습니다. 하지만 우리는 마침내 자기 나라에서 선지자가 될 수 있는 시기에 접어들었습니다. 그리고 그것은 대부분 당신 덕분입니다. (……) 이제 우리에게는 그럴 권리가 있습니다. 왜냐하면 우리는 마침내 우리 손에 들어온 이 나라에서 그러한 수단들을 소유하고 있기 때문입니다."[16]

9월 중순부터 라캉은 끔찍한 혼란 상태에 빠졌다. 때로는 다량의 진정제를 삼켜 자살을 기도하기도 했고, 때로는 화를 벌컥 내며 자기를 배신한 자들을 통렬히 비난하기도 했다. 12월 3일 오후 8시 30분경에 알튀세가 릴 가 5번지의 문을 두드렸을 때 라캉은 추방당한 것에 대해 격노해 있었다. 이들은 함께 생-제르맹 가의 한 레스토랑으로 저녁 식사를 하러 갔다. 그리고는 밤늦게까지 거리를 걸으며 얘기를 나눴다.[17]

두 사람은 모두 프랑스 젊은이들을 개종시킬 꿈을 꾸었다. 한 사람은 혁신된 마르크스주의로, 또 한 사람은 구조주의의 영향을 받은 프로이트주의로. 그러나 알튀세는 이미 일관된 사고 체계를 세운 라캉과는 달리 거의 아무것도 발표하지 않은 상태였다. 단지 몽테스키외에 관한 훌륭한 저서와 몇 편의 논문이 전부였다. 이들 논문은 프랑스적 과학사 전통, 특히 가스통 바슐라르와 조르주 캉길렘에게서 빌려온 개념들을 바탕으로 한 마르크스의 독해를 예고하고 있었다. 알튀세는 라캉과의 '동맹'을 원했다. 하지만 라캉이 공산주의로 개종하기를 기대한 것은 아니었다. 그는 라캉을 구조라는 개념을 훨씬 더 넘어서는 철학으로 방향 전환시킬 수 있다고 생각했다. 그가 보기에 라캉은 아직 레비-스트로스의 영향을 너무 많이 받고 있었다.[18]

한편 라캉은 '아버지의 아버지' 역할을 하려는 알튀세의 게임에 대해 아무것도 몰랐으며, 아마 알튀세가 자서전에서 이야기하게 될 사춘기의 환상에 대해 들었다면 분명 깜짝 놀랐을 것이다. "나는 자크라는 이름을 갖는 것이 꿈이었다. 그것은 내 대자(代子)의 이름이다. (……)

아마 시니피앙의 음소들을 갖고 너무 지나치게 장난치는 것일지도 모르겠다 — 하지만 자크(Jacques)의 J는 방출(jet)(정액의 방출!)이었고, 중간의 a는 아버지 이름인 샤를(Charles)의 a와 같은 음소였다. 그리고 ques는 꼬리(queue)가 틀림없었다. 전체적으로 자크는 아버지에게서 들은 적이 있는 농민 반란의 자크리(Jacquerie)와 같았다."[19] 라캉과 알튀세는 편심적 주체 개념 혹은 '부재하는 인과 관계'로서의 구조 개념과 그다지 동떨어지지 않은 종교적 배경을 공유하고 있었다. 자기 영혼을 구하려면 자기 자신으로부터 철저히 벗어나 모든 역사성이 제거된 역사 속에 또는 시니피앙 연쇄의 '일자(一者, un)' 속에 녹아들어야 하지 않을까? 마찬가지로 이들은 '상징적 아버지'와 '근본적 텍스트'라는 개념으로 거울 관계를 유지했다.

초자아의 부재에 관한 사르트르의 생각에 가까웠던 알튀세는 자신이 죽은 루이 삼촌의 이름을 갖고 있다고 생각했다. 이로부터 그는 다음과 같은 생각을 도출해냈다. 즉 진정한 이론가들, 특히 19세기 말의 저주받은 사상가들인 니체, 마르크스, 프로이트는 바로 자기 자신의 아버지가 될 것을 강요받아왔다는 것이다. 어느 누구의 아들이려고도 하지 않고 또 할아버지에게 내뱉은 저주의 말에서 중요한 몇몇 개념들을 끌어낸 라캉은 알튀세와 정반대 방향으로 살아왔다. 그래서 그는 상징 기능에 관한 레비-스트로스의 개념에 늘 새롭게 애착심을 보여주곤 했다. 알튀세가 모든 혈통의 상징 체계로부터 벗어날 때만 근본적 행위에 도달할 수 있다고 생각한 반면, 라캉은 그러한 탈출로부터 논리적이기는 하지만 얼마든지 정신병에 의해 침해될 수 있는 담론이 생성된다는 것을 보여주었다.

12월 3일 밤에 두 사람은 각자의 이론적 입장뿐만 아니라 상호 요구에 따라 역할을 나누었다. 알튀세는 동맹을 구했고, 라캉은 도피처를 구했던 것이다. 알튀세는 모든 종류의 고백을 들을 준비가 된 아버지의 아버지 역할을 연기(演技)했다. 라캉은 친구들의 배신으로 정통성을 잃고 격노하는 고소인의 역을 맡았다. 다음날 알튀세는 장문의 편지에서 '라캉 사례'에 관한 자신의 평가를 전했다. 그러나 회신은 받지 못했다. 그는 이렇게 쓰고 있다.

당신은 분석가의 욕망에 대해 생각한다고 말합니다. 그리고 당신이 말한 것이 당신의 제자들과 환자들의 태도를 변화시키고, 또한 정신분석적 현실에 접근하는 이들의 방식을 변화시킨다는 것을 확신했다고 말합니다. (……) 당신은 각자에게 물고기가 가득한 큰 그물을 가져다 주고, 이들에게 바다를 가리킵니다. 이들은 거기에 이들의 토대가 있다는 것을 이해할 수 있습니다. 하지만 이들은 그물로 바다를 낚을 수 없다는 것 역시 깨닫습니다. 이들의 이론적 무지는 너무 크기 때문에 이들이 각자의 체험 수준을 넘어서게 하려는 시도는 전혀 무망합니다. 단절 없이는 실천으로부터 개념으로 넘어갈 수 없습니다. 게다가 이러한 단절은 안이 아니라 밖에서 옵니다. 지금 당신은 밖에 있고, 이들은 여전히 안에 있습니다. 당신이 그들과 함께 있었을 때, 그들은 당신이 내부 사람 중의 하나라는 이유로 외부 관계에 대한 책임을 당신에게 돌렸습니다.[20]

이는 당시 라캉이 처해 있던 상황을 아주 잘 요약해주는 것이었고, 라캉은 그 얘기를 흘려듣지 않았다. 그는 10월 13일자 스톡홀름 '방침'에 의해 훈련 분석가 명단에서 제외되었으나 IPA에서 '제명'되지는 않았다. SFP는 단지 '연구 단체'의 자격만을 가질 수 있었고 회원들도 IPA의 정식 회원이 아니었기 때문이다. 훈련 분석가 명단에서 빠진 것 자체는 IPA로부터의 사실상의 축출을 수반하지는 않았다. 게다가 10월 13일 이후 훈련 분석가 자격을 상실했음에도 불구하고 그는 여전히 SFP 회원이었다. 따라서 진짜 문제는 안이냐 밖이냐 하는 것이었다. 만일 라캉이 SFP에 머물면서 파문을 받아들였다면 SFP는 IPA 소속 학회가 될 수 있었을 것이고, 그가 거부했다면 분열은 피할 수 없었을 것이다. 첫번째 경우(안에 남는 경우) 그는 SFP의 가입을 통해 IPA의 회원이 될 수 있었고, 따라서 훈련 분석가로서의 자격은 상실했지만 가르침을 전하는 스승은 될 수 있었다. 두번째 경우(밖에 있는 경우)에는 IPA의 모든 정통성을 잃게 되지만 자유로운 스승이 될 수 있었다.[21]

알튀세의 도움으로 라캉은 페르낭 브로델에게서 '고등 연구소(EPHE)'에서의 강연을 허락받았고, ENS의 뒤산느 강의실에서도 세미나를 열 수 있었다. 크리스마스에 그는 오랜 시간을 들여 1964년 1월 15일에 있을 첫번째 강연을 준비했다. '파문'이라는 제목의 이 강연은 스피노자의 헤렘(herem, 한번 파문당한 사람을 다시 재심에 붙이는 것을 금지하는 것을 가리킴 ― 옮긴이)에 대한 긴 주석으로 이루어졌다. 알튀세와의 대화는 결실이 있었다. 왜냐하면 라캉은 이 강의에서, 부분적으로는 알튀세의 지적에서 어느 정도 영향을 받아 안에서 밖으로의 이행이라는 관점에서 IPA와의 관계 단절을 설명했기 때문이다.[22] 자신의 '파문'(이때부터 그는 항상 이렇게 말했다)의 중요성을 강조하기 위해 그는 여전히 충실한 제자들뿐만 아니라 파리의 다른 수많은 명사들을 강연에 초청했다. 이들 중에는 ENS 총장인 로베르 플라셀리에르, 앙리 에, 클로드 레비-스트로스도 있었다.

얼마 전에 라캉은 '로마 철학 연구소' 소장인 엔리코 카스텔리가 주최한 궤변에 관한 학술 대회에 참석하기 위해 로마를 방문한 적이 있었다. 그는 메모도 없이 즉석에서 충동과 분석가의 욕망에 대해 이야기했다. 그는 해슬러 호텔에 묶고 있었는데, 그곳에 도착했을 때는 아주 흥분된 상태였다. 이미 앞에서 언급한 적이 있는 폴 리쾨르와의 미묘한 갈등은 바로 이런 상황 속에서 벌어졌다. 사건은 정말 어처구니없게 끝났다. 리쾨르를 트라스티브르로에서의 저녁 식사에 초대한 라캉은 식사가 끝나자 이렇게 말했다. "당신이 내지, 리쾨르. 기억하죠? 본느발

회의가 끝난 후에 내가 당신을 게이 레스토랑으로 초대한 것 말입니다." 그러나 다음날 그는 시몬느 리쾨르에게 무례하게 행동한 점을 사과했다.[23] 대략 이런 식으로 이 일은 마무리되었다. 그럼에도 불구하고 같은 날 저녁에 그는 모리스 드 강디악을 만나 이렇게 얘기했다. "이탈리아 돈을 구할 시간이 없었습니다. 그러니 저녁 식사 좀 사주실 수 있음까요? 양젖 치즈를 먹을 수 있는 곳을 내가 알고 있으니 그곳을 꼭 찾아야 합니다." 잠시 주위를 헤매다 두 사람은 훌륭한 '대중 음식점'에 자리를 잡았다. 강디악이 계산하자 라캉은 귓속말로 말했다. "그러면 내일은 제가 사죠." 그러나 다음날 그는 모습을 보이지 않았다.[24]

알튀세는 라캉과의 동맹을 위해 그가 IPA와 인연을 끊는 것을 돕는 동시에 학생들에게 라캉의 저작을 공부하도록 권하기도 했다. 이미 1962~63년 학기에 알튀세는 '구조주의적 사고의 기원들'이라는 주제로 일련의 논문 발표 시간을 마련했다. 여기서 본인은 레비-스트로스와 푸코, 몽테스키외에 대해 이야기했으며 자크-알랭 밀레는 데카르트에서의 지식의 고고학에 관해 '발표했고', 피에르 마슈레는 언어의 기원에 관해 발표했다. 자크 랑시에르와 에티엔느 발리바르, 장-클로드 밀네도 이 세미나에 참석했는데, 미셀 토르가 라캉에 관해 이야기할 예정이었다. 밀레와 밀네는 EPHE에서 롤랑 바르트의 지도 하에 공부하고 있었는데, 종종 앙드레 그린이 라캉의 저작에 대해 토론하기 위해 세미나에 오기도 했다.[25]

1963년 말에 알튀세가 행한 프로이트와 라캉에 대한 강의는 이후의 이론적 입장과는 완전히 대조되었다. 주관주의와 역사주의를 모두 배척했던 그가 여기서는 프랑스 정신분석 운동을 기원에서부터 시작해 아주 현란하게 설명해 들어갔던 것이다. 그는 달비에즈와 에스나르, 왈롱, 사르트르, 앙리 에, 폴리체의 이름을 언급했다. 그는 프랑스가 정신분석에 반대하는 이데올로기적 이유들을 설명했고, 실제적인 지식에 의거해서 정신분석 운동의 내부 분열을 정확하게 지적했다. 마지막으로 그는 멜라니 클라인과 프랑수아즈 돌토, 프란츠 알렉산더, 르네 스피츠 등의 저작들에 관해서도 이야기했다. 그는 역사나 전기적 요소는 모두 생략하고 싶다고 하면서도 프로이트의 사고를 접하게 된 자신의 개인적인 이야기도 곁들였다.

라캉에 대한 접근 역시 역사적인 방식으로 이루어졌다. 알튀세는 '거울 단계'에 관한 이야기며 광기의 '현실'이라는 관념, 왈롱으로부터의 부지불식간의 차용, 소위 '미국식' 정신분석에 대한 반감 등을 이야기했다. 그는 협력의 필요성을 지적하는 말로 결론을 대신했다. "라캉은 휴머니즘과 과학 만능주의, 인격주의에 대항해 집요하게 싸우고 있다. 따라서 그의 이론은 우리에게 아주 중요하다. 그의 이론들은 프로이트를 철학적으로 생각할 수 있게 해주며, 폴리체의 막다른 골목에서 빠져나올 수 있게 해준다." 이처럼 라캉의 방법에 대해 찬사를 보내면서도 그는 이 대가의 '스타일'과 그의 제자들의 과도한 열광을 명석하면서도 잔인하게 비판했다. "초현실주의를 경험한 그가 개인으로서 자기를 실현하는 과정에서 보여주는 굉장히 냉혹한 위트를 이해하기 위해서는 (……) 그가 말하는 것을 들어볼 필요가 있다. (……) 그의 세미나에 가보면 전혀 이해할 수 없는 담론 앞에서 기도하고 있는 온갖 종류의 사람들을 볼 수 있을 것이다. 그것은 지적 테러리즘의 방법이다."[26] 그의 편지에서처럼 알튀세는 라캉이 자기 저작의 철학적 가치를 이해할 수 없는 학생들에게 둘러싸여 있다는 것을 보여주었다. 이러한 상황은 반드시 '개선'될 필요가 있었다.

알튀세는 이 강의를 바탕으로 「프로이트와 라캉」이라는 아주 훌륭한 논문을 썼다. 그는 이 논문에서 알튀세-라캉주의를 프랑스 지성사에서 구조주의의 새로운 이해를 위한 상징적 출발점으로 보았다. 알튀세는 한편으로는 정신분석을 이용해먹은 미국의 '수정주의'와 다른 한 편으로는 프로이트의 발견과 거기서 유래한 이데올로기를 혼동함으로써 이 이데올로기와 싸우면서도 희생자가 되고 만 러시아의 안드레이 즈다노프의 지지자들을 동시에 비난하는 것으로 글을 시작한다. 그리고 나서 라캉이 처음으로 프로이트에 대한 인식론적 설명을 내놓았다는 것을 보여준 다음 한 인간으로서의 라캉이 겪고 있는 스피노자적 고독에 경의를 표했다. 그는 이렇게 썼다. "바로 거기서 열정이, 오직 깨어 있는 상태에서만 존재할 수 있는 라캉 언어의 열정적인 논쟁적 언어가 나온다. 그것은 위협을 느끼는 구조와 단체들의 억압적인 힘에 의해 포위당하고 비난받는 인간의 언어, 이들에게서 공격받으리라는 것을 이미 알아채 적어도 공격받기 전에 일격을 가하는 척하는 인간의 언어이다. (⋯⋯) 의사나 분석가들 혹은 피분석자들에게 무의식 이론을 가르쳐야 하는 라캉은 이들 앞에서 수사학적인 말을 통해 무의식을 흉내낸 언어를 사용한다. 그것은 누구나 알다시피 본질에 있어서 재담, 동음이의어의 말장난, 실패한 혹은 성공한 은유이다."[27]

알튀세는 이 유명한 논문을 『신비평La Nouvelle Critique』지에 발표하기 전에 라캉에게 보냈다. 회신으로 그가 받은 것은 사고의 적절함과 통찰력, 주체 이론에 관한 개인적 고찰에 관한 몇 마디 찬사가 전부였다.[28] 그때까지 라캉은 원한 것은 반드시 얻어냈다. 라캉은 보통은 어떤 사람의 이론에 관심이 있는 경우 반드시 그를 분석하고 싶어했지만 결코 알튀세의 치료에는 개입하지 않았으며, 치료를 제안하지도 않았다.

그러나 바로 알튀세 덕분에 라캉은 장차 가족 생활뿐만 아니라 이론적인 내용까지도 수정하게 만들 한 청년을 만나게 된다. 1944년 2월 14일에 태어난[29] 자크-알랭 밀레는 철학 과정을 밟고 있을 때 알튀세에게서 라캉을 읽어보라는 충고를 들었다. 즉시 그는 PUF 서점을 찾아가 거기 있는 『정신분석』지의 모든 호를 샀다. 그는 방에 틀어박힌 채 실려 있는 글들을 해독했다. 그리고는 흥분된 얼굴로 방을 나오며 이렇게 말했다. "놀라운 뭔가를 막 발견했다."[30] 단번에 라캉주의자가 된 채 스무 살도 되지 않은 이 청년은 '파문'에 관한 라캉의 세미나에 참석한 후 더 깊은 인상을 받았다. 1월 21일에 ENS에서 그는 이 대가의 저서에 관한 첫 논문을 발표했다. 그리고 두 개의 논문이 더 이어졌다.[31]

루이 알튀세와 미셸 토르, 에티엔느 발리바르는 먼저 프로이트의 개념들의 발생을 설명한 후 라캉이 구조주의 언어학과 반심리주의에 의거해 이 개념들을 어떻게 재해석했는지를 보여주려고 했으나 자크-알랭 밀레는 라캉의 이론을 아무런 모순도 없고 아무런 역사적인 요소도 개입되지 않은 전체로서 설명했다. 1964년 1월에 밀레가 해석한 라캉은 코제브와 초현실주의 그리고 왈롱을 추종했던 과거가 배제된 현재 시제의 라캉이었다. 프로이트로의 복귀라는 맥락에서 아직까지 남아 있는 것은 야콥슨, 벤베니스트, 소쉬르의 이름이 전부였다. 그리고 이러한 복귀는 마치 단순한 논리 조작을 통해 마치 만나(manna)처럼 하늘에서 뚝 떨어진 것처럼 보였다. 사실 당시 라캉을 이런 식으로 해석한 것은 밀레만이 아니었다. 1953년부터 1968년 사이에 구조주의가 폭발적으로 확산될 때 대부분의 프랑스 지식인들은 1950년부터 1962년 사이에 씌어진 라캉의 구조주의적 텍스트들을 통해 라캉의 이론을 이해했다. 그래서 이들이 알고 있던 것은 '로마 강연', 문자의 심급, 폐제 등의 라캉이 전부였다. 하지만 이 대가의 저작에 대한 엄격한 '구조주의적' 표상을 향해 가장 깊이 파고든 사람은 밀레 혼자였다.

밀레는 라캉의 저작을 프로이트주의적인 것이 아닌 라캉 자신의 체계로 이해했다. 서서히 형성되어온 라캉의 개념들은 이제 역사에서 분리되어 그 힘의 원천이기도 했던 양면성을 상실했다. 이때부터 이들 개념은 분류되고 꼬리표가 붙여지고 위생적으로 정돈되고 다의성에서 벗어나게 되었다. 말하자면 학교 교재식으로 정리될 수 있게 된 것이다.

가령 '시니피앙'은 이때부터는 항상 시니피앙의 '우위성', 시니피앙의 '팔루스', 시니피앙의 '상실', '다른 시니피앙', 시니피앙의 '존재 결핍' 등과 같은 용법으로만 쓰이게 되었고, 실재, 상징적인 것, 상상적인 것의 위상학은 '로고', 즉 위상학화되고 검인된 S. I. R.로 변형되었다. 대단히 혼란스러운 자신의 사고로부터 논리적인 질서를 이끌어낸 이 젊은 발표자의 기반한 능력에 놀라 라캉은 공개적으로 그를 칭찬했고, 그가 자기 질문에 곧 해답을 제시해줄 것이라고 선언했다.[32] 그리고 아주 간결한 문장으로 알튀세에게 편지를 보냈다. "꽤 훌륭하군요, 당신의 젊은 학생 말입니다."[33]

1964~65년 학기 동안에 밀레는 마르크스의 『자본』 독해 스터디 그룹에 들어갔다. 이 독회에서 '징후적 독해'라는 개념이 도출되었다. 이것은 부분적으로는 '인식론적 단절'이라는 바슐라르의 개념에, 또 부분적으로는 프로이트에 대한 라캉의 재해석에서 유래한 것이었다. 이들은 마르크스의 저작의 특징 가운데 해석도 되지 않고 생각되어본 적도 없는 측면을 끄집어내고, 아직 헤겔주의와 주체라는 범주의 흔적을 보여주고 있는 청년기의 텍스트를 과학을 향해 나가고 있는 이른바 성숙기의 텍스트와 구분해내려고 했다.[34] 이 과정에서 꽤 재미있는 싸움이 벌어졌다. 밀레가 '환유적 인과성'이라는 자기 개념을 랑시에가 갈취했다고 비난하면서 싸움이 벌어진 것이다. 밀레는 화를 내며 랑시에의 혐의를 게시판에 공표한 다음 사과를 요구했다.[35] 이것은 성격이 표절당하지나 않을까 하는 강박관념을 갖고 있던 미래의 장인(丈人)이 될 사람의 전설적 성격과 놀랍도록 닮았음을 보여주는 첫번째 사례였다.

앞으로 좀더 자세히 살펴보게 되겠지만 처음에 밀레의 이론적 정리는 라캉의 학설이 보급되는 데 긍정적인 효과를 가져왔다. 그것은 이제까지만 해도 신비롭고 난해하게까지 보이는 라캉의 저작이 사실은 얼마나 논리정연하고 엄정한지를 많은 사람들에게 인식시켰다. 1963년에 라캉은 숨이 가쁜 상태였다. 그는 이미 자기 학설의 주요 부분을 도출해낸 상태였다. 따라서 알튀세의 제자가 감탄하는 것에 민감할 수밖에 없었다. 게다가 밀레는 훌륭한 후계자가 되기 위한 모든 자질을 갖추고 있었기 때문에 더욱 그러했다. 실용주의적 정신을 가진 행동가인 밀레는 처음부터 초기의 제자들에게 배신당했다고 느끼고 있던 이 대가에게 실제적인 해답과 구체적인 생각들을 제시할 줄 알았다. 원래 폴란드에서 이민온 유대인 가정에서 태어난 그는 교육적 이상에 맞게 키워졌고, 이것은 그에게 개인적 성공과 사회적 동화에 대한 강한 욕망을 심어주었다. 그의 아버지인 장 밀레는 그림을 수집하는 특유의 방식 때문에 파리 의학계에서 널리 알려져 있었다. 그는 실비아에게 자주 이렇게 말하곤 했다. "그림에 왜 그렇게 많은 돈을 지불하죠? 똑 같은 걸 그렸지만 거의 공짜나 다름없는 다른 그림들도 많은데요."[36] 그의 아들은 아주 영리하고 뛰어난 학생이었다. 그는 예술과 문학에는 거의 취미가 없었고, 정치학에서 무엇이 효과적인지를 추구했듯이 철학에서도 '공리주의'의 가치를 숭상했다. 그리고 그의 논리주의는 라캉의 저작을 단순화하는 데 도움이 되었다. 이처럼 그는 라캉과는 정반대였다. 성공한 부르주아가 되려는 라캉의 욕망은 가장 복잡하고 가장 세련된 형태의 학식에 대한 숭배로 나타났다. 하지만 라캉의 학파와 IPA와의 사이에 분열이 일어났을 때 이 늙은 대가의 소크라테스 식 가르침은 장인적(匠人的) 특성을 갖고 있었고, 이 젊은 학생은 전도유망한 장교처럼 보였다.

대중에게 다가가려는 밀레의 욕구는 결국 그를 마오이즘으로 이끌고 갔다. 그런데 놀랍게도 이것은 당시의 시대 정신과 일치했다. 그것은 또한 1968년 5월 이후 대학을 점령하게 될 기술 관료들이 지식인들을 대체해가고 있던 상황과도 부합하는 것이었다. 에르베 르 브라는 이렇게 말하고 있다. "나는 1968년 직후에 그토록 많은 학생들을 논리학 강의에 몰리도록 만든 합리주의의 물결에 아주 놀랐다. 그런 행태는 과학 기술과 기술주의에 대한 점증하는 관심과 불가분의 관계에 있는 이성의 힘에 대한 지지 혹은 복종을 반영하는 것이었다."[37]

1965년 1월에 레비-스트로스의 제자로 인류학자이던 뤼시앙 세바그가 얼굴에 권총을 쏴 자살했다. 그는 32세였다. 그는 우울증을 겪을 당시 그에게 잠자리를 제공해준 여자친구의 전화번호와 함께 주디트 라캉에게 보내는 편지 한 통을 책상에 남겼다. 라캉은 여러 해 전부터 그를 분석하던 중이었다. 라캉은 그의 지적 능력을 높이 평가했을 뿐만 아니라 그를 자신의 학설에 새로운 바람을 몰고 올 인물로 기대하고 있었다. 세바그는 알튀세가 ENS에서 가르치던 학생들보다 한 세대 이전 세대에 속했다. 그는 『현대』지에 소개된 텍스트들에서 정신분석을 접하게 되었고, 『마르크스주의와 구조주의』라는 책을 막 출간한 상태였다.[38] 온갖 노력에도 불구하고 라캉은 그의 자살을 막을 수 없었고, 자신이 그 일로 얼마나 괴로움을 겪고 있는지 많은 사람들에게 얘기했다. 루이 알튀세도 그들 중의 하나였다.

어느 날 아침 아주 일찍 누군가 내 연구실 문을 두드렸다. 라캉이었다. 그는 한 번도 본 적이 없는 공포에 사로잡힌 모습을 하고 있었다. 나는 무슨 일이 있었는지 감히 물어볼 수가 없었다. 그는 내가 뤼시앙 세바그의 자살 소식을 '라캉을 의심하는 소문'을 통해 듣기 전에 알리러 온 참이었다. (……) 그는 가능한 모든 이들에게 상황을 설명해서 '살인 또는 무관심의 혐의를 일소'하기 위해 '파리를 일주'하고 오는 길이라고 했다. 완전히 얼이 빠진 그는 세바그가 주디트와 사랑에 빠진 후부터 더이상 그를 분석할 수 없었다고 설명했다. "기술적인 이유들 때문에 그것은 불가능했습니다." 그는 최근에도 매일 세바그를 만났으며, 자살하기 전날 저녁에도 그를 보았다고 했다. 그는 세바그에게 원하면 아무 때나 방문할 것이고, 자기 자동차가

초고속 메르세데스라고 말하면서 그를 안심시켰다고 했다.[39]

알튀세는 같은 해 가을 『마르크스를 위하여*Pour Marx*』의 출판에 이어 우울증이 재발하여 르네 디아트킨느에게서 치료를 받기 시작했다. 하지만 그는 디아트킨느가 라캉에게 분석받은 적이 있다는 사실은 모르고 있었다. 알튀세는 스스로 자살하지 않을까 아주 두려워했다. 물론 실행에 옮긴 적은 결코 없었다. 그리고 그는 라캉이 의사로서 자살을 막는 데 필요한 모든 약학적·정신의학적 수단들을 이용하지는 않는다고 믿었다. 하지만 이 점에서는 알튀세가 잘못 알고 있었다. 만일 일부 동료들보다 라캉의 환자들에게서 자살률이 더 높은 것이 사실이라면 그것은 무엇보다 그가 다른 분석가들이 포기한 자살 가능 환자들의 분석을 수락했기 때문이다. 이런 점에서 라캉은 그를 비난하면서도 막상 그런 환자들이 제기하는 문제에는 직면할 용기가 없는 사람들보다 더한 '살인자'는 아니었던 것이다.

그러나 디아트킨느의 분석을 받기 시작하면서 디아트킨느가 옛날에 라캉에게서 훈련을 받았다는 사실을 알게 되자마자 알튀세는 디아트킨느에게 이 분석가의 분석가에 대한 열렬한 찬사를 담은 긴 설교조의 편지들을 보내기 시작했다. 그는 논쟁에 이기려는 욕심을 드러내면서 다시 '아버지의 아버지'처럼 행동했다. 어느 날 그는 디아트킨느에게 이렇게 썼다. "왜 당신은 라캉의 저작을 무시합니까? 그것은 잘못입니다. 그것은 결코 당신이 저질러서는 안 되는 잘못입니다. 그런데도 당신은 그렇게 하고 있습니다. 당신은 라캉의 성격에 관한 말로 저에게 대답합니다. 하지만 그것은 요점이 아닙니다. 요점은 그의 저작이고, 심지어 그것 이전의 것, 즉 그의 저작만이 유일하게 존재를 증명하고 있는 어떤 것입니다. 요점은 분석 분야에서 존재할 수 있는 이론의 권리입니다. 파리는 미사의 값어치가 있습니다. 우리들에게 라캉의 '성격', '스타일', '기행(奇行)', 그리고 이들이 낳은 모든 결과와 개인적 상처들은 이론의 값어치가 있는 것입니다."[40]

2 "나는 창립한다": 사드와 함께 칸트를

라캉은 1964년 7월 21일에 자기 입장을 공표하고 학파를 창립하기 위한 전략을 세웠다. 그는 성명문을 작성해서 테이프에 녹음했다. 이어서 곧 선택된 소수가 프랑수아 페리에의 아파트에서 열린 비밀 모임에 초대되었다는 소문이 SFP 안팎으로 퍼졌다. 예고된 날에 약 80여 명이 옵제르바투아르 가로 모여들었다. 모두가 라캉이 최종적인 결별을 하기로 결정했다는 것을 알았고, 그의 행동을 기대했다.

장 클라브룈이 스승이 성명을 녹음했다는 것을 알렸다. 그는 조용히 해달라고 말한 뒤 녹음기를 틀었다. '파리 프로이트 학교(EFP)'의 창립을 선언하는 목소리가 흘러나왔다.

나는 이제, 내가 정신분석의 대의와 관련해 항상 그랬듯이, 혼자만의 결단으로 프랑스 정신분석 학교를 창립한다. 보증하건대 나는 앞으로 4년 동안 그 방향을 확고히 할 것이다. 명칭이 나타내고 있듯이 이 학교는 완수되어야 할 어떤 임무를 지니고 있는 조직체이다. 프로이트에 의해 열린 영역에서 그의 발견이 가진 강렬한 충격을 되살리고, 그가 정신분석이란 이름 하에 조직한 초기의 실천을 이제 이 단체의 의무로 복귀시키며, 프로이트주의 운동의 품위를 떨어뜨리면서 발전을 약화시키는 탈선과 타협을 꾸준한 비판을 통해 폭로하는 것이 우리의 임무이다. 이러한 과업의 목표는 우리의 재정복 운동에 참여할 인력의 양성이라는 문제와 밀접하게 관련되어 있다. 내가 교육시킨 사람들은 이러한 작업을 수행할 충분한 자격이 있다. 이 양성 과정에 튼튼한 기초를 제공하는 데 기여할 수 있는 모든 사람들이 일을 맡아야 한다.[1]

테이프를 끄자마자 방 뒤에서 다소 술렁거리기 시작했다. 뭐라 할말을 잃은 청중들 속으로 곧 라캉이 들어왔다. 늘 음모를 두려워했던 그는 새로운 단체의 이름을 입 밖에 내는 것조차 조심하면서 최대한 비밀스럽게 창립 선언문을 작성했다. 안느-리즈 스테른에 따르면 그는 가장 가까운 소수의 친구들에게 내용을 보여주었다. 그리고는 6월 21일에 페리에게 선언문의 발표를 부탁했다. 그러나 페리가 거절했기 때문에 녹음기에 메시지를 녹음하기로 결정했다.

라캉은 프로이트주의의 역사에서 중요한 사건들이 있을 때마다 그 자리에 있으려고 노력해왔다. 그런 그가 이제 자기 학교를 창립하는 자리에서 자기가 가장 증오하는 현대적 장치의 하나인 녹음기를 이용해 대신 말하도록 한 것이다. '방송을 통해 시작된' 프로이트주의의 저항을 촉구하는 호소에서 드 골적 의지의 표현을 보는 것은 어렵지 않다. 목소리가 사라지자 라캉이 몸소 나타나 선언에 들어 있는 새로운 용어의 의미를 설명하기 시작했다. 새로운 용어들로는 '순수 정신분석', '유사 과학', '하나 더(plus un)', '카르텔', '학파의 분석가(AE)', '학파의 분석 회원(AME)' 등이 있었다. 그에게 결별을 강요했던 IPA의 저명인사들을 상대로 그는 자기가 프로이트 사상을 진정 위엄 있는 본래의 모습대로 회복시킬 수 있는 유일한 인물임을 주장했다. 창립 선언문은 웅장하고 명백한 진리의 선포처럼 보였다. 그러나 라캉은 혼자가 아니었다. 그는 과거의 SFP의 회원 중 백여 명(지지자, 훈련생, 객원 등등)을 같이 끌고 왔고, 곧 30여 명의 신입 회원들이 이들과 합류했다.

따라서 회원이라는 측면에서 보자면 EFP는 새로운 학회가 아니었다. 134명의 회원 중 1/3만이 SFP와 무관했다. 그 중에는 ENS 출신의 철학자 그룹이 있었고, 신입 회원에는 신부, 목사, 철학자, 그리고 많은 심리학자들이 포함되어 있었다. 여기에는 장차 역사의 한 페이지를 장식하게 될 사람들의 이름도 발견된다. 미셸 드 세르토, 프랑수아 루스탕, 코르넬리우스 카스토리아디스, 펠릭스 가타리, 이브 베르테라, 뤼스 이리가라이, 미셸르 몽트를레 등.

사실상 EFP는 이전 학회의 관행을 계속 유지해갔다. 예를 들어 라캉은 AE와 AME 자격을 새로운 내부 규칙이 아니라 자신의 결정과 기존 등급에 따라 부여했다. SFP의 정회원들은 과거의 후보 회원들(베르나르티, 옥타브 마노니와 모 마노니, 크사비에 오두아르, 피에라 올라니에, 장 클라브릴, 기 로솔라토)과 많은 훈련생들(폴 뒤켄느, 르네 바르그, 뤼시앙 이스라엘, 루이 베이르나에르, 자크 소트, 장-폴 발라브레가)과 함께 모두 AE가 되었다. AME의 경우도 마찬가지였다. 일반적으로 SFP의 자격이 모두 인정되었던 것이다. 라캉이 임명한 AME들 중 몇몇 사람들은 프랑스 정신분석 4세대로서, 장차 중요한 역할을 수행하게 된다. 이들 중에는 샤를 멜망, 로진느 르포르, 클로드 뒤메질, 클로드 콩테, 크리스티앙 시마토스가 있었다.[2]

라캉은 여름 내내 새로운 학교의 정관을 작성하는 데 심혈을 기울였고, 입회 양식을 규정한 '덧붙이는 말'과 '에콜'이라는 단어의 의미를 분석해놓은 '서문'을 창립 선언서에 추가했다.[3] 세르주 르클레르와는 네번째 텍스트를 함께 작성했다. 이 글은 EFP의 연보에 포함되지 않았지만 새로운 학교의 학설의 개요가 들어 있었다. 이 텍스트는 정관이 공식적으로 등록되기 4일 전인 1964년 9월 19일에 EFP 내에 배포되었다. 라캉은 이렇게 강조했다. "정신분석에서 본질적인 것, 즉 절대적 대상이 보존되려면 무엇이 수정되어야 할지를 말해야 할 것이다. 이 대상이란 바로 욕망의 현실이다. 중요한 것은 욕망의 현실에 과학적 위상을 부여하는 작업이다. 이 작업을 방해하는 온갖 편견을 일소하자면 강력한 훈련이 필요하다. 그리고 이러한 훈련은 그를 통해 양성된 주체들에게서만 존재한다. 정신분석가는 자기 분야를 심리학자와는 다르게 생각한다."[4]

이 와중에 라캉은 기트랑쿠르에서 돌아오는 중에 도로에서 자동차 사고를 당했다. 경미한 사고로 부상자는 없었다. 그러나 이 사건은 조심스럽게 숨겨졌다. 라캉은 제자들에게 학교를 창립하는 바로 그 시기에 자기한테 어떤 일이 일어났다는 것을 알리고 싶지 않았던 것이다.[5]

9월 19일의 텍스트에는 라캉의 계획이 아주 잘 요약되어 있다. 즉 욕망의 현실을 정신분석의 대상으로 삼는 동시에 정신분석에 심리학과 구별되는 과학적 위상을 부여하는 것이 그것이다. 라캉은 결과적으로 장차 심리학자의 수가 점점 늘어나게 될 학교를 창설한 셈이지만, 그럼에도 불구하고 프로이트가 개척한 영역과 심리학 영역 사이의 근본적인 상이성을 거듭 강조했다. 또한 그의 철학적 입장 역시 바뀌고 있는 중이었다.

1964년 6월 24일 세미나 마지막 시간에 그는 믿음과 과학, 환상의 문제를 다루었다. 그는 아우슈비츠에 대해 얘기하면서 '계획적 집단 학살' 대신 '홀로코스트'라는 말을 사용했는데, 이는 불가해한 신(위대한 타자와 동일시된 존재)을 위한 희생의 극한 형태로 나타난 이 현대의 비극을 마르크스나 헤겔의 관점을 통해서는 이해할 수 없음을 보여주기 위해서였다. 그리고는 스피노자야말로 정신적 사랑 속에서 희생의 영원한 의미를 생각할 수 있는 유일한 철학자라고 언급했다. 이처럼 라캉은 스피노자가 정신적 사랑을 통해 복종에서 벗어나 자유를 찾았으며 희생을 위해 모든 유혹에 저항할 줄 알았다고 주장했다. 그는 이처럼 스피노자에게 철학사상 아주 특별한 자리를 부여했으며, 이와 함께 이 철학자의 이름과 저작이 자신의 지적 발전에서 항상 중요한 역할을 해왔다는 것을 보여주었다.

1932~46년 사이에 그는 스피노자의 저작에서 광기에 관한 새로운 접근 방식을 끌어냈다. 광인은 너무나 적합한 광기의 관념을 갖고 있어서 그에게는 광기가 어떤 현실이 아니라 자기 자유의 한계로서 마음속에 지니고 다니는 진실이 된다. 그는 '정신분석의 윤리'를 다룬 1959~60년 세미나에서 스피노자의 윤리학에 대해 논의하기 위해 아리스토텔레스의 윤리학을 끌어들였다. 그는 여기서 프로이트의 저작에 존재론이 결핍되어 있음을 지적했다. 그는 이러한 '부재'를 보완하고 프로이트의 윤리학을 세우기 위해 문명의 불안 속에서 사는 현대인의 비극을 돌이켜볼 것을 제안했다. 결국 그는 프로이트와 헤겔적 의미에서의 욕망의 실존을 바탕으로 이러한 윤리학을 세웠다. 요컨대 정신분석의 관점에서 볼 때 인간이 죄를 지었다고 할 수 있는 유일한 경우는 '자신의 욕망에 굴복하는 것'뿐이다. 다시 말해 프로이트의 윤리학은 스피노자의 윤리학으로서 욕망의 전개에서 존재의 진실의 의미를 보려는 것이다.[6]

'파문'이 있고 나서 6개월이, 그리고 창립 선언서를 발표한 지 3일이 지났을 때 라캉은 아우슈비츠와 불가해한 신의 주제와 관련해 스피노자를 다시 언급했다. 하지만 이 철학자를 대좌에 올린 다음에 그는 어떻게 철학이 정신분석에 의해 '추월'당했는지 보여주기 위해 칸트 쪽으로 시선을 돌렸다. 그는 이렇게 말했다. "[스피노자의] 이 입장은 우리가

볼 때 지탱할 수 없는 것이다. 우리는 경험을 통해 칸트 쪽이 좀더 진리에 가깝다는 것을 알고 있다. 나는 그의 의식 이론 — 그가 쓰는 대로라면 실천 이성의 이론 — 이 단지 순수한 상태에 대한 욕망에 다름아닌 도덕적 법칙을 명확하게 규정함으로써만 유지될 수 있음을 증명했다. 그런데 이 순수한 상태에 대한 욕망이란 어떤 사람의 인간적 애정에서 사랑의 대상이 되는 모든 것의 희생으로 귀결된다. 병리학적 대상을 거부하는 데 그치지 않고, 그것을 희생시키고 죽이는 데까지 이르는 것이다. 내가 「사드와 함께 칸트를」이라는 논문을 쓴 것은 바로 이 때문이다.[7]

「사드와 함께 칸트를」은 1962년 9월에 라캉이 쓴 논문의 제목이다. 이 글은 '희귀본 클럽'에서 출판된 사드 후작의 전집 중 『쥐스틴느 혹은 미덕의 불행』과 『규방 철학』이 들어 있는 제3권의 서문으로 쓴 것이었다. 이 두 소설에는 안젤로 에스나르, 모리스 엔느, 피에르 클로소프스키의 해설이 덧붙여졌다. 편집자인 장 폴랑은 라캉의 논문이 너무 어렵다고 생각해 이 책에서 따로 빼내어 1963년 4월호 『비평』지에 서평 형식으로 실었다. 라캉은 이처럼 모욕적인 처사에 대해 아무런 언급도 하지 않았고, 다만 프랑스에서 사드, 칸트, 프로이트의 저작의 전집을 출판하기가 얼마나 어려운지만을 간단하게 언급했을 뿐이다.[8]

아주 난해하지만 빼어난 이 글은 처음부터 끝까지 푸코의 『광기의 역사』에 대한 라캉의 최근 해석으로 꾸며졌다. 또한 막스 호르크하이머와 테어도르 아도르노의 고찰도 많은 영향을 끼쳤다. 1944년에 미국에서 씌어진 이 유명한 책에서 프랑크푸르트 학파의 두 이론가는 이성의 한계와 진보의 이상에 관해 상세히 논의하면서 이미 칸트를 사드와 결부시킨 바 있었다.[9] 라캉은 이 책을 인용하지는 않았지만 푸코에게서 분리 체계(이성/광기)와 '인류학적 한계'라는 개념을 빌려온 것은 분명하다. 푸코가 도덕적 치료의 창시자인 피넬과 '부조리의 허무'와 '자기 자신의 지고한 폐지'를 주창한 위대한 사드를 대립시켰던 것처럼 라 캉은 칸트와 사드를 비교했다. 이런 맥락에서 라캉은 사드의 저작이야 말로 칸트가 핵심적인 '전환점'을 제공한 전복 과정의 '첫걸음'이라고 주장했다. 따라서 「프랑스인들이여, 조금만 더 노력하시길」이라는 소 책자가 포함된 형태로 1795년에 출판된 『규방 철학』은 1788년에 출판 된 『실천 이성 비판』에 들어 있는 진실을 밝혀주고 있다.[10] 하지만 두 책이 출판된 시점 사이에 프랑스 대혁명이라는 아주 중요한 사건이 있 었다. 이 대혁명은 '인권 선언'을 통해 법적 주체의 출현을 가능하게 해 주었다. 이에 대한 자코뱅 당의 관점을 받아들인 칸트는 법이 불법적 행동을 통해서 도입되고 제시된다는 역설 앞에서도 물러서지 않았다. 따라서 그는 혁명적 폭력을 법의 중단이라고 비난하면서도 법질서를 만들어내기 위한 필수조건으로 받아들였다.[11]

1962년의 라캉의 해석을 보면 사드적 의미의 악은 칸트의 선과 동의 어였다. 두 저자는 분명 주체가 법에 복종해야 한다고 말했다. 하지만 라캉에 따르면 사드가 고문자의 모습으로 대 타자를 끌어들이고 욕망 의 대상(대상 a)을 드러냈던 반면 칸트는 주체가 법을 통해 자율성을 얻 게 되는 이론을 제안하면서 이 대상을 사라지게 했다. 사드의 담론에서 는 향유의 필요성이 강조되었고, 따라서 욕망은 인간의 자유 의지에 따 른 도구로서 법에 여전히 종속되어 있었다. 즉 "그대는 즐겨야 한다". 이와 반대로 칸트의 담론에서 욕망의 파괴는 도덕적 법의 언어로 다음 과 같이 해석된다. "그대는 병리학에서 벗어나야 한다." 이처럼 라캉에 따르면 칸트의 도덕은 자유 이론이 아니라 대상이 억압되는 욕망의 이 론에서 나왔다. 이러한 억압은 이어서 사드에 의해 '조명된다'. 따라서 향유를 요구하는 사드의 명령과 칸트의 정언 명령은 대칭을 이루는 것 이었다.

이때 라캉은 1961년에 한나 아렌트가 나치 범죄자인 아돌프 아이히만 재판에 관해 쓴 신문의 기사를 알고 있었을까? 이는 확인하기 어렵다.[12] 아무튼 그는 아도르노와 푸코를 '통해' 아렌트의 입장에 가까이 다가가게 된다. 아렌트는 아이히만이 스스로 칸트주의자임을 주장할 때 그가 진실을 말하고 있다는 것을 보여주었다. 왜냐하면 그에게서 명령의 사악함은 질서 자체의 강압에 비해서는 아무것도 아니었기 때문이다. 따라서 아이히만은 아무런 죄의식도 없이 집단 학살이라는 '그릇된' 명령에 복종했던 것이다. 라캉은 사드의 향유와 칸트의 정언 명령을 등치시키면서 이와 똑같은 얘기를 했던 것이다.

1964년 6월에 그는 자신의 말을 인용하면서 이 문제를 다시 제기했다. 그는 정신분석의 윤리학이 욕망의 표현에 기반한 존재의 진실, 즉 "자기 욕망에 대해 양보하지 말라"는 진실을 제안할 때는 여전히 스피노자의 윤리학이지만 주체가 상징계에 종속되도록 만드는 정신분석적 경험을 이론화하는 것과 관계될 때는 칸트의 윤리학이 된다고 지적했다. 라캉은 프로이트가 조화시킬 수 없다고 본 세 가지 기능, 즉 통치하기, 정신분석하기, 교육하기를 어쩔 수 없이 함께 떠맡게 되었을 때 프로이트 학교를 창립하는 과정에서 나타난 정치적 모순, 즉 욕망의 필수적인 전개와 법의 형태로 이 욕망에 부과되는 똑같은 정도로 필수적인 제한 간의 모순을 해결하기 위해 칸트의 명령을 다시 도입했다.[13]

전쟁 직후에 라캉이 사르트르의 자유론에 반대하면서 주체는 자유인이 되려면 논리적인 추리를 통해 인간 집단에 통합되어야 하는 운명에 빠져 있다고 주장한 것을 상기해보자. 「사드와 함께 칸트를」에서는 이 입장이 정교화된다. 즉 비온에게서 빌려온 귀속이라는 논리적 구상(1945)에 안티고네의 비극에서 영향받은 욕망에 관한 스피노자의 윤리학(1960)이 접목되었고, 그후 사드의 담론과 함께 다루어진 칸트에게서 도출해낸 법에 대한 주체의 종속론(1962)이 덧붙여졌다. 이로부터 일련의 명제가 도출되었다. "인권을 철학의 관점에서 고려한다면, 우리는 거기에서 지금은 누구나 그 인권의 진리에 관해서 알고 있는 다음과 같은 사실이 나타남을 볼 수 있다. 즉 인권은 욕망에 대한 자유로 귀착된다는 것이다. 별로 들어줄 만한 소리는 아니지만, 어쨌든 그것은 방금 전에 말한 그 도발적인 자유를 확인할 수 있는 기회이다. 우리는 그것이야말로 우리가 목숨까지 바칠 수 있는 유일한 것임을 확인할 수 있다."[14] 그리고 "새로운 요인이 있다면, 그것은 바로 욕망의 자유이다. 물론 이는 그것이 혁명을 고취시켜서가 아니다. 어차피 사람들의 투쟁과 죽음은 언제나 어떤 욕망을 위한 것이니까 말이다. 욕망의 자유가 새로운 요인이라고 한다면, 이는 그 혁명이 욕망의 자유를 위한 투쟁이 되고자 한다는 점에서 그렇다."[15]

이것은 인간의 자유에 관한 라캉의 새로운 이론이었다. 즉 인간은 자유를 향한 욕망을 통해서만 자유롭다(스피노자). 그리고 자유에의 욕망이 인간에게 죽음의 자유를 준다(안티고네). 하지만 이것은 또한 인간을 선과 악이 하나의 동일한 정언 명령으로 주어지는 집단에 구속한다(비온/칸트/사드). 자기 학설에서는 진리의 이론가이지만 삶에서는 궤변가이자 위선자였으며, 정치 분야에서는 마자랭의 숭배자였고, 카바이에처럼 자유의 욕망을 위해 죽음을 선택하지는 않았던 라캉은 너무나 갈망했으나 곧 노예 상태로 변질된 자유라는 거대한 수수께끼에 부딪혔던 혁명가들에게 경의를 표했다.[16] 라캉은 생-쥐스트가 만일 자유주의 사상가로 남았다면 기고만장한 테르미도르 파가 되었을 것이라고 주장했는데, 이때 그는 사실상 생-쥐스트의『공화국 제도들의 파편들』에 들어 있는 유명한 대목에 주석을 달고 있었던 셈이다. "혁명의 열기는 식었다. 혁명의 원칙들은 모두 쇠퇴했다. 남아 있는 것이라곤 음모가들의 머리에 씌워진 빨간 모자들뿐이다. 강한 음료가 미각을 무디게 하는 것처럼 테러의 실행은 범죄에 대해 무감각하게 만들었다."[17]

그럼에도 불구하고 라캉은 사드의 저작에 특별한 중요성을 부여했다. 그의 저작이야말로 프로이트에 의해 개시된 전복 행위로 나아가는 '첫 단계'처럼 보였기 때문이다. 사드는 문명화된 가치의 전복을 야만성의 극단으로까지 몰고 감으로써 프로이트가 문화의 불안의 중심에서 발견한 죽음에의 충동이라는 '고지(Oberland)'에 접근할 수 있도록 해준 것이다. 라캉은 이러한 야만성을 고대 비극의 전형적인 특징인 '두 죽음 사이(entre-deux-morts)'와 관련시켰다.[18] 그에 따르면 사드의 과도함은 비극의 현대적 인물이라 할 수 있는 안티고네의 과도한 행동과 관련될 수 있다. 그것은 온갖 공포의 종합판으로서 20세기를 대표하게 된 사건인 아우슈비츠를 생각나게 했다.

1964년 6월에 라캉이 이 사건을 홀로코스트로 표현했다는 사실에 다시 한번 주목하기로 하자. 이러한 표현을 사용함으로써 그는 유대인과 비유대계 신학자들이 제안한 다양한 주장에 찬성하는 듯이 보였다. 신학자들에 따르면 집단 학살은 유대인들이 인간의 노력으로 속죄를 추구하는 죄를 지었기 때문에 내려진 형벌이거나 아니면 역사에 거역하며 신의 궁극적 죽음을 예고한 재앙이었다. 그러나 이것은 라캉의 입장이 아니었다. 라캉이 '홀로코스트'라는 표현을 사용한 것은 단지 욕망에 관한 스피노자의 이론이 유대교적 전통과의 분리를 통해 홀로코스트의 관념이 발휘하는 마력에 굴복하지 않을 수 있음을 보여주기 위해서였다. 다시 말해 그가 스피노자를 인용한 것은 집단 학살 문제에 관해 종교적이든 아니면 무신론적이든 어떠한 신학화도 거부하기 위해서였다. 그것은 끔찍한 굴종과 싸우는 인간의 희생적 타락도, 신의 명령을 무화시키는 몰지각한 사건도 아니었다. 라캉은 신하이데거주의적 용어로 탈무드에 대해 숙고하기보다는 아우슈비츠를 보편화하여 전 인류가 연관된 세기적 비극으로 만드는 편을 택했다.[19]

라캉은 자기 학교의 창립을 아우슈비츠 사건과 연관시킴으로써 IPA에게서 프로이트주의의 이산(離散, diaspora)의 역사를 대표할 권리를 상징적으로 박탈했다. 유대인은 아니었지만 스피노자를 자신과 동일시한 라캉은 소위 미국식 정신분석의 현실 적응이라는 이상에 갇힌 정통 프로이트 제국의 저명인사들이 더이상 유대인의 이의 제기와 반역, 기존 질서에 대한 도전의 메시지를 전할 만한 자격이 없다고 선언했다. 프로이트가 남긴 이 메시지는 아우슈비츠 이후 근본적으로 다시 생각해보지 않으면 안 되게 되었다. 라캉은 1967년 10월 '통과'에 관한 제안에서 다시 이 문제로 돌아가게 된다.

1964년 6월부터 9월 사이에 작성된 EFP의 창립과 관련된 모든 글, 즉 「나는 창립한다」, 「덧붙이는 말」, 「서문」, 「학설의 몇 가지 요소에 관한 노트」는 라캉이 죄수들의 궤변에서 끌어내 「사드와 함께 칸트를」에서 최종적으로 표현한 자유의 이론을 반영하고 있었다. 하지만 이와 동시에 이 글들은 또한 IPA 체계에 반대하기 위한 라캉의 의도도 담겨 있었다. 사실상 라캉은 프로이트주의의 새로운 국제화를 위한 길을 열었다. 그는 정통파들이 '협회(association)'라고 부르는 것을 학교(école)라고 불렀고 보통 '정신분석의-'라고 하는 것을 '프로이트의-'라고 했다. 그는 창조적 사유를 위한 거대한 실험실을 만들기 위한 정신의 공화국을 말 그대로 창립했다.

라캉 전에는 결코 이러한 모험이 시도된 적이 없었다. 1910년 이래 프로이트주의의 국제화는 관료적 확장 형태를 취했다. 잘 알려져 있듯이 IPA는 일련의 작은 학회들로 구성되어 있었는데, 회원 모두가 동등한 권리를 가진 것은 아니었다. 각 학회는 프로이트주의에서 나온 학설이면 어떤 경향이건 받아들일 수 있었지만 기술적 규칙에 대해서는 어떠한 위반도 허용하지 않았다. 그 결과 지식을 전수한다는 조직이 프로이트주의와 그것을 실천하는 사람들의 지성적인 면모를 탈색시켰다. 그럼에도 불구하고 관료주의의 무신경 덕분에 체계가 굳게 유지되었다.

라캉이 자기 학교를 위해 제시한 원칙들은 이런 태도를 완전히 뒤집는 것이었다. 이제 어떤 기술적 규칙도 EFP 회원들에게 강요되지 않았다. 이들은 '리스트'나 위원회를 거치지 않고 훈련 분석가와 점검 분석가를 자유롭게 선택할 권리가 있었다. 마찬가지로 상담 시간에 관한 엄격한 의무 사항도 사라졌다. 모든 정신분석가는 자유롭게 시간을 정할 수 있었다. 상담 시간이 45분으로 정해지지도 않았고, 상담 시간의 횟수도 미리 정해지지 않았다. 건전한 치료 기술자들을 제조하는 제국의 권력에 라캉은 욕망하는 의식을 주장하는 엄청난 유토피아를 대립시켰다. 그래서 그의 새로운 학교 회원들은 기술적 규칙에서 해방되었다. 하지만 그것은 다른 형태의 종속 상태를 대가로 한 것이었다. 그들은 프로이트의 이론을 성전처럼 연구해야 했고, 라캉의 해석만이 그처럼 성스러운 글을 새롭게 조명할 수 있었다. 다양한 경향의 공존에도 불구하고 어떠한 민주적 개혁으로도 나아가지 못한 왕당파적 체제는 이제 학설상의 다양성은 없지만 제도의 진정한 민주화와 그에 따른 훈련의 민주화를 가져온 정통주의 학파에 의해 계승되었다. 이 중 가장 기이한 것은 16년간의 짧은 역사 동안 평등주의적 민주주의와 군주적 권력, 정통주의적 사고 체계가 공존했던 이 프로이트 학교가 IPA 내의 두 경쟁 학회인 SPP와 APF보다 훨씬 더 현대 철학의 모든 주요 경향에 개방적이었다는 사실이다.

EFP가 군주제 구조를 갖고 있었다고 해서 다양한 경향의 발전과 학설간의 대립이 배제되었던 것은 아니다. 의학과 정신의학 기관에서 수행된 아주 다양한 실험들은 라캉 '가족' 내부에서 우호적인 반향을 얻을 수 있었다. 이 안에서는 다양한 그룹들이 자유롭게 형성되었고 비판적 정신이 활발하게 살아 있었다. 이 중 가장 중요한 실험으로는 다음과 같은 것이 있다. 병든 어린아이들을 대상으로 한 네케르 병원에서의 오브리의 실험, 트루소 병원에서의 프랑수아즈 돌토의 실험, 쿠르-슈베르니에 있는 라 보르드 클리닉에서의 장 우리의 여러 실험들, 샤이유 클리닉에 있는 보뇌이유와 클로드 장지라르 실험 센터에서의 모 마노니의 실험 등이 그것이다. 이러한 맥락에서 여러 잡지가 학파와 직접적으로 연계되거나 혹은 독립적으로 창간되었다. 알튀세의 제자들인 고등 사범학교 학생들이 만든 『분석을 위한 노트*Cahiers pur l'analyse*』, 『정신분석』의 뒤를 이은 것으로서는 SPP의 정신분석가들과 SFP의 옛 회원들이 만든 『무의식*L'inconscient*』, 5세대 일부가 결성해 자유주의 정신의 활발한 집결지가 된 『정신분석가의 일상*L'Ordinaire du psychanalyste*』, EFP의 잡지로서 라캉이 이끄는 『실리세*Scilicet*』, 『분석을 위한 노트』를 계승한 것으로 밀레가 이끈 『오르니카?*Ornica?*』, 마지막으로 EFP 외부의 여러 그룹의 분석가들에 의해 창간되어 지금도 존재하는 유일한 잡지인 『숫왜가리*Le Coq Heron*』가 있다. 여기에 『프로이트 학교 소식지*Les Lettres de l'école freudienne*』가 추가되어야 한다. 이 잡지에는 회의, 토론, 연설 등 이 학회의 모든 활동이 그날 그날 기록되었다. 27권의 이 거대한 내부 보고서는 라캉이 창립한 학교의 일상에 관한 훌륭한 자료이기도 하다.[20]

그러나 EFP는 엘리트 공화국이었고, 학파를 지휘한 라캉이 제자들에게는 평등한 권리를 부여했으나 자기 권력만큼은 조금도 포기하지 않았으므로 지극히 취약한 단체가 될 수밖에 없었다. 한편으로는 조직의 구조가 대중적인 정신분석의 출현에 적합하지 않았고 다른 한편으로는 연구가 욕망과 전이, 사랑에 집중된데다 다시 이 모든 것이 라캉 자신에게 초점이 맞춰졌기 때문이다. 따라서 이 학파는 스승의 실천이 변화해가는 모습에 따라 같이 변화해갔다. 예컨대 상담 시간은 점점 줄어들다가 나중에는 가장 간단한 표현 한마디로 축소되었다. 대중적 이데올로기의 학파인 동시에 이 이데올로기에 대해 저항한 EFP의 생명은 비극처럼 짧고 불운할 수밖에 없었다. 프로이트주의의 오랜 역사 전체에 비추어볼 때 EFP는 꿈의 학파, 유토피아의 학파, 혁명의 학파, 욕망의 학파였다. 이 학파에서는 자유를 위한 반항과 기존 질서에 대한 저항의 길을 통해 프로이트주의를 배운 세대의 희망과 갈등, 고통이 나타났다. 반식민주의, 반제 투쟁, 마르크스주의의 혁신, 사르트르 이후의 앙가주망의 모델, 이 모든 것이 4세대와 5세대들을 라캉과 그의 학파, 그의 말로 이끈 최초의 부식토였다.

이리하여 단 몇 년 내에 EFP는 굉장한 거인증에 걸리고 만다. 프랑스의 젊은 세대에서 거둔 엄청난 성공의 무게로 학파는 침몰하게 되었던 것이다. 대중화에 따른 통제할 수 없는 팽창은 학파가 창립된 1966년 9월부터 1967년 1월 사이에 시작되었다. 이때 80명의 회원이 새로 가입해서 회원수는 200명이 넘었다. 1968년 5월의 격변과 올라니에와 페리에, 발라브레가 등의 탈퇴로 인한 분열 이후에도 성장은 여전히 더 가속화되었다. 1971년의 회원 수는 276명이었고, 1975년에는 401명, 1977년에는 544명이었다. 그리고 해산되기 직전인 1979년 12월에는 609명이라는 기록적인 수치에 이르렀다. 16년간의 역사 동안 이 학파는 468명의 신입 회원을 확보했던 것이다. 어떤 프로이트 학회도 이처럼 급속한 팽창을 경험하지 못했다. 그리고 나는 앞에서 이미 이러한 발전이 IPA에 속한 프랑스 그룹들에게 얼마나 도움이 되었는지를 언급한 바 있다. 1985년에 468명의 회원을 보유한 SPP와 APF 합병 단체는 분석가의 인원수로 볼 때 미국과 브라질, 아르헨티나 다음으로 세계에서 네번째 위치를 차지했으며, 평방 킬로미터 당 분석가들의 분포도로 본다면 첫째였다.[21] 국제 프로이트주의 역사에서 '프랑스적 예외'의 가장 중요한 표현이었던 라캉주의가 정통 프로이트주의자들의 팽창주의적 관심에 얼마나 큰 도움이 되었는지는 이루 다 말할 수 없을 것이다.

나는 이미 1966년 12월[22]에 EFP에 닥쳐오기 시작한 위기가 이 놀라운 팽창과 시기적으로 일치한다는 점을 지적한 바 있다. 그런데 1965

년 1월에 페리에가 라캉에게 보낸 한 재미있는 편지(나는 전에는 이 편지의 존재를 모르고 있었다)는 학파가 창립되고 7개월 후에 벌써 이 역사의 주역들이 자신들을 위협하는 제도적 위험을 의식하고 있었음을 보여준다. 다음은 편지의 일부이다.

당신은 당신이 창립하기를 바라는 것을 파괴하고 있는 중입니다. 그것이 학교든 아니면 당신의 친구들과의 신뢰 협약이든 간에 말입니다. '나'는 당신을 대신해서 이러한 사보타지의 이유와 방법들을 구분해줄 수 없습니다. (······) 당신은 다른 여러 분석가 단체와 이들의 '구조'를 비난하지만 그것은 실제로 당신이 어떤 그룹에도 끼지 못하고 따로 겉도는 사람, 모든 그룹을 거부하는 사람이라는 것을 드러내줄 뿐입니다. 당신과 SFP(말하자면 당신의 학교)에 대한 IPA 회원들의 파렴치한 음모가 있다고 해서 1960년까지 이 학회가 이룩한 명백한 성공과 — 비록 진부한 공통의 규약 속에서이기는 하지만 — 훌륭한 연구와 교육을 망각해도 좋은 것은 아닙니다. 당신의 비난은 구조와 제도를 혼동하고 있습니다. 당신의 창립 선언서에서 언급된 유일한 구조는 당신 '하나 더' 분석 '하나 더' 세미나로 구성된 것으로서 복잡하고 효율적이며 독특하며 아주 훌륭합니다. 하지만 당신은 기본적인 네번째 요소를 빠트렸습니다. 바로 상대에 대한 고려입니다. (······) 또다른 문제로는 6월의 자료를 작성하면서 당신 혼자서 위의 구조를 제도화했고, 그 결과 반드시 필요한 추가 사항과 전통적인 점검 사항이 빠진 점입니다.

당신은 모든 독립 그룹과의 관계에서 어려움을 느끼기 때문에 특히 이 그룹이 진정한 친구들로 구성된 경우 당신은 항상 특별한 관계, 즉 다른 제삼자를 대상으로 하는 두 사람 사이의 공모 관계에 의지합니다. 따라서 당신은 항상 분열시키지만 결코 지배하지는 못합니다. 당신이 저명하고 거역할 수 없는 인물이 되었음을 받아들이는 데서 느끼는 어려움 때문에 당신은 실제로는 다 장악한 옛날의 전장에서 특공대 활동을 계속 반복하게 됩니다. (······) 우리가 당신에게 기대하는 것은 이미 대부분은 확립된 이론에 기반

한 침착한 논의이지 무법자들로 변한 과거의 게릴라들에게나 어울릴 무모한 사소한 논쟁들이 아닙니다.[23)

탁월한 편지였다. 페리에는 위기를 치료할 어떤 계획도 내놓지는 않았지만 라캉의 모습을 정말 정확하게 묘사했다. 그리고 아마 라캉은 이러한 비판의 정확성을 이해했을 것이다. 그러나 그는 이때부터 이런 종류의 상황에서 그가 항상 사용하게 되는 말투로 대답했다. 그는 '배신'이라고 말했고, 자기는 페리에가 말한 속내 이야기에 대해 '비밀'을 지키려고 노력하겠으며 르클레르, 클라브릴, 올라니에, 이 세 명에게 편지를 보여주겠다고 말했다. 그리고 나서는 자신의 '고독'과 '불운'을 한탄하며 자기를 떠나간 이들에게 저주를 퍼부었다. 그는 이렇게 말했다. "나는 분열시키지도 않으며 지배를 열망하지도 않는다." 그리고 그는 이런 말로 끝을 맺었다. "당신들은 '모두 나와 함께' 있거나 아니면 여러분들이 다 함께(나는 그렇게 되기를 바란다), 하지만 나 없이 머물게 될 것이다."[24)

3 『에크리』: 편집자의 초상

1990년 6월에 '철학자들과 함께 라캉을'이라는 제목의 콜로키움에 참석한 데리다는 1966년 10월에 있었던 라캉과의 만남을 회고했다. 두 사람은 볼티모어에 있는 존스 홉킨스 대학에서 르네 지라르와 외제니오 도나토가 조직한 구조주의에 관한 심포지움에서 만났다.[1] "볼티모어에서 (……) 그는 죽은 후에 자기 글이 어떻게 읽히게 될까 — 특히 나에 의해 — 하는 문제에 관해 얘기했습니다. (……) 〔그가 나에게 고백한〕 또다른 불안은 곧 출간될 예정이었던 『에크리』와 관련된 것이었습니다. 라캉은 900쪽 이상 되는 분량의 원고를 두꺼운 책 한 권에 다 모으자는 쇠이유 출판사의 제안에 대해 걱정했으며, 약간은 언짢아하는 것 같았습니다. 그런 식의 제본은 그리 튼튼하지 않아 갈라질 우려도 있었기 때문입니다. 그는 손짓을 하며 '아시겠지만, 그렇게 되면 오래가지 못할 겁니다'라고 말했습니다."[2]

출판 문제가 등장할 때마다 언제나 이러한 불안감이 라캉을 괴롭혔다. 그는 나중에 출판(publication)을 '쓰레기통화(poubellication)'라고 부르는데, 이는 아마 그의 가장 소중한 욕망의 대상이 나머지, 잔재, 찌꺼기가 될 수 있다는 의미였을 것이다. 또 나중에는 세미나에 대해서 'stecriture'라고 표현했다. 이것은 stenodactylographie(속기)와 ecriture(글쓰기)를 합성한 단어로, 말로 한 것을 씌어진 글로 옮기는 것에 대한 경멸감을 이런 식으로 표현했던 것이다. 다른 곳에서처럼 여기서도 그의 양면성이 분명히 나타났다. 표절을 두려워했던 만큼 라캉은 자신의 훌륭한 생각을 비밀로 유지하려고 애썼다. 하지만 실제로 그의 변함없는 바람은 자신의 생각들이 전세계로부터 폭발적인 인정을 받는 것이었다. 천재성에도 불구하고 그는 자기 자신의 이미지로 인해 마음속에 새겨진 두려움에 사로잡혔고, 사랑받지 못할 수도 있다는 강박관념에서 벗어나지 못했다. 그리고 자기 저서가 의도와 다르게 해석될 수 있다는 생각에 일종의 공포감을 느꼈다. 이리하여 그는 프로이트주의 단체와 잡지들로 국한된 공간 안에서 통용시킨다는 조건 아래 자신의 말을 글로 옮기는 것을 받아들였다.

실비아의 아파트 현관을 들어서기 전에 혹시 실비아가 자기 몸에서 어쩔 수 없이 늙어가는 흔적을 보지나 않을까 하는 걱정에서 항상 자기 모습을 한번 훑어보고 들어갔던 것처럼[3] 그는 벽장에 세미나 내용이 들어 있는 두꺼운 파일과 논문 별쇄본들을 마치 자기와 떨어질 수 없는 보물단지처럼 보관했다. 그는 그것들을 바라보며 한숨짓거나("이것들을 어떻게 하지?") 때로는 모호한 속내 이야기와 함께 일종의 사례로 그것들을 나눠주기도 했다.

이처럼 1963년에 라캉의 저작은 입회자들 모임 밖에서는 '정상적으로' 배포되지 않았다. 1932년의 학위 논문은 재판이 나오지 않은 채 세상에서 잊혀졌다. 우연히 한 부가 전문 서점에서 발견되면 라캉은 그것을 서둘러 사버렸다. 장 알루슈는 이렇게 쓰고 있다. "1967년에 나는 라캉의 학위 논문을 하나 얻고 싶어서 르 프랑수아 서점에 갔다. 그러나 구할 수 없었다. 서점 주인에게 라캉의 논문을 구하고 싶다고 하자 그는 정확한 때를 기억할 수는 없지만 언젠가 저자가 서점에 급히 들어와서는 남아 있는 것을 모두 사갔다고 말했다."[4] 위대한 피해망상의 이론가이자 애서가로 책에 대한 두려움을 가졌던 그는 분명 알세스트(몰리에르의 희곡『인간혐오자*Le Misanthrope*』의 주인공으로 바보 같은 인물임 ─ 옮긴이)와 도리안 그레이가 혼합된 특징을 지니고 있었다.

아마 라캉이 프랑수아 발이라는 뛰어난 편집자를 만나지 않았다면 이런 상황은 더 오래 지속되었을 것이다. 발의 아버지는 라파예트 백화점의 책임자였다. 어머니는 의학을 공부했고, 생트-안느 병원의 정신과 의사들을 자주 만났다. 그래서 그는 종종 가족 식사에 참석하곤 했던 소피 모르겐슈테른과 프랑수아즈 민코프스카를 통해 프로이트의 발견을 알게 되었다. 그는 이렇게 말하고 있다. "나는 포로(Porot)의『알파벳 순 정신의학 입문서』와 같은 책으로 글 읽는 법을 배웠다."[5]

발은 반유대주의의 박해를 경험한 유대인이었다. 그는 15살 때 나치 침략의 와중에서 자기가 동성애자라는 사실을 발견하고는 모든 죄의식에서 벗어났다고 느꼈다. 아버지가 비점령 지역에 있는 라파예트 백화점의 지점장을 맡고 있던 리옹에서 그는 레지스탕스 운동의 출범식을 지켜보았고, 철학과 1학년부터 두각을 나타내면서도 이 운동에 참여했다. 1943년 초에 그는 베네딕트 수도회의 한 친구로부터 라틴어로 된 성 아우구스티누스의 텍스트들을 타자해달라는 부탁을 받고 덕분에 수도원에서 은거지를 구할 수 있었다. 하지만 9월 8일에 회계원의 밀고로 아버지가 체포되어 아우슈비츠로 이송되었다. 동화된 유대인으로 1차 세계대전에도 참전한 바 있던 발의 아버지는 자기한테 그런 일이 벌어지리라고는 상상조차 하지 못했다. 아들 프랑수아는 게를리에 추기경의 보호로 몽브리송의 주니어 신학교에 들어갔다. 그는 이곳에서 봉피

스라는 이름으로 일종의 복습 감독 교사가 되어 살아남았다. 1944년 6월에 그는 레지스탕스에 합류했고, 이어서 해방이 되자 파리로 돌아왔다.

어머니가 강제수용소로 이송된 아이들을 돌보기 위한 OSE(아동 구제회)에서 일하던 베르사이유에서 그는 엘리 비젤을 알게 되었다. 발은 그의 바칼로레아 준비를 도우면서 유대교가 무엇인지를 알게 됐고, 유대인들이 나라를 필요로 한다는 것을 생각하기 시작했다. 그래서 그는 로베르 미스라이를 통해 슈테른 그룹(아브라함 슈테른이 조직한 팔레스타인의 시오니즘 테러 조직 — 옮긴이)의 파리 지부에 가입했고, 이스라엘의 창건을 위해 1948년까지 열렬히 투쟁했다. 철학을 공부하던 소르본느 대학에서 그는 라가슈를 찾아가 분석가가 되려는 희망을 얘기했다. 라가슈는 그를 만류했지만 결국 르보비치에게 보낼 추천장을 써주었다. 라가슈에게서 '기분이 상한' 발은 르보비치와 만나지 않았다. 그때 한 친구를 통해 라캉 얘기를 듣고서 '자아의 끝'(fin du moi, moi와 '달'을 의미하는 mois의 동음이의어 현상을·이용한 말장난. fin은 '끝'을 의미하는데, 프랑스인들은 끝을 좋게 하기가 힘들다는 것을 가리켜 'les fins de mois difficiles'라는 말을 사용한다 — 옮긴이)이라는 강연회에 참석하게 된다. "라캉은 막 어머니를 잃은 상태였다. 그는 침울했고 아주 고통스러워했다. 그는 생트-안느의 한 여환자 얘기를 들려주었다. 그녀는 아버지가 죽은 후 더이상 의지할 곳을 잃었다는 생각에 상태가 한층 더 악화되었다고 했다."[6]

1954년 3월에 발은 볼테르주의자이며 라캉에게 자주 분석받던 한 젊은이와 친구가 된다. 그는 이 친구와 함께 '위대한 마법-사'의 집에 차를 마시러 갔다. "우리는 스토아 학파에 관해 얘기했고, 라캉은 나에게 이렇게 말했다. '당신은 이미 분석을 받고 있는 중입니다.'"[7] 분석은 일 주일에 세 번씩 이루어졌고, 상담 시간은 5분에서 10분까지였다. 일요일이면 두 청년은 모터 스쿠터로 기트랑쿠르로 찾아갔다. 그리고 상담은 한 시간이나 계속되었다. 이런 식으로 프랑수아 발의 분석은 1954년부터 1960년까지 지속되었다. "라캉은 개입하지 않고 그냥 듣기만 했다. 나는 플라톤과 나의 관계, 그리고 내 사생활 문제를 모두 해결할 수 있었다."[8]

1957년 5월에 쇠이유 출판사의 프랑수아-레지 바스티드는 발에게 소설 부문 편집자 자리를 주었다. 이탈리아에 대해 남다른 애정을 느꼈던 그는 카를로 에밀리오 가다와 주세페 디 람페두사를 발견하게 되었고, 이탈로 칼비노와 움베르토 에코와도 교류하게 된다. 1956년에는 미셸 뷔토르의 소개로 롤랑 바르트와 친구가 되었다. 라캉과의 분석은 1961년 봄에 끝났다. 그때 발은 세베로 사르두이라는 쿠바 작가와 함께 살고 있었다. "나는 1959년에 라캉이 권한 세미나에 계속 참석했다. 하지만 그만 둘 시간이 되었다. 그래서 라캉에게 얘기했다. 그러자 그는 이렇게 대답했다. '분명히 당신은 문제들을 해결해주는 것 같은 어떤 경험을 한 것입니다.' 이후 더이상 그를 만나지 않았다. 하지만 그는 책을 얻기 위해 구내 교환수들에게 '급한 용무'라고 말하면서 쇠이유에 있는 나에게 정기적으로 전화를 걸어왔다."[9]

라캉의 환자였으며, 그의 세미나에 참석하기도 했고, 또한 그와 지적인 토론을 벌이기도 했던 발은 라캉의 두려움을 완화시켜 두꺼운 저작의 출판을 가능케 할 수 있는 이상적인 사람이었다. 그와 라캉의 관계는 라캉이 주위 사람들에게 항상 강요했던 그런 관계에 가까웠다. 라캉의 신뢰를 얻기 위해 그리고 표절이나 배신이라는 비난을 받지 않기 위해 발은 라캉의 모든 활동과 완전히 무관하게 있거나 아니면 이와 반대로 분석-세미나-전이라는 사이클에 따라 라캉의 활동에 완벽하게 동화되어야 했다. 라캉은 자기 서클 밖에서 자기를 비판하는 사람들은 항상 존경했지만 일단 이 서클에 접근했거나 들어온 후에 멀어지려고

하는 사람들에 대해서는 무자비했다.

발의 동성애도 도움이 되었다. 라캉은 여자를 대단히 좋아하는 사람이었지만 남자를 사랑하는 남자에 대한 특별한 애정을 갖고 있었다. 그가 플라톤의 『향연』을 전이적 사랑에 대한 주해의 출발점으로 삼은 것은 우연이 아니었다. 발이 어느 날 라캉에게 1968년에 모로코의 항구도시인 탕지에서 있었던 자동차 사고 얘기를 들려주었을 때 라캉의 이런 감정을 눈치챌 수 있었다. "그것은 기적이었다. 모든 것이 조각났다. 하지만 우리는 무사히 빠져나왔다. 사고가 일어난 동안 세베로는 특히 다정하면서도 보호자 같은 태도로 내 손을 잡았다. 그리고 내가 라캉에게 그 이야기를 하자 그는 울기 시작했다. 그는 이렇게 말했다. '내가 사랑의 정열을 믿지 않는다는 건 천하가 다 아는 일이지. 하지만 그 이야기는 정말 감동적이군.'"[10]

이리하여 1963년에 발은 알튀세가 그랬던 것처럼, 또 IPA와의 협상이 이루어지는 동안 르클레르가 그랬던 것처럼 적시에 라캉을 위해 필요한 사람, 다시 말해 라캉의 '안내자'가 되었다. 게다가 발에게는 '그의' 작가들에게 유용한 질문을 던지고 필요하다면 글을 다시 쓰도록 할 수 있는 재능이 있었다는 점도 지적해야겠다. 그와 관계를 맺었던 사람들은 모두 그가 다른 사람들의 글을 편집할 때 종종 질투를 불러일으킬 정도로 대단한 열정과 강경한 태도를 보였던 것을 기억했다. 그의 적들, 말하자면 종종 그가 원고를 거절했던 사람들은 그를 독단적이라 비난했다. 이들이 옳았을 수도 있다. 하지만 그의 태도는 논리에 대한 사랑과 역사주의에 대한 비판적 관점을 바탕으로 한 철학적 선택의 결과였다는 것을 잊어서는 안 된다. 발의 독단주의는 검열자나 규범적인 경찰관 같은 태도에서 나왔다기보다는 선택하는 사람에게나 비용을 부담하는 사람에게나 똑같이 적용되는 한결같은 원리를 따르고 있었다. 발은 그가 찬성하지 않은 형태와 내용의 책은 결코 출판하지 않았다. 그리고 상업적인 이유로 누군가의 재능을 결코 과장하지도 않았으며, 철학적 엄정함을 포기하지도 않았다. 때로 그는 어떤 중요한 책의 출판을 임의로 거절하기도 했고, 자기 혼자 가치 있다고 생각하는 무명 저자들을 지지하기도 했다. 그는 진리에 관한 소크라테스 식의 윤리가 텅 빈 실용주의보다 낫다고 생각했다. 그는 위대한 편집자였다.

움베르토 에코의 증언은 교정이나 진실에 관해 발이 얼마나 엄격했는지를 잘 설명해준다.

사실상 나는 그것[『열린 작품』]을 수정했다기보다는 고쳐 썼다고 해야 할 것이다. 왜냐하면 한편으로는 발의 비판에, 또다른 한편으로는 파리에서 형성되고 있던 기호학 그룹들(특히 바르트)과 함께 수행하고 있던 실험에 시달리면서, 그리고 트루베츠코이와 러시아 형식주의자들을 읽는 데 몰두하면서 나는 내 책을 전면적으로 개작해야 했다. 이렇게 정신적·지적으로 활동이 많았던 상황에서 발은 라캉의 강의를 들었던 일, 라캉에게 논문집을 내자고 설득하기 위해 노력했던 일에 대해 언제나처럼 열정적으로 얘기했다. (……) 내 책 『부재하는 구조』를 출판할 때 (……) 프랑수아 발은 여러 가지 의견 차이에도 불구하고 우리의 관계를 항상 우호적으로 유지해준 아주 솔직한 태도로 내게 대략 이런 내용의 편지를 보내왔다.(기억을 빌려 인용한다) "나는 당신의 최근 저서를 출판하지 않을 생각이며, 또한 이 작품을 프랑스에서 출판하는 것에 대해서도 동의하지 않을 것입니다. 그 책이 이탈리아에서 출판되는 것만 해도 나는 충분히 괴롭습니다." 나는 이전에 라캉주의를 모독한 죄를 저질렀던 것이다.[11]

에코의 비판에도 불구하고 라캉은 에코와 우호적인 관계를 유지했으며, 그의 환심을 사려고 애쓰기까지 했다. 디너 파티에서 라캉은 에코에게 그의 삶을 변화시킨 어떤 말을 했다. 그는 이렇게 외쳤다. "네 '현존'을 먹어라"(독일어 현존Dasein과 프랑스어 dessert의 발음이 비슷한 점을 이용한 말장난— 옮긴이). "굶주린 영혼에 대한 동물적인 감각을 가진 그는 내가 다른 것을 말하면서 실제로는 나 자신에 대해 말하고 있다는 것을 이해했고, 그 역시 직접 대꾸를 피하고 다른 얘기를 꺼내면서 내 폐부를 찔렀다."[12] 한편 에코는 그의 비판이 라캉 본인보다는 라캉주의자들을 대상으로 한 것임을 인정했다.[13]

다양한 총서를 편집한 발은 실제로 1989년까지 쇠이유 출판사의 인문학 책임자로 있었고, 이를 통해 60년대 프랑스 구조주의의 도약에 일조했다. 그는 롤랑 바르트와 폴 리쾨르, 제라르 주네트, 그리고 『텔 켈 Tel quel』지와 관련된 저자들의 저서를 출판했다. 라캉과의 힘든 관계 속에서도 그에게 힘이 되었던 것은 출판사의 창립자인 폴 플라망의 꾸준한 지지였다. 그러나 플라망의 태도는 발과는 정반대였다. 그는 이렇게 말한다. "편집자이자 사장으로서 나는 항상 내가 어떤 책을 좋아하는지 말하기를 거절했다. 나는 내가 어떤 책을 출판하고 있는지를 알기 위해 문학 편집자들 각자와 매주 한 시간씩 얘기를 나누었다."[14]

플라망은 라캉과 발 사이에 '부자 관계 같은' 어떤 특별한 관계가 있다는 것을 이해했고, 발을 신뢰했다. 그는 라캉과 순전히 직업상의 관계만을 유지했다. 그는 프랑수아즈 돌토와 오랜 친분이 있었다. 그와 돌토의 관계는 라캉과 발의 관계와 거의 비슷했다. "그녀는 출판을 두려워했지만 나는 그녀를 설득하는 데 성공했다. 나는 그녀에게 대단히 감탄했다. 결국 그녀는 너무나 많은 책을 출판하게 되었다."[15] 그래서 라캉과 돌토는 이처럼 서로 아주 다른 두 사람의 우정을 통해 같은 출판사와 인연을 맺었다. 그들은 IPA를 떠나 파리 프로이트 학교를 결성하고 있을 때 이 사실을 알게 된다. 이리하여 쇠이유 출판사는 라캉주의로 알려진 이 프랑스 프로이트주의 분파의 특별한 대변자가 되었다.

1963년 6월에 발은 라캉에게 '출판'을 제의했다. 그의 제의는 헛된 것이 아니었다. 그러나 어떤 결과가 나타나기 시작한 것은 라캉이 IPA 와 결별한 일 년 후였다. 1964년 4월 3일에 라캉은 쇠이유 출판사와 '프로이트의 장(場)'이라는 새로운 시리즈를 출판하기로 계약을 맺었다. 계약의 제2항에서 이 시리즈의 책들은 라캉이 제안하는 것이어야 하고, 또한 그의 동의 없이는 어떤 원고도 시리즈에 포함시킬 수 없다고 규정 되었다. 시리즈 편집자(라캉)에 대한 보수는 권당 판매가의 2%로 정해 졌다. 외국 저서들의 경우 라캉은 번역을 검토할 권리가 있었다.[16] 한 달 후인 5월 20일에 라캉은 또다른 계약을 맺었다. 이 계약에서 라캉은 자신이 직접 『정신분석의 문제』라는 제목의 책을 쓰겠다고 제안했다.[17] 그러나 이 계약은 그가 약속을 지키지 않았기 때문에 취소되었다. 이때 의 생각은 이미 출간된 텍스트들을 모으는 것이 아니라 완전히 새로운 책을 내는 것이었다. 그러나 그것은 결코 출판되지 않았다. 하지만 시 리즈의 출발은 출판을 향한 첫걸음이었다. 저자가 아니라 시리즈 편집 자로 쇠이유와 일하게 된 것은 특별한 대우였다. 사실상 그는 자기 작 품을 포함해 출판하고 싶은 원고를 자유롭게 선택할 수 있었다. 첫 저 서는 모 마노니의 『정신박약아와 그 어머니 L'Enfant arriéré et sa mère』 로 1964년에 출판되었다.

라캉이 이 시리즈 안에 자기 논문집 『에크리』를 포함시키는 것에 동 의하기까지는 2년이 더 걸렸다. 발은 '프로이트의 장'과 마찬가지로 그 가 전체적인 책임을 맡고 있던 '철학적 질서' 시리즈의 하나로 1965년 에 폴 리쾨르의 『해석에 관하여 De l'interpretation』를 출판하고 나서 이 일을 어렵게 성사시킬 수 있었다. 잘 알려져 있듯이 리쾨르의 저서가 출판되자 라캉은 몹시 화를 내었다. 리쾨르는 책 전반에 걸쳐 프로이트 와 그의 제자들을 다루면서도 그가 5년 동안 세미나에 참석하면서 배 운 라캉의 학설은 조금도 언급하지 않았던 것이다.[18]

직접 자기 글들을 모을 수 없었던 라캉은 가까운 제자들에게 부탁했다. 하지만 학파는 이미 위기를 맞고 있었기 때문에 아무도 그러한 일을 떠맡으려고 하지 않았다. 결국 발의 독촉으로 그는 실비아와 글로리아 곤잘레스에게 그 일을 맡겼다. 그런데 '거울 단계'에 관한 1936년 강연문이 발견되지 않았다. 라캉이 찾아봐도 역시 마찬가지였다. 책장들을 아무리 뒤져도 소용없었다. 발과 마찬가지로 라캉도 '거울 단계' 개념이 자기 학설의 토대라고 보았기 때문에 그는 마리엔바트에서 발표한 내용이 요약된 1938년 『프랑스 백과사전』의 논문을 논문집에 포함시킬 것을 제안했다. 그러나 발은 거절했다. '라캉스럽게 보이지' 않았기 때문이다. 그 글은 '너무나 프로이트적'이어서 라캉의 통상적인 스타일을 찾아볼 수가 없었다. 발은 이 '대작'이 모든 글을 포괄하고 또 아주 명료하게 이해될 수 있기를 원했다. 1965년 겨울에 그는 다양한 잡지에 실린 글들을 읽기 시작했다. 1966년 3월부터 이 작업은 더욱 강도 있게 이루어졌고, 이리하여 작가와 편집자 사이에 기이한 이론적 대결이 시작되어 결국 『에크리』의 출판까지 계속 이어지게 된다.

발은 네 종류의 텍스트에 직면했다. 이미 매체에 실린 인쇄된 형태의 논문, 매체에 실리기 전에 처음 타자된 글, 라캉의 수정이 가해진 후 다시 타자된 글, 인쇄된 적이 없이 타자기로만 작성된 원고(原稿). 이 모든 글이 수정되었는데, 「논리적 시간」, 「프로이트의 사물」, 「표준치료에 대한 변형태들」, 「무의식의 위치」, 「사드와 함께 칸트를」 등과 같이 일부 글은 다른 텍스트들보다 훨씬 더 많이 수정되었다. 발은 거의 모든 텍스트를 위해 구두점을 '발명'해야 했다. 그는 이해되지 않는 부분이 있을 때면 생-제르맹 가에 있는 칼베 레스토랑에서 라캉과 점심을 먹으면서 그 부분에 대해 질문했다. 그는 여름 동안 원고를 최종 편집하기 위해 천 페이지 분량의 원고와 책으로 가득 찬 가방을 들고 아르장티에르에 있는 로슈-루즈 호텔로 갔다. 매일 그는 라캉에게 의문점을 체크한 원고의 일부를 보냈고, 의문점에 대한 라캉의 대답이 담긴 각주와 함께 수정된 원고를 즉각 돌려받았다. 발은 이렇게 말한다. "나는 그의 수정된 원고가 도착하는 것을 보았다. 하지만 그렇게 수정하기까지 라캉이 밟은 사유 과정은 알 수 없었다."[19]

아르장티에르의 우체부는 그렇게 자주 소포가 오고가는 것을 본 적이 없었다. 라캉은 종종 참고 서적을 동봉했기 때문에 소포는 부피가 컸다. 때때로 전화 통화로 문제를 주고받기도 했다. 라캉은 열심히 일했다. 평생 처음이자 마지막으로 그는 전문적 연구에 바친 인생의 주요 결과들이 수록된 저작을 처음부터 끝까지 재독해야 했다. 대부분의 수정은 1966년 3월과 8월 사이에 이루어졌다. 9월에 파리로 돌아온 발은 아직 출간되지 않은 라캉의 1958년 강연 기록인 「팔루스의 의미」가 타자 형태의 원고로 책상에 올려져 있는 것을 발견했다. 논문집 전체가 인쇄소로 넘겨지기 '직전에' 라캉이 그것을 발견했던 것이다. 타자된 종이는 닳고 구겨져 있었고, 위에는 잉크로 된 라캉의 수정으로 가득했다. 발은 지치고 몹시 피곤했지만 기뻤다. 결국 그는 라캉이 말의 속박에서 벗어나 마침내 진정한 글쓰기에 도달하게 하는 데 성공했다.

거의 모든 텍스트 수정은 발의 제안에 따른 것이었다. 그러나 그는 저자의 허락 없이는 결코 철자 하나 바꾸지 않았다. 구두점만이 그가 유일하게 개입한 부분이었다. 약간의 다툼도 있었다. 가끔 발은 기교주의적인 종속절들을 정리하고 싶어했지만 라캉은 양보하지 않았다. 그것은 그의 스타일이었고, 그의 구문법이며, 그의 창작이었다. 제목은 라캉이 결정했다. 그는 글로 쓰는 작업과 말로 하는 작업을 구분하기를 원했고, 말로 하는 작업은 여전히 세미나에서 계속되고 있었다. '서문'과 약전(略傳)을 추가하고 싶어한 것도 그였다. 이 약전에서 그는 자신이 프로이트주의에 입문하게 된 이야기를 주관적으로 재구성해볼 생각이었다. 마지막으로 「'도둑맞은 편지'에 관한 세미나」를 맨 앞에 놓을 것을 주장한 것도 역시 그였다. 그러나 발은 동의하지 않았다. 하지만 이 텍스트의 위치를 바꾸자고 하는 대신 맨 뒷부분에 이 텍스트의 위치를 설명해주는 주를 추가할 것을 요구했다. 그래서 라캉은 '순서 소개'와 이 논문을 논리적으로 재정식화한 '삽입구들의 삽입구'를 작성했다.

「나의 전력(前歷)에 대해」라는 약전에서 라캉은 자신의 학위 논문이 초현실주의자들의 환영을 받았던 일을 상기시켰고, 클레랑보를 정신의학에서 유일한 스승이라고 주장했으며(그는 자신이 클레랑보에 맞서 클로드의 편에 섰던 일을 잊어버렸다), 코제브나 왈롱의 이름은 언급도 하지 않은 채 자신을 거울 단계 개념의 창안자로 소개했다. 그리고 프로이트주의에 입문한 시기를 학위 논문을 작성한 때가 아니라 마리엔바트 국제회의에 참석한 때로, 다시 말해 IPA 무대에 처음으로 데뷔해 그 유명한 장면이 벌어졌던 때로 잡았다. 이처럼 『에크리』는 프란체스코 보로미니(바로크 양식의 기초를 놓은 건축가―옮긴이)의 착시화(錯視畵)처럼 마치 실제 같은 착각을 일으키는 과거를 배경으로 하여 일종의 미래완료형 문체로 제시되었다. 라캉은 과거에 자기가 쓴 텍스트들을 현재의 자기 학설에 비추어 해석했을 뿐만 아니라 '이미 거기에'라는 표현으로 현재를 과거에 이입시켰다. 그가 말하고 싶은 요지는 대체로 이러했다. 모든 작품은 후일의 진화라는 관점에 비추어 읽혀져야 한다. 요컨대 그는 1966년의 독자들에게 전쟁 전의 라캉을 「문자의 심급」을 쓴 구조주의자 라캉에 비추어 해석할 것을 요구했고, 구조주의자 라캉을 1965년의 라캉에 비추어 해석할 것을 요구했다.

따라서 『에크리』의 독해를 위한 가장 훌륭한 소개는 「'도둑맞은 편지'에 관한 세미나」라기보다는 이 글의 부록으로 실린 '순서 소개'와 '삽입구들의 삽입구'였다. 이 두 부록은 「과학과 진리」라는 텍스트로 이어졌다. 이 텍스트는 세미나 XIII(1965~66): '정신분석의 대상'의 첫 강연을 옮긴 것으로 이미 『분석을 위한 노트』지 첫 호에 소개된 바 있었다. 이 텍스트에서 라캉은 부분적으로 오랜 친구인 알렉상드르 코이레의 저작에 입각해서 내가 구조(주의)적 주체 이론과 시니피앙 이론에 대한 논리적 수정이라고 부른 작업을 수행했다. 그는 코이레로부터 코기토를 낳은 현대 과학이 존재에 대한 극적인 가치 하락을 초래했다는 생각을 빌려왔다. 그리고 쿠르트 괴델에게서는 진리는 완전히 정식화될 수 없다는 불완전성의 두번째 공리를 빌려왔다. 라캉은 이러한 정식화의 실패를 과학의 일반적인 실패로 보고, 이 때문에 과학은 항상 불완전함을 완전한 것으로 만들어줄 수 있는 어떤 것을 추구한다고 지적했다. 그는 데카르트적 회의가 주체 또는 개인에게 지식과 진리 사이의 분리를 경험하게 한다는 결론을 내렸다. 그가 보기에 주체(분열된 주체, 재분할된 주체, 폐제된 주체 등)는 과학의 상관물로서, 이 상관물이 과학의 주체로 불리는 것이다. 고전적 구조주의가 — 프로이트의 발견과 마찬가지로 — 이 주체를 중심에서 이탈시켰다면, 그것은 인문과학의 이상에 봉사하는 과정에서 의식하지도 못하는 사이에 완전한 주체라는 휴머니즘적 관념을 부활시킬 위험을 안고 있었다. 특히 구조주의가 무의식의 위치를 무시했던 만큼 이 위험은 더욱 컸다. 따라서 논리학의 도입을 통해서만 정신분석은 인문과학의 위상에 머무르지 않을 수 있었다. 하지만 이 논리학은 라캉에 따르면 불완전함의 논리학, 실패한 주체의 과학, 봉합되지 않은 상관물의 과학이었다. 요컨대 그 논리학은 과학의 주체의 과학, 즉 데카르트 식의 분리에 의해 버려진 편집증적 주체를 이해할 수 있고, 현대 과학 문명의 '중심에서 이탈된' 주체에게 귀기울일 수 있는 과학이었다.[20]

라캉은 여기서 본래적 의미의 논리의 힘에 상징적 기능의 역설적 논리학을 맞세웠다. 즉 그는 보편주의적 과학성이라는 이상의 이름으로 정신분석을 인문과학으로 만들려는 심리학자들의 수정 시도를 논박했다. 따라서 그는 과학의 주체를 정신분석의 대상으로 만들었다(이 주체는 그 자체가 시니피앙의 효과이다). 이러할 때라만 비로소 정신분석은 마술과 종교를 논박할 수 있었다. 마술은 주체를 세계라는 자연적 질서에 포함시키고, 종교는 주체로 하여금 욕망의 이유를 신에게 고백하도록 강요하기 때문에 비판받아야 한다.[21]

「과학과 진리」라는 강연문은 전년도 라캉의 세미나 때 자크-알랭 밀레가 발표한 글에 대한 명시적 응답이었다.[22] 밀레의 글은 「봉합. 시니피앙의 논리학 개론」이라는 제목으로 『분석을 위한 노트』 첫 호에 실린 바 있었다.[23] 밀레는 동료인 이브 뒤루와 함께 프레게의 저서 『산술의 기본 법칙』[24]을 읽은 뒤 프레게와 그의 계승자들의 0 이론을 라캉의 시니피앙 이론과 비교했으며, 주체와 연쇄 사이의 관계를 봉합이라고 이름붙였다. 그후 그는 주체가 0 대신에 '결핍의 보관소'로 나타난다고 덧붙였다. '봉합'이라는 이 개념이 라캉 학설에서 나타나지 않는다는 것을 주목하면서도 그는 라캉이 프레게처럼 주체에 대한 모든 규정에서 의식을 배제시켰다고 주장했다.

1963년의 논문에서 그랬던 것처럼 밀레는 라캉의 담론을 극단화시켰다. 밀레는 라캉이 모호하게 남겨둔 부분에 명료성, 일의성, 의미의 종결을 가져왔다. 라캉은 사위가 될 젊은이가 자기 학설과는 어울리지 않는 논리성을 지나치게 강조하고 있음을 알아차렸다. 이 때문에 그는 「과학과 진리」에서 봉합에 관한 밀레의 논문을 인용하지는 않았지만 이 문제를 언급하면서 밀레의 논증에 반대 입장을 나타냈다. 주체와 연쇄 사이의 관계를 봉합이라고 부르면서 이 관계의 폐쇄성을 돋보이게 하는 대신 그는 이 용어를 과학이 주체를 봉합하거나 완전하게 형식화하는 데 실패했음을 표현하기 위해 사용했다.

라캉이 1965년에 자기 입장을 논리적으로 수정하게 된 것은 알튀세의 고등 사범학교 학생들의 연구와 특히 밀레의 논평에 영향을 받은 것이다. 하지만 밀레의 기여가 라캉에게 유효했다 해도 그 취지는 라캉의 의도와는 아주 대립되는 것이었다. 주체에 관한 라캉의 논리학은 개방성, 모호성, 양면성, 파악 불가능성이라는 생각에 기초하고 있었다. 이러한 논리학에 대한 밀레의 해석은 앞으로 생겨날 모든 도그마의 전조였다.

1966년 10월에 그의 대작이 인쇄소로 보내졌을 때 라캉은 한밤중에 발에게 전화를 걸어 이렇게 외쳤다. "반드시 색인을 넣어야 합니다!" 수개월 동안 작업하느라 지친 발은 다시 일을 시작하기를 거절했고, 그래서 라캉은 주디트와의 결혼을 몇 주 앞둔 밀레에게 이 일을 맡겼다.[25] 밀레는 색인을 만들면서 큰 잘못을 저질렀다. 조르주 바타이유의 이름을 본문에서는 언급했지만 색인에는 빠뜨렸던 것이다.[26] 다른 한편 그는 자크=알랭 밀레가 작성한 '주요 개념 색인'과 '도식에 대한 해설'을 추가했다.[27] 이 두 부록은 훌륭하게 작성되었지만 『에크리』의 미래 완료적 측면을 두드러지게 했다. 밀레는 처음 나온 순서대로 주요 개념을 열거한 다음 이후의 발전 과정을 명시하는 대신 각 개념을 전체와의 구조적 위치에 따라 배치했다. 이처럼 그는 관련 이론의 최신 상태로부터 소급해 각각의 개념을 다루었으며, 이 저서 전체를 다섯 개의 계열로 나누었다. 마지막으로 그는 몇몇 텍스트들은 너무나 복잡해 이러한 분류법에 딱 들어맞지는 않는다는 것을 강조하고, 이 책의 구성 방식이 라캉주의에 대한 자신의 해석을 대변하는 것임을 밝혔다.[28]

따라서 1966년 가을의 '대작'은 라캉의 고쳐 쓰기와 발의 편집, 그리고 봉합과 단일성을 따라 작성된 밀레의 주석을 거치는 긴 과정의 흔적들을 담고 있었다. 11월 15일에 책이 모든 서점에 배포되었다. 11월 30일에 라캉은 쇠이유 출판사와 『에크리』의 출판 계약을 맺었다.[29] 계약서 제12조는 향후 출간될 다섯 권에 대한 출판권을 쇠이유가 갖도록 되어 있었다.

책이 시판된 첫날부터 라캉은 그가 그토록 오랫동안 고대했던 응분의 인정을 받게 된다. 15일도 안 되어 5천 부가 팔렸다. 신문에 서평이 실리기도 전이었다. 이 책은 이후 표준판만으로도 5만 부 이상이 팔려 나갔고 문고판은 이처럼 어려운 종류의 저서로서는 사상 유례가 없는 판매 기록을 세운다. 문고판 제1권은 12만 부 이상, 제2권은 5만 5천 부 이상이 팔렸다. 일부 서평은 찬사로 가득 찼고, 일부는 아주 비판적이었다. 가장 흥미로운 글로는 엠마뉘엘 베를, 프랑수아 샤틀레, 뤼시앙 세브, 카트린느 클레망, 베르나르 핑고, 루이 베이르나에르, 앙드레 자코브 등의 것이 있었다. 가장 우스꽝스런 글들로는 자크 브로스, 장-프랑수아 르벨, 앙드레 로비네 등의 서평을 들 수 있다.[30] 『문학 격주간지La Quinzaine Litteraire』에서 디디에 앙지외는 자신의 옛 분석가를 상대로 격렬한 논쟁을 시작했다. 그는 라캉을 이단자라고 불렀고, 그의 파멸을 예언했다. 샤를 멜망이 교조적인 어조로 이에 응수했다.[31]

이리하여 발은 『에크리』 출판에 관한 대전쟁에서 승리를 거두었다. 이때부터 라캉은 단지 정신분석의 대가로서만이 아니라 중요한 사상가로 인정받으며 숭배되고 유명해졌다. 하지만 공격받거나 증오의 대상이 되기도 했다.

라캉은 곧 쇠이유 출판사와의 관계를 강화했다. 1968년 3월에 그는 '프로이트의 장' 시리즈의 일부로 『실리세』지를 창간했다. 이 잡지는 자신의 글과 자기 논문을 익명으로 소개한다는 원칙에 동의한 그의 학교 회원들의 글을 소개하기 위한 것이었다. 그러나 이 사업은 재난으로 막을 내렸다.[32] 그리고 이후의 모든 출판은 고통과 분노, 어려움을 동반했다. 그러나 이 과정 내내 발과 플라망은 이들의 변덕스러운 저자에 대해 훌륭하게 처신했다.

첫번째 갈등은 1969년에 『에크리 1』이라는 제목의 문고판 선집의 출판과 관련해 터져나왔다. 여기에는 1966년의 표준판에서 5편의 텍스트만을 골라 실을 예정이었다.[33] '푸앵(논점)' 시리즈의 책임을 맡고 있던 폴의 아들 브뤼노 플라망은 1970년 1월 9일에 라캉에게 문고판 선집의 교정쇄를 보냈다. 3일 후 라캉은 "그렇게 오래 기다리게 해드리지는 않은 것 같군요"라고 적힌 짧은 메모와 함께 원고를 다시 보냈다.[34] 그리고 브뤼노 플라망은 그것을 모두 인쇄소에 넘겼다. 하지만 한 달후 그는 다섯번째 논문인 「문자의 심급」이 누락된 것을 확인했다. 그는 라캉에게 이 누락의 책임이 전적으로 자기에게 있다는 편지를 보냈다. 그는 많은 업무의 와중에서 서둘러 이 책을 '푸앵' 시리즈로 출판해야 했기 때문에 그런 실수가 생겼다고 설명하고, 이러한 잘못을 정정하기 위해 「문자의 심급」을 첫머리에 넣어 『에크리 2』를 신속하게 출판할 것을 제안했다.[35]

라캉은 이 해결책을 받아들이지 않았을 뿐만 아니라 격노했다. 발에게 전화를 걸어 오랫동안 통화를 하면서 그가 내린 세 가지 결정을 통고했다. "만일 문고판을 다시 만들어서 미완성본 대신 완성본을 서점에 배포하지 않는다면, 첫째 나는 쇠이유 출판사가 제2권을 내는 것을 결코 허용하지 않을 것이고, 둘째 나는 앞으로 절대 쇠이유 출판사에서 내 책을 내지 않을 것이며, 셋째 내가 이런 얘기를 할 때 결코 약속을 취소하지 않을 것이라고 부디 쇠이유 출판사에 전하시오." 그리고 나서 그는 브뤼노 플라망에게 보상을 요구하는 편지를 보냈다. 이 문고판의 '어리석은 부주의'를 보상하기 위해 그는 미완성본이 회수되어야 하고 모든 구매자에게 수정된 완성본으로 교환해줄 것을 제안했다. 프랑수아 발은 폴 플라망에게 라캉과 나눈 대화 내용을 전했고, 자신의 결정도 통보했다. "개인적으로 나는 주저없이 양보했습니다."[36] 그리고 쇠이유 출판사도 양보했다. 따라서 이 저서는 전체적으로 재구성되었고 미완성본들은 회수되었다.

박사 학위 논문의 출판은 또다른 문제를 낳았다. 발은 오래 전부터 재판을 생각해오고 있었지만 라캉은 완강히 반대했다. 『에크리』가 출판되자 실비아도 그를 설득하는 데 동원되었다. 그녀는 발에게 이렇게 말했다. "우리 세대에게 그것이 얼마나 중요했는지는 상상조차 못 하실 겁니다."[37] 라캉 자신도 사실은 늘 자기 청년기의 저서에 관한 암시를 했다. 에메 사례를 언급하지 않으면 전쟁시 노제르에 있는 생-탈방 병원에서 이 논문을 배포하는 것을 도와준 프랑수아 토스겔르의 얘기를 하면서. 때때로 그는 논문과 관련된 음모나 표절에 대해 말하기도 했다. 어느 날 그는 전후 이 논문 때문에 사람들이 자신을 "알아보았다"고 말하기도 했다. 또 어떤 때는 앙지외가 자기 생각을 갈취했다고 비난했다. "나는 『자동 분석auto-analyse』이라는 제목으로 나온 어떤 책에서 나의 책이 도용된 것을 보고 너무나 비위가 상했다. 그것은 내 텍스트였지만, 아무도 전혀 이해할 수 없는 방식으로 첨삭되었다."[38]

1972년에 정신의학 사가인 자크 포스텔은 프리바 출판사에서 자신의 편집 책임 하에 발간되고 있는 '라다망트' 시리즈로 라캉의 박사 학위 논문을 재출판하자고 제안했다. 라캉은 거절했다. "그 책의 재판이 나오지 않은 데에는 내가 뭔가 책임이 있다고 생각하시겠죠."[39] 그러나 그는 거절의 이유를 설명하고 싶었고, 그래서 쇠이유 출판사가 아닌 다른 곳에서는 어떤 작품도 출판할 수 없다고 말했다. 그것은 사실이었다. 왜냐하면 그는 쇠이유 출판사와의 계약에서 앞으로 나올 다섯 권에 대한 우선권을 주기로 약속했기 때문이다. 하지만 1974년에는 오래 전부터 여성 편집증에 관심을 가졌던 카트린느 클레망의 요구로 위게트 뒤플로에 대한 에메의 공격과 이 사례의 병력을 다룬 박사 학위 논문의 한 대목을 재출판하기로 동의했다. 이 글은 라캉 기념호로 오직 여성 필자들의 글만을 실은 『라르크L'Arc』지의 한 호에 실렸다.[40] 마침내 몇 달 후에 그는 쇠이유 출판사와 박사 학위 논문의 재출간 계약을 맺었다. 책은 1975년 5월에 나왔다. 우선권과 관계된 제12조는 취소되었다. 이때 라캉은 이미 자크-알랭 밀레와 공저한 세 개의 세미나와 『텔레비전』이라는 제목의 텔레비전 방송 대담을 쇠이유에 준 상태였다. 이리하여 박사 학위 논문은 프랑수아 발의 책임 하에 출판된 라캉의 여섯번째 작품이 되었다. 이에 대해서는 나중에 좀더 자세히 살펴보기로 하자.[41]

발은 확실히 라캉을 말에서 글로 이행시킨 탁월한 협력자이기도 했지만 동시에 라캉 이론이 탈역사화되고 라캉 자신에 의해 발전의 경과가 수정되고 조작되는 과정에 기여하기도 했다. 그는 1932년에 발표된 라캉의 학위 논문의 재판에 붙인 두 페이지짜리 서문에서 이 저서가 프로이트적이지도 라캉적이지도 않으며, 아직 정신의학적인 단계에 머물러 있다고 주장했다. 그 근거로서 그는 라캉이 아직 정신병의 원인을 주로 기관 장애에서 찾던 시기에 이 논문을 썼고, 에메의 글에 대한 분석도 언어학적 방법으로 수행했다는 점을 들었다.[42] 그러나 1932년에 라캉이 이룬 정신의학과 정신분석에서의 실질적인 발전에 관해서는 한 마디 언급도 없었다. 우리는 당시 라캉이 이미 프로이트주의자였다는 것을 기억해야 한다. 다만 1936년과 같은 식의 프로이트주의자가 아니었을 뿐이다. 그리고 그의 학위 논문은 그의 세대 전체가 공유하고 있던 반(反)체질론을 표현하고 있었으며 관련 텍스트를 분석하는 그의 방법은 언어학이 아니라 초현실주의의 영향을 받은 것이었다.

'이미 어떤 것'이지만 아직 '다른 어떤 것'은 아닌 라캉. 누구의 자식도 아닌 라캉. 프로이트 이전 단계에서 프로이트적 단계를 거쳐 라캉적 단계로 자기 발전을 거듭해온 사유 체계의 고독한 발명자 라캉. 그것은 라캉 본인이 남들한테 내보이고 싶어했던 이미지에 정확하게 부합하는 것이었다. 하지만 이러한 라캉의 이미지는 미디어에 의해 왜곡된 형태로 전달된 구조주의에서 파생된 역사관의 부산물이기도 했으며, 1966~75년 사이에 라캉의 저서에 대해 글을 쓴 모든 사람들에 의해 재생되고 확산되었다. 몇몇 예외가 있기는 하지만 이 시기의 라캉이나 그의 학위 논문의 재판에 관해 씌어진 거의 모든 글들이 다음과 같은 신화를 만들어냈다. 라캉은 파리의 그랑 부르주아 지식인 출신으로 거울 단계의 창시자이자 하이데거와 소쉬르의 영향을 받아 편집증에 대한 새로운 개념을 창안했으며 정신의학에서 그의 유일한 스승은 조르주(이런!) 드 클레랑보이다.[43]

다시 말해 이제 라캉 학설의 핵심에 자리하게 된 탈역사화 과정은 소문과 조작으로 짜깁기된 상상적 인물의 탄생으로 이어진 것이다.

4 혁명에 대해 : 장-폴 사르트르와 자크 라캉, 엇갈린 동시대인

1981년에 푸코는 디디에 에리봉과 가진 미발표 인터뷰에서 사르트르와 라캉이 얼마나 '엇갈린 동시대인'이었는지를 지적했다. 그는 30년대에 두 사람 모두 반쇼비니즘 운동의 일원이었으며 그래서 독일 철학에 새로운 방식으로 접근할 수 있었다는 것을 강조했다. 같은 시기에 이탈리아 신문인 『일 코리에라 델라 세라*Il Corriere della sera*』에 실린 또다른 인터뷰에서 푸코는 자기 생각을 좀더 자세히 밝혔다. 이에 따르면 푸코에게 50년대에 라캉과 레비-스트로스의 저서를 발견한 것은 대단히 중요한 사건이었다. "혁신적인 점은 바로 이런 것이었다. 우리는 철학과 인문과학이 여전히 인간 주체에 대한 아주 전통적 개념을 바탕으로 존속하고 있다는 점, 그리고 철학에서처럼 주체가 근본적으로 자유롭다고 말하거나 인문과학에서처럼 주체는 사회적 조건에 의해 결정된다고 말하는 것이 충분치 않다는 것을 발견할 수 있었다. 우리는 대명사 '나'의 아주 단순해 보이는 사용 뒤에 숨겨진 모든 것을 밝혀내기 위해 노력해야 할 필요성을 발견했다. 주체: 그것에 대해 말하는 것은 아주 어렵지만 또한 그것 없이는 아무것도 말할 수 없는 복합적이면서도 불안정한 어떤 것." 푸코는 이어서 라캉의 비의적 언어가 "불투명한 글과 주체의 복합성을, 글을 읽는 데 들어가는 노력과 자기 자신을 이해하는 데 필요한 노력을 일치시키려는" 그의 의도에서 비롯된 것이라고 덧붙였다. 다른 한편 소위 라캉의 '공포심 조장(terrorism)' 혐의에 관해서 푸코는 "누군가 영향력을 행사한다고 해서 결코 그가 어떤 권력으로 강요한다고 말할 수는 없다"고 대답했다. 다시 말해 라캉은 두려워하는 사람들에게만 공포심을 불러일으킨다는 것이다.[1]

엇갈린 동시대인. 이것은 확실히 자유에 관한 두 대가의 역사적·이론적·정치적 입장을 잘 요약해주고 있었다. 이들은 실제로는 직접 가깝게 교류한 적은 없었지만 1943년부터 끊임없이 엇갈리고 비교되고 서로 대립했다. 『에크리』가 출판되었을 때 사르트르는 프로이트와 정신분석을 모두 오인했다는 일반적인 비난에 직면하고 있었다. 존 휴스턴의 요청으로 씌어진 훌륭한 『프로이트 시나리오』는 아직 출판되지 않은 상태였고,[2] 사르트르가 프로이트 저서의 과학적이고 이론적인 내용을 얼마나 잘 이해하고 있는지를 아는 사람 또한 아무도 없었다. 사르트르와 정신분석의 관계에 대해 60년대의 구조주의 세대가 알고 있었던 것은 『존재와 무』에 나타난 현상학적 입장과 『말』에서 신랄하게 제기된 주장에 국한되어 있었다. 여기에 영국의 반정신의학적 태도에 대해 그가 공감을 보였다는 점도 고려되었다. 그것은 사르트르가 일종의 초기 반프로이트주의를 지지한다는 인상을 주었다. 게다가 같은 세대의 거의 모든 사상가들과 마찬가지로 사르트르도 라캉을 읽지 않았다. 그의 프로이트는 '사르트르적'인 프로이트였으며, 결코 라캉의 재해석에서 영향을 받지 않았다.

이와 달리 라캉은 사르트르의 훌륭한 독자였다. 그의 주체 이론과 자유론은 사르트르의 주장에 반하여 세워졌다. 쇠이유 출판사에서 출판된 라캉의 '대작'과 변화된 지성계의 분위기로 인해 사르트르는 오래된 실존주의에 맞서는 새로운 학파의 대변자가 될 것처럼 보이는 이 미지의 적수에게 응수하게 되었다.

베르나르 핑고는 사르트르 특집으로 꾸며진 『라르크』지의 한 호에서 15년 전만 해도 우위를 차지했던 철학이 이제는 인문과학에 상석을 양보하게 됐다는 점을 강조하면서 논쟁을 시작했다. 그에 따르면 이러한 철학의 제거를 통해 계승의 길이 열린다. "어떤 위인과 결별하고 싶을 때 우리는 그를 꽃으로 매장한다. 하지만 만일 그가 매장되기를 거부한다면 어떻게 해야 할까? (……) 우리에게는 사르트르에게 쓸데없는 경의를 표하기보다는 오히려 그에 반대하여 형성된 새로운 사고의 흐름과 그를 비교하면서 그의 위치를 가늠해보는 것이 더 적절해 보였다."[3]

한편 사르트르는 철학을 대체하고 역사와 결별하려는 인문과학의 요구에 반대했다. 그는 레비-스트로스, 벤베니스트, 소쉬르와 같은 진정한 대가들을 '구조주의의 굴레'에서 구해내는 한편 라캉, 푸코, 알튀세가 마르크스주의에 맞서 '부르주아'의 마지막 장벽을 세우려고 한다고 비난했다. 그는 여기서 뒤메질을 빠뜨렸다. 하지만 라캉이 프로이트에 충실하다는 것은 인정했다.[4]

언론은 두 '카리스마적인 거물'을 대비시킬 좋은 기회를 놓치지 않았다. 『피가로 리테레르』에 실린 질 라푸주와의 인터뷰에서 라캉은 자신과 사르트르를 대등한 적수라고 말하는 것은 당치 않다고 대답했다. 그는 이렇게 말했다. "나는 그러한 식의 비교가 사르트르 철학에 대한 관심을 되살리기 위한 것이라고는 믿기 어렵습니다. 사르트르는 여전히 프랑스 철학의 가장 인기 있는 대표자인 것은 분명합니다. 하지만 그렇게 말한다고 해서 사르트르적이지 않은 것을 여전히 사르트르적인 개념으로 정의해서는 곤란하죠. (……) 사람들은 내가 사르트르의 후임자가 되기를 원합니다. 이것은 내가 관심을 갖고 있는 문제에 관한 재미있는 생각이라고 말씀드리고 싶습니다. 사르트르는 존경받아 마땅한 어떤 결정적인 기능을 수행했지만 그것은 나 자신의 연구와는 전혀 무관합니다. 사르트르는 나보다 젊고, 나는 많은 공감과 관심을 갖고 그의 발전을 지켜보았습니다만 나 자신을 어떤 식으로든 사르트르와 비교해서 보지는 않습니다."[5]

훌륭한 부정이다! 그러나 라캉이 아무리 비교를 거부하고, 내 연구는 사르트르의 연구와는 무관하며, 내 명성은 이 실존주의 철학자의 명성에 결코 미칠 수 없다고 아무리 주장해도 소용이 없었다. 이제 라캉은 주체의 반항이라는 새로운 모델의 이론가가 됐고, 1968년 5월에 혁명의 문제와 대결하지 않을 수 없게 되었기 때문이다. 그래서 사르트르와 마찬가지로 라캉 역시 미셸 푸코가 설명한 교체의 변증법에 따라 프랑스의 마오이즘의 모험에 사로잡히게 된다.

라캉은 ENS 학생들과 만난 후 처음으로 두 가지 성명서에 서명했다. 하나는 1967년 4월 19일에 체 게바라의 친구로서 볼리비아에서 정부 전복 혐의로 막 30년형을 선고받은 프랑스의 젊은 지식인 레지 드브레의 석방을 위한 성명서였고, 다른 하나는 1968년 5월 9일에 봉기한 학생들을 지지하는 성명서였다.[6] 전에는 결코 이런 식으로 참여한 적이 없었다. 물론 요청받은 적은 종종 있었다. 직접적인 정치 참여는 그의 가족 생활에서 항상 중요한 문제였다. 왜냐하면 실비아는 늘 극좌파를 지지했고, 로랑스 바타이유는 알제리 전쟁 동안에 확실한 열성 분자였기 때문이다.

그런데 연단을 바꾸고 『분석을 위한 노트』의 작업을 지지하면서 라캉은 이 문제에 더 극적으로 직면하게 되었다. 한창 위기에 처해 있던 학파에서 그는 여전히 1950년 이래 최고 동반자들이었던 제자들로 구성된 '가족'을 지휘하고 있었다. ENS에서는 다른 가족들과는 다른 사상과 욕망을 품은, 이론적이고 논리적인 아방가르드들이 그의 주변을 둘러쌌다. 좀더 나이가 든 회원들은 임상학의 전통적 가치들에 관심을 쏟았고, 프로이트에 대한 진지한 해석을 기반으로 하는 고전적인 라캉주의를 지지했다. 이와 반대로 젊은 회원들은 훨씬 더 급진적이었다. 이들은 라캉 세대를 교양 없고, 부르주아적이고, 어떤 이론적 발전도 이룰 수 없는 세대라고 폄하했을 뿐만 아니라 이데올로기적으로는 프로이트주의와 분리된 '순수한' 라캉주의를 주장하기 시작했다.

EFP의 대다수 임상 전문가들과 ENS의 소수 활동가 사이의 관계를 유지하기 위한 수많은 시도 — 그 중에서도 세르주 르클레르의 시도가 두드러졌는데 — 에도 불구하고 이들간의 간극은 넘을 수 없는 것이었으며, 시간이 흐르면서 더욱 벌어져만 갔다. 이처럼 막다른 골목에 처해 있는 것을 인식한 르클레르는 대학으로 방향을 돌리려고 했다. 이리하여 그는 1969년에 뱅센느-파리 8대학에서 '실험 센터'를 시작하는데, 이것이 프랑스 최초의 정신분석학과가 된다. 즉 심리학의 울타리에서 처음으로 독립한 것이다. 르클레르의 의도는 프로이트의 유산을 전승하기 위한 새로운 방식을 시험하는 동시에 기존의 모든 정신분석 단체에 몰아닥치고 있던 위기를 타개하는 데 있었다. 잘 알려져 있듯이 라캉은 처음에는 이 계획을 지지하지 않았지만 1974년에는 자크-알랭 밀레의 도움으로 이 학과를 장악하게 된다.[7]

1968년 5월에 라캉은 사르트르만큼 유명하지도 않았고 국제적인 영향력이 있는 것도 아니었다. 게다가 그의 이론은 시니피앙에 대한 주체의 종속을 고려하지 않는 어떤 형태의 주체적 사회 참여에 대해서도 회의적이었다. 그런데도 라캉은 사르트르와 마찬가지로 — 비록 각기 근본적으로 다른 방향을 통해서였지만 — 1968년 가을에 '프롤레타리아 좌파(GP)'의 기치 아래 다시 규합된 프랑스의 젊은 지식인 세대들의 이런저런 요청을 접할 수밖에 없게 되었다. 라캉이 ENS 학생들과 밀레와의 만남을 계기로 원래 제자들로 구성된 과거의 가족과 멀어진 것처럼 사르트르 역시 GP의 옛 지도자로서 1973년에 실명했을 때 그의 비서가 된 철학자 베니 레비와의 '공조'를 통해『현대』지 관련자들로 구성된 '가족'과의 관계에서 벗어났다.

사르트르와 라캉의 이러한 방향 전환은 1966년에 시작된 중국의 프롤레타리아 문화 대혁명이라는 아주 중대한 사건을 배경으로 일어났다. 1917년 10월 이후 최초로 혁명 자체가 혁명화되고, 따라서 공산주의가 공산주의에 의해 비판될 수 있다는 희망이 생겨났다. 마오쩌둥이라는 지도자는 창시자이자 반역자이며 통치자로서 죽음에 임박한 인민들의 해방과 국가의 갱생이라는 목표와 이상을 갖고 자기가 만든 당 간부들에 맞서 청년들의 대대적인 반란을 조직하고 있었다. 여기에는 위대한 반식민주의 투쟁의 후계자들로서 혁명 의식을 신성화할 수 있는 가능성을 꿈꾸어왔던 모든 철학 세대의 상상력에 불을 지피는 어떤 것이 있었다. 그래서 이 위대한 조타수(操舵手)의 교시는 철학적 진리의 표현처럼 엘리트 지식인들을 감동시켰던 것이다.

창립되면서부터 GP는 다양한 분야의 프랑스 좌파 투사들을 규합했다. 이 그룹 내에서 ENS 학생들은 두 분파로 분열했다. 장-클로드 밀네, 주디트, 자크-알랭 밀레를 비롯한『분석을 위한 노트』의 라캉주의자들, 그리고 로베르 리나르를 비롯한『마르크스-레닌주의 노트Cahiers marxistes-leninistes』의 알튀세주의자들이 그들이었다. 피에르 빅토르라는 가명을 사용한 베니 레비는 조금 다른 경로로 GP에 들어갔다. 이집트 태생의 스페인 혹은 포르투갈계 유대인인 그는 무국적자였고, 이로 인해 수많은 행정상의 어려움에 직면해야 했다. 열다섯 살에 그는 사르트르의 저서에서 프랑스어를 습득하는 방법과 함께 자기 정체성을 확립할 수 있는 수단을 발견했다. 그는 지극히 독단적이었고, 추장제의 신비 사상과 자신이 장차 최고의 화신이 될 법에 대한 복종에 매혹된 것처럼 보였다. GP의 창립 그룹에는 알튀세와 라캉의 영향을 받은 다른 두 젊은 철학자, 즉 크리스티앙 장베와 기 라르드로의 모습도 보였다.[8]

처음에 라캉은 학생들의 시위를 재미있게 지켜보았다. 그는 1968년 5월에 정신의학과 학생들이 여러 정신분석 그룹의 대표자들을 의과 대학으로 초청했다는 얘기를 듣고 학파의 일원으로서 제니 오브리 팀에서 일하고 있는 젊은 분석가 이렌느 디아망티에게 이번 만남의 주최자들을 보내달라고 부탁했다. 그는 요구하지는 않았지만 모임에 초청되기를 몹시 원했다. 관련자들 중 두 사람이 릴 가로 찾아왔다. 잠시 한 명의 말을 듣고 난 라캉은 대화라는 말과, 프로이트에 대해 전혀 모르는 의대생들의 무교양에 격노하여 그들을 내쫓아버렸다. 다른 학파에 속하는 경쟁자들이 의과 대학에 있음을 상기시키면서 그는 이렇게 소리쳤다. "그 골로사이인들로 만족하시오!" 그런 다음 이렌느에게 전화를 걸어 수준 이하의 사람들을 보낸 것을 질책했다.[9] 라캉은 대표자를 만나고 싶어했고, 그의 소망은 곧 이루어졌다.

안느-리즈 슈테른이 미셸 바르그의 중재로 라캉과 그의 측근들과 다니엘 콩-방디의 만남의 자리를 마련했다. 미셸 바르그는 '3월 22일 운동'(콩-방디 등이 조직한 항의 단체 — 옮긴이)의 일원이었고, 그녀의 양친은 라캉의 옛 제자이자 EFP의 회원이었다. 콩-방디와 친구들은 이들의 운동 목적을 알리려고 했고, 분석가들은 그저 이들 항의자들의 말을 들으려고 했다. 그래서 양측은 서로 이야기를 나눌 거리가 없었고, 오직 르클레르만이 적절한 문제를 제기했다. "여러분은 그 노병들과 무엇을 하려고 합니까? ENAR(국립 혁명 행정학교)를 세울 겁니까?" 당황한 콩-방디는 전장에 따라 군인들은 달라진다고 대답했다. 예를 들어 스페인의 공화파들은 베르됭의 용사들과는 비교될 수 없다는 것이었다.

이러한 대화가 있은 후 정신분석가들은 학생들에게 돈을 주었고, 그러자 학생들은 '라 쿠폴'에 가서 저녁 식사를 했다. 그곳에서 이들은 분석가들을 다시 만났다.

그날 저녁 라캉은 한마디도 하지 않았지만 다음날 대학 교수 연합체인 SNESUP의 파업 지침에 따라 '정신분석적인 행위'에 관한 세미나를 중단했다. 그는 콩-방디를 칭찬하면서 제자들을 나무랐다. "나는 애써서 정신분석가들이 반란자들로부터 무언가를 기대해야 한다고 말하려 한다. 그런데 누군가가 반박한다. '반란자들이 우리에게서 기대하는 것은 무엇인가?' 그러자 반란자들이 대답한다. '우리가 당신들에게서 기대하는 것, 그것은 필요할 때 우리를 도와 돌을 던지는 것이다.'" 그리고 나서 라캉은 돌멩이와 최루탄이 욕망의 대상인 '대상 a'의 기능을 수행한다고 말했다.

8월에 카라라에서 열린 모임에서 콩-방디는 이렌느 디아망티에게 르클레르의 질문의 의미를 이제야 막 이해했다고 말했다.[10]

프랑수아즈 지루는 『렉스프레스』지에 기고한 '타자가 신일 때'라는 제목의 기사에서 5월 15일 세미나에 관해 말했다. 그녀는 라캉이 자기를 찾아온 학생에게 한 말을 이렇게 인용하고 있다. "대화 같은 것은 없었다. 대화는 사기다." 계속해서 그녀는 이렇게 논평하고 있다. "그에 따르면 '대화'라는 생각 속에 감추어져 있는 사기는 두 개인간의 진정한 교류란 결코 있을 수 없다는 사실에 있다. 때때로 객관적인 정보의 교환이나 상호간의 사실 전달, 그리고 공통된 결론의 도달은 있을 수 있다. (……) 하지만 이와 다른 모든 상황에서 대화는 오직 독백의 나열일 뿐이다."[11] 이와 비슷하게 라캉은 성적 관계가 아님을 보여주기 위해 "성적 관계 같은 것은 없다"고 말한다. 또한 그는 여성적 본성 같은 것은 없다고 지적하기 위해 "여성 같은 것은 존재하지 않는다"고 말한다.[12]

프랑수아즈 지루의 이 기사는 1968년부터 1975년 사이에 라캉의 사고가 발전해온 방식의 중요한 측면을 보여주었다. 다시 말해 라캉은 점점 추론보다는 공식을, 증명보다는 슬로건을, 논증보다는 신조어를 더 중시하는 경향을 보였다. 1970년부터 이러한 경향은 너무나 뚜렷해져서 결국 라캉의 담론은 메시아 종파들을 위한 기적이 담긴 보물 주머니로 바뀌어버린다. 이처럼 라캉의 작업을 결국 일군의 공식으로 해체시켜버린 것은 이론적 순수성을 유지하기 위해 라캉의 담론에서 역사적 차원을 제거하고 싶어했던 ENS의 논리주의적 엘리트와 라캉의 만남으로 시작된 과정의 최후 단계였다. 그 결과는 역설적이었다. '엘리트주의'를 자부한 논리주의자들의 재해석은 의도와는 반대로 대중들도 쉽게 다가갈 수 있는 극단적으로 단순한 공식을 만들어냈던 것이다. 이러한 슬로건은 막상 '엘리트들'은 거부한다고 주장하는 매스 미디어라는 의사소통의 새로운 코드의 이상을 빼닮았기 때문에 더욱 쉽게 대중에게 다가갈 수 있었다.

1969년 봄에 브장송의 교수였던 자크-알랭 밀레는 '대학 파괴'를 하나의 목표로 삼고 있던 GP 진영에 가담했다. 그러나 그는 강의를 계속했고, 르클레르가 파리 8대학에 설립한 정신분석학과에서의 자기 지위를 고수했다.[13] 프랑수아 발은 이렇게 말하고 있다.

나는 그 엄청난 전환의 순간을 아직도 기억하고 있다. 1968년 어느 날 저녁 소르본느의 계단 강의실에서였다. 자크-알랭 밀레와 장-클로드 밀네는 끔찍하게 화가 난 모습이었다. 완전히 속았다고 느끼는 것 같았다. 밀레는 라캉의 모든 면에 이의를 제기했다. 그러나 나중에 그는 계시를 받고 흥분한 개종자가 되어 브장송에서 돌아왔고, 폴 플라망에게 노동자들을 위한 책을 요청했다. 이어서 GP가 지하 조직으로 들어갔을 때 라캉은 걱정스럽고 불안해했다. 하지만 그는 '우체통' 역할을 떠맡았다. 어느 날 저녁 나와 식사하던 중 그는 누군가의 전화를 받았다. 밀레에게 메시지를 전해달라는 내용의 전화였다. 그는 최대한 신속하게 임무를 수행했다. 그러나 그는 결코 마오이즘을 지지하지는 않았다. 그는 마오주의자들이 잘못 생각하고 있다고 보았다. 하지만 그는 사위와 딸의 사회 참여를 아주 진지하게 생각했으며, 결코 비웃지 않았다.[14]

실제로 『분석을 위한 노트』와 관련된 라캉주의 단체의 마오이즘 참여는 사실 라캉에게는 재앙 같은 일이었다. ENS에서 그는 젊은 수비대에 둘러싸여 있었지만 이제 그는 알튀세와 만났을 때부터 모든 희망을 걸었던 바로 그 '무리들'에게서 버림받았다.[15] 그는 혼자 남겨진 채 학교의 위기를 맞아야 했을 뿐만 아니라 중국이라면 '문관'인 그로서는 자기 학설보다 '프롤레타리아의 조타수'의 말이 더 선호되는 것은 참을 수 없는 일이기도 했다. 그래서 그는 알랭 게스마르가 와서 GP를 돕기 위한 돈을 요구하자 이런 식으로 대답했다. "혁명이라고? 내가 바로 혁명이다. 내가 왜 당신에게 보조금을 주어야 하는지 모르겠네. 당신은 '내' 혁명을 불가능하게 만들고 있고, 내 제자들을 빼앗아가고 있지 않은가."[16] 그러나 그는 프랑스 식으로 펄펄 끓어오른 마오이즘의 영향으로부터 완전히 무관하게 남아 있을 수는 없었으며, 그의 저서는 여러 면에서 이로부터 영향을 받았다.

1967년 10월에 라캉은 EFP의 위기를 해결하기 위해 훈련 분석가 자격을 부여하는 새로운 절차를 도입하자고 제안했다. 그는 분석을 받은 일반 회원이 AE(학파의 분석가) 자격을 획득하는 데 필요한 통과 의례를 '통과(passe)'라고 명명했다. 이때까지만 해도 AE 자격은 1964년에 이미 '정회원'이 된 사람들에게만 주어졌다. 이 통과 절차는 다음과 같았다. '파상(passant)'이라고 불리는 통과 지원자는 자기가 분석받았다는 증명을 두 명의 다른 분석가, 즉 '인도자(passeur)'에게 보여주어야 했고

(프랑스어로 passeur는 사공을 뜻하므로 유대인이나 탈옥수 또는 전쟁 동안의 탈영병 등을 위험한 땅에서 안전한 땅으로 인도하는 사람을 의미한다 — 옮긴이), 이 두 분석가가 심사위원회에 이러한 증거 내용을 전달한다. 라캉이 직권으로 주재하는 심사위원회는 이미 AE 자격을 획득한 EFP의 회원들 가운데 총회에서 선발된 사람들로 구성되었다. 이 10월 제안은 단계 개념과 등급 개념을 구분하고, 분석의 끝을 탈존재화(désêtre)(분석가의 위치)와 주체의 폐기(destitution subjective)(피분석자의 위치) 사이의 변증법으로 규정했다. 분석가는 최초에 전지전능하다고 가정되었다가 전이가 종결되면서 잉여적인 위치에 놓이게 되는데, 라캉은 이러한 전이의 종결을 알고 있다고 가정된 주체의 탈락(chute du sujet supposé savoir)이라고 이름붙였다. 그는 IPA에 있는 적들 사이에서 수많은 논란을 불러일으킬 수도 있는 공식을 내놓았다. 즉 "정신분석가는 오직 자신에 의해서만 권위를 부여받는다". 이를 통해 그가 강조한 것은 누구나 분석가가 될 수 있다는 것이 아니라 '이행'이 전이와 관련된 주체적 검증을 통해서만 이루어질 수 있다는 것이다. 다시 말해 그는 온갖 형태의 명단과 위원회, 모든 관료적 선발 형태에서 벗어난 일종의 '이행의 신비'에 정당성을 부여하려 했던 것이다.

라캉은 분명히 그 유명한 터켓 위원회에서 겪은 극적인 경험의 영향으로 이러한 절차를 고안해냈을 것이다. 하지만 라캉 자신의 개인적 체험도 한몫 했다. 마리-피에르 드 코세-브리삭은 1950년경에 놀라운 장면의 목격자가 된다. 당시 그녀는『현대』지의 팀과 자주 만나고 있었는데, 어느 날 저녁 누군가 라캉에게 파쇠어(passeurs) 게임(일종의 낱말 맞히기 게임 — 옮긴이)을 하자고 제안했다고 한다. "그는 기꺼이 게임을 시작했다. 그는 눈을 흘낏거리고 입가에는 미소를 띠면서 날렵하고 섬세하게 두 손을 움직였다. 그는 우리의 질문과 대답을 들으며, 또 우리가 멸시하던 심리적·상징적 세계에 심취하는 것을 바라보며 즐거워했는데, 그러는 동안 정치에 미쳐 있던 우리의 머리는 잠시나마 평온을 찾았다. 그는 이런 식의 저녁 모임에 여러 번 참석해서 그때마다 난로 옆에 자리를 잡았다. 매번 우리는 자기도 모르게 다시 아이들이 되었고, 그는 마법사가 되었다. 그리고 지금도 내 머릿속에는 다음과 같은 말이 울리고 있다. '자크, 자크, 우리랑 파쇠어 게임 해요.'"[17]

우리가 잘 알고 있듯이 라캉은 항상 정신적인 것이든 아니면 육체적인 것이든 그가 시도하는 모든 일에서 '인도자'를 필요로 했다. 중국의 문화 혁명과 프랑스 학생 혁명도 통과 절차의 발생과 적용 방식에 영향을 끼쳤다. 이처럼 새로운 절차의 목적은 '순수 정신분석'이라는 개념을 회복하고 훈련 분석가가 되는 방법을 '쇄신하는 데' 있었다. 라캉은 EFP 안에 정신적·제도적 혁명을 일으키려고 했으며, EFP의 대표자와 일반 회원들의 통제에 의해 관료적인 관행이 폐지되기를 기대했다. 하지만 1967년에 라캉은 아직 자기 학교의 성원들에게 기존 질서의 파괴를 강요할 때가 아님을 깨달았다. 우선 그의 오랜 동료들 대부분이 이 계획에 적대적이었다. 비록 여론 조사를 통해 보면 학교의 다수가 그의 편으로 나타났지만 라캉은 분열을 초래하지 않기 위해 계획을 연기하는 편이 낫다고 생각했다. 현명한 결정이었다. 그러나 1968년 5월 사건 이후 그는 이 안을 표결에 부쳤고, 노장들에 반대한 EFP 일반 회원들의 압도적인 지지를 얻었다. 이로 인해 1969년 초에 발라브레가, 올라니에, 페리에가 학파를 탈퇴했다. 프랑스 정신분석 운동사에서 이 세번째 분열은 '프랑스어권 정신분석회(OPLF)'라는 제4그룹의 창립으로 이어졌다. 라캉은 '자신의' 통과 절차가 내용과 적용 방식에서 5월 혁명을 예고했다고 말했는데, 이는 옳은 얘기였다.[18]

1969년에 벌어진 또다른 세 가지 사건도 학생 혁명에 라캉이 연루되었음을 보여준다. 2월 22일에 프랑스 철학 학회에서 있었던 미셸 푸코의 강연과 6월 26일 뒤산느 강의실에서의 세미나 중단, 12월 3일에 있었던 '뱅센느에서의 즉흥 연설'이 그것이다.

캉길렘의 직접적인 영향을 받은 푸코는 '저자'를 주제로 한 강연에서 말 그대로의 저자와 담론의 창시자로서의 저자를 구분했다. 그는 프로이트나 마르크스처럼 본인의 이름으로 담론의 무한한 가능성을 세운 저자들을 후자의 의미로 규정했다. 그는 이렇게 말했다. "그들은 자기 자신과는 다른 어떤 것을 위한 공간을 열어놓았다. 그러나 그것은 그들이 수립한 것에 귀속된다."[19] 그리고 나서 푸코는 담론의 창시자와 과학의 수립자를 구분했다. 그는 담론의 창시와 뒤에 이어지는 담론의 변화를 구별했다. 이와 반대로 과학은 일단 수립되고 나면 설립자의 저작을 기본 좌표로 삼게 된다. "갈릴레오의 텍스트를 재검토하면 역학에 대해 갖고 있는 지식을 바꿀 수는 있지만 결코 역학 자체를 바꿀 수는 없다. 반면 프로이트의 텍스트를 재검토하면 정신분석 자체를 수정할 수 있으며, 마찬가지로 마르크스의 텍스트를 재검토하면 마르크스주의 자체를 수정할 수 있다."[20]

푸코는 라캉의 이름을 언급하지 않은 채 ……로의 복귀라는 개념에 대한 엄청난 얘기를 했다. 그는 복귀가 있기 위해서는 우선 구성적이고 본질적인 망각이 있어야 한다고 말했다. 따라서 텍스트로의 복귀는 '담론에 대한 역사적 보강'이 아니라 담론 자체의 변형을 위한 적극적 작업이다. 이때 푸코가 고유 명사와 프로이트로의 복귀라는 주제에 대해 길게 말하면서도 라캉과 라캉의 접근 방식을 언급하지 않은 것은 아마 우연이 아니었을 것이다. 그의 침묵은 라캉의 담론에 들어 있는 맹점, 다시 말해 프로이트의 담론을 이후의 여러 변화와 구별하지 못하는 라캉의 무능력을 암시하는 것이었다. 확실히 라캉은 스스로도 여러 번 말했듯이 자신이 프로이트주의자라는 것, 하지만 프로이트가 라캉주의자는 아니었다는 것을 알고 있었다. 그러나 그는 표절 문제에 대한 강박관념 때문에 온갖 종류의 전거에서 빌려온 개념들에 대해 자신이 이들 개념의 '저자'(말 그대로의 의미에서)라는 점을 끊임없이 강조했고, 그러면서 미래완료형을 사용해 자기 자신의 개념이 발생한 과정에 대한 환상적인 이야기를 만들어냈다. 다시 말해 프로이트의 것이 아닌 용어를 프로이트의 용어라고 하거나 플라톤부터 마키아벨리를 거쳐 하이데거에 이르는 모든 담론의 창시자들을 '라캉주의'의 선구자라고 규정하는 식이었다. 실제로 라캉은 자신의 발언을 이들의 담론 속에서 발견할 수 있을 것이라고 주장하기도 했다. 그것은 결국 이들의 담론과 라캉의 담론 간의 차이를 부정하는 것이었다. 똑같은 이유에서, 그리고 똑같은 방법으로 그는 프로이트주의의 역사를 초기 학설의 다양한 이해와 재해석의 역사로 파악하는 대신 프로이트에 대한 거의 모든 비라캉적 해석을 '탈선'으로 규정했다.

그날 저녁 청중 속에 끼여 있던 라캉은 푸코의 강연에 아주 당황해했다. 그는 늦게서야(늘 시간이 핑계다!) 초대장을 받았다는 걸 강조하고는 자기 자랑을 시작했다. 이것이 푸코가 프로이트로의 복귀를 주장한 자신에게 경의를 표한 데 대한 당연한 대답이라고 확신했기 때문이다. "프로이트로의 복귀는 내가 어떤 전장에서 일종의 깃발로 삼은 것입니다. 그래서 나는 당신에게 감사할 따름입니다. 당신은 내가 기대했던 것을 완벽하게 해냈습니다. 특히 프로이트에 있어서 '……로의 복귀'가 무엇을 의미하는지에 관해 당신이 말한 모든 것은, 적어도 내가 그 문제에 기여할 수 있었던 범위 안에서 보자면, 너무나 적절한 것 같군요."[21]

저자 개념의 상대성에 관한 푸코의 주장은 사르트르뿐만 아니라 푸코 자신의 반대자들을 향한 응답이었다. 푸코는 이들로부터 인간의 죽음에 관한 예언을 통해 주체를 구조 안에 해소시켜버렸다고 비난받았는데, 이제 담론에 관한 이러한 이론을 통해 주체가 근본적으로 자유롭다고 주장하는 사람들과 결정론적 관점을 지지하는 사람들 사이의 중간적 입장을 취할 수 있게 되었다. 이 논리에 따라서 그는 '인간 라캉'에 대한 변호를 거부하면서도 라캉의 저작에는 경의를 표했다.

이어진 토론에서 뤼시앙 골드만은 훨씬 더 학구적인 방식으로 돌아가 문제를 제기했다. 그는 역사를 만드는 것은 구조가 아니라 인간이라고 말했다. 그리고 이를 설명하기 위해 1968년 5월에 소르본느의 한 강의실 칠판에 써 있던 유명한 구절을 인용했다. "구조는 데모하러 거리로 나가지 않는다."[22] 라캉은 푸코의 강연 때는 조금 당황했지만 골드만에게는 아주 훌륭하게 응수했다. "구조는 데모하러 거리로 나가지 않는다는 말은 전혀 타당하다고 여겨지지 않습니다. 왜냐하면 만일 5월 사건이 증명한 한 가지 사실이 있다면 그것은 바로 구조가 데모하러 거리로 나갔다는 것이었기 때문입니다." 그리고 그는 이런 말이 씌어졌다는 것은 오직 "어떤 행위는 항상 스스로를 오해한다"는 것을 보여줄 뿐이라고 덧붙였다.[23]

라캉은 여기서 푸코의 편에 섰다. 그러나 무엇보다 그는 1968년 5월에 칠판에 씌어진 이 유명한 구절의 의미를 정확하게 해석했다. 실제로 소르본느에서 1967~68년 학기 동안에 '구조'는 문과와 언어학과 학생들 사이에서 벌어진 대토론의 주제였다. 이어서 이들 중 많은 학생들이 구조를 '위해' 혹은 구조 '때문에' 거리로 뛰쳐나갔다. 이들은 자신들이 배워야 할 것은 낡아빠진 상아탑의 넌센스가 아니라 야콥슨, 바르트, 러시아 형식주의자들의 저서라고 주장했다. 따라서 익명의 한 학생이 칠판에 쓴 그 구절은 5월 혁명 직전 구조의 지지자와 반대자들 사이의 투쟁을 반영하고 있는 것이었다. 그러한 구절을 쓴 사람은 자신이 반대했던 현실에 대해 부정적인 방식으로 반응했던 것이다.[24] 그리고 그러한 사실은 구조주의의 고전적 주장들에 대한 믿음이 인간의 자유라는 개념에 대한 체계적인 거부를 내포하지 않는다는 사실을 보여주기도 한다. 골드만에 대한 라캉의 대답은 이 사건의 진실을 명확하게 표현해주었다.

1964년부터 ENS에서 실시된 강의는 '구조'에 바탕을 두고 있었는데, 이것은 곧 기존 질서의 대표자들에게는 골칫거리가 되었다. 1969년 3월에 라캉은 ENS의 총장인 로베르 플라셀리에르의 편지를 받았다. 그가 뒤산느 강의실을 비워줘야 하고, 다음해부터는 세미나를 강의실에서 열 수 없다고 통고하는 편지였다. 그럴듯한 이유는 아무것도 없었다. 하지만 잘 알려져 있듯이 플라셀리에르는 학교에서 '남근'이라는 말이 너무나 자주 언급되는 것을 불쾌해했으며, 수요일 점심 시간이 되면 윌름 가의 인도가 멋있는 자동차들로 만원을 이루는 것을 보고 화를 내곤 했다. 라캉은 6월 26일자 세미나를 기다렸다가 이날 총장의 편지를 공개하고 플라셀리에르의 이름으로 갖가지 말장난을 치면서 주석을 붙였다. 예를 들어 플라셀리에르는 '위장에 가스가 찬 사람(Flatulenciere)'으로 묘사되기도 했다.

라캉은 몇 가지 우여곡절은 있었지만 이 권위 있는 학교에서 자기 얘기를 전파할 수 있는 위치에 이르렀는데, 이제 다시 말썽꾸러기로 취급되어 밀려나게 된 데 대해 몹시 화가 났다. 이미 전년도에 플라셀리에르는 그를 쫓아내고 싶어했지만 알튀세와 데리다의 압력으로 포기해야 했다. 라캉이 편지를 끝까지 읽어내기가 무섭게 세미나에 참석했던 청강생들은 총장실을 점거하기로 결정했다. 선두에 선 이들 중에는 장-자크 르벨과 앙투아네트 푸크, 필리프 솔레르스, 쥘리아 크리스테바, 그리고 다른 많은 학생들이 있었다. 신문은 이 사건을 크게 다루었고, 수많은 지식인들은 라캉을 지지하는 탄원서에 서명했다. 프랑수아 발이 서명을 요청하자 레비-스트로스는 살롱에 초대된 사람은 그곳에서 소동을 일으켜서는 안 된다며 이를 거절했다. 한편 피에르 대는 라캉에게 아라공과 『프랑스 문학』지가 지지하고 있다는 것을 알리기 위해 릴가로 달려갔다.

그러나 라캉은 혼자라고 느꼈다. 그는 자신에 대한 '음모'가 있다고 확신했고, 플라셀리에르가 그런 조치를 취하는 것을 데리다와 알튀세가 막지 않았다고 솔레르스에게 말했다. 어느 날 그는『렉스프레스』지에서 솔레르스와 이탈리아의 젊은 철학자 안토넬라 과랄디, 그리고 라캉의 추방에 관한 논문을 쓰고 질 들뢰즈의 다음과 같은 의견을 함께 게재한 프랑수아즈 지루와 함께 점심을 먹었다. "라캉 박사는 현대 사상의 대가 중의 하나이다. 그가 공식적인 강의 장소를 박탈당한다면 그것은 너무나 유감스럽고 걱정스러운 일이다."[25]

12월에 라캉은 뱅센느 파리 8대학을 방문했다. 추방에 대해 '복수하고' 동시에 르클레르의 대학 실험을 훼방놓기 위해서였다. 계단 강의실은 만원을 이루지는 않았지만 학교 당국과 경찰관들, 정신분석가들에 대한 혐오감을 토로하는 익명의 야유자들로 가득 차 있었다. 이들은 라캉에게 '자기 비판'을 하라고 강요했다. 라캉은 동요하지 않았으며, 한 남자가 옷을 벗으며 연단으로 뛰어오르자 계속 해보라고 권했다. 그리고 나서 그는 청중들에게 자기가 5월 운동에 대해 커다란 공감을 표했었음을 상기시키고 초현실주의자였던 자신의 과거를 떠올렸다. 마지막으로 그는 자신의 정치적 입장이 어떠했었는지를 이렇게 요약했다. "혁명가로서 여러분이 열망하는 것은 스승입니다. 여러분은 스승을 얻게 될 것입니다. (……) 나는 모든 사람들과 마찬가지로 반(反)진보주의자인 한에서만 자유주의자입니다. 다소 예외적인 것은 내가 진보적이라 불리는 운동에 몸담고 있다는 사실입니다. 정신분석적 담론은 여러분이 무엇에 대해 저항하는지를 정확하게 정의할 수 있도록 원을 완성시켜준다는 점에서 이 담론이 수립되는 과정에 함께 참여한다는 것은 진보적인 행위인 것입니다."[26]

이 '즉흥 연설'을 위해 뱅센느에 갔을 때 라캉은 푸코의 강연과『지식의 고고학』에서 자극받아 담론의 이론을 구상하는 중이었다. 이 이론은 자유에 관한 사르트르의 개념뿐만 아니라 GP에 대한 사르트르의 태도까지도 다시 한번 반박하는 것이었다.

앞에서 살펴본 대로 라캉은 GP에 대한 어떤 지지도 거부했으며, 단지 자기 학파 회원들의 '우체통' 역할만을 할 뿐이었다. 그러나 이와 반대로 사르트르는 '플로베르'에 관한 저술 작업에서 관심을 돌려 좌파와 마오이즘 그룹들이 1970년 봄에 해체된 이후 지하 운동을 해야 했을 때 이들의 공식적인 옹호자가 될 것을 수락했다. 사르트르는 GP 투사들의 시각에 공감하지는 않았지만 일부 사람들과는 특별한 우정을 유지했는데, 분명 이것은 이들이 테러리즘에 빠지는 것을 막아주었다. 라캉은 사르트르의 입장과는 근본적으로 달랐지만 독특한 방식으로 이와 비슷한 역할을 했다. 그의 역할은 '엄격한 아버지' 이상의 것이었다.[27] 다시 말해 그는 우선 세미나에서 주체를 노예 상태에서 해방시키기 위한 모든 혁명의 무력함을 이야기했고, 그 다음엔 상담실에서 수많은 투사들을 분석하면서 사르트르처럼 이들이 무장 투쟁에 뛰어들지 못하게 막았다.[28]

라캉이 떠맡은 이처럼 '엄격한 아버지' 역할은 다음과 같은 중요한 일련의 사건을 통해 잘 드러난다. 두 차례에 걸친 좌파의 공격 시도가 그것이다. 1969년 1월 말에 라틴 아메리카에서 막 돌아온 피에르 골드망은 강도처럼 라캉의 집에 침입하는 문제를 생각해보았다. 그는 건물 구조를 연구하고 계획을 세웠다. "이번 계획에서 나의 흥미를 불러일으킨 것은, 그것이 한 천재적 정신분석가의 집에서 벌어진다는 것이었습니다." 골드망은 거기서 피분석자들에게 앙토냉 아르토의 시를 암송하게 하려고 했으며, 라캉에게는 정중하게 질문하면서 그가 휘두르는 무기란 남근의 상징일 뿐이며, 이 대가의 얼굴에서 읽어낼 수 있는 공포 분위기도 거세 불안에 지나지 않는 것이라고 말해주기로 결심했다. 그래서 그는 단검을 찬 한 흑인과 함께 라캉의 아파트로 갔다. "계단을 오르다가 우리는 라캉과 그의 비서를 만났다. 나는 그가 위엄 있는 모습으로 내려오는 것을 보았다. 내 동료는 당장 그를 공격하자고 했다. (……) 하지만 백발이 된 사상가를 보자 그만 압도되어 한 대 얻어맞은 듯했다. 결코 그에게 무기를 들이댈 수 없었다. 동료에게 그렇게 말하고 우리는 그곳을 빠져나왔다."[29]

일 년 후 피에르 골드망이 약국을 턴 후 살인 혐의로 체포되었을 때 두 남자가 골드망의 실패를 돌이키겠다는 굳은 의지를 갖고 라캉의 아파트에 나타났다. 이 중 한 사람은 전에 라캉 제자에게서 분석받은 적이 있었다. 두 사람은 라캉의 얼굴에다 총을 들이대면서 돈을 요구했다. 그러나 라캉은 자신이 죽을 나이가 되었고, 더 살겠다고 아둥바둥할 마음이 없다며 거절했다. 우연히 현장에 함께 있었던 무스타파 사푸앙은 결국 천 프랑짜리 수표를 내주고 은행에도 경찰에도 알리지 않기로 약속했다. 두 남자는 떠났다. 그러자 아무런 약속도 하지 않았던 라캉은 즉시 경찰에 알렸다. 다음날 사푸앙은 강도들이 수표를 현금으로 바꿀 충분한 시간을 벌도록 하기 위해 점심 시간에야 은행에 갔다. 하지만 은행에서 강도들 중 한 명과 정면으로 부딪혔다. 그 강도는 곧 붙잡혔다.[30]

라캉은 『분석을 위한 노트』에 있는 제자들 중 젊은 수비대가 스승을 저버리고 다른 스승을 찾아 떠나가고 있다는 것을 알았다. 이들에게 마오쩌뚱은 라캉과 마찬가지로 반역자이자 지도자였던 만큼 한층 더 매력적이었다. 그는 혁명 내부에서 다시 혁명을 일으켰고 실천에서 벗어난 사상은 반동적이라고 가르쳤다. 그래서 그는 자기 사상을 지침서 형태로 만들었다. 이런 배경에서 마오이즘을 지지한 라캉주의자들에게 계급 투쟁의 상징으로서의 프롤레타리아는 사상 전체를 행위로 전화시키는 것을 가능케 해주는 것처럼 보였다. 그리고 그것이 바로 GP의 목표였다. 다시 말해 행위 전체를 통해 사고 전체, 특히 대학을 파괴하는

것. 법의 폐지, 익명성, 비밀 조직, 그리고 역사의 종말에 관한 코제브의 신화를 통해서.[31]

『노트』의 논리(학)주의와의 논쟁에서 라캉은 밀레와는 반대로 항상 사상은 '비전체(非全體, pas-tout)'[32]라고 주장했다. 하지만 그가 보기에 이 '비전체'는 프로이트 혁명을 통해 과학에 균열이 일어날 때만 가능한 것이었다. 즉 분열된 주체, 타락한 대상, 손실, 결핍 등. 따라서 혁명에 대한 욕망은 단지 스승에 대한 욕망의 표현일 뿐이라고 생각한 라캉은 전체주의적이라고 치부되던 마오이즘적 혁명과 프로이트 혁명을 대비하는 것이 자기 의무라고 생각했다. 그는 오직 프로이트 혁명만이 전체의 사유에 대한, 그리고 사유의 전체를 파괴하려는 실천에 대한 대안을 제공해줄 수 있다고 보았다.

여러 차례의 노력으로 그는 팡테옹 맞은편에 위치한 법대의 계단 강의실에서 ENS의 세미나를 계속할 수 있었다. 강의실은 컸고, 1969년 11월 26일 첫 시간부터 강의실을 가득 메운 청강생들은 생트-안느에 있는 제자들로 구성된 작은 청중들과는 전혀 달랐고, ENS의 확대된 청중들과도 달랐다. 이때부터 세미나도 EFP처럼 과도한 팽창 때문에 시달리게 된다. 다시 말해 세미나는 성공의 희생양이 된 것이다.

1969~78년의 9년 동안 매달 두 번씩 수요일 정오에서 두시까지 라캉의 세미나가 열렸다. 이 대가의 강연을 앉아서 들으려면 미리 와서 기다려야 했다. 약간 긴 백발 머리를 한 라캉은 찬연하며 위엄 있는 태도로, 종종 빳빳한 깃이 달린 밝은 색 와이셔츠에 체크 무늬 보라색 정장과 회색 아스트라칸 모피 코트를 입고 팡테옹에 나타났다. 그는 거의 항상 글로리아 곤잘레스와 동행했다. 그녀는 그에게 필요불가결한 존재가 된 만큼 신중하게 행동했다. 그녀는 그의 약속을 정하고, 그의 환자들을 접수받고, 그의 서신과 원고들을 정리했으며, 은행 구좌의 대부분을 관리했다. 이 다양한 업무를 위해 그녀는 1967년에 결혼한 압둘

레 예로디아의 도움을 받았다. 1933년 1월 3일에 콩고에서 출생한 예로디아는 1963년부터 라캉을 알고 지냈다. 그는 대학에서 철학을 공부한 뒤 유네스코에서 일했다. 결혼 후 그는 아침마다 글로리아를 릴 가에 데려다 주었고, 또한 라캉의 운전사 역할도 했다. 팡테옹에서 열린 라캉의 세미나에서 그는 이 대가의 측근들에게도 익숙한 인물이 되었다. 그는 저명한 손님들을 위해 맨 앞자리를 잡아두었고, 세미나가 끝나면 라캉을 집까지 태워다 주었다. 1970년부터 글로리아와 압둘레는 완전히 라캉 가족이 되었다. 주디트와 자크-알랭 밀레가 GP가 해체되기 전에 라캉주의로 복귀했을 때 곤잘레스와 밀레 부부는 끊을 수 없는 충실한 사이가 되었다. 이들은 극좌파의 지하 운동에서의 유사한 경험에 바탕한 공통된 정치적 배경을 갖고 있었다.

우리는 이미 1969~70년의 『정신분석의 이면』이라는 유명한 세미나에 대해 언급한 바 있다. 이 세미나에서 라캉은 1921년에 출간된 비트겐슈타인의 『논리철학 논고』에 대해 상론했다.[33] 그것은 ENS와의 만남 이후 1965년부터 라캉이 시도한 논리적 재해석의 두번째 단계의 작업이었다. 이 단계를 수학적 재해석이라고 부를 수 있을 것이다.

『논고』는 논리학과 논리주의의 한계를 실험한다. 여기서 비트겐슈타인은 언어가 세상의 사실들을 표현하는 데 사용될 때만 올바르게 사용되는 것이라고 보았다. 따라서 철학은 철학 자체의 새로운 사용을 통해 철학으로부터 누군가를 '치유시켜주는' 언어 게임의 일종이다. 비트겐슈타인의 아포리즘은 '무엇이 표현될 수 있는가?'라는 질문에 답을 제시한다. 그의 대답은 이렇게 요약된다. "말할 수 있는 것은 명확하게 말할 수 있다. 그리고 말할 수 없는 것에 대해서는 침묵해야 한다." 따라서 말할 수 없는 것은 '나머지' 또는 '잔여'로 정의되고, 비트겐슈타인은 이 나머지에 '형언할 수 없음'이라는 범주로 지칭되는 윤리적이고 심미적인 의미를 부여한다. 두 영역, 즉 말할 수 있는 것의 영역과 보여주는 것의 영역은 양립 불가능하다. 이러한 양립 불가능성 때문에 철학은 침묵해야 할 의무, 형식화의 '전체'를 벗어난 일종의 '비전체'를 인정해야 할 의무를 지고 있다.

당시 라캉이 연구하고 있던 문제를 생각해볼 때 그가 왜 말하는 것과 보여주는 것 사이의 양립 불가능성이라는 주제에 흥미를 느꼈는지는 쉽게 이해할 수 있다. 하지만 라캉은 두 영역이 반드시 양립할 수 없는 상태로 유지되어야 한다고 결론내리는 대신 말로 표현할 수 없는 것의 영역을 '비전체'로 바라보려고 했다. 그는 대체로 이렇게 말했다. 정신분석이 치료 요법으로 환원되면 정신분석은 주술, 따라서 가르칠 수 없는 것을 향해 나아가게 된다. 다시 말해 정신분석은 종교적 의례가 된다. 하지만 교리로 발전하게 된다면 종교나 교회, 혹은 대학의 지식의 한 분야가 된다. 따라서 교리로 추락하지 않고 말로 표현할 수 없는 것이 되지 않으려면 정신분석적 담론은 가르칠 수 있는 것이 되어야 한다. 따라서 담론이 '형식화'되어야 한다는 라캉의 명령은 숭배와 최면(말로 표현할 수 없는 것)에서 기원하는 정신분석을 이로부터 구하기 위한 최후의 시도였으며, 또한 대학의 지식이 (라캉에 따르면) 교회를 대신하는 경향이 있는 사회 속에서 대학 지식으로부터 정신분석을 구별하기 위한 최후의 시도이기도 했다.

4원소군이라는 개념과 1950년부터 가까이 지냈던 친구 조르주 Th. 길보의 학설을 이용해 라캉은 수학적 대상을 구성하고, 이것을 '4항(quadripodes)'이라고 이름붙였다. 먼저 지배자의 담론이라는 4항이 첫번째 자리에 왔는데, 실제로 이것은 1936년의 코제브 식 변증법을 훌륭하게 재공식화한 것이었다. 여기서 S1 또는 최초의 시니피앙이 행위자(agent)의 위치에 놓이고 S2 또는 무의식적 지식은 '노동(travail)'의 위치에 있다. 다른 한편 $ 또는 빗금친 혹은 표현될 수 없는 주체가 진리의 위치에 있고 '대상 a' 또는 균열, 손실, 결핍은 잉여 향유의 위치에 있다.

4항을 연속적으로 두 번 회전시킴으로써 라캉은 처음에는 히스테리 환자의 담론을, 다음에는 정신분석적 담론을 규정할 수 있었는데, 이때 각 항은 앞의 담론에서 다른 항이 차지했던 자리를 차지했다. 대학의 담론은 반대 방향의 조작을 통해서 지배자의 담론으로부터 파생되었다. 이때 무의식적 지식은 행위자의 위치에 있게 되고, 'a'는 작업의 위치에, S1은 진실의 위치에, $은 잉여 향유의 위치에 놓인다. 라캉의 교훈: 대학의 담론은 '학점'의 주체를 만들어낸다. 그것은 기술을 통해 진실을 제어하려 하며, 지식을 복수의 전공 분야의 배열로 바라본다. 따라서 그것은 지식을 만들어낼 수 있는 스승에 이르기 위해서가 아니라 지식 자체에 이르기 위해서 작용한다. 이 마지막 단언에 따라 라캉은 소련 체제를 대학의 담론에 포함시키고 마오이즘을 스승의 담론으로 규정하기에 이른다. 이 과정에서 그는 혁명 안에서의 혁명에 대한 욕망이 한 명의 지배자를 만들어내는 것으로 귀착됨을 보여주었다.

이 새로운 담론 이론은 '콜레주 드 소시올로지'에서 가진 바타이유와의 토론 이후, 또 1945년에 사르트르의 『닫힌 방』에 대한 반박 이후로 라캉의 머리에서 떠나지 않았던 의문을 심화시킬 뿐이었다. 즉 어떻게 대중은 폭군을 사랑하게 되는 것일까? 왜 법에 구속되지 않는 '해방'은 불가능할까? 다시 말해 라캉은 사르트르에 반대하고 푸코의 이론을 계승하면서 여전히 프로이트주의의 관점에서 인간 자유의 본질에 대해 질문을 던지고 있었던 것이다. 어떻게 해서 주체는 무의식의 존재에 의해 규정되면서도 자유를 요구할 수 있을까? 어째서 무의식은 주체가 자신의 말과 행동으로부터 자유로울 수 없게 만들면서도 결코 주체에게 자유를 위한 투쟁을 금하지는 않는 것일까?

이런 물음에 대답하는 대신 그는 혁명의 본질에 관한 오랜 성찰에 들어갔다. 이것은 「사드와 함께 칸트를」에 대한 논평의 뒤를 이은 것이었다. 그는 혁명은 항상 자기가 제거한 지배자보다 더 포악한 지배자를 낳는다고 주장했다. 5월 사건에 대해서도 그는 학생들의 시위가 대학에서 과거와 같은 스승의 기능을 제거하고 이를 의사소통과 교육 관계라는 이상에 기초한 폭군적 체계로 대체시켰을 뿐이라고 지적했다. 이것은 대단히 정확한 관찰이었다. 폭력적 혁명이 대학에서 테크노크라트들이 지식인들을 대체하게 된 핵심적인 단계 중의 하나였다는 것은 오늘날 너무나 분명해 보인다.

따라서 혁명의 이상에 관한 라캉의 태도는 사르트르와는 정반대되는 것처럼 보였다. 무의식의 이론가가 반역으로부터 물러나 정치적 회의주의와 프로이트의 비관주의를 선호한 반면 존재와 무의 철학자는 결국 자아의 부정에까지 이르는 투쟁에 참여했던 것이다. '플로베르'에 관한 저술이 그를 이러한 자기 부정의 위기에서 간신히 구해주었다.

라캉이 법의 제한 속에서의 자유만을 믿은 반면 사르트르는 자유를 위반이라는 관점에서만 바라보았다. 그러나 두 사람 모두 푸코와 마찬가지로 기존 질서에 체념하고 순응하는 데 반대했다는 점에서는 같은 생각이었다. 따라서 두 사람 모두 반역자와 혁명 일반을 지지하게 되었다. 한 사람은 박애주의자처럼 공감하는 방식으로, 다른 한 사람은 아버지처럼 권위적인 방식으로.

『정신분석의 이면』에 관한 세미나 역시 명철하고 뛰어난 통찰을 담고 있었다. 우리는 이 세미나의 행간에서 70년대의 라캉의 훌륭한 자화상을, 즉 플라톤의 『향연』에 관한 논평에 나타난 그의 '이면'을 읽을 수 있다. 1960년에 라캉은 제자들에게 둘러싸인 스승이었다. 1970년에 그는 군중의 숭배를 받고, 반역자들의 도전을 받으며, 추종자들의 섬김을 받고, 그리고 곧 새로운 가족적인 작은 서클의 경호를 받는 폭군이 되었다. 따라서 그가 이해부터 점점 교육 심리적인 기능으로 축소되는 대학의 미래에 대해, 그리고 이제 대중이 엘리트들을 대신해가는 사회에서 어떻게 프로이트주의를 전승시킬 것인가 하는 문제에 대해 고민하기 시작한 것은 이해할 만하다. 라캉은 소크라테스가 된 후 스스로를 위비 왕으로 상상했다. 그는 마치 영광의 정상에서 자기 사상이 황혼기에 어떻게 안으로부터 붕괴될 것인지를 예감하는 듯했다.

디디에 에리봉에 의해 성사된 질 들뢰즈와의 인터뷰는 라캉이 이러한 상황 때문에 쉽게 흥분했다는 사실을 잘 보여준다.『앙티-오이디푸스』가 출간된 지 몇 개월 후에 그는 이 책의 저자인 들뢰즈를 아파트로 불렀다. 아파트는 그의 분석 대상자들로 가득했다. 라캉은 그에게 밀레를 제외한 제자들이 얼마나 '무능한'지 말했다. 그리고 나서 이렇게 덧붙였다. "내가 절대적으로 필요로 하는 사람은 당신과 같은 사람입니다." 들뢰즈는 이 말을 듣고 빈스방어가 자기에게 이와 비슷한 이야기를 했던 것을 떠올리며 재미있어했다. 프로이트 또한 빈스방어에게 존스와 아브라함 등을 홍보았다는 것이다. 빈스방어는 이 사실로부터 프로이트가 자기에 대해서도 다른 제자들에게 홍을 볼 것이라고 추측했다.[34] 들뢰즈는 터무니없이 이 얘기를 떠올린 것이 아니었다. 같은 시기에 라캉은 마리아 안토니에타 마치오키 앞에서 그를 비방했던 것이다. 라캉은『앙티-오이디푸스』가 욕망하는 기계라는 개념이 들어 있던 자신의 세미나에 기반해 만들어졌다고 확신했다.[35] 그는 여전히 표절을 걱정하고 있었다.

8부 절대의 추구

"나는 내가 죽어 없어지기 전에 발전시켜야 하는 것마다 뒤떨어져 있고, 앞지르는데 너무 서투르다."

1 동양을 향한 동경과 계속되는 가족의 죽음

라캉은 항상 극동 세계에 매료되어 있었고, 잘 알려져 있듯이 독일 점령기에는 '동양어 학교'에서 중국어를 배우기도 했다. 그는 1969년에 말하기와 보여주기를 구분하는 비트겐슈타인의 입장에 기반해 자신의 담론 이론을 구상하면서 다시 중국어와 중국 철학 연구에 심취했다. 이것은 『분석을 위한 노트』와 관련된 제자들의 마오이즘적인 사회 참여에 대한 그의 대응 방식이었다. 여느 때처럼 그는 자신을 이끌어줄 '인도자'가 필요했다. 그래서 중국학자인 프랑수아 쳉에게 만나서 얘기를 나누자고 제안했다.

원래 우리는 일 주일에 한 번씩 만나기로 되어 있었지만 사실상 급한 문제가 생길 때면 그는 언제든지 나를 불렀다. (……) 가끔은 자정이나 새벽 7시에도 상관없이 전화를 걸어오기도 했다. (……) 그는 기송(寄送) 우편처럼 당시에만 해도 여전히 운용되고 있던 수단을 사용했다. 그것은 빠를 뿐만 아니라 그가 매달리고 있는 중국어 낱말들을 직접 써보낼 수 있는 효과적인 수단이었다. (……) 내 생각에 라캉 박사는 어느 시기부턴가 오직 생각에만 사로잡혀 있는 것 같았다. 그와 함께 공부하면서 나는 종종 그가 어느 한순간이라도 이론적으로 중요한 문제를 생각하지 않는 때가 과연 있을까 의아해하곤 했다.[1]

이처럼 중국 사상에 심취한 라캉은 먼저 『에크리』 출판 이후부터 머리를 떠나지 않는 한 가지 수수께끼를 풀기 위해 애를 썼다. 실재, 상상적인 것, 상징적인 것에 관한 위상학을 어떻게 '표기할 것인가', 다시말해 어떻게 '형식화할 것인가' 하는 문제가 바로 그것이었다. 이때부터 그는 이 위상학을 R. S. I.라는 로고로 표기하기 시작한다. 다음은 그가 쳉과 함께 공부했던 노자의 텍스트이다. "본래의 도(道)는 하나를 낳는다/이 하나는 둘을 낳는다/이 둘은 셋을 낳는다/이 셋이 만물을 낳는다/만물은 음(陰)을 등에 지고/양(陽)을 껴안는다/조화는 무위의 기(氣)에서 생겨난다."[2]

노자 사상에 대한 라캉의 해석 방식은 헤라클레이토스의 '로고스'에 대한 하이데거의 주석을 해석한 방식과 비슷했다. 다시 한번 하나가 구체적 실존 이전의 만물의 근원임을 보여주는 것이 문제였다. 도는 최고의 무로서, 이름이 없어 말로 표현할 수 없는 것이지만 그것에서 최초의 기(氣), 즉 하나가 생긴다. 그리고 이 하나는 음과 양이라는 두 개의 생기(生氣) 속에서 구현되는 둘을 낳는다. 둘과 만물 사이에는 셋 또는 무위가 있다. 이것은 유일하게 음과 양을 연결할 수 있는 근원적인 무에서 생긴다. 라캉은 매듭 이론의 틀 속에서 실재를 새롭게 정의하기 위해 바로 이 무위 개념을 사용하게 된다.

1973년에 프랑수아 쳉은 책을 저술하기 위해 라캉과의 공부를 끝냈다. 라캉은 약간 낙심해 이렇게 말했다. "하지만 나는 어떻게 하지?" 몇 년 후 다시 만났을 때 라캉은 친구의 어깨에 손을 얹으며 이렇게 말했다. "내가 알고 있는 바로는 당신은 추방 때문에 살아가면서 여러 번의 단절을 겪었습니다. 당신의 과거와의 단절, 문화와의 단절 등. 그러나 당신은 그러한 단절의 경험을 적극적인 무위로 변화시킬 수 있었고, 당신의 현재와 과거를, 서양과 동양을 연결시킬 수 있었습니다. 안 그렇습니까? 당신은 마침내 전성기에 이를 것입니다. 아니 당신은 이미 거기에 이르렀습니다."[3]

4년 동안 강도 높은 고전 연구를 끝냈을 때 라캉은 '진짜' 중국, 즉 공산주의 국가 중국의 문제를 해결하지 못하고 있었다. 중국 여행에 대한 생각은 오래 전부터 해왔지만 그가 그것을 구체적으로 생각하게 된 것은 마리아 안토니에타 마치오키의 저서 『중국에 관하여』를 읽으면서부터였다. 이 저서는 프랑스 지식인들 사이에서 큰 반향을 일으켰다. 라캉을 만났을 때 그녀는 곧 그가 여성 혐오자도 또 그렇다고 페미니스트도 아니지만 살페트리에르 병원의 미친 여자들뿐만 아니라 '희생의 운명을 타고난' 여자들에게도 상당히 매료되어 있다는 것을 알 수 있었다. 그녀는 또 그가 입는 깃 없는 셔츠들의 수많은 잔주름들이 마치 성의(聖衣)처럼 일종의 의식에 따라 다림질된 점에도 주목했다. 그리고 특히 그녀와 루이 알튀세의 우정이 그를 자극한다는 것도 알게 되었다. 그는 그녀에게 이렇게 말했다. "그는 왜 저에게 분석을 요구하지 않았을까요?" 그녀는 뭐라고 대답해야 할지 알 수 없어 그의 가족 배경에 관해 질문하기 시작했다.

그는 이렇게 말했다. "제 가족은 조부모까지 파리에서 태어났습니다. 우리집 가계는 미남왕 필리프 시대까지 거슬러 올라갑니다. 저는 부모가 프티 부르주아라고 생각했습니다만 어머니에게 손님 받는 날이 따로 있다는 것을 알았습니다(방문객의 방문을 받는 특정한 요일을 두는 것은 귀족 집안의 관습이다 ─ 옮긴이). 이상하죠, 그렇죠? 제 조상 중의 한 분은 나폴레옹을 숭배했고, 백일천하 동안 그의 마차 앞에서 보초를 서기 위해 마부가 되었습니다. 그는 항상 마차 옆을 따라 걸었습니다."

이렇게 황제의 생명을 구했다는 전설이 내려오고 있는 친가 쪽의 유명한 로랑에 대한 이야기를 한 후 라캉은 바로 마리아 안토니에타에게 자신이 동양에 대한 동경에 사로잡혀 있다고 말했다. 아마 나폴레옹 시대를 상기시킨 것은 우연이 아니었을 것이다.

"당신! 나와 함께 중국에 가지 않을래요? 관심 없어요? 좀 불안해요? 남편과 동행한다면 안심이 될 거예요."

그러자 젊은 안토니에타는 파리 지성계를 휩쓸고 있는 '중국에 대한 광기의 의미를 이해하기' 위해 노력하고 있다고 말하면서 과연 그것이 '진실한지'를 알고 싶어했다. 라캉은 비웃으며 몇몇 유명인사들에 대해 신랄하고도 명쾌한 평가를 내렸다. 그리고는 그러한 상황에서 마르크스의 역할을 설명했다. "자본주의의 구조에 대한 정확한 분석을 가능케 해준 것은 바로 마르크스였습니다. 그는 자본주의의 정체성 확립에 기여했고 전세계 자본주의를 통일시켰습니다. 소련과 동유럽에서도 똑같은 구조가 세워졌고 아무것도 바뀌지 않았습니다. 그래서 사람들이 중국에 그렇게……."

마리아 안토니에타는 세미나에 초대되었다. '매듭'에 대해 들어보기 위해 세미나에 참석한 그녀에게 라캉은 손가락 끝으로 가벼운 키스를 보냈다. 강의실을 나오면서 그는 청강생들에 대한 평소의 불만을 내비쳤다. "이들을 보셨죠? 이들이 왜 올까요? 이들이 무슨 생각을 할까요? 이들의 퀭한 눈을 보십시오. 제 주위에 무기처럼 세워져 있는 수많은 녹음기들! 이들은 이해하지 못합니다. 확신컨대 이들은 아무것도 이해하지 못합니다. 그들은 와서는 라캉에 관한 책, 라캉의 전기를 준비한다고 말하지만 말입니다." 바로 이런 식으로 라캉은 자신에 관해 씌어진 온갖 종류의 책을 갖고 싶어하는 동경을 부정적으로 표현했다.

이어 그는 중국인들을 만날 수 있게 해달라고 부탁했다. '레 칼레슈'에서 가진 저녁 식사에 마리아 안토니에타, 배지를 단 푸른색 옷을 입은 젊은 중국 대사관 대표 두 명이 왔다. 당시 중국에는 공자 반대 운동이 한창이었다. 그래서 라캉은 우선 유교에 대한 열광을 토로하면서 유교가 세계의 위대한 철학 중의 하나라고 말했다. 그는 손님들 앞에서 고전을 인용했다. 이들은 어리둥절했지만 그의 중국 여행이 실현되기를 희망했다.

어느 날 아침 중국 대사관 직원이 작은 기를 단 관용차를 타고 릴가로 찾아왔다. 그는 라캉에게 라캉 자신과 그의 공식적인 여자 수행원의 여권 — 거기에는 위대한 조타수를 찬양하는 문구가 담겨 있었다 — 을 건네주었다. 보답으로 라캉은 북경 과학 연구소에 『에크리』한권을 증정했다. 여행은 단체로 이루어질 예정이었으며 롤랑 바르트, 프랑수아 발, 필리프 솔레르스, 쥘리아 크리스테바, 마르셀랭 플레네 등이 대표자로 참가할 예정이었다. '프랑스 공산당'과 잠깐 함께 일한 후마오이즘으로 넘어간 솔레르스는 라캉을 중국으로 데리고 가면서 '라캉주의와 수정주의의 동맹을 깨고' 싶었다. 『텔 켈』지의 본사가 있는 야곱 가의 사무실에서 그는 공자 반대 운동에 적극적으로 참여했다.

삼 일 후에 라캉은 마리아 안토니에타에게 전화를 걸었다. "당신과 함께 떠나고 싶었습니다만 단체로 여행을 하게 되었습니다. 아마 솔레르스도 함께 갈 겁니다. 네, 그는 저보다 더 유명합니다. 하지만……" 그래서 라캉은 여행을 취소했다. 『텔 켈』지는 이렇게 발표했다.

그는 우리와 함께 중국에 가기로 되어 있었다. 유감스럽게도 — 그가 사과할 때 말했듯이 — 그는 출발 전에 중국어를 충분히 복습할 시간이 없었다. 우리는 라캉이 중국인과 즉흥 토론하는 모습을 보고 싶었다. 만약 그렇게 되었다면 아주 흥미로웠을 것이다. 사실 라캉은 공자 반대 운동과 함께 공자가 중국에서 노예 제도의 옹호자로 비판받고 있다는 데 대해 불안해하기 시작했다. 하지만 '천명(天命)', '본유(本有) 지식', '극기복례(克己復禮)'에 대한 비판이 정통파 정신분석가에게 충격을 줄 수 있을까? 어쩌면 그럴지도 모른다.[4]

중국어에 정통한 라캉은 일본에도 역시 매료되어 1963년에 교토(京都)와 나라(奈良) 사원들에 있는 뛰어난 불상 조각을 보며 경탄했다. 그보다 4년 먼저 알렉상드르 코제브 역시 일본을 여행했었다. 그리고 바로 이 극동의 중심에서 코제브는 '역사의 종말'과 마주쳤다. 그는 그때 소비 사회인 서양의 이상과 동양의 문화적 우아함에 바탕을 둔 삶의 방식을 대비시키면서 다시 — 바타이유도 반대하지 않았을 — 니힐리즘에 심취했다. 다도(茶道)와 우아하고 조용한 의례, 너무나 연극적 성격을 띤 상징적인 몸짓에 매료되어 그는 그곳에서 일종의 프루스트적인 의미의 '되찾은 시간'을 경험할 수 있었다. 다시 말해 사랑, 죽음, 향유의 기술이 포스트모던한 니힐리즘의 가장 완성된 형태에 도달한 것처럼 보였던 것이다. 그는 이렇게 말하고 있다. "모든 일본인들은 완전히 형식화된 가치들, 다시 말해 '역사적'인 의미에서 모든 '인간적' 내용을 결여하고 있는 가치들에 따라 살아간다."[5]

코제브의 이상화된 일본관은 라캉의 호기심을 더욱 자극했다. 동양에 대한 그의 동경은 '절대의 추구'와 관련된 것이었다. 그는 사회적 관계를 완전한 공식으로 표현하고 구조와 '집단'의 우위성을 바탕으로 인간의 자유라는 개념을 구성하려고 했다. 1971년에 『에크리』 일본어 번역이 진행되고 있을 때 그는 학술 여행과 세미나를 위해 일본을 다시 방문했다. 프랑스로 돌아온 후 그는 '일본적인 것'을 정의해야 할 의무감을 느꼈다. 그것은 일본 문자의 서예적 기능을 바탕으로 그가 '일본적 주체'에 고유한 것으로 인정한 향유의 특수성을 의미했다. 그는 단순한 일자(一字) 획을 가지고 서양적 주체로서는 도저히 도달할 수 없는 서예의 세련됨을 보여주었다. 그는 이러한 문자의 기능을 '리토랄(littoral)'이라고 부르면서 그 위치를 지식과 향유 사이에 설정했다. 다시 말해 '일본적인 것'을 언급함으로써 라캉은 문자에 관한 자크 데리다의 질문에 대답할 수 있었다. 그는 형식화 — 또는 과학의 서예 — 와 문학에서 향유를 배제하지 않고 '찌꺼기', '대상 a'의 자리에 그대로 유지할 수 있는 고차적 활동을 보았던 것이다.[6]

그러나 라캉은 무위와 일본적인 것에 대해 말하면서 사실은 자기 자신의 향유에 대해 말하고 있었던 것이다. 그는 친구 코제브처럼, 그러나 아주 다른 방식으로 역사의 종말을 향한 욕망에 사로잡혀 있었다. 그 속에서 추상적인 지식으로 가능한 한 가장 멀리 나아가려는 파우스트적인 욕망이 나타났다. 그래서 그는 변치 않는 동양에서 '되찾은 시간'을 꿈꾸는 것에 만족하지 않고 꿈을 실행에 옮기려고 시도했다. 일본에서 그는 모리스 크뤽을 알게 되었다. 그는 도쿄에 있는 '프랑스-일본 센터'에 머물면서 교토 대학에서 건축을 가르치고 있었다. 크뤽이 프랑스로 되돌오자 라캉은 한가로이 다도를 배울 수 있도록 방금 구입한 '라 프레보테'의 땅에 '나라(奈良)' 스타일의 정자를 지어달라고 부탁했다. 그리고 이를 위해 오래된 희귀한 조각들도 수집해두었다. 이 중에는 그가 좋아하는 고미술 목록에 따라 조심스럽게 고른 모노야마 시대의 그릇 조각들도 들어 있었다.[7]

세월이 흐르면서 기트랑쿠르의 집은 박물관이나 다름없게 된다. 라캉은 각종 골동품이며 그림, 희귀본들을 모아두었고, 그러면서 수집에 대한 대단한 열정을 키워갔다. 모리스 크뤽은 이렇게 말하고 있다. "그는 그저 여유 있게 음미하기 위해 예술작품들을 모아둔 것처럼 보였다. 그는 종종 예술작품들이 불러일으키는 어떤 계시에 대한 애착에 관해서 설명하곤 했는데, 그것은 이들 작품의 도발적인 힘과 그에 대한 타인의 반응과 관련이 있었다. 그럴 때 그의 모습을 보고 있으면, 그가 소유한 모든 것이 곧 그의 사고의 영원한 양식인 것처럼 생각되었다. 그리고 이러한 작품들을 소유하고서 이들과 일상적으로 접촉한다는 사실은 그의 생활 방식과도 잘 어울리는 것이었다. 그에게 이들의 가치는 가족이나 친구 관계나 이들이 내포하고 있는 자극적인 미스터리나 수수께끼에 있었다."[8]

이 거대한 알리 바바의 동굴에 숨겨진 수많은 귀중품들을 대충 소개하자면, 5,147권의 장서와 마송, 르누아르, 발튀스, 드랭, 모네, 자코메티의 그림들, 피카소의 데생들, 알렉산드리아와 그리스 로마 시대의 작은 조상(彫像)들, 상아로 된 조각들, 에로틱한 테라코타들, 색을 입힌 항아리들, 나스카 도자기들, 푸에블로우(돌이나 어도우비 벽돌로 집을 지은 토인 부락 — 옮긴이) 인디언의 카치나(kachina) 인형들, 디드로의 『백과사전』 원본 등이 있다.[9] '라 프레보테'는 스페인 출신의 제수스와 알리시아 코르도베스 부부가 관리했다. 이들은 글로리아와 예로디아 부부와 함께 라캉의 식구가 되었다.

라캉이 중국어에 심취했던 시기와 말년에 수학소와 매듭의 길로 접어든 시기 사이에 두 가지 비극적인 사건이 있었다. 그리고 이 일들은 라캉의 말년에 많은 영향을 미쳤다. 1969년 12월에 재혼한 티보에게 첫아이가 태어났다. 이름은 피에르라고 붙였다. 마침내 자기 성을 붙일 수 있는 손자를 보며 라캉은 너무나 기뻐했다. 그러나 불행히도 행복은 너무나 짧았다. 아이는 태어난 지 삼 일 만에 죽고 말았다.[10]

또다른 비극이 오래지 않아 일어났다. 1973년 5월 30일에 카롤린느가 프랑스 남부에서 교통 사고로 죽었다. 밤중에 쥐앙 만(灣) 해변에 있는 테투 레스토랑에 가기 위해 국도를 지나고 있던 그녀는 전속력으로 달려오던 일본인 운전사의 차와 정면으로 충돌해 그 충격으로 멀리 내

동댕이쳐졌다.[11] 남편인 브뤼노 로제는 곧 현장으로 가 입관 절차를 밟고 개인 경비행기로 파리까지 관을 옮겨왔다.

그때 라캉은 카트린느 밀로와 알바니아에 있었다. 그녀의 아버지는 티라나 주재 대사였다. 그는 그곳에서 며칠간 휴가를 보냈고, 얼마 전에는 부다페스트를 여행해 그곳에서 장-자크 고로그의 통역으로 임레 헤르만에게 페렌치에 대해 오랫동안 얘기했었다.[12] 비보를 듣자마자 그는 서둘러 파리로 가 생-필리프-뒤-룰르 교회에서 치러진 딸의 장례식에 참석했다. 첫번째 가족인 마르크-프랑수아, 말루, 티보, 시빌, 실뱅 블롱댕도 와 있었다. 시빌은 이렇게 말하고 있다. "어머니는 결코 언니의 죽음에서 헤어나지 못하셨다. 어머니는 하룻밤 사이에 십 년은 더 늙어 보이셨다. 관 앞에서 아버지는 어머니의 손을 잡고 눈물을 흘리셨다. 아버지가 전에 우는 모습은 딱 한 번 본 적이 있었다. 메를로-퐁티의 장례식에서였다."[13] 폴 플라망이 보낸 위로의 편지에 라캉은 이렇게 답장했다. "네, 제 큰딸입니다. 너무너무 가슴이 아픕니다."[14]

브뤼노 로제는 당시 각각 아홉 살과 일곱 살이었던 시릴과 파브리스에게 어머니가 돌아가신 이유를 숨기기로 했다. 그래서 어린 두 아들은 장례식에 참석하지 못했다. 라캉은 "자식들에게서 어머니의 죽음을 빼앗는 것은 옳지 못하다"고 하면서 반대했다.[15] 하지만 사위의 결정을 존중하여 그 역시 진실을 숨겼다. 1960년부터 그는 큰딸과 아주 가까워졌다. 그녀는 기트랑쿠르로 자주 찾아왔고 그의 부동산 일을 부분적으로 관리하기도 했다.

열세 살쯤에 시릴은 외할아버지에게 분석을 받고 싶다고 했다. 라캉은 거절했지만 나중에 세 번 그를 봐주기로 동의했다. 한편 파브리스는 카롤린느가 죽은 후 라캉이 처음 찾아왔던 때를 기억한다. "그때 우리는 리스본느 가에서 살고 있었다. 그는 처음에는 초인종을 한 번 누르더니 나중에는 열 번을 계속 눌렀다. 그는 성급하면서도 말이 없었고 수수께끼 같은 분위기를 풍겼다. 그는 아주 우울한 표정을 지으며 우리에게 엄마의 죽음에 대해 어떤 얘기를 했다. 우리를 보는 것이 그에게는 고통이었다. 우리는 나중에야 주디트의 존재를 알게 되었다."[16]

카롤린느의 두 아들은 말루에게서 모정을 느꼈다. 그리고 이어서 큰 외삼촌 마르크-프랑수아를 만나면서 점차 기독교 신앙을 갖게 되었다. 둘은 ENS에서 뛰어난 학점을 받았다. 시릴은 사회과학 교수 자격 시험을 통과했고, ENA에 입학한 후 '최고 행정 재판소'의 공무원이 되었다. 1983년에 긴 소송 절차를 거친 후 이들은 라캉의 성을 추가해 로제-라캉이라는 성을 가질 수 있는 권리를 얻었다. "외할아버지의 성을 원했다기보다는 어머니의 처녓적 성을 사용하고 싶었기 때문이다."[17] 어쨌든 그 결과로 이들은 라캉의 성을 가진 유일한 외손주가 되었다. 티보에게는 아리안느와 이리스라는 두 딸이 있었고, 시빌에게는 아들이 없었다. 그리고 주디트의 자식들인 뤽과 에브는 밀레의 성을 땄다.

2 수학소와 보로메오 매듭

"나는 내가 죽어 없어지기 전에 발전시켜야 하는 것마다 뒤떨어져 있고, 앞지르는 데 서투르다."[1] 라캉이 1966년에 볼티모어 심포지엄에서 한 이 말은 그의 평생의 중요한 주제 중의 하나였던 존재와 시간에 관한 모든 문제를 놀라울 정도로 잘 요약하고 있다. 어린 시절부터 느리고 심리적으로 억압되고 불안했기 때문에 불이익을 당했던 라캉은 끊임없이 비전체의 이론을 세우려는 노력을 했다. 그러면서도 그는 시간을 자기 마음대로 하고, 모든 책을 읽고, 모든 문화 고적지를 방문하고, 모든 물건을 소유하고, 모든 여자들을 끌어모으려는 놀라운 탐욕을 과시했다. 그의 전설적인 성급함과 욕망하는 것은 반드시 소유하려는 막을 수 없는 소유욕은 일상생활 속에서 다양한 증상들로 나타났는데, 이러한 성향은 나이를 먹으면서 더욱 심해질 뿐이었다. 그는 상담 시간의 길이를 계속 줄여가고, 밤에는 여전히 다섯 시간도 자지 못하며, 기본적인 안전 규칙도 완전히 무시한 채 자동차를 몰았을 뿐만 아니라 점점 더 '도톨 가죽'(발자크의 소설 『도톨 가죽Peau de chagrin』에서 주인공의 소망을 이루게 해주는 신기한 힘을 가진 가죽. 하지만 사용할 때마다 가죽은 점점 줄어들고 사용자의 생명도 단축된다 — 옮긴이)의 환상에서 벗어나지 못했다. 그는 늙어가는 흔적 앞에서 지적 활동이나 여자에 대한 매력이 곧 한계에 부딪힐 것임을 의식했고, 그러면서 자기 파괴에 대한 두려움에 점점 더 심하게 사로잡혔다. 이러한 두려움은 프로이트 학설에 대한 라캉 자신의 해석에 바탕이 된 거창한 신화들, 즉 거세, 찌꺼기, 성, 향유, 문자, 죽음, 신비주의, 삼위일체 등에 다시 의문을 제기하는 계기가 되었다.

라캉은 65세에 대부분의 논문을 모아 출판하면서 단순한 논문들의 모음집이 아닌 개인적 기록으로서의 '글'에 존재론적 무게를 부여했다. 그리고 이 기록은 그에게 토대를 마련하는 사건으로서의 의미를 갖고 있었다. 프랑수아 발의 설득으로 책의 출간을 결심한 그는 『에크리』를 일종의 기억의 장소, 기념관처럼 만들었다. 그것은 역사의 주관적인 재구성으로 인해 종종 연대가 조작되기도 했던 만큼 그의 진정한 개인사와는 거리가 있었다.

그렇게 토대를 마련하기 위해 구성된 이 책은 시간이 흐르면서 성경만큼이나 귀중한 경전이 되었다. 그것은 새로운 학설의 생성의 기반이 될 수 있는 '리토랄(littoral)'이 되었다. 이 텍스트의 '저자'조차 제자들과 마찬가지 증상을 나타냈다. 그는 자기가 쓴 원전에 주석을 붙이고 자기 담론을 대변하기 위해 노력해야 할 의무를 느꼈다. 그리하여 1970년경에 라캉은 자기 글을 인용하면서 자신을 제삼자처럼 언급하기도 하고, 자기가 이미 만들어낸 이철어(異綴語)와 신조어로 유희하거나 자기 입장들을 재해석하고, 사무엘 베케트의 인물이 하는 독백 같은 옛날 말투를 흉내냈다.

하지만 그는 단순히 나르시시즘적인 자기 재현에 만족할 수 없는 진정한 학자였다. 그는 앞으로 남은 십 년 동안 또다시 사물의 본질에 다가가기 위한 위대한 말라르메적 욕망에 이끌려갔다. 그는 자기를 중심으로 하는 환상적인 이론 연구실을 조직해 연구에 항상 필요했던 전이적 조건들을 다시 마련했다. 이러한 힘의 결집은 세 단계로, 즉 학교, 세미나, 상담실로 이루어졌다. 그리고 두 가지 방식으로 이론의 형식화를 시도했다. 수학소(數學素, mathème)와 보로메오 매듭(nœuds borroméens)이 그것이었다. 수학소는 상징계에 기반한 언어 모델이며, 보로메오 매듭은 위상학에 기반한 구조적 모델로서 실재를 향한 상징계의 근본적 전위(轉位) 조작을 수행한다.

수학소의 고안을 통해 라캉은 정신분석적 지식의 전달 영역에서 과학 문제에 관한 탐구에 다시 집중할 수 있었다. 그는 이로 인해 대학에 대한 입장을 재고하게 되었고, 파리 8대학(뱅센느)에 르클레르가 설립한 정신분석학과의 인수를 지지했으며, 또한 정신병 클리닉에 새로운 활기를 불어넣기도 했다. 그후 그는 제자들로 이루어진 정신분석계의 '가족'이 아니라 자신의 가족을 적법한 상속자로 지정했다.

하지만 이와 반대로 매듭 세계로의 심취는 수학소를 통해 수립하고자 한 것을 파괴하는 결과를 가져왔다. 사고의 근본적 핵심에 도달할 수 있다고 믿은 라캉은 니체의 실어증처럼 말을 하지 못하는 혼미 상태에 빠져들면서까지 매듭, 끈 엮기, 원환체(圓環體), 끈 짜투리 등의 기하학에 열정적으로 몰두했다. 연금술적 계시를 받고 그로 인해 파멸한 발자크 소설의 주인공 발타사르 클라에(『절대의 추구』 — 옮긴이)처럼 그는 절대의 비밀을 추구했다. 그는 학문의 통일을 추구하는 수학자들의 공동체 속에서 이러한 연구를 수행했다. 그의 열정이 얼마나 강렬했는지 낭만주의를 거쳐 무의식의 발견의 역사로 이어진 악마와 파우스트의 계약에 대한 신화가 그의 삶 자체에서 부활된 듯했다.[2]

그런데 그러한 지적 모험이 기술공학적 합리주의가 절정에 이르면서 혁명의 이상이 점점 힘을 잃어가는 국면에 있던 파리에서 이루어질 수 있었다는 사실은 현대 사상사의 가장 특이한 현상 중의 하나이다.

1970년도에 라캉은 두 계열의 강연 내용을 정리했다. '…… 냐 더 나쁜 거이냐'라는 제목의 첫번째 시리즈는 법대에서 행한 세미나를 재구성한 것이고, '정신분석가의 지식'이라는 제목의 두번째 시리즈는 생트-안느 병원에서 가진 강연으로 이루어졌다. 이 두 시리즈의 주제는 원칙적으로 서로 구별되는 것이었다. 라캉은 법대생들을 상대로 한 팡테옹에서의 세미나에서는 실재에, 다시 말해 '더 나쁜 것', 불가능한 것에 점점 더 커다란 비중을 둔 반면 생트-안느에서는 지식에 초점을 맞추었다. 그러나 사실 두 시리즈는 수렴되었고 주제는 뒤섞이게 되었다. 라캉의 마지막 이론적 개혁 작업에서 핵심적 의미를 지닌 두 개념이 상이한 두 장소에서 만들어진 것은 우연이 아니다. 첫번째 개념인 수학소는 광기의 역사와 관련되어 있었고, 그래서 정신 요양소 현장에서 '창안되었다'. 두번째 개념인 매듭은 과학에 대한 진정한 도전이었으므로 고전적인 대학 제도의 틀 안에서 발표되었다.[3]

수학소라는 말은 1971년 11월 4일의 강의에서 처음으로 언급되었다. 클로드 레비-스트로스의 신화소(mythème, 신화 체계의 기본 구성 요소를 나타내기 위해 레비-스트로스가 고안한 용어 — 옮긴이)와 그리스어의 지식(mathema)에 의거해 만들어진 이 말은 수학의 영역에 속하는 것이 아니었다. 라캉은 칸토르의 우울증으로부터 출발했다. 라캉은, 만일 이런 형태의 광기가 객관적인 박해에 의해 일어난 것이 아니라면 수학적인 이해력의 결핍과 관계가 있다고 말했다. 다시 말해 이해할 수 없는 것처럼 보이는 지식이 유발하는 저항과 관계가 있다는 것이다. 그래서 라캉은 자기 학설과 수학자인 칸토르의 학설을 비교하며 이런 의문을 제기했다. 이러한 학설에 대해 나타나는 이해력의 결핍은 하나의 증상인가? 또한 다음과 같은 의문도 제기되었다. '가르칠 수 없는 것처럼 보이는' 지식을 전달하는 것이 가능할까?

라캉은 이런 문제에 대답하기 위해 비트겐슈타인의 『논고』를 읽은 후에 '수학소'라는 용어를 만들어냈던 것이다. 1972~73년 사이에 그는 수학소에 관한 여러 정의들을 제시했다. 이 개념은 처음에는 단수로 사용되다가 이어서 복수형이 쓰이기 시작했고, 다음에는 다시 거꾸로 복수에서 단수로 넘어갔다. 그는 '정신분석의 이면'을 주제로 한 세미나(17권, 1969~70)의 유명한 4항을 일일이 수학소와 연결시키면서 수학소란 말해질 수는 없지만 전달될 수 있는 것의 글쓰기라는 것을 보여주었다. 다시 말해 라캉은 여기서 비트겐슈타인에 반대하는 입장을 밝힌 것이다. 그는 양립할 수 없는 것들의 분리를 받아들이지 않았고, 대신 말로 표현할 수 없는 것에서 지식을 떼어내 이것에 전체적으로 전달할 수 있는 형식을 부여하려고 시도했다. 이 형식이 바로 수학소였다. 하지만 수학소는 완벽한 공식화의 자리가 아니었다. 왜냐하면 수학소는 언제나 수학소로 포착되지 않는 잔여를 전제하고 있기 때문이다. 그런 식으로 규정된 수학소는 수학소'들', 즉 가르치는 것을 가능하게 해주는 라캉의 대수학 공식들 전체를 포함했다. 만일 다양한 담론들이 서로 병치될 수 있다면 대학에서 정신분석을 하나의 수학소로서 가르치는 것이 가능해질 것이다. 단 그것을 대학의 담론으로 축소시키지 않으면서. 이로써 방향 전환이 가능해졌다. 대학을 신랄하게 비판한 적이 있던 라캉은 1974년 11월에 파리 8대학(뱅센느)에서 자신이 대변자로 만들어놓은 자크-알랭 밀레 덕분에 대학에서 자기 학설을 강의할 수 있었다. 우리는 이미 앞에서 이에 대해 언급한 적이 있다.[4]

수학소라는 개념을 제시한 세미나 시간에 라캉은 유명한 철학 사전의 저자인 앙드레 랄랑드(André Lalande)의 이름을 끌어다가는 랄랑그(lalangue)라는 말장난을 했다.[5] 그는 이 신조어를 랑그에 대한 욕망의 구성이나 혹은 '자기도 모르게 알게 된 지식', 그래서 수학적 표현을 벗어난 지식을 표현하는 데 사용했다. 이처럼 그는 다시 완전한 전달, 즉 수학소의 관념을 이와 정반대되는 생각, 즉 통합의 불가능성, 비전체, 잔여의 관념과 대비시켰다.

자크-알랭 밀레는 1965년 겨울에 **봉합** 개념의 해석을 통해 라캉 학설의 표준화로 나아갔듯이 수학소 개념 역시 실용적 관점에서 이용하려 했다. GP를 탈퇴한 후 그는 라캉 가족에서 중요한 위치를 차지했다. 그는 1972년에 라캉에게 '수학소'에 대한 세미나를 그대로 전사(轉寫)하는 계획을 제안하면서 출판 문제에 관한 발언권을 확보했다. 그는 그것으로써 말의 유동적인 흐름을 글로 완전하게 전달할 수 있는 방법을 확정하고 싶어했다.[6] 새로운 진전은 다음해에 연출자인 브누아 자코가 밀레를 1974년 3월에 방영된 라캉에 관한 텔레비전 프로그램의 보이지 않는 대화자로 정했을 때 이루어졌다. 라캉은 세미나에서와 똑같이 말했으며 조금도 자기 입장에서 물러서지 않았다. 방송이 나가기 전에 대본은 『텔레비전』이라는 제목으로 쇠이유에서 출판되었는데, 계약상에는 밀레를 고려한 어떤 특별한 규정도 없었다. 하지만 폴 플라망은 라캉에게 보내는 편지에서 이 문제를 언급했다. "제가 잘못한 건가요?"[7]

밀레는 10개월 후에 — 이때 그는 이미 장인의 세미나의 공저자가 되어 있었다 — '프로이트의 장과의 연계성' 시리즈의 편집 책임자가 되어 쇠이유 출판사에서 대부분의 시간을 보냈다. 이 시리즈는 라캉이 맡고 있던 '프로이트의 장' 시리즈 속에 들어갔지만 밀레는 '라캉의 승인 하에' 독립적인 편집권을 얻었다. 그는 인세를 받았다. 게다가 이러한 지위 승격에 고무받은 그는 쇠이유 출판사와의 '새로운 동맹'을 주장하게 된다.[8]

이 새 시리즈의 첫번째 저서는 자크-알랭의 동생인 제라르 밀레의 『페탱 장군의 향유의 싹Les Pousse-au-jouir du maréchal Pétain』이었다.[9]

그것은 페탱이라는 한심한 인간과 관련된 담론, 신화, 낱말들에 대한 연구서였다. 롤랑 바르트는 이 책에 서문을 썼다. 이 서문에서 그는 책의 저자를 미슐레나 20세기의 가장 위대한 창조자들에 견주었다. "밀레는 통상 디드로, 브레히트, 에이젠슈테인이 사용했던 뛰어난 진보주의적 담론을 에세이 형식으로 옮기고 있다. 즉 그것은 이미 페탱주의적 수사법의 허위성 속에 숨겨진 사회적 '제스처'를 포착하고 분명한 윤곽선으로 '표현하고' 있다."[10] 이 저서의 출간은 바르트의 서문과 책 자체의 진정한 가치 덕분에 중요한 사건으로 받아들여졌다.

이 저서의 출간과 함께 쇠이유 출판사에서 밀레 가족의 위치가 확고해져가고 있을 때 자크-알랭은 르클레르가 1969년에 파리 8대학(뱅센느)에 설립한 정신분석학과를 체계적으로 재정비하기 위해 수학소를 끌어들였다. "만일 정신분석의 수학소가 있다면 분석적 경험이 우리에게 가르쳐주는 그 무언가가 효과적인 방식으로 '완전히' 전달될 수 있을 것이다. (……) 그러나 수학소는 여전히 문제시된다. 어떤 형태의 교본도 없다. (……) 따라서 수학소 이론은 이제부터는 프로이트의 장 안에서 혹은 이 장에 입각해 수행되는 초기의 정교화 작업에 실질적으로 참여한 사람만이 이 학과에서의 임무 수행에 적합한 자격을 인정받을 수 있음을 뜻한다."[11]

1974년 10월 31일에 로마의 산타 세실리아 예술 학교에서 열린 EFP 국제 대회에는 800명이 참석했다. 밀레는 수학소 개념에 의거해 이날의 발표를 위한 '로마 강연문'을 썼다.[12] 그러나 그가 말하는 수학소는 폐쇄적인 개념이었으며 이 점에서 라캉의 수학소와는 전혀 달랐다. 서른 살의 젊은이에 불과했던 그는 이날 장차 라캉의 후계자가 되리라는 것을 의식한 듯 굉장히 확신에 찬 어조로 얘기했다. 그는 라캉의 옛 동지들이 정신분석을 '보장된 수입'으로 본다고 공격하면서, 자신은 시대에 뒤떨어진 과두 정치의 희생자(그는 분석을 받은 적이 없었다)라고 주장했다. 밀레는 이 강연에서 라캉을 4항의 네 꼭지점 모두에 놓았다. 즉 지배자, 분석가, 대학 교수, 히스테리 환자. 그것은 권력의 엄격한 논리에 따라 라캉을 신격화시킨 셈이었다. 밀레의 라캉은 일상생활의 라캉과는 전혀 닮지 않았다. 라캉은 여기서 자신의 지식을 빌려다가 치부하려는 못된 귀족들로부터 백성을 구할 의무를 진 일종의 '위대한 조타수'였으며, 이로써 유머 감각도, 천재성도, 초현실주의적 자세도 모두 잃어버린, 생명 없는 허수아비 영웅으로 바뀌었다.

로마 대회에 참석한 라캉은 사위가 그린 자기 이미지가 조금도 맘에 들지 않았지만[13] 그를 전적으로 지지했다. 그는 숨이 찬 상태였고 엄격한 통과 절차에 지친 제자들에게 실망하고 있었다. 게다가 그는 밀레가 보여준 실용주의와 효율성, 역동성, 세계를 정복하려는 의지에 매료되었다. 불과 몇 년 만에 이 영민한 ENS 출신은 1968년의 학생 봉기에서 시작된 대중 문화에 영향받고 논리적인 공식으로 무장한 젊은 라캉주의자들 대부분을 자기 주위에 집결시켰다. 그는 『오르니카?』지를 창간했고, '임상과(臨床科)'를 통해 대학에서의 권력을 공고히 했다. 여기서 수학소는 여전히 새로운 도그마의 도구로 이용되었다. 밀레는 샤를 멜망의 분석을 받고 나서 마침내 직접 정신분석가로서 활동했다. 그는 EFP의 분열 직전에 일부 노장파와 협력함으로써 라캉 공동체의 권력을 완전히 장악하게 되었다.

이미 1950년부터 라캉은 강의 과정에서 수학을 참고했다. 그가 점차 위상학적 그림을 더 많이 사용하게 된 것을 이해하려면 수학자인 조르주 Th. 길보와의 만남을 고려해야 한다. 신체적으로 많이 닮은 이 두 사람은 30년 동안 훌륭한 친구 관계를 유지했다. 1951년에 라캉과 벤베니스트, 길보, 레비-스트로스는 구조를 연구하고 인문학과 수학을 연결시키기 위해 만나기 시작했다. 각자는 나름대로 다른 사람의 학설을 위상학적 도형에 활용했다. 라캉은 이 공동 연구에 참가했을 뿐만 아니라 매일 수학 문제 풀기에 몰두했다. 가끔 여행하다가 어떤 문제에 부딪히면 길보에게 전화를 걸어 함께 문제를 해결하기도 했다. 길보는 한 번도 라캉의 세미나에 참석한 적이 없었으며, 그와 라캉의 관계는 비밀 정원의 세계처럼 유지되었다. 이들은 끈으로 매듭 만들기, 어린이용 튜브에 바람 넣기, 짜기, 자르기 등의 놀이에 몰두했다. 이처럼 라캉은 청강생들에게 자기 학설을 위상학적 도형으로 기록하도록 했을 때 이미 이 분야에 관심을 갖고 있었다.[14]

따라서 원환체나 튜브가 공백이나 입벌림, 다시 말해서 중국 철학의 '무위'를 나타내듯이 안과 밖의 구별이 없는 뫼비우스의 띠는 무의식의 주체의 이미지가 되었다. 이 그림들에 라캉은 뫼비우스의 띠를 닫아주는 크로스-캡과 움푹 들어간 표면을 나타내는 클라인 병을 추가했다. 그러나 25년 동안 라캉은 이 모든 그림을 이론적인 형태로는 발전시키지 않은 채 단순히 예증으로만 사용했다. 1971년에 라캉이 정신분석을 다른 형태의 담론과 연결시킬 수 있도록 해주는 새로운 용어 체계를 탐구하게 된 계기는 비트겐슈타인의『논고』를 읽고 수학소와 랄랑그라는 두 개념을 설정하면서였다. 그렇게 하려면 말하기에서 보여주기로 넘어갈 수 있어야 했다. 다시 말해서 ― 라캉 자신을 포함해 ― 모든 청중에게 더이상 말이 아니라 '보여주기(monstration)'와 관련된 활동을 하도록 자극을 주는 것이 중요한 문제였다.

1972년 2월 9일의 '…… 냐 더 나쁜 것이냐' 세미나 시간에 새로운 방향 전환이 이루어졌다. 이 세미나에서 라캉은 처음으로 '보로메오 매듭'에 대해 이야기했다. 어느 디너 파티에서 그는 젊은 수학자인 발레리 마르샹을 통해[15] 보로메오 가문의 문장(紋章)에 대해 알게 되었다. 이 밀라노 왕조의 문장은 3중의 동맹을 상징하는 클로버 형태의 원 세개로 이루어졌다. 만일 고리 중의 하나가 끊어지면 나머지 두 고리는 모두 분리되며, 각각의 원은 가문의 세 지류 중 하나의 권위를 나타낸다. 이 가문의 가장 유명한 대표자 중의 하나인 카를로 보로메오는 반종교개혁의 영웅이었다. 교황 피우스 4세의 조카이자 추기경이었던 그는 16세기에 성직자 생활에 엄격한 규율을 도입했다. 1576년에 페스트가 창궐했을 때는 자선 행위로 유명해졌고, 그가 죽을 때쯤해서 이탈리아 북부에서 신교 세력은 부분적으로 내몰리고 있었다. 다른 한편 마지오르 호수에 위치한 유명한 보로메오 섬들은 한 세기 후 보로메오 백작에 의해 정복됐다. 백작은 이 섬에 자기 이름을 붙이고 이탈리아에서 가장 바로크적인 풍경을 창조해냈다.[16]

보로메오 매듭의 발견[17]과 동시에 라캉은 밀레나 ENS 학생들과 같은 세대의 여러 젊은 수학자들과 결정적인 만남을 가질 수 있었다. 이들 역시 과거에 극좌적인 정치 성향을 갖고 있었는데, 그 중에서 피에르 수리는 가장 매력적인 인물이었다. 그를 사랑했던 사람들은 오늘날 그를 다음과 같이 소개하고 있다. "그의 동시대인들이나 그보다 이전의 학자와 철학자들과 비교해본다면 피에르 수리가 오래지 않아 서양 문화사의 거물이 되리라는 것은 누구나 쉽게 인정할 수 있을 것이다. 그의 과학적·철학적 작업은 비트겐슈타인의 저작만큼이나 중요성을 가졌다. (……) 수리는 당장에는 1975~80년 사이에 열린 라캉의 세미나에 참석한 천여 명의 사람들에게만 알려졌다. 라캉은 세미나에서 서른 번 이상 그의 이름을 거명했으며 두세 번은 자기를 대신해서 말하도록 했다."[18]

1942년 8월 28일에 님므에서 신교를 믿는 장인 가정에서 태어난 피에르 수리는 1961년에 에콜 폴리테크니크에 입학했고, 2년 후 과학부 학사 학위를 취득했다. 물리학과 학생이었던 그는 이공과 대학 입시 준비반 친구인 크리스티앙 레제를 통해 수학에 입문하게 된다. 그는 양심에 따른 병역 거부로 1967년에 학교에서 퇴학당한 뒤 전문 정신의학자

위원회를 찾아갔으며, 이후 장 클라브룈에게서 분석받았다. CNRS에 들어갔을 때 그는 이미 라캉의 세미나에 자주 참석했으나 다른 한편으로는 하루 종일 같은 방에서 지내고 돈을 모자에 공동으로 보관하는 남녀 혼합 코뮌에서 생활하고 있었다.

1968년에 '3월 22일 운동'의 총회에서 그는 미셀 토메와 알게 되었다. 철학과 학생인 그는 해군 장교의 아들로서 콜레주 드 라 플레슈의 저명한 교수인 프랑수아 레뇨 밑에서 프로이트와 라캉의 저작을 공부하고 있었다. 5월 사건 이후 수리는 쇼 윈도우를 깬 이유로 체포되었다. 나중에 그는 어느 팜플렛에서 이렇게 쓴다. "기술 관료들은 허약하다. (……) 이들은 싸움을 피하기 위해 피고인(광기, 정신의학자들)에게 책임이 없다고 말한다. 다시 말해 이들은 무사안일로 도피한다. 내 공판에서 백화점의 사마리아 여자는 깨진 유리창에 대해 기소했고, 1프랑의 손해 배상을 요구했다. (……) 나는 '정신 감정을 거부하고 법정에서 항의했기 때문에' 광인으로 여겨져 석방되었다."[19]

1971년에 새로운 코뮌 생활을 시도한 후 토메와 수리는 11구에 있는 다오메이 가에 위치한 아파트에 함께 세들어 살기로 결정했다. 처음엔 기타리스트까지 한 명이 끼어 세 명이 살았지만 곧 두 명만 남았다. 이와 함께 보로메오 매듭이라는 위대한 모험이 시작되었다. "우리는 사회적 자살자들로서 사회에 대한 근본적인 거부 의식을 공유하고 있었다."[20] 그러나 이들의 거부는 정치 참여라는 형태를 취한 것이 아니라 사회적 관계의 최소 형태를 표상하는 매듭의 세 가지 요소만을 유지시키려는 의도로 나타났다. 피에르 수리는 이렇게 쓰고 있다. "소그룹 생활은 개개인의 안정에 도움이 된다. 그것은 결혼과 같다. (……) 소그룹은 태어나고 소멸하지만 사람들은 거기에 들어가지도 않고 거기에서 나오지도 않는다. 이상적인 소그룹은 소그룹과 보로메오의 사슬들 간의 비교에 기반한 보로메오 소그룹이다."[21]

소그룹의 이상에 대한 생각에 사로잡혀 있던 수리는 오래 전부터 어린이 국제 연맹을 창립하는 꿈을 꾸었다. 그리고 이 유토피아에 대한 집착으로 그는 어른이 되기를 거부했다. 파티가 있는 날이면 그는 친구들에게 꽃장식과 샴페인, 찰흙 반죽, 마술 양초들을 가져왔다. "내가 할 아버지가 된 느낌이야." 그는 가방을 어깨에 둘러메고 여기저기 돌아다니며 소풍이라도 나온 듯 즐거운 목소리로 이렇게 말했다.[22] 가방에서는 끈이나 연습 노트 혹은 그 계절의 과일들이 나왔다. 두 친구의 보로메오 매듭의 중심에서 여성의 성(性)과 히스테리의 수수께끼가 제기되었다. 그리고 이 수수께끼의 화신이면서 모든 논쟁을 불러일으키는 여자는 주디트라는 이름을 가지고 있었다.

이러한 의문을 실제로 해결해보기 위해 토메는 수리를 '정신분석과 정치 그룹' 소속의 여자들에게 소개했다. 앙투아네트 푸크가 이끄는 이 단체는 추가(supplément) 개념을 바탕으로 여성의 성을 개념화하려고 했다. 이미 이 과정에 대해서는 언급한 적이 있기 때문에[23] 여기서는 중요한 단계만 상기해보는 것으로도 충분할 것이다. 시몬느 드 보부아르의 주장, 즉 "사람은 여자로 태어나는 것이 아니라 여자로 길러진다"는 명제에 반대한 앙투아네트는 1968년 5월 이후 1960년에 암스테르담에서 열린 여성의 성(慾)에 관한 국제 회의에서 페리에, 그라노프, 라캉이 제기한 여성성에 대한 생각, 즉 여성성이란 '추가'라는 생각을 채택했다. 하지만 그녀는 여기서 논의를 성화(性化)된 리비도(libido sexuée)로 정의되는 여성의 '동성화된 성(sexe homosexué)'이라는 문제로 옮겨버렸다. 그녀는 이렇게 말했다. "사람은 여자가 되는 것이 아니라 여자'이다'." 사람은 남근기 혹은 '페미니스트' 단계를 지나 '동성화(homosexuation)'를 달성하는 성기기(性器期)에 도달하면서 비로소 여자가 되는 것이다. 푸크의 이론은 여전히 구조적이었다. 그녀는 라캉의 '추가' 개념과 데리다의 '차이' 개념에 의존했다. 이처럼 보부아르는 프로이트에 의해 수정되고, 프로이트는 라캉에 의해, 그리고 라캉은 남성적 세계의 랑그에 직면해서 '동성화된 상징'의 형태를 취하는 '탈남근주의적(postphalliciste)' 조치를 통해 수정되었다.

이 단체의 여자들과 접촉하면서 수리는 자기가 남자이기 때문에 강간범으로 몰리는 것을 경험하고 큰 충격을 받는다. 이것이 매듭과 여성의 관계 문제에 심취해 있는 동시에 분석을 받고 있던 토메가 수리와 라캉의 만남을 고려하게 된 상황이었다. 분석에 만족해하지 못하던 토메는 라캉에게 분석받고 싶다는 편지를 보냈다. 결과는 기대 밖이었다! 1973년 12월 18일에 세미나에서 돌아오자마자 라캉은 종이 쪽지에 답장을 보냈다. 그는 카스카네다의 책인 『악마의 풀과 희미한 연기L'herbe du diable et la petite fumée』를 보내준 데 대해 감사를 표하고는 그에 대해 더 많이 알았으면 좋겠다고 하면서 따분한 사람들만 만나야 하는 자기 처지에 대해 불평했다.[24] 토메는 릴 가로 라캉을 찾아가 이렇게 말했다. "매듭들이 사람을 미치게 만듭니다." 라캉은 단 한마디로 응수했다. "그렇지."[25]

두 사람의 이러한 만남이 이루어지고 있던 당시 수리는 이미 고등사회과학연구원(EHESS)에서 베르나르 졸랭의 지도 하에 연구에 종사하고 있었다. 1973~74학년 초에 그는 파리 7대학(쥐시외)에 있는 연구조사 그룹인 '훈련 교수법'에서 세미나를 시작하고 있었다. 이 세미나에는 4년 동안 20여 명의 사람들이 모여들었다. 이 중에는 매듭 전문가들도 여러 명 있었다. 프랑수아즈 고농, 장-클로드 테라송, 피에르 아샤르, 장-미셸 바프로 등이 그들이었다. 그리고 나중에 잡지 『리토랄 Littoral』지를 중심으로 재결집하게 되는 EFP의 정신분석가들도 가담했다. 에릭 포르주, 장 알루슈, 필리프 쥘리앙, 마예트 빌타르가 그들이었다.[26]

수리의 강의 목적은 공적으로나 사적으로나 라캉의 논리학적·위상학적 관심사들을 연구할 수 있는 수학적 틀을 세우는 데 있었다. "우리의 출발점은 무엇이었나? 보로메오 매듭이라는 특별한 사례에서는 매듭에서 꼬임으로의 이행이 일어났다. 이후 두통거리(casse-tête, 난문〔難問〕이라는 뜻 — 옮긴이)의 정의 문제가 제기되었다. (……) 이러한 두통거리란 단순하면서도 예측하기 어려운 문제로서, 해결이 쉽게 반복될 수도 없고, 의식적이지도 않고, 전달될 수도, 증명할 수도 없다."[27] 다오메이 가와 릴 가 그리고 팡테옹 광장의 커다란 계단 강의실 사이에 위상학적 게임의 참가자들 사이에 느슨한 관계가 형성되었는데, 그것은 절대에 대한 파우스트적 탐구의 원동력이 되었다. 라캉은 이러한 협력 관계를 통해 6년 동안 자신의 가르침과 정신분석 실천을 철저하게 변화시킬 수 있었다. 그가 이 '소그룹'과 함께 만들어낸 위상학적 대상들은 나중에 더 많은 세미나 청강생들 앞에서 활용되었다.

이 모든 교류 과정은 원환체, 원환체 뒤집기, 구멍 뚫린 원환체, 사면체, 3중 원환체, 매듭 사슬과 엮은 끈들을 보여주는 데서 출발했다. '보여주기'가 강의를 대신해가면서 라캉은 점점 말이 없어졌다. 그는 '글쓰기' 대신에 그림을 그렸고, 이후 더이상 그림도 그릴 수 없고 말도 할 수 없게 되자 아이처럼 고리를 가지고 놀았다. 이 환상적인 '두통거리'의 해결을 위해 라캉은 보로메오 행성의 거주자들, 즉 수리, 토메, 1977년부터 이들과 함께 살게 된 크리스티앙 레제와 오랫동안 서신을 주고받았다. 라캉이 보낸 편지가 50통이었고, 상대측에서 보낸 편지는 150통이었다. 그야말로 고통과 우울함으로 가득 찬 서사시였다. 전보나 속달 우편 또는 일반 편지를 주고받으며 무의식의 수수께끼를 이해하느라 모두가 기진맥진해졌다. 계속 이들이 수없이 전해주는 자료를 갖고 외형 그리기, 튜브 비틀기, 바구니에 끈 조각들과 잘린 색종이들 모으는 데 몇 시간이고 열중한 후에 종종 라캉은 상대측에 문제의 답을 요구하곤 했다. 이들도 그도 모두 해답을 찾지 못했고, 탐구는 계속되었다. 그는 이렇게 말했다. "미칠 것 같소. 나에게 전화를 하거나 나를 만나러 와주시겠소."[28]

가끔 버려진 듯한 느낌이 들 때면 그는 11구로 갔고 이곳을 나올 때면 기분이 한결 나아졌다. 그는 사적인 자리에서나 세미나에서 두 협력자의 발견을 치하하면서 이들에게 용기를 북돋워주었다. 그의 편지는 숫자, 산술, 그림들로 가득했고, 말이라고는 "일이 어디까지 진행되었습니까?"라는 정도에 그칠 때가 많았다.[29] 이들 모두가 함께 토론할 때는 네 개의 클로버로 구성된 매듭의 가능성과 매듭에서 꼬임으로의 이행에 초점이 맞추어졌다.[30]

곧 또다른 수학자가 이 매듭의 행성에 들어왔다. 장-투생 드상티의 제자인 장-미셸 바프로는 1968년 5월에 트로츠키주의자로 활동했었다. 이어 그는 베르나르의 형인 로베르 졸랭의 인류학 연구실에 들어갔다. 새로운 합리성을 추구하던 바프로는 들뢰즈, 데리다, 소쉬르의 저작과 함께 라캉의 저작을 발견했다. 라캉과 만나게 된 것은 1970년이었다. 드상티의 『수학적 관념성Idéalités mathématiques』을 읽은 후[31] 라캉은 이 책의 저자에게 직관주의에 관한 글을 써달라고 부탁했는데, 드상티가 이 주제에 대해 15쪽 분량의 글을 써주자 라캉은 그에게 위상학에 정통한 사람을 소개해줄 것을 요청했다. 드상티는 바프로를 추천했다.[32]

라캉의 전화를 받았을 때 이 청년은 한편으로는 1968년 5월의 여파와 다른 한편으로는 할아버지의 죽음으로 인해 우울한 나날을 보내고 있었다. 그전에 가까운 친구인 롤랑 뒤마가 1968년 봄 학생 봉기 때 라캉을 만난 경험을 애기하면서 한번 라캉을 찾아가보라고 권한 적이 있었다.

첫번째 약속 때 라캉은 대기실에 있는 바프로를 훑어보고 나서는 함정 같은 질문을 건넸다. "아르키메데스의 몸이란 무엇입니까?" 두 사람은 곧 릴 가에서 매달 한 번씩 만나게 되었다. 라캉은 직관주의에 대해 질문했고, 어느 날 이 청년에게 파국(破局)에 관한 르네 톰의 장문의 편지를 건넸다. 그는 이렇게 말했다. "수학자들은 내가 말하는 것을 이해하지 못하네. 하지만 그렇다고 내가 그들의 책을 읽지 않는 것은 아니네." 라캉과 바프로의 토론은 원뿔 곡선 문제에 초점을 두고 있었는데, 1972년 7월의 어느 날 바프로는 환청을 경험했다. 그래서 그는 라캉에게 분석을 요청했다. "그는 가만히 안경만 닦고 있다가 그것을 깨뜨려 버렸다. 그는 내게 9월에 다시 오라고 말했다."

여름 동안 바프로는 롤랑 뒤마에게 논문들을 맡기고는 여동생, 남동생, 처남과 함께 파리 서남쪽 교외의 도시인 세브르에 있는 집으로 이사갔다. 3년 동안 그는 앵글로 색슨 식의 공동체 이상을 따르며 이곳에서 살았다. 그러면서도 라캉과는 아주 짧은 시간 동안의 분석 치료와 수학적 교류가 섞인 이상한 관계를 계속 유지했다. 그는 반정신의학자들이 세브르의 집으로 보낸 정신이상자 중의 한 명을 돌보게 되었는데, 결국 라캉이 직접 이 환자를 담당한다. 바프로와의 관계가 지속되는 동안 라캉은 바프로의 기여에 대한 감사의 표시로 『에크리』나 『실리세』와 같은 저서를 선물했다. 1973년 겨울에 바프로가 제한된 위상학에 관해 떠오른 생각을 이야기하자 라캉은 당신이 뭔가 발견한 것 같다고 말했다. 봄에 바프로는 뫼비우스 띠 위에 가족사를 그려놓고 "띠에 있는 구멍이 계속해서 작아진다"고 설명했다. 라캉은 탄성을 질렀다. "내가 얘기하는 것을 어떻게 그렇게 잘 이해할 수 있습니까?" 어느 날 그는 새벽 여섯시에 바프로를 맞았다. 그리고 그에게 반숙 계란과 뜨거운 커피를 가져오게 했다. 또 어떤 날에는 오후 내내 책을 보며 숙고하도록 서재에 남겨두기도 했다. 당연히 바프로는 라캉이 어린이를 분석하고 있는 듯한 느낌을 받았다. "라캉은 우리를 존재의 고통 한가운데로 끌고갔다. 만일 그가 거기에 없었다면 나는 죽거나 혹은 미쳐버렸을 것이다. 우리는 모두 정신병 환자들이지만 모두가 미치게 되는 것은 아니다. 광인은 영혼의 고통을 세상 탓으로 돌리는 사람을 말한다."[33]

1975년에 바프로는 클라브뢸을 만나 분석가가 되기 위한 통과 절차를 밟고 싶다고 했다. 클라브뢸은 그를 라캉에게 보냈고, 라캉은 이렇게 말했다. "'자, 계속 하세요." 이후 그는 다시 클라브뢸을 찾아갔다. 클라브뢸은 이렇게 말했다. "라캉은 당신이 자기 분석을 받지 않았다고 하더군요." 깜짝 놀란 바프로는 라캉의 집으로 다시 갔다. 라캉은 이렇게 말했다. "처음부터 다시 해야 합니다." 이리하여 분석은 계속되었다. 바프로는 상담 비용을 지불했고, 정신분석가가 되어 이후 쥐시외에서 피에르 수리의 강의를 들으러 갔다.[34] 그는 다오메이 가의 소집단의 일원이 되지 않았지만 자기의 위상학 연구를 공개적으로 발표하기 시작했고, 그러면서도 라캉을 계속 만났다.

한계에 대한 이러한 실험에서 매듭 연구는 분석 실천과 이론 사이의 경계를 없애는 효과를 낳으며 정신분석을 일종의 보로메오 공간으로 만들었다. 이러한 공간에서 전이 관계는 문자화되어 관련 당사자들로 하여금 각자의 유년, 즉 놀이, 동물 기르기, 텅 빔, 결핍, 입벌림, 비전체의 유년을 되찾을 수 있도록 해주었다.[35]

위상학 연구는 유년기의 시니피앙과 광기의 환상들을 불러일으키는 일종의 성배(聖杯)를 찾는 모험 같은 것이었을 뿐만 아니라 성(性)에 관한 이론의 수정이라는 결과를 낳기도 했다. 라캉은 1960년에 이 영역에서 이루어낸 중요한 발전을 후세에 남기고 싶어했고, 또한 프로이트를 남근 중심주의로 몰아붙인 페미니즘 운동의 주장들에 대응하고자 했다. 보로메오 매듭을 소개한 직후인 1972년 3월부터 그는 '성별화(sexuation)의 공식'을 아퓔레의 논리적 사각형 속에 기입하면서 성적 정체화의 수학소를 구상하기 시작했다.[36]

라캉은 네 개의 명제를 내놓았다. 긍정적 전칭 명제라고 하는 첫번째 명제에서 라캉은 '모든 남자는 남근을 갖고 있다'라는 언표를 '모든 x 에게서 ϕ의 소유는 x에 적용된다'라는 공식으로 표현했다. 부정적 전칭 명제라고 하는 두번째 명제에서는 '어떤 여자도 남근을 갖고 있지 않다'라는 언표를 '모든 x에게서 ϕ의 소유는 x에 적용되지 않는다'라는 공식으로 표현했다. 이 두 공식이 마치 상보성의 관계에 있는 것처럼 한편에서는 여성의 정체성을 다른 한편에서는 남성의 정체성을 정의하는 데 이용된다는 것을 확인한 라캉은 막다른 골목에 처해 있다고 느꼈다. 항상 차이가 지배하는 영역에서 상보성이란 있을 수 없기 때문이다.

따라서 그는 두 개의 다른 수정 명제를 내놓았다. '부정적 특수 명제'라고 하는 세번째 명제는 프로이트의 원시 부족의 우화를 새롭게 표현하는 데 사용되었다. 즉 남자들은 거세에 종속된 모든 남자들로 구성된 일반 집합이다. 오직 한 남자만이 여기서 제외된다. 그는 부족의 아버지, 다시 말해 상징적 아버지다. 라캉은 절대적 향유라는 환상을 도입하는 기능을 맡은 이러한 아버지를 지칭하기 위해 'hommoinzin'(au moins un, '적어도 하나')이라는 이철어(異綴語)을 만들었다. 이 환상이 다른 모든 남자들에게 금지의 이유를 제공한다. 즉 근친상간의 금기라는 도저히 도달할 수 없는 향유를 말이다.

'이중 부정의 특수 명제'라고 하는 네번째 명제는 '남근의 기능에서 예외적인 x는 존재하지 않는다'라는 공식으로 표현되었다. 이를 통해 라캉은 무의식에서 남성과 여성의 성적 정체성 사이에 존재하는 근본적인 비대칭성의 원칙을 강조했다. 그는 여성들에게는 향유의 한계가 존재하지 않는다고 말했다. 따라서 보편적 의미에서 혹은 '여성적 본성'이라는 의미에서의 '여성'은 존재하지 않는다. 따라서 이런 공식이 나오게 된다. '여성이라는 것은 존재하지 않는다' 또는 '여성은 비전체이다'. 그러므로 여성의 향유는 '추가적'인 것으로 규정된다. 두 가지 방식의 성적 정체성간의 상보성의 부재를 라캉은 다음과 같이 표현했

다. '성적 관계 같은 것은 없다.'[37)

1973년의 이 공식들은 사실상 라캉이 30년 전에 이미 내놓은 후 세월이 흐르는 동안 반복해온 주장들을 방정식 형태로 표현한 것일 뿐이었다. 그것은 '산업 사회에 의해 실추된' 부성 기능의 가치를 다시 한번 회복시키기 위한 시도이자 남근의 취약성에 비해 여성적 힘이 얼마나 압도적인가를 보여주기 위한 시도이기도 했다. 이처럼 다시 한번 라캉은 여성을 남성의 억압의 희생자로 보는 고전적인 페미니스트들의 주장에 반대했다. 그는 이러한 억압 자체를 부정하지는 않았지만 무의식의 관점에서 볼 때 억압은 정반대로 변할 수 있음을 지적했다. 왜냐하면 남녀 양성의 관계는 근본적인 불균형의 원칙에 의해 지배되고 있기 때문이다. 확실히 라캉은 프로이트처럼, 그리고 존스와는 다르게 근원적인 남근 숭배와 단일한 리비도라는 생각을 고수했다. 하지만 그는 바타이유와 초현실주의자들, 여성 광기와의 잦은 접촉에서 얻어낸 '추가' 이론을 통해 이러한 생각을 다소 수정했다.[38)

이처럼 그는 생의 말년에도 변함없이 어머니들을 증오했고, 광적이고 신비스런 여성들에게는 매력을 느꼈다. 라캉의 이론은 모든 정서적 내용을 배제하는 원칙과 공식을 세우려는 온갖 시도에도 불구하고 마치 그의 가족사를 계속 반영하고 있는 것처럼 보였다.

이러한 가족 로망스에서 어머니의 지배는 항상 아버지의 기능을 소멸시키거나 실추시키는 것으로 묘사되었다. 라캉은 바타이유를 만나고 그의 『마담 에두아르드』를 읽은 이후부터 여성의 성기를 공포의 장소, 크게 벌어진 구멍, 알 수 없는 본질, 극도의 구강성(口腔性)을 지닌 '어떤 것'으로 보았다. 즉 그것은 실재이며 이종 구조였다. 1955년 3월에 그는 '이르마의 내투사(內投射)'에 관한 프로이트의 유명한 꿈을 놀라운 방식으로 해석했다. 그는 이르마의 '열린 입'을, 메두사의 끔찍한 머리가 솟아나오는 크게 벌어진 성기로 보았다. 그리고 1970년의 세미나

17권에서는 마치 어머니들이 그에게 불어넣은 모든 공포와 구강성의 신비에 대한 동물적 은유에서 느낀 모든 매혹을 하나의 공식으로 압축하려는 듯 다음과 같이 말했다. "여러분이 들어 있는 입의 주인인 큰 악어, 그것이 바로 어머니이다. 그리고 여러분은 무엇이 갑자기 아가리를 닫게 만드는지 모른다. 그것은 바로 어머니의 욕망이다." 마지막으로 그는 리튼 스트래치가 쓴 빅토리아 여왕의 전기를 논평하면서 이러한 생각을 어느 때보다도 노골적으로 표현했다. 그는 여기서 빅토리아 여왕의 성격을 톱니 달린 질(膣)에 비유한다. "작센-코부르크 왕 알브레히트는 어떤 운명으로 이 여왕에게 꼼짝없이 붙잡히게 되었을까? 그는 여성에 대해 아무런 관심도 없었다. 하지만 빅토리아 여왕같이 엄청나게 큰 톱니 달린 질을 만나게 된다면…… 여왕인 여자. 이보다 더 훌륭한 톱니 질(膣)을 발견하는 것은 불가능한 일이다." 그는 세미라미스, 영국의 엘리자베스 1세 같은 다른 탐욕스런 여왕들의 톱니 달린 질을 연상하면서 환상을 계속 전개해갔다. 이때 그의 태도는 에딘버러 대회 전날 저녁에 IPA를 주도하는 '계집들(femelles)'을 향해 보여준 태도와 거의 똑같았다.[39]

보로메오 행성의 발견으로 라캉은 유년기와 사춘기 세계에서 중요한 일부 시니피앙들을 되찾을 수 있었다. 따라서 매듭에 관한 연구를 통해 그가 절대에 관한 연구와 금세기의 가장 혁신적인 문학적 사건인 제임스 조이스의 작품을 연결시킬 생각을 하게 된 것은 전혀 놀라운 일이 아닐 것이다. 라캉은 아일랜드의 이 위대한 작가의 작품을 진지하게 연구해본 적이 없었지만 잘 알려져 있듯이 인생의 결정적 시기에 조이스를 만난 적이 있다. 이때 그는 가톨릭을 거부하고 자기 집안의 아버지들에게 격렬하게 반항하고 있었다. 그는 이들이 유년기를 악몽으로 만들었다고 비난했다. 권위적이었지만 아내에게는 꼼짝못했던 할아버지 에밀, 아버지에게 짓눌리고 독실한 신자였던 아내에게도 순종

한 허약한 아버지 알프레드. 정체성을 찾아나선 청년의 상상력에 의해 만들어진 이 모든 인물들이 결국 라캉의 담론 속에서 가족 로망스의 부정적인 주인공들로 등장하게 된다.

이러한 인물들은 50년 후에 늙은 대가가 즐거운 마음으로 조이스의 『율리시즈』, 『스티븐 히어로*Stephen Hero*』, 『피네건의 경야』 등의 독서에 심취할 때에도 여전히 나타났다.[40] 라캉이 1975년 초에 조이스 독서의 길로 접어들게 된 계기는 젊은 대학 교수인 자크 오베르 덕분이었다. 『에크리』의 훌륭한 독자였던 그는 영문학 작품 연구에 라캉의 개념들을 이용했다. 곧 그는 라캉에게 6월에 파리에서 개최될 제5회 조이스 국제 심포지엄에 참가할 것을 제안했다. 라캉은 제안을 받아들였다. 오베르는 이렇게 말한다. "우리는 교환 체계를 작동시켰다. 나는 그가 어떤 것, 아마 어떤 문장에 관심을 가질 수 있다고 생각했고, 그것을 필기할 생각이었다. 다른 한편 그는 내게 질문을 던지거나 어떤 구절에 대한 의견을 묻곤 했다."[41]

라캉은 이러한 공동 작업에 만족하지 않고 전기뿐만 아니라 비평서를 포함해 조이스와 관련된 수많은 저작들을 읽었다. 또한 그는 『텔켈』지와 『변화*Change*』지의 기고가들, 즉 필리프 솔레르스, 장-피에르 페이, 장 파리의 글을 참고했다.[42] 장 파리는 이렇게 말하고 있다. "어느 날 그는 새벽 한시에 난데없이 페이의 집에 나타났다. 내가 만든 합성어를 사용하고 싶었던 것이다."[43]

1975년 6월 16일에 소르본느의 대계단 강의실에서 라캉은 마리아 졸라에 이어 '조이스 증상(Joyce le symptome)'이라는 제목으로 아주 짧은 강연을 했다.[44] 먼저 그는 조이스와 만났던 일을 상기시킨 뒤 주저 없이 그와 자신을 동일시하면서 그의 방황과 망명, 가족과 종교에 대한 증오를 공유한다고 말했다. "나는 아주 더러운 환경에서 자랐습니다. 내가 다닌 스타니슬라스 학교가 그 한 가지 예입니다. 요컨대 조이스와 마찬가지로 사제들 ― 그들은 조이스가 다닌 학교의 예수회 수사들보다는 덜 진지했습니다 ― 의 아이였죠. 이처럼 비열한 환경에서 자란 나는 17살에 아드리엔느 모니에 서점을 자주 드나들다가 우연히 조이스를 만나게 되었습니다. 그리고 스무 살에 처음으로 『율리시즈』의 번역서 독회에 참가했지요." 그리고 그는 이렇게 덧붙였다. "우리는 우리가 원하는 것을 말한다고 믿지만 사실은 다른 사람들, 특히 우리에게 말하는 우리의 가족이 원하는 것을 말합니다. (……) 개인사를 얘기해서 미안하지만 제임스 조이스에게 경의를 표하기 위해 그렇게 했을 뿐이니 양해하기 바랍니다."[45]

이 심포지엄에 참석한 후 라캉은 1975~76년 세미나를 모두 제임스 조이스의 생애와 작품에 대한 주석에 할애했다. 그리고 세미나 제목은 '생톰므(sinthome)'라고 불렀다. 이 용어는 '증상(symptôme)'과 관련되어 있었다. "아주 정확한 어원 사전인 블로크-바르트부르크를 참고하면 증상(symptôme)이 처음에는 'sinthome'로 씌어졌다는 것을 알 수 있을 것이다. 'Joyce le sinthome'는 음성적으로 성인(聖人)과 유사하게 들린다"(프랑스어에서 신성한 사람은 'saint homme'이다 ― 옮긴이).[46] 라캉은 문학을 통한 구원이라는 조이스의 생각을 정의하기 위해 이러한 어원학을 이용해 『피네건의 경야』를 모델로 한 합성어를 만들어낸 것이다. 라캉에 따르면, '생톰므'는 조이스 세계에서 '시니피앙들'로 간주될 수 있는 여러 가지 다른 표현을 내포하고 있다. 즉 '죄(sin)', '인간(homme)', '홈 룰'(Home Rule, 아일랜드 독립 투쟁에서의 내정 자치 원칙)의 '홈(home)'이나 '성 토마스(Saint Thomas)' 등이 그것이다. 이처럼 'sinthome'는 또 'sinthome rule'이나 'sinthomadaquin'(성 토마스 아퀴나스)으로도 씌어질 수 있었다. 이러한 조어들의 사용은 조이스가 성 토마스에게서 미의 세번째 요소인 '명료함(claritas)', 즉 어떤 대상은 그것 자체가 됨으로써 본질을 드러낸다는 원리에서 도출된 창조 이론을 차용했다는 사실을 가리키고 있다. 조이스의 초기 작품에서부터 '현현 (épiphanie)'이라고 불려온 이러한 창조 이론은 바로 스티븐 디덜러스의 입을 통해서 설명된다. 그에 따르면 현현이란 '일상적인 말이나 몸짓을 통해, 또는 정신 자체에 의해 만들어진 기억할 만한 어떤 문장을 통해 표현되는 갑작스런 영적 출현'이다.[47]

라캉의 관점에서 볼 때 현현은 '생톰므'였으며 또 '존재의 광채'로 표현될 수도 있었다. 이리하여 조이스는 자신의 증상(symthôme) 또는 생톰므(sinthome)로 지칭되었다. 다시 말해 그의 이름이 그가 채택한 이론, 즉 창조란 시간을 초월한 신비의 무아 경지에서 이루어지는 것이라고 보는 현현 이론과 합쳐졌다. 이러한 생각을 통해 라캉은 60년대 자신의 연구의 중요한 주제들을 되찾았다. 즉 시간과 역사의 속박에서 벗어난 논리의 추구, 점점 더 불가능해지는 '실재'에 도달하려는 욕망, '일본적인 것', 신비한 열광, '문자성', 그리고 마지막으로 성도착증 (perversion)─'père-version' (아버지의 진술) 등과 연결된 쾌락 문제에 대한 매혹.

이처럼 연구 전체가 거대한 보로메오 기하학의 형태를 갖추어나가기 시작하면서 라캉은 생톰므를 새로운 매듭 체계에 포함시켰다. 그는 처음에 ─ 비록 성공하지는 못했지만 ─ 4항식 관계를 설정하려고 노력했다. 다시 말해 보로메오 식으로 넷을 묶으려 했던 것이다. 이후 그는 이 문제를 풀어볼 것을 수학자 친구들에게 부탁했고, 그들은 문제를 풀었다. 토메는 네 개의 클로버를 포함하고 있는 도식을 제시한 첫번째 인물이었다. 라캉은 이렇게 말했다. "나의 감정은 열광이라는 말로밖에는 표현할 수 없는 것이었다. 나는 몇 달 후에 이들을 만났을 때 내 감정을 약간이나마 보여주었다고 생각한다. 그런데 그들은 어떻게 그것을 발견했는지에 대해서는 내게 설명하지 못했다."[48]

그러나 라캉은 생톰므라고 이름붙인 이 네번째 고리를 이전의 세 개의 매듭에 추가하면서 여전히 자신의 학설과 가족 로망스를 조이스 소설 속에 투영하려 했다. 그는 '생톰므(sinthome)'나 '페르-베르지옹(père-version)'이 '아버지를 향한 진술'이라고 주장했다. 즉 그는 『율리시즈』를 순수한 자서전처럼 해석한 것이다. 그에 따르면 이 소설의 두 주인공인 레오폴드 블룸과 스티븐 디덜러스의 관계는 조이스가 아버지를 부정하면서도 여전히 그에게 뿌리를 두고 있다는 것을 보여주는 증거였다. 이를 통해 그는 작가의 아버지가 미쳤고, 아버지-의-이름이 조이스 담론에서 폐제되었다고 추측했다. 이 부재를 보충하기 위해 조이스는 '스스로의 이름을 만들어내야' 했다. 다시 말해 그는 자기 이름을 후세에 남기고 싶어했고, '3세기 동안 대학들이 자신에 관해 글을 쓰지 않을 수 없도록 만들겠다'는 완강한 의지를 갖고 있었다. "전세계인의 마음을 사로잡는 예술가가 되고 싶었던 조이스의 욕망, (……) 이것은 그의 아버지가 그에게는 결코 아버지가 아니었다는 사실에 대한 보상이 아닐까?"[49]

이처럼 '조이스 사례'에 폐제의 이론을 적용시킨 라캉은 조이스의 딸인 루시아의 정신분열증을 아버지의 무능과 관련지어 해석해야 한다고 주장했다. 라캉에 따르면, 조이스는 실제로 딸을 정신 감응술사로 간주했고, 그래서 의사들의 개입을 막았다. 그런데 텔레파시(정신 감응)에 대한 이러한 믿음, 다시 말해 피안에서 온 언어 생산에 대한 이러한 믿음은 『피네건의 경야』로 이어진 조이스 예술관 — 언어의 해소에 기반한 근본 언어의 재구성 — 의 증상이라는 것이다.

항상 명성을 떨치려는 강박관념에 사로잡혀 있던 라캉은 『율리시즈』를 이처럼 자전소설로 해석함으로써 자기 자신을 조이스와 동일시했고, 그렇게 해서 실은 자신의 가족 드라마에 대해 이야기하고 있었던 것이다. 또한 루시아 조이스의 정신분열증에 대해 말하면서 그는 딸에게 자기 성을 줄 수 없는 죄의식에 사로잡힌 아버지의 비극을 얘기했다. 이처럼 조이스 세계와의 비교는 라캉을 다시 한번 자신의 개인사에 대한 환상적 상념에 잠기게 했을 뿐만 아니라 이미 매듭에 몰두하게 되면서부터 시작된 담론의 소멸 과정을 촉진시켰다. 조이스 소설의 인물들이 부성(父性)의 불가능성이라는 영원한 주제를 설명하는 데 이용되었다면 『피네건의 경야』에서 실천된 글쓰기 기법은 언어적 변형을 향한 길을 열어주었던 것이다.

잘 알려져 있듯이 조이스는 17년에 걸쳐 이 마지막 걸작을 썼다. 그래서 이 작품에는 '진행중인 작품(Work in progress)'이라는 제목이 붙었다. 그는 여기서 19가지 언어를 혼용했는데, 이 중에는 고(古)아이슬란드어, 티베트어, 그리스어, 산스크리트어도 있었다. 그리고 프로이트의 압축 절차에 따라 일상적인 언어를 다의적인 의미로 폭발시켰다. 동음이의어와 다른 형태의 말장난을 만들어내기 위해 조이스는 자신의 언어학 지식에 만족하지 않고 물리학자와 수학자들의 연구까지 참조했다. 장 파리는 이렇게 쓰고 있다. "원자라는 최초의 단순성이 프로톤(양자)과 엘렉트론(전자), 뉴트론(중성자)으로 쪼개지듯이 (……) 말들은 논리학, 음운학, 의미학, 어원학적인 요소들로 쪼개진다. (……) 하나의 엘렉트론만을 가진 원자들도 동음이의어의 말장난의 대상이 되었다. 예컨대 Rothschild가 red-shields(붉은 방패)가 되고, goat(양)가 'Gott(신)'로 바뀔 때처럼."[50]

라캉은 오래 전부터 말장난을 즐겨온 터라 더욱 이 저작에 매혹되었다. 그는 위상학 연구를 통해 조이스와 같은 파우스트적 추구로 나아갔으며, 이제 『피네건의 경야』의 스타일로 쓰고 말하기 시작했다. 조이스의 최후 저작에서 인간 광기의 비밀을 탐구한 라캉이 갑자기 정신병의 언어 속에 빠져버린 것처럼 보였다. 죽음이 다가오면서 그는 30년대 초에 그를 정신의학사에 처음 오르게 한 '영감의 글'의 실천으로 다시 회귀하는 듯했다. "나는 '영감의 글'을 쓰는 것부터 시작했기 때문에 조이스를 보았을 때 전혀 놀랄 이유가 없었다. (……) 조이스는 미쳤던 것일까? 그의 글들은 무엇에서 영감을 받은 것일까?"[51]

라캉의 구어는 항상 무의식의 언어를 흉내내었다. 그는 1975년부터는 조이스의 영향을 너무 크게 받아 자기 학설을 동음이의어, 이철어, 합성어, 신조어 속에 해소시켜버리기에 이른다. 그리고 이들은 그의 이론과 삶의 근본 시니피앙을 상기시켰다. 예를 들어보면 이렇다. 한편으로는 프로이트의 사물과 다른 한편으로는 프로이트가 객설을 만들어낸 사실을 동시에 의미하는 'cra-chose'(cracher는 침을 뱉다, postillonner는 침을 튀기며 말하다의 뜻). 자크 라캉이 지긋지긋하다는 의미의 'jaclaque' (avoir sa claque, claque는 또한 따귀를 때린다는 의미일 수도 있다). 영어로는 'Jules Lacue'라고도 쓰인다, 그 외에도 'Aimée de Mathèse', 'folisophie', 'affreud', 'ajoyce' 등등.

1978년에 조이스 심포지움의 기록을 책으로 출판하게 되었을 때 그는 다음과 같은 글을 기고했다.

'Jésus la caille'(아가씨 예수)처럼 들리는 Joyce le Symptome. 이것이 그의 이름이다. 나에게서 emmoi('emoi'〔감동, 흥분〕처럼 들린다)와 다른 어떤 것을 기대할 수 있었을까? je nomme(나는 명명한다). 만일 그것이 'jeune homme'(젊은 남자)처럼 들린다면 그것이 바로 내가 말하고 싶어하는 바이다. 우리는 남자들이다(nous sommes z'hommes).

LOM〔l'homme=인간〕: 불어에서 그것은 그것이 의미하는 것을 말한다. 그것을 발음대로 쓰는 것으로도 충분할 것이다: faunétique(faun…) 그것은 eaubscène〔obscene(음란한)〕. 이 eaub를 써보라. 아름다움(beau)이 다른 것이 아님을 상기하기 위해(이어지는 글은 대부분 이해할 수는 있지만 너무나 많은 의미를 담고 있기 때문에 사실상 번역하기가 불가능하다 — 옮긴이).

"Hissecroibeau à écrire comme l'hessecabeau sans lequel hihanappat qui soit ding! d'nom dhome. LOM se lomellise à qui mieux mieux. Mouille, lui dit-on, faut le faire: car sans mouiller pas d'hessecabeau."[52]

광기, 아버지-의-이름, 실재, 매듭, 망상, 증상. 이것들은 라캉이 1975년 늦가을 세번째 미국 방문 기간 동안 다루었던 주제들이다.

이로부터 9년 전인 1966년 2월에 그는 최초로 대서양을 건너 뉴욕과 디트로이트, 시카고, 보스턴을 여행하면서 욕망과 요구(要求)라는 주제로 여섯 번의 강연을 한 적이 있었다. 로만 야콥슨이 삼 주일 동안의 체류를 기획하고, 미국의 주요 대학들이 라캉을 초빙하도록 주선했다. 이어서 라캉은 멕시코로 갔다. 그리고 같은 해 10월에는 볼티모어에서 열린 구조주의 심포지엄에 참석했다.[53] 라캉은 1963년의 분열 당시 영미권에서 자기를 거부했던 일로 원한의 감정을 가지고 있었으나 미국을 세번째로 방문했을 때는 불만이 별로 없었다. 자기 이론이 불문학과 페미니즘을 전문으로 가르치는 몇몇 대학에서 알려지기 시작한 사실을 알게 되었기 때문이다. 그러나 그는 미국에서 폴 리쾨르와 데리다가 명성을 날리고 있는 것에 대해 여전히 불쾌해했다.

1975년 프랑스에서 라캉의 성공과 명성은 대단했다. EFP는 통과 절차를 둘러싼 위기에도 불구하고 여전히 융성했으며 상당한 영향력을 행사하고 있었다. 책과 논문의 출판은 최고조에 달했다. 사람들은 세미나로 몰려들었다. 그리고 자크-알랭 밀레의 주도 하에 라캉주의는 뱅센느 파리 8대학에서 확고하게 자리를 굳히기 시작했다. 하지만 미국에서는 이 대가의 명성과 저작에 대한 이해가 아주 늦었다. 라캉주의는 대학에서 소개되기 시작했지만 프로이트주의는 꿈쩍도 하지 않았다. 다시 말해 대부분의 북유럽 국가들과 영어권 국가들에서는 라캉의 저작을 프랑스 철학사에 속하는 것으로 보았지 결코 하나의 임상 학설로는 인정하지 않았다. 영미권의 정신분석계는 라캉과 관련된 어떠한 정신분석 운동에도 무관심했다.[54]

1973년 이후 파리에서 라캉에게서 분석받은 미국인은 뉴욕의 젊은 학자인 스튜어트 슈나이더만 단 한 사람뿐이었다. 이 때문에 그는 수년 동안 미국 대륙에서 유일한 라캉주의 정신분석가로 간주되었다. 하지만 그가 프랑스의 역사와 라캉에 대해 알고 있는 것은 소문이나 전설 같은 얘기들뿐이었다. 예를 들어 1983년에 그는 독일의 점령기 동안의 라캉의 행동에 대해 이렇게 이야기하고 있다.

전쟁 동안 라캉은 어디에 있었을까? 종종 이런 질문이 제기되곤 했는데, 내가 아는 한 그는 아내과 함께 야밤에 배를 타고 점령당한 프랑스를 벗어났다. 점령기의 대부분을 그는 앙티브에서 가까운 생-로랑-뒤-바르에 머물렀다. 그의 아내 실비아 바타이유는 유대인이었고, 그래서 『자크 라캉의 삶과 전설』을 쓴 카트린느 클레망에 따르면 실비아가 점령기 초에 게슈타포에게 고발되었는데, 라캉은 그때 아내에 관한 자료를 요구하기 위해 게슈타포 사무실로 당당하게 들어갔다고 한다. 그는 마침내 이 자료를 손에 넣었다. 하지만 클레망은 그가 어떻게 그럴 수 있었는지, 즉 훔친 것인지 아니면 명성의 힘을 이용했는지에 대해서는 자세히 이야기하고 있지 않다. 만일 위기에 처한 사람의 행동 방식은 그의 성격을 말해준다는 것이 사실이라면 우리는 라캉을 개인의 윤리적 행동에서는 나무랄 데 없는 사람으로 인정할 수밖에 없다.[55]

이 글은 1966년의 『에크리』 출판을 통해, 아니 이미 그전에 라캉의 글과 가르침에서 이미 시작된 탈역사화 과정이 결국 프랑스 정신분석의 4세대와 5세대에 얼마나 참혹한 폐해를 끼쳤는지를 잘 보여준다.

파멜라 타이텔은 1973년 7월에 6구에 있는 셰브뢰즈 가의 레이드 홀에서 라캉을 만났다. 이곳에서는 콜럼비아 대학 주최로 정신분석과 문학을 주제로 한 여름 세미나가 열리고 있었다. 초대 토론자 중에는 질 들뢰즈, 펠릭스 가타리, 드니 올리에, 카트린느 클레망의 모습이 보였다. 라캉은 바로 얼마 전에 큰딸을 잃었기 때문에, 그가 모습을 나타내자 모두가 애도의 뜻을 표했다. 파멜라는 이미 『에크리』를 읽었고, 프랑스 정신분석계의 상황을 아주 잘 알고 있었던 만큼 강의가 끝난 후 술집에서 가진 모임에서 라캉에게 아주 정확한 질문을 던질 수 있었다. 이어서 그녀는 박사 학위를 위해 콜럼비아로 돌아갔다. 라캉이 강연을 위해 EFP를 대표하는 테레즈 파리소와 함께 1975년에 뉴욕에 갔을 때 파멜라와 폴 뉴만이 그를 수행하는 임무를 맡았다. 폴 뉴만은 사라 로렌스 칼리지에서 불문학을 가르치고 있었다.

첫번째 강연은 11월 24일에 예일 대학에서 열렸다. 라캉은 자신과 에메 사례, 그리고 자신의 연구에서 정신병이 지니는 중요성에 대해 얘기했다. 그는 이렇게 말했다. "정신병은 엄정함의 시도이다. 그리고 이런 의미에서 나는 내가 정신이상자라고 말할 수 있다. 내가 항상 엄정하려고 애썼다는 이유에서 말이다."[56] 이어진 토론에는 쇼샤나 펠만과 셰리 터클이 참석했는데, 여기서 라캉은 모든 역사적 연구는 자취와 문서화된 자료에 기반해야 한다는 것을 강조했다. "문서화된 자료가 없다면 꿈이나 꾸게 됩니다. 역사가에게 필요한 것은 텍스트입니다. 텍스트, 혹은 종이 쪽지 하나라도 필요합니다. 어쨌든 우리는 자료 보관실에 문서에 의해 증명되는, 그리고 그게 없다면 역사가 불가능해지는 어떤 것을 가지고 있어야 합니다. 문서로 증명될 수 없는 것은 역사로 간주될 수 없습니다."[57]

평생 구술을 통한 가르침을 실천해왔고, 또 본인의 개인사를 탈역사화하면서 암시나 일화를 통해 얘기해왔던 그가 역사가들에게 제기한 이러한 문제는 — 특히 기록과 의사소통의 새로운 기술들로 인해 구술적인 기록들이 더없이 중요해진 시대에 — 상당한 중요성을 지니는 것이었다.

뉴욕에서 라캉은 생-레지스 호텔에 투숙했다. 뉴만은 이렇게 쓰고 있다. "그날은 초기 청교도 정착민들로까지 거슬러 올라가는 미국의 중요한 명절인 추수 감사절 아침이었다. 감사와 화해의 날이자 휴일이며 귀향의 날, 그리고 뉴욕에서는 침묵의 날이기도 했다. 그는 생-레지스 호텔에서 일어나자마자 아무 말 없이 라운지로 내려갔다. 그리고는 자리에 앉아 알맞게 꼬인 시가를 물었다. 긴 침묵 끝에 그는 당황스럽고 기진맥진한 듯 이렇게 짧게 내뱉었다. '미국이 나를 쏟아내는군.'"[58]

세계적인 유명인사가 되었다고 확신한 라캉은 개인적으로 메트로폴리탄의 오페라 하우스를 방문하는 특권을 누리고 싶었다. 그래서 그는 "내가 라캉이라고 말하십시오"라고 소리쳐 대화를 나누던 세 사람을 깜짝 놀라게 했다. 파멜라 타이텔은 아주 '라캉다운' 유머로 문제를 해결했다. 그녀는 극장 감독에게 전화를 걸어 장-폴 사르트르가 익명으로 오고 싶어한다고 전했다. 그러자 감독은 이처럼 저명한 손님을 받게 된 것에 당황해하며 곧 자리를 마련했다. 파멜라는 마치 갑자기 떠오른 생각처럼 절대 사르트르에게 이름을 물어보지 말라고만 충고했다. 그러나 어쩔 수 없이 대화중에 시몬느 드 보부아르의 안부를 묻는 일이 생겼다. 그럼에도 불구하고 속임수는 발각되지 않았다. 왜냐하면 라캉은 그것을 간파할 만큼 영어를 충분히 이해하지 못했고, 다른 한편 파멜라는 이러한 착각을 지속시키기 위해 통역자로서의 재능을 최대한 발휘했기 때문이다. 이날은 기억할 만한 날이었다. 라캉은 이러한 환대에 아주 즐거워했다. "우리는 계속해서 그의 통역자 역할을 했다. 뉴욕과 그 사이의 의사소통은 모두 우리를 거쳤고 우리는 아침 8시부터 그를 수행했다."[59]

여전히 보로메오 행성에 대한 생각에서 벗어나지 못하고 있던 라캉은 들르는 식당마다 종이 냅킨들을 꺼내 매듭을 그렸다. 어느 날 오후 그는 주디트가 만들어준 아주 마음에 들었던 원(圓)들을 가져오지 않은 것을 깨닫고는 즉시 이를 대신할 만한 것을 구해달라고 부탁했다. 그러자 파멜라가 매시 백화점에 가서 반짝거리는 색색의 플라스틱으로 된 커튼 고리들을 사왔다. 또 잘 휘는 전화선들도 구해왔다. 그녀는 지쳤지만 그러한 물건을 살 수 있었던 것에 흡족해하면서 호텔로 돌아왔다. 그러나 그녀는 깜짝 놀랐다. 라캉이 크게 화를 내며 물건들을 바닥에 내던지고는 방을 나가버렸기 때문이다. 다음날 그는 모든 것을 잊은 듯이 새 장난감에 대단히 만족한다고 말했다. 그것은 주디트의 것처럼 예뻤다.

다음과 같은 일이 마치 무슨 제의처럼 자주 반복되었다. 라캉은 "저는 생각하러 갑니다"라고 말하곤 안내자들과 헤어져서는 보로메오 연구에 몰두하곤 했다. 그는 모든 고리를 순서에 맞추어 배열하고 각각의 고리에 이러저러한 표시를 한 다음 절대 침묵 상태에서 이것을 그림으로 그리기 시작했다. 콜럼비아에서, 그리고 나중에 가는 곳마다 그는 말하기 전에 먼저 칠판에 매듭을 그렸다.

어느 날 저녁 그는 작가인 세르주 두브로프스키와 그의 아내를 만나 너무나 즐거운 시간을 보냈다. 이들은 함께 마천루에서 저녁 식사를 했고, 라캉은 스승인 클레랑보에 대해 얘기했다.[60]

어느 날 아침 파멜라는 생-레지스 호텔 로비에서 살바도르 달리와 마주쳤다. 방 한 칸이 일 년 동안 달리를 위해 예약되어 있었다. 그는 회고전을 열기 위해 뉴욕에 머무르고 있었는데, 어디서나 밍크로 된 멋진 망토를 보란 듯이 걸치고 다녔다. 거의 40년 동안 한 번도 만나지 못했던 두 남자는 서로 얼싸안았다. 달리는 라캉과 동료들을 '브뤼셀' 레스토랑으로 초대해 함께 저녁 식사를 했다. 그는 아내인 갈라와 동행하고 있었고, 호텔 지배인에게는 누구도 들여보내지 말라고 단단히 부탁했다. 그리고 나서 대단한 대화가 시작되었다.

"난 매듭을 만들고 있네." 라캉이 말한다.

"아, 그래! 보로메오 섬들." 달리가 대답한다.

라캉은 냅킨 한 장을 움켜쥐었다. 그러자 달리는 그의 손에서 그것을 낚아챘다.

"내게 맡겨두게." 달리가 말한다. "자네는 순서대로 그리기만 하면 돼. 만일 그렇지 않으면 분리할 수 없네. 나는 이탈리아에서 이미 그것에 관해 다 배웠다네. 카를로 보로메오 무덤에 가보면 자네도 내가 하는 말을 이해할 수 있을 거야."

그리고 나서 편집증 문제를 둘러싸고 이루어진 유명한 만남을 상기하면서 이렇게 물었다.

"왜 자네는 우리가 만났을 때 내가 코에 반창고를 붙이고 있었는데도 아무 말도 하지 않았지?"

"아무 일도 아니라는 것을 잘 알고 있었거든."

"대단해. 아무 말도 하지 않은 사람은 자네밖에 없었어!"

이들은 함께 맨해튼을 걸었다. 잡지들마다 달리의 사진을 싣고 있었기 때문에 지나가는 사람들마다 그를 보려고 머리를 돌렸다. 그럴 때마다 라캉은 숭배자들(사실은 달리의 숭배자들이었지만)에게 감사의 뜻으로 머리를 끄덕였다. 달리가 전시회를 다룬 기사를 읽기 위해 뉴욕의 신문들을 사자 라캉은 그에게 다음날에 있을 자기 강연에 대한 기사가 있으면 꼭 말해달라고 부탁했다.[61]

보스턴의 MIT에서 라캉은 로만 야콥슨을 다시 만나 수학자, 언어학자, 철학자들로 구성된 청중 앞에서 강연을 했다. 이 중에는 윌라드 콰인과 노엄 촘스키도 있었다. 미국 여행 전에 라캉은 생-탕드레-데-자르 가에 위치한 잘 아는 '라 레페티시옹' 서점에서 촘스키의 책들을 구했다. 이 서점에서 그는 계획중인 '미국' 여행에 대해 그리고 어쩌면 가능할 수도 있을 『데카르트적 언어학Cartesian Linguistics』의 저자와의 만남에 대해 이야기했다. 그는 대서양 저편에서의 체류에 대한 생각에 한

편으로는 걱정스러우면서도 다른 한편으로는 흥분된 상태에서, 촘스키를 만나게 되면 언어에 대한 자기 생각을 설명해볼 계획이라고 말했다. 한 시간 후 그는 무거운 책 꾸러미를 팔에 끼고 책값을 지불할 생각도 하지 않고 그냥 서점을 나왔다. 어리둥절해진 점원은 감히 아무 말도 하지 못했다. 그는 다음날 수표로 책값을 받을 수 있으리라고 확신했다. 그러나 착각이었다.[62]

어쨌든 MIT에서는 어떤 학자도 라캉이 매듭 연구나 '기초' 연구로 인해 엄격한 수학적 비판에 직면한 것에 대해 놀라지 않았다. 동시에 이들 중 어느 누구도 라캉이 위상학을 이용하는 방식을 이해하지 못했다. 이제 막 파리를 중심으로 한 프랑스 정신분석 상황을 자세히 조사하는 작업을 끝낸 사회학자 셰리 터클은 이 두 세계간의 의사소통의 실패를 현장에서 목격할 수 있었다. 안과 겉 문제에 관한 라캉의 말은 청중에게 아주 이상하게 들렸다. "배설물은 우리가 안을 갖고 있다는 것을 증명해주는 유일한 것처럼 보입니다. 배설물은 안에서 나올지 모르지만 인간의 특성(이것은 다른 동물들과 완전히 대조되는 점입니다)은 이러한 배설물을 갖고 무엇을 해야 할지 모른다는 데서 찾을 수 있습니다…… 배설물이란 자연에서는 잘 눈에 띄지 않는 것인데 인간은 왜 그렇게 거추장스러워할까요? 물론 고양이의 똥도 늘 거슬리는 게 사실이지만 고양이는 가축이므로 예외입니다. 하지만 코끼리를 생각해봅시다. 사람들은 코끼리의 배설물이 거대할 것이라고 생각하지만 실제로 코끼리의 배설물이 얼마나 작은 공간을 차지하는지를 보면 놀랄 것입니다. 코끼리의 조심성은 신기할 정도입니다. 문명이란 바로 배설물, cloaca maxima(최대의 배설물)을 의미합니다."[63]

그리고 설상가상으로 라캉은 사유에 관한 촘스키의 질문에 대한 대답으로 상당한 스캔들을 일으켰다. "우리는 뇌로 생각한다고 믿고 있습니다. 나는 발로 생각합니다. 내가 단단한 어떤 것을 만나는 것은 그때

뿐입니다. 가끔 무언가에 부딪힐 때면 나는 이마의 활경근으로 생각합니다. 나는 뇌 속에 혹시라도 생각의 흔적이 없는지를 알아보기 위해 전기 뇌전도(腦電圖)를 아주 자세히 살펴보았습니다."[64] 이 말을 들은 촘스키는 라캉이 미쳤다고 생각했다. 이후 친구인 미추 로나트가 라캉이 말하는 것은 은유적인 성격을 띠고 있다는 점을 이해시키기 위해 오랫동안 최선을 다했지만 촘스키는 계속해서 라캉이 인간의 뇌가 골격이나 발가락뼈 안에 들어 있다는 말로 MIT 학자들을 놀리려 했다고 확신했다. 이 사건은 소문이 되어 널리 퍼져나가 결국 전설이 되었다. 즉 라캉은 인간의 지능이 발에서 기원한다고 주장하면서 미국을 몽매주의라는 새로운 '페스트'로 물들이려 했다는 것이다.[65]

라캉은 테레즈 파리소와 함께 보스턴에 가는 길에 파멜라 타이텔과 폴 뉴만에게 동행을 요구했다. 그들은 공항에 라캉과 파리소를 데려다 준 후 그레이하운드 버스로 여행했다.[66] 다음날 아침 호텔에서 그는 푸짐한 아침 식사를 앞에 두고 태연히 이들을 기다렸다. 이들은 MIT 강연에 가지 않았지만 나중에 리츠 레스토랑에서 라캉과 MIT 교수들을 만났다. 이 식당에서는 뉴잉글랜드의 모든 격조 높은 장소에서 그렇듯 반드시 넥타이를 착용해야 했다. 라캉은 깃을 세운 사치스러운 실크 셔츠에 긴 망토 차림으로 안내인들 앞에 도착했다. 그는 망토를 벗어 의자 등받이에 걸쳐놓았다. 호텔 지배인이 그에게 와서 넥타이를 권하자 그는 크게 화를 내며 의자를 넘어뜨리고 욕설을 퍼부었다. 그리고는 자리를 떠나버렸다. 그의 친구들도 뒤를 따라갔다. 보스턴 사교계의 귀부인들은 놀란 눈으로 이 광경을 지켜보았다. 거리로 나온 그는 청교도인들의 미국에 저주를 퍼부었다. 그러나 몇 시간 후 그는 이 일을 까맣게 잊었다. 마치 그의 기억에서 '폐제된' 것처럼.[67]

라캉이 미국에 가져온 페스트는 그런 것이었다. 그는 젊은 시절의 니힐리즘과 초현실주의적 태도를 갖고 동음이의어, 말장난, 분노로 신세계에 과감히 도전했다. 그는 마치 자신을 위협하기 시작한 노령의 문턱에서 융에 의해 전해진, 하지만 아마 프로이트는 결코 말하지 않았을 유명한 구절을 가능한 가장 화려하게 행동에 옮기고 싶어한 듯했다.

미국에서 돌아온 그는 매듭과 생톰므, 그리고 절대의 추구가 진행되고 있는 다오메이 가의 세계로 다시 침잠했다. 그리고 3년 동안 보로메오 행성의 세 주역들간의 서신 교환이 계속되었다.[68]

그리고 이 시기에 또 한 사람, 수학자들의 세계와는 거리가 먼 프랑수아 루앙이 라캉에게 재능과 젊음, 열광, 지성을 바쳤다. 1943년에 몽펠리에서 태어난 그는 15세 때 화가가 되기로 결심했다. 태어난 해에 그는 어머니와 함께 친독일 프랑스 의용군에 볼모로 잡혀 어느 학교에 갇히게 되었다. 여기서 학생들에 대한 고문이 자행되었다. 드니 올리에는 이렇게 쓰고 있다. "그는 사건 현장에 있었지만 사건은 보지 못했다. 그는 전쟁 기간에 태어났지만 전쟁을 보지 못한 사람들 세대에 속했다. 이들에게 전쟁은 기억하기에는 너무 어렸던 유년의 기억이었다."[69]

'보려는 욕망'이 명명할 수 없는 수많은 대상에 직면할 수 있다는 생각은 이미 루앙이 처음 그림을 그릴 때부터 사용했던 '엮기'나 '짜기' 기법에 어느 정도 반영되어 있었다. 사실상 그것은 마티스와 몬드리안, 미국의 미니멀리스트들을 그대로 본받은 것으로서, 보통 그림에 의해 가려지는 것, 즉 매체와 보조 수단의 소재적 속성을 그대로 드러내주었다. 먼저 하나의 캔버스에 한 가지 색을 칠하고, 다음에 또다른 캔버스에 색을 칠한다. 그리고 나서 두 캔버스를 잘라 함께 짠다. 이렇게 해서 얻어진 바탕 위에 그림을 그리는 것이다. 루앙은 이렇게 지적한다. "나는 그림 그리는 것을 억제당하고 있었습니다. 따라서 '짜는 작업'은 흰 캔버스 앞에서의 나의 억제 상태를 벗어나려는 수단일 뿐이었습니다. 그림을 그릴 필요를 느꼈지만 그려야 할 것은 아무것도 없었던 것이죠."[70]

  1972년 부활절에 라캉을 알게 되었을 때 루앙은 로마에서 발튀스가 책임자로 있던 '프랑스 미술 아카데미'의 지부인 '빌라 메디치'에 일 년 전부터 하숙인으로 머물고 있었다(로마에서 주최하는 프랑스 그랑프리를 수상한 화가들에게는 이곳에서 3년 동안 머무를 수 있는 자격이 주어졌다). 루앙은 이미 1968년 2월부터 마오이즘과 멀어졌고, 바로크 예술과 르네상스 예술의 나라 이탈리아를 배우고 그리기 위해 파리를 떠났다. 그는 <로마의 출구들> 혹은 <성문들>과 같은 일련의 그림을 그리고 있는 중이었다. 이 그림들은 여전히 짜기 기법을 사용하고 있었다. 그러나 시간이 지나면서 그는 이 기법, 즉 캔버스의 짜기 기법을 버리고 색의 짜기 기법, 다시 말해서 실제로 짜는 것이 아니라 색깔을 이용해서 그렇게 보이도록 가장하는 기법을 사용했다. 이러한 변화는 푸생과 로렌제티, 로마의 전통 화풍에서 나온 풍경과 정원, 건축물들에 관심을 갖게 된 결과였다.[71]

  루앙과 라캉은 화가이자 조각가이며 발튀스의 친구인 브리지트 쿠르므의 집에서 만났다. 그녀는 라캉을 아주 좋아했고 그에 관해 이렇게 말하곤 했다. "만약 악마가 존재한다면 그를 닮았을 거예요." 루앙은 자기 작품인 <성문들>을 제대로 찍지 못한 사진가들과 사이가 좋지 못했다. 라캉은 짜기 기법을 '띠 위에 그리는 그림'이라고 부르며 호기심을 나타냈다. 오후 내내 그는 루앙의 화실에 있었다. "(그의 그림은) 작은 바둑판 무늬들, 반복, 겉과 이면, 출현과 소멸의 이야기들이다."[72]

  라캉은 그림 몇 점을 얻은 보답으로 루앙에게 쇠이유 출판사에서 출판된 세미나 1, 2권을 보냈다. 라캉의 『앙코르』에서 루앙은 이전에 전혀 들어본 적이 없는 보로메오 매듭과 함께 생생한 감동을 주는 한 구절을 발견했다. 라캉은 이 책에서 바로크 양식에 대해 "X선 검사를 통한 영혼의 조절 같다"고 말했고, 로마 교회의 이미지들을 빛나게 해준

순교자들의 고난에 대해 말했다. 그는 이렇게 말하고 있다. "그것은 우리의 그림이 되었다. 우리가 작은 사각형들을 진지하게 다루기 시작하면서 허무로 빠져들 때까지."[73] 이후 두 사람은 자주 만났고, 좋은 관계가 형성되었다. 어느 날 저녁 루앙은 라캉과 함께 보수적인 성향의 신문사 통신원과 저녁 식사를 했다. 이 사람은 라캉에게 깜짝 놀랄 선물을 하나 준비해왔다. 수녀원에서 훔쳐내 비밀리에 복사한 열쇠로 라캉은 아무도 모르는 곳에서 수녀원의 세족례(洗足禮)를 몰래 관찰할 수 있었다.

얼마 후 파리로 돌아온 이 젊은 화가는 릴 가에서 첫번째 약속을 잡았다. 라캉은 그의 그림을 '모두' 사주고 싶었지만 이상한 오해가 생겼다.

"어떻게 지냈나?" 라캉이 물었다.

"덕분에 잘 지내고 있습니다."

"들어보게. 자네가 전혀 모르게 하려고 자네를 그곳에 보내지 않았네!" 라캉이 말했다.

"어디요?"

"어디라니? 물론 쇠이유 편집국이지! 자네에게 직장을 마련해놓았지!"

하지만 라캉은 곧 자신의 실수를 인정하지 않을 수 없었다. 그는 이 '타인'이 자기와 신통하게도 꼭 닮은 사람이라고 말했다. 그리고 나서 대화는 그림 가격에 초점이 맞춰졌다. 루앙은 적당한 가격을 제안하고 나서 이 중 한 작품은 선물하겠다고 제안했다. 라캉은 곰곰이 생각해보고 싶었다. 그는 '다른 모든 사람들처럼' 자기도 '돈 문제'가 있다고 말했다. 다음날 새벽에 그는 전화를 걸어 루앙을 깨웠다. "나도 다른 사람들과 똑같이 돈 문제 때문에 골치가 아프다네. 어쩔 수 없이 자네의 두 그림은 포기해야겠네."

하지만 이틀 후 똑같은 시간에 다시 전화벨이 울렸다. "결코 자네 그림을 포기할 수 없네." 그리고는 이 그림들을 50% 가격에 살 것을 제의했다. 이 가격은 루앙이 그림들을 화랑에 넘길 경우 받게 될 가격과 정확히 일치하는 것이었다.[74]

만남이 계속되면서 루앙은 마치 분석받고 있는 듯한 느낌이 들었다. 방문할 때마다 라캉은 '뭔가'를 가져올 것을 약속하게 했고, 아무것도 가져오지 않으면 화가 난 얼굴을 내비쳤다. "그는 줄 돈을 다 주는 법이 없었다. 그리고 그는 매번 돈을 다 주지 않아 불쾌하냐고 물었다." 어느 날 그는 루앙에게 이렇게 말했다. "알다시피 나는 아주 유명하네." 그리고 나서 그는 루앙이 그린 그림 속의 형상들이 수리와 함께 열심히 탐구하고 있던 '끝과 끝이 이어진' 보로메오 매듭과 비슷하다고 생각하기 시작했다. 루앙이 자기는 '끈' 위에 그림을 그린 것이 아니라 캔버스들을 꼬아서 그것들 위에 그림을 그렸다고 아무리 설명해도 소용없었다. 라캉은 보로메오에 대한 생각을 되풀이해서 설명했다. 그는 루앙이 자기한테 누설할 수 없는 혹은 누설하고 싶지 않은 어떤 비밀을 갖고 있다고 확신했다.

루앙은 1977년에 라캉의 엉뚱한 행동을 두 번이나 목격했다. 한번은 점심 식사를 하려고 라캉과 함께 실비아의 집으로 갈 때였다. 계단을 오를 때 라캉은 그에게 자랑스러운 듯 이렇게 말했다. "내 아내의 집으로 가는 길이네. 알다시피 내 아내는 실비아 '바타이유'지." 자리에 앉자마자 그는 식모에게 종이와 연필을 가져오도록 했다. 날마다 매듭을 보는 일에 진력이 난 실비아는 이렇게 말했다. "미안하지만 이제 그만 해요. 일요일 내내 그러고 있잖아요." 그리고는 방을 나가버렸다. 또 한번은 루앙이 저녁 식사를 하려고 그를 찾아갔을 때였다. 그는 '라 칼레슈' 레스토랑에 루앙을 초대하면서 "나는 식이요법을 하고 있는 중"이라고 말했다. 그는 이곳의 단골이었다. 지배인에게 그는 평상시 메뉴를 주문했다. 부르고뉴 산 적포도주 한 병과 흰 도자기로 된 커다란 샐러드 그릇에 가득 담긴 거무스름한 수프. 라캉을 위해 특별히 만들어진 먹음직해 보이는 송로(松露) 수프였다. 그는 그것을 아주 맛있게 먹었다.[75)

조이스의 작품에 대해서와 마찬가지로 라캉은 진행중인 루앙의 작품 세계에서도 자신의 연구의 반향을 찾아보았다. 그리고 그는 루앙과 융합적인 전이 관계를 맺었다. 루앙 본인은 두 사람의 만남이 무엇을 가져왔는지를 한참 후에야 깨달을 수 있었다. 늙은 대가와 젊은 화가 사이에는 즐거우면서도 서로 자극을 주고받는 긴밀한 관계가 맺어졌고, 루앙은 유행으로부터 거리를 둘 수 있었으며, 라캉의 위상학의 의미도 이해하게 되었다. 그것은 한 공간 자체가 변형되어도 그 공간의 특성은 변하지 않고 남는다는 것을 말해주었다.

라캉은 자기를 매료시킨 루앙의 그림에 대해 '뭔가'를 쓰고 싶다는 뜻을 내비쳤다. 그래서 캉티니 드 마르세이유 미술관장인 마르셀 라투르가 전시회 서문을 씨줄 사람을 생각해보라고 하자 루앙은 라캉의 이름을 댔다. "정말 하고 싶은 일이네. 꼭 해보고 싶네."

루앙은 라캉이 농담한다고 생각했다. 하지만 곧 그는 글로리아를 통해 라캉이 밤새워 부탁받은 글을 쓰고 있다는 얘기를 들었다. 그러나 벌써 병색이 짙어진 그는 글을 마무리할 수가 없었다. 결국 1978년 6월에 그는 마르셀 라투르에게 최종 결과물을 보냈다. 그녀는 그것을 받고 깜짝 놀랐다. 그녀는 전화로 루앙에게 이렇게 말했다. "이건 글이 아니라 그림이에요. 실을 수 없습니다. 웃음거리가 되고 싶지 않아요." 그럼에도 불구하고 루앙은 그녀에게 라캉의 '선물'을 카탈로그에 인쇄하도록 강력히 요구했다. 하지만 그녀는 그것을 서문이 아닌 후기로 실었고 질이 좋지 않은 종이에 엷은 보라색 잉크로 인쇄했다.

몹시 난처해진 루앙은 브리지트 쿠르므와 함께 기트랑쿠르를 방문했을 때 라캉에게 감히 카탈로그를 보여주지 못했다. 하지만 그는 라캉의 성격을 잘 몰랐던 것이다. 라캉은 끈질기게 '보자고' 요구했다. 마침 이날 저녁 식사에 초대된 롤랑 뒤마 앞에서 그는 끔찍하게 화를 냈고, 마르세이유 시장인 친구 가스통 드페르를 통해 마르셀 라투르에게 보복하겠다고 협박했다. 시골 사람들의 무지 때문이라고 루앙이 아무리 무마하려 해도 라캉은 고소하겠다고 마음먹었다. 그러나 그런 불상사는 일어나지 않았다. "그는 장난감을 기대했다가 실망한 아이처럼 슬퍼했다."[76]

그것은 라캉이 발표한 마지막 텍스트가 되었다. 이 글의 초고는 아직 보존되어 있는데, 여섯 장으로 된 이 초고에는 그가 이미 죽음에 임박했음을 알리는 듯 흔들리는 필체로 그림과 글이 섞여 있다.[77]

1977년 3월에 EFP의 젊은 분석가인 쥘리에트 라뱅은 산중에 있는 한 별장에서 조심스럽게 준비한 약을 삼키고 자살했다. 프랑스 정신분석 5세대에 속하는 그녀는 5월 학생 봉기에 참여했던 많은 사람들을 분석한 분석가였다. 오래 전부터 그녀는 여러 제도들로부터 박해받고 있다고 느껴왔다. 하지만 그녀 세대의 모든 이들에게 그녀는 라캉주의가 만들어낼 수 있는 가장 훌륭한 것, 즉 실제로 무의식을 엿들을 수 있는 놀랍고도 위험한 능력의 상징이었다. 공인된 독단주의에 진력이 난 그녀는 심사위원회에 도전하기 위해 스스로를 통과 절차의 지원자로 '바쳤다'. 하지만 심사위원회는 질질 끌다가 결국 그녀의 지원을 거부했다. 그녀의 자살은 EFP로 하여금 가장 커다란 제도상의 위기를 겪게 했고, 결국 이 학파의 분열을 가져왔다. 나는 이미 이 일에 대해서 상세히 이야기한 바 있다.[78]

이 위기의 결과로 라캉은 초기 동료들의 운명에 대해 전보다 더 말이 없어졌다. 그러나 그는 세르주 르클레르와 함께 심사위원 중에서 쥘리에트 라뱅이 자살한 이유를 이해한 유일한 사람이었다. "나는 어떤 사람을 정신분석가로 인정할 수 있는 것은 오직 그 사람 자신뿐이라고 말해왔다. 이것은 명백한 사실이지만 위험을 내포하고 있다. 하지만 정신분석가는 반드시 통과 절차와 연관된 그런 위험을 무릅쓸 의무가 없다는 것을 덧붙이고 싶다. 정신분석가는 자발적으로 그것을 감수한다."[79]

쥘리에트 라뱅에게서 분석받고 있던 크리스티앙 레제가 다오메이가의 토메와 수리에게 합류한 것은 바로 이 시기였다. 공동 생활은 쉽지 않은 문제였다. 1976년 12월에 수리는 아파트 관련 문서와 '다오메탕'(Dahometans, 다오메이 가의 동거인들), 다시 말해 '통과중인' 모든 사람들의 의견을 담은 노트를 만들기 시작했다. 그는 이렇게 썼다. "나는 집주인 역할을 너무 많이 했다. 더 정확히 말하자면 나는 내 할아버지처럼, 우리 집안의 모든 가장들처럼 빈집의 주인 역할을 해왔다. 그러나 혼자 사는 것은 힘든 일이다. 내가 실제로 관심을 갖고 있는 것은 바로 생존을 위한 공동의 시도이다."[80]

수리는 모든 형태의 요법에 호기심을 보였다. 이해에 그는 토메와 함께 빈에서 오토 뮐이라는 구루가 이끌고 있던 한 단체를 찾아갔다. 이 사람은 '행동주의자'를 자처하면서 극한적인 형태의 체험을 설파했다. 프리드리히스호프라는 공동체의 회원들은 머리를 짧게 깎고, 알몸으로 생활하며, 동물들을 죽이고, 아우성치고, 말하면서 줄곧 몸짓을 하고, 동료들의 몸에 아무렇게나 그림을 그렸다. 수리가 이 이야기를 전했을 때 라캉은 무슨 얘긴지조차 이해하지 못했다. 그러나 매듭에 관한 연구는 이 학파가 해체되기 직전까지 계속되었다.

라캉이 점점 더 침묵에 빠져들게 되면서 보로메오 공동체도 EFP처럼 해산되었다. 하지만 이 공동체는 실제로 학교에 통합된 적이 없었다. 1980년 1월 5일에 수리는 새로운 단체인 'CF(프로이트의 원인)'에 지원하기로 결심했고, 이와 동시에 라캉에게 분석을 요청했다. 그는 이렇게 썼다. "저의 관심은 오직 선생님의 담론과 정신분석의 실천에 관한 것뿐입니다." 그리고 "지난 몇 달 전부터 릴 가 5번지를 몇 차례나 찾아갔지만 글로리아 부인은 당분간은 불가능하다고 말했습니다."[81]

그러나 수리의 오랜 요청에도 불구하고 아무런 응답도 없었다. 라캉이 침묵과 황혼의 끝에 이르기까지 계속해서 끈 엮기를 반복하는 동안 수리는 보로메오 식으로 문제를 해결했다. 그는 친구들에게 이렇게 썼다. "자살할 생각이네. 아파트 관리를 위해 미셀에게 맡길 5천 프랑을 동봉하네. 자살에 실패하게 되면 이 돈은 도로 돌려받을 생각이네. 만일 성공하면 이 5천 프랑과 내가 크리스티앙에게 맡길 5천 프랑을 자네들에게 주겠네. 그러면 아파트 문제를 해결할 수 있겠지."[82]

그는 일종의 시안화물을 만들어 세 개의 작은 병에 채웠다. 그리고는 1981년 7월 2일에 기차를 타고 베르사이유에 있는 포스-르포즈 숲으로 갔다. 숲 한가운데로 걸어간 후 그는 세 갈래로 나눠지는 길에서 멈췄다. 그리고 세 개의 병에 들어 있는 약물을 마셨다. 그는 즉사했다. 서른아홉 살이었다.

미셀 토메는 나중에 라캉의 마지막 훌륭한 친구였던 수리, 천사의 미소를 가진 네잎 클로버의 안내자의 편지와 연구 논문들을 모아 세 권의 책으로 엮는다.

3 정신분석의 영도(零度)

1977~78년은 라캉과 그의 학파가 긴 황혼의 길로 접어드는 시기였다. 쥘리에트 라뱅의 자살은 EFP를 제도상의 위기로 몰고가며, 이 위기는 결국 도빌 대회가 열린 1978년 1월에 불거진다.[1] 뱅센느 파리 8대학 임상학부의 설립과 함께 점점 더 밀레의 영향력이 커져가면서 라캉주의의 독단화 과정도 더 심화되었는데, 그것은 위기를 더욱 고조시켜 학교의 확실한 붕괴로 이끄는 요인이 되었다. 바로 이해에 르네 마조르와 도미니크 기샹이 이끈 '콩프롱타시옹 운동(Confrontation mouvement)'이 각 학회의 관료주의를 불만스럽게 여기는 다양한 정신분석 기관들의 반대자들을 끌어들이면서 상당히 규모가 커진 만큼 학교의 붕괴는 더욱 격렬해질 수밖에 없었다.[2]

정신분석의 순응주의를 훌륭하게 비판한 들뢰즈와 가타리의 『앙티-오이디푸스』가 출판된 지 4년 후인 1976년 12월에 프랑수아 루스탕은 이와 아주 다른 차원에서 똑같은 논쟁을 전개했다. 그는 『너무나 불행한 운명 *Un destin si funeste*』을 통해 프로이트주의와 라캉주의의 우상숭배적 특징을 조롱했다.[3] 하지만 이 책은 『앙티-오이디푸스』처럼 구조주의 역사를 내부적으로 비판하는 대신 라캉의 사고 체계 전체를 전체주의, 일종의 정신적 집단 수용소라고 공격했다. 이와 동시에 그는 구조적 결정론에 대한 전면적 비판을 통해 휴머니즘의 복권을 주장했다.

하지만 이러한 비판은 전혀 사르트르적이지 않았다. 그것은 프로이트 이론을 단순한 전이적 담론으로 축소시키고, 이 학설 전체를 타인을 미치게 만드는 광기의 무기로 간주했다. 루스탕은 라캉과 푸코, 알튀세의 '이론적 반휴머니즘'을 비난했고, 새로운 도덕 질서를 옹호했다. 그것은 사회보다는 개인을, 지적 모험보다는 전문적인 직업을, 독재하려는 야망을 가진 혐의를 받는 이론보다는 인간성을 중히 여기는 도덕 질서였다.

1977년 4월에 EFP의 옛 회원으로 '제4그룹'과 가까운 코르넬리우스 카스토리아디스는 『너무나 불행한 운명』을 호평하는 글을 『토피크 *Topique*』지에 발표했다. 이 논문에서 그는 이렇게 말했다. "15년 전부터 파리의 무대를 휩쓸었던 이데올로기들 — 여기서 라캉의 '정신분석'은 핵심적인 요소였다 — 은 이제 해체 단계로 접어들었다."[4] 그는 극단적인 어조로 푸코, 바르트, 라캉, 알튀세가 교묘하게 '공산당을 위해 견제 전술을 수행했다'[5]는 비난을 퍼부으면서 구조주의 시대 전체를 부정적으로 평가해버렸다. 다시 말해 구조주의는 스탈린주의와 마오이즘의 잔학함을 숨기기 위해 시니피앙이라는 개념을 이용했다는 것이다. 그는 또 들뢰즈와 가타리도 비난했다. "순박하고 엉터리없는 이들 철학 교수들이 갑자기, 무모하게 전세계에 자기 자신들의 리비도적 배설물을 끼얹으려 하는 교조적 마르크스주의자들의 정신분열증의 예언자가 되었다"는 것이다.[6]

이처럼 격렬한 비난은 1974년과 1975년 사이에 3권으로 출판된 알렉산드르 솔제니친의『수용소 군도』가 마르크스주의와 사회주의 일반에 대해 제기한 근본적인 비판을 배경으로 한 것이었다. 이러한 여세를 몰아서 카스토리아디스는 정신분석사에 대한 지극히 단순화된 개념을 제시했다. 그에 따르면 정신분석은 서양 세계의 해체의 싹이자 산물이다. 1938년에 라캉도 이와 비슷한 주장을 내놓은 바 있었다 ― 물론 카스토리아디스보다 훨씬 더 복잡하고 대가다운 방식으로. 이런 맥락에서 그는 다른 학문 분야를 끌어들여 프로이트주의의 '사이비 전문가들'의 '저능함'을 무너뜨린 라캉의 재능을 인정했다. 하지만 그는 라캉이 다른 사람들로 하여금 모든 생각을 자신에게 의존하도록 만듦으로써 결국 그들이 스스로 사유하지 못하도록 만들어버렸다고 말했다. 이러한 혹평의 중요한 근거가 된 것은 상담 시간의 길이 문제였다. 그는 이렇게 지적했다. "그러한 관행은 수년 전부터 공공연한 비밀이었는데, 라캉주의자가 아닌 분석가들 대부분이 이를 못 본 척해왔다. (……) 루스탕은 상담 시간이 불과 몇 분으로 줄어든 사실 ― 처음에는 라캉의 상담만 그랬지만 그것은 벌써 오래 전부터 라캉주의자들 전체의 관행이 되었다 ― 에 대해 함구했다. 이 스캔들을 가리기 위해 '이론적 정당화'가 시도되었지만 실패로 돌아갈 수밖에 없었다. '가변적 시간'이라는 허위적인 어휘가 무엇을 의미하는지는 누구나 다 꿰뚫어볼 수 있는 것이었다."[7]

실제로 1977년에 라캉은 상담 시간을 몇 분으로 줄였고, 당연히 이것은 스캔들로 받아들여졌다. 하지만 모든 라캉주의자들, 다시 말해서 EFP의 '모든' 회원들이 라캉을 따라 하고 있다는 카스토리아디스의 주장은 사실이 아니었다. 이와 정반대로 이 시기에는 라캉의 단 몇 명의 제자들만이 점차 상담 시간을 10분으로 하는 원칙을 채택하고 있었다. 어떤 사람들은 20분을 기준으로 선택했다. 하지만 대부분은 주당 서너 번의 상담 치료를 할 경우 적어도 상담 시간 30분을 지켰고, 주당 한

번 이루어지는 일대일 분석을 위해서는 45분을 유지했다. 다른 한편 IPA 분석가들은 여전히 지정된 45~50분을 준수했고, 몇몇 라캉주의자들도 그렇게 했다. 카스토리아디스는 또 라캉의 실천 방식이 그의 학파뿐만 아니라 비라캉주의자들에 의해서도 은폐되고 있다고 말했는데, 이것 또한 오해였다. 이와 반대로 라캉의 상담 시간은 EFP를 휩쓴 위기의 주요 원인들 중의 하나가 될 정도로 공개적인 논란의 대상이 되어 있었다.

IPA와 결별한 후 라캉은 모든 제도적 속박으로부터 자유로워졌다. 그는 이전과 하등 다름없이 분석을 진행했다. 즉 온갖 분석 기술을 뒤섞으면서 전통적인 규칙들은 무시했다. 그는 거침없이 같은 가족의 여러 사람을 분석했을 뿐만 아니라 환자들과 친구 관계를 유지하기도 했다. 이로 인해 그는 감정과 분석 영역을 엄격하게 분리할 수 없었다. 또 주저없이 연인들을 분석하거나 분석받고 있는 제자들을 연인으로 삼기도 했다. 그러나 그는 어떤 일관성을 고수했다. 가령 결코 성관계를 목적으로 분석을 이용하지는 않았다. 그는 어느 누구도 위협하거나 억압하지 않았으며, 결코 성적 호의의 대가로 자격의 인정이나 승진을 허용하지 않았다. 그리고 어느 누구에게도 분석 비용을 지불하라고 강요하지도 않았다. 라캉은 '사람의 마음을 끄는' 사람이었지 '독재자'가 아니었다. 그는 조종이나 사기, 매수가 아니라 말을 통해서, 자발적인 헌신을 끌어내는 비법을 통해서 지배했다. 가령 그는 결코 정신병 환자나 장애인을 이용하기 위해 전이적 힘을 동원하지는 않았다······ 여자들로 말하자면, 라캉은 때로 자기와 육체 관계를 가졌거나 갖고 있는 여자들을 분석하기도 했고, 때로는 여자 환자들의 환심을 사려고 노력하기도 했다. 하지만 그런 일은 '항상' 분석이 진행되는 장소 밖에서 이루어졌다.

만족할 줄 모르는 호기심으로 가득 찼던 그는 가능한 전이 관계의 모든 분열과 결합 관계를 탐구했다. 훈련 분석, 치료 분석, 세미나, 통과 절차, 점검, 사례 발표 등 이 모든 활동에서 그는 무의식의 기본적인 의미 작용을 연구했다. 한 학파의 지도자가 되었을 때부터 그는 자기 '신민들(sujets)'과의 관계에서 자유와 소크라테스적 사랑을 토대로 한 일종의 정신적 군주제를 수립했다. 1964~79년 사이에는 상담 시간이 계속해서 크게 줄어들었다. 라캉은 어느 누구도 거절하지 않았고, 자기를 누가 얼마나 숭배하더라도 제동을 걸지 않았다. 그는 변덕스런 아이이자 젖을 먹이는 엄마처럼 자기 이론과는 반대로 행동했다. 라캉은 이론적으로는 자아(moi) 일반의 전지전능성을 부정했으면서도 스스로는 자기 자아(ego)의 우위성을 주장했던 것이다. 라캉과 끝을 모르는 분석이나 점검을 계속한 것은 3세대의 일부 옛 회원들뿐만이 아니었다. 이들보다 젊은 세대들도 무리를 지어 몰려들었다. 라캉주의는 이들의 열망에 부응하는 것이었다. 이리하여 라캉은 더이상 정해진 시간에 약속을 정하는 법이 없어졌고, 릴 가의 아파트는 누구나 와서 예술 잡지, 책, 수집품들 속에서 어슬렁거릴 수 있는 일종의 피난처로 변하게 되었다.

아주 다양하고 많은 기록을 통해 우리는 생의 마지막 15년 동안 라캉의 분석 실천이 어떠했는지를 알 수 있다.[8] 이 중 첫번째 기록은 『어릿광대Le Pitre』라는 제목으로 1973년에 발표된 프랑수아 와이어강의 책이다. 라캉과의 분석에 관한 긴 이야기를 담고 있는 이 소설은 와이어강의 처녀작으로서 라캉 생전에 그에 관해 발표된 유일한 작품이었다. 그러나 그것은 현실과는 아주 거리가 먼 픽션이었다. 이 소설에 등장하는 '그랑 비지에'라는 이름의 박사는 사드 후작과 칼리오스트로, 발자크의 『외제니 그랑데Eugénie Grandet』에 등장하는 인색한 아버지를 모두 닮았다. 화자는 박사의 피분석자로서, 박사가 물건에 대해 집착하면서 자기 주머니 돈까지 훔치는 기술을 가지고 있다는 데에 매혹된다. 그랑 비지에는 발기 부전을 치료해줄 눈부신 '계집'을 만나게 해주려고 환자를 사창가로 보낸다.

두번째 기록은 스튜어트 슈나이더만의 저서로서 이것은 1983년에 뉴욕에서『지적 영웅의 죽음*Death of an Intellectual Hero*』(하버드 대학 출판부)이라는 제목으로 출판되었다.[9] 이 책은 미국인들에게 라캉의 모습을 선사(禪師)처럼 소개하기 위해 환상과 소문, 성도전과 사생활의 일화들을 경쾌하게 혼합했다. 그러나 몇 분으로 줄어든 상담에 대해서는 처음으로 현실 그대로 — 어떤 소설적 가장 없이 — 설명되었다. "짧은 혹은 사전에 길이를 알 수 없는 정신분석의 상담 시간에는 죽음의 공포와 같은 어떤 것이 있었다. (……) 상담 시간의 축소와 종결의 비예측성 간의 결합은 개인들에게 빨리 자유 연상으로 넘어가려는 경향을 부추기는 효과를 낳는다. 환자는 어떤 것이 머리를 스치자마자 자동적으로 말하게 된다. 왜냐하면 그것에 대해 반추하고 정교한 훌륭한 형식을 갖추어 표현할 시간이 없기 때문이다."[10]

이후에도 아주 짧은 증언들이 여럿 있었는데, 나는 이러한 자료들을 1986년에 출간된『프랑스 정신분석사』제2권에 하나하나 수록해두었다.

1989년에 피에르 레이는『라캉과 지낸 한철*Une Saison chez Lacan*』이라는 제목의 긴 이야기를 썼다. 이 책은 라캉의 분석을 완벽하게 기록한 첫번째 책이었다. 생생하고 평이하며 우아한 필치로 씌어진 이 글은 가십성 이야기나 선정주의, 잘못된 해석, 성도전 형식 따위의 요소들을 모두 배제한 훌륭한 르포처럼 읽혔다.『파리-프레스*Paris-Presse*』와『파리-주르*Paris-Jour*』지 기자로 활동했던 피에르 레이는 이어서 주간지『마리-클레르*Marie-Claire*』의 편집장이 되었다. 그는 분석가였던 친구의 권고로 라캉을 찾아갔다('뚱보'라는 별명을 가진 이 친구는 자살할 우려가 있는 사람이었다). 라캉과의 분석은 1969년 말에 시작되어 1978년까지 지속되었다.[11] 분석은 마주보면서 이루어졌으며, 엄청난 비용이 들었다. "내 가치관은 완전히 혼란스러워졌다. 이 혼란은 내가 공식 만찬에 너무 진력이 나 도박에 손을 대었을 때 극한 상태에 이르렀다. 나는 카드 도박을 하기 위해 점점 더 일찍 저녁 식탁을 떠났다. 어느새 나는 오후 3시부터 새벽 3시까지 12시간이나 줄곧 그곳에서 꼼짝하지 않게 되었고, 내 심장은 카지노의 진동에 맞추어 뛰게 되었다. 카드 딜러들이 새 게임을 시작하기 전에 카드를 뒤섞을 때 간헐적으로 찾아오는 지옥 같은 고통 속에서 매 30분 동안 30번 살고 30번 죽기를 반복했던 것이다."[12]

하지만 3개월 후에 이 환자는 많이 좋아졌다. 그의 공포증은 사라졌다. 그러나 분석은 계속 자살과 성, 시간, 돈, 예술작품 등의 문제를 빙빙 돌면서 위험천만한 속도로 진행되었다. 어느 날 레이는 릴 가에서 분석받고 있던 라캉의 연인을 만났다. "그녀는 인형같이 과장된 미모와 멋부린 옷차림에 창녀보다 더 짙은 화장으로 성적 매력을 발산했다……"[13] 그는 그녀와 호텔로 가 함께 밤을 보냈다. 다음날 그는 전날 밤에 있었던 일을 라캉에게 고백했다. 그러자 라캉은 질투심으로 격분했다. 또 어느 날에는 상담 시간에 자기가 그린 그림을 모아 만든 『팔로(Phallo)의 아이들』이라는 화집을 들고 갔다. 이 화집에는 '팔롤로지(phallologie)'를 주제로 69점의 다양한 그림들이 들어 있었다. 레이는 이 화집을 한 권밖에 갖고 있지 않았다. 그것을 본 라캉은 며칠 동안만 화집을 놔두고 가라고 부탁했다. "3주 후 그가 화집에 대해 아무런 언급도 하지 않자 나는 그것을 돌려받고 싶었다. 그러자 그는 자기가 화집을 얼마나 좋아하는지를 거듭 말하면서 — 그는 이 화집을 아주 마음에 들어했던 것 같았다 — 혹시 선물하지 않겠냐고 이리저리 말을 돌리면서 탐욕스럽게 물었다. 나는 그에게 기꺼이 내 피까지 주었을 것이다. 그러나 내 그림들은 줄 수 없었다. (······) 그는 글로리아에게 이 그림들을 복사해달라고 부탁했다."[14]

라캉이 극히 까다로운 환자들, 특히 자살 우려가 있는 환자들의 분석을 수락하면서 어떤 위험을 감수해야 했던가를 잘 보여주는 한 가지 끔찍한 사례가 있다. 어느 날 저녁 피에르 레이는 라캉의 집에서 나오는 한 여자를 보았다. 그는 그녀에게 왜 라캉을 찾아왔는지를 물어보았다. 그녀는 태연한 목소리로 아이를 품에 안고 9층에서 떨어졌는데, '짐 덩어리(fardeau, 아이를 가리킴)'가 대신 충격을 받았기 때문에 자기는 살아남았다고 설명했다. 그녀는 상담 시간 사이에 라캉의 서재에서 오랫동안 머물렀다.

피에르 레이의 책이 출판된 뒤 일 년 후에 나온 『자크 라캉, 릴 가 5번지Jacques Lacan, 5 rue de Lille』라는 제목으로 내놓은 책은 라캉에게 점검과 분석을 받은 한 정신분석가가 라캉의 치료 방식을 회상하는 첫 번째 책이었다. 약간 무거운 문체의 이 글은 라캉의 분석 기법, 릴 가의 상담실 구조, 상담 시간이 점점 짧아진 과정, 돈에 대한 라캉의 놀라운 탐욕에 대해 아주 귀중한 정보를 제공해주고 있다. "그곳을 처음 찾아와서 상담 비용을 걱정하는 사람들에게······ 그는 희미한 목소리로 나폴리 거지처럼 이렇게 속삭였다. '무엇이든 조금만 주면 됩니다!······', '무엇이든 조금만 놔두고 가십시오······'"[15] 고댕은 자기를 포함해서 일부 동료들이 이 저명한 박사의 분석을 받고 싶어한 데는 계산적인 동기가 있었다고 지적했다. "사실 우리 모두에게 라캉은 일종의 회사였다. 우리 모두가 주식을 갖고 있는 주식회사. 게다가 70년대 초에 그의 주가는 계속 올라갔다. 우리는 그의 몫을 지불하고 그의 주식 일부를 샀다는 환상에 빠져 있었지만 실제로 그는 우리에게 속하지 않았다. 그리고 당장은 우리 몫은 단지 의무만을 의미했다. 이익 배당금은 나중에, 훨씬 더 나중에 올 것이다. 혹시 있다면 말이다."[16]

같은 해에 프랑수아즈 지루는 『개인 교습Leçons particulières』이라는 저서의 한 장에서 라캉에게서 받은 분석 이야기를 다루었다. 이 분석은 1963~67년까지 4년 동안 지속되었고, 약 20분씩 400회나 이루어졌다. 당시 라캉은 상담 시간을 아직 극도로 단축하지는 않고 있었다. 그는 마들렌느 샵살을 만났던 시기에 『렉스프레스』지에서 프랑수아즈 지루를 만났다. 그녀는 이렇게 쓰고 있다. "나는 주도면밀한 계획에도 불구하고 자살에 실패했다. (……) 분석가들은 자살 우려가 있는 사람들을 꺼렸다. 고객 중에 사망자가 생기게 되면 항상 나쁜 결과가 초래되기 때문이다. 그러나 라캉은 이들을 받아들였다."[17] 장-자크 세르방-슈라이버와의 파경으로 인한 자살 소동 이후 프랑수아즈 지루는 남프랑스로 도피했다. 라캉은 이곳에 찾아와 그녀를 액-상-프로방스 페스티발에서 열리는 모차르트의 <돈 지오반니> 공연에 데려갔다. 돌아오는 길에 그녀는 그에게 분석을 요청했다. 곧 그는 그녀의 병이 다시 재발할 위험이 있다고 생각했는데, 실제로 그러한 일이 벌어졌다. "분석받기 전에 내 생활은 폐허나 다름없었다. 분석이 끝났을 때 나는 완전히 새로운 지평 위에서 다시 남자와 조화롭고 안정된 관계를 맺을 수 있었다."[18] 라캉은 지루와의 고전적인 형태의 분석을 성공으로 이끌면서 이와 동시에 프랑수아즈의 아들도 분석하고 있었다(이 아들은 1971년에 스키 사고로 죽었다). 1968년경에 그는 프랑수아즈의 딸인 카롤린느 엘리아셰프를 분석했다. 그녀는 나중에 의학 공부를 한 후 정신분석가가 되었다.[19]

릴 가 5번지의 아파트는 안 마당에서 먼 쪽에 있는 중이층(中二層)에 위치하고 있었다. 이곳은 상담실이자 주거지였다. 라캉의 침실은 아주 잘 정돈되어 있었고, 방문객과 분석 수행자들을 위해 4개의 방이 마련되어 있었다. 현관문 아주 가까이 수수하게 꾸며진 대기실이 있었다.

여기에는 유색 금속으로 된 화분 하나와 마호가니 목재로 도금된 조그만 원탁 하나, 검은 에나멜 칠을 한 목재 잡지꽂이가 있었다. 이 잡지꽂이에는 조르주 베르니에가 보내준 『눈L'Oeil』지가 가득 꽂혀 있었다.

대기실은 중간 방을 통해 한쪽은 상담실로 다른 한쪽은 서재 — 이 서재는 때때로 '지하 감옥'이라고 불리기도 했다 — 로 이어져 있었다. 이 중간 방은 라캉이 때때로 세미나를 준비하기도 했던 곳으로 일종의 '무인 지대'를 이루고 있었다. 이곳에는 책이 빽빽하게 들어차 있었고, 진열창 안에는 다양한 물건들이 전시되어 있었다. '매듭'을 표현한 석조 조상, 테라코타, 아프리카 목제품, 이집트의 얕은 돋을새김, 극동의 청동 제품들 등. 벽난로 윗벽에는 앙드레 마송이 그린 <폭포 곁에서 목욕하는 여자들>이 걸려 있었다. 대리석으로 된 벽난로 장식 선반 위에는 마다가스카르에서 장례식 때 사용하는 기이한 조상(彫像)이 서 있었다.

오른쪽 문으로 들어가면 서재가 있었다. 두번째 대기실로도 이용되는 이 방에는 400권의 희귀본이 16개의 선반에 세워져 있었다. 이곳에는 마호가니 목재로 된 작은 책상, 나무딸기 색상의 빌로드가 씌워진 큼직한 의자 두 개, 한 쌍의 안락 의자가 있었고, 마송의 또다른 그림 <도미노 놀이 하는 사람>이 방을 내려다보고 있었다. 상담실은 서재 왼쪽에 있었는데, 이곳 역시 항상 중간 방의 통로를 통해 들어갈 수 있었다. 중간 방은 모든 방향으로 열려 있는 진정한 의미의 통과 지점이었다.

이처럼 릴 가 아파트 자체가 라캉의 학설을 설명해주는 것 같았다. 방들은 4항 형태로 배치되어 있었고, 환자들은 이곳에서 통과 절차와 유사한 의식(儀式)에 따라 움직였다. 그리고 공간의 분류 체계는 입문 의식을 위한 미로를 상기시켰다. 환자들은 여러 공간 중에서 자기 상태에 맞는 피난처를 찾았다. 어떤 사람들은 '지하 감옥'에 혼자 떨어져 여러 시간 머무르다가 원한다면 다른 사람들 속에 끼여들 수도 있었다.

어떤 사람들은 각자의 시간을 마음대로 정할 수 있었다. 혼잡한 시간이면 상담은 단 몇 분으로 끝났고, 한가한 시간이면 10분 정도 지속되었다.

종종 라캉은 잠자리에서 일어나자마자 우아한 드레스 가운에 검은 실내화를 신은 차림으로 환자들을 맞기도 했다. 아주 빠른 속도로 몇 번의 상담을 끝낸 후 그는 면도도 하고 옷도 갈아입고 향수도 뿌리기 위해 사라지곤 했다. 때때로 그는 글로리아에게 손톱을 깎아달라고 부탁하기도 했다. 그는 손톱깎이가 움직일 때마다 아이처럼 끙끙거렸다. 보통 그는 재단사와 발 치료사, 미용사를 집으로 오게 했고, 그러면서 계속해서 환자들을 분석했다. 점심 시간이면 그는 이 아파트를 떠나 3번지에 있는 실비아의 집으로 식사하러 갔다.

이렇게 시간과 공간을 구성했던 라캉은 결국 사생활과 직업 생활의 경계를 없애버리게 되었다. 비상한 기억력에도 불구하고 그는 세월이 흐르면서 누가 분석중이거나 점검중인 사람인지, 누가 자기에게 매듭이나 수학소를 가져오는지, 그리고 누가 단순히 자기를 만나러 온 것인지를 분간할 수 없게 되었다. 그래서 글로리아가 카드를 작성해야 했다.

오후 6시에서 8시 사이에 파키타라는 여자가 글로리아와 교대했다. 이 젊은 스페인 여자는 약간 귀가 먹어서 그런지 냉담한 편이었다. 그녀는 릴 가의 이상한 분위기를 아주 잘 참아냈다. 라캉은 그녀를 '불쌍한 바보'라고 불렀고, 그녀의 이름을 큰 소리로 부르곤 했다. 그녀는 놀라울 정도로 태연하게 그의 엉뚱한 요구들을 참아냈다. 예를 하나 들어보면, 그는 그녀에게 차를 가져다 달라고 했다가 금세 마음이 변해 그녀를 다시 부른다. 그러면 그녀는 다시 와서 새로운 주문 사항을 듣고 물러가고, 그가 다시 부르면 또 돌아오고, 이렇게 지칠 때까지 왔다갔다했다.

이러한 상황 속에서 라캉의 분석은 더이상 그의 상담실에서만 이루어지지 않았다. 분석은 어디서나 가능해졌다. 우선 이 아파트의 다른 방에서 이루어졌고, 다음에는 세미나에서, 그리고 마지막으로 '레 데 마고'라는 카페에서 이루어졌다. 분석가들은 이 카페에 모여 각자의 상담 내용이나 내용의 부재를 토론하기도 했고, 때때로 스승의 몸짓이나 말에 대해 기이한 해석들을 내놓기도 했다. 라캉이 듣지 못하게 되었을 때도 일부 제자들은 우상처럼 숭배하던 위대한 그의 귀가 못 쓰게 되었다는 사실을 인정하려 하지 않았다. 이들은 이렇게 말했다. "그는 귀머거리가 아닙니다. 듣지 못하는 척하는 것일 뿐입니다." 이와 마찬가지로 1978년에 심장과 혈관 장애의 초기 증상이 나타났을 때에도 라캉의 '멍한 상태', 침묵, 격노, 때아닌 주먹질도 어떤 때는 미묘한 해석 행위로, 어떤 때는 나이로 인한 피로의 표시로 간주되기도 했다. 예고된 죽음의 강박관념에 사로잡힌 취약한 집단에게는 지도자가 존재한다는 사실이나 그를 진정 위대하게 만들어준 것에 대한 향수 어린 회상만 해도 굳은 단결을 위한 충분한 힘이 되었다.[20]

내가 수집할 수 있었던 이 시기에 대한 가장 놀라운 증언은 우다 오몽의 것이다. 여기서 그녀의 얘기를 들어보기로 하자.

1974년에 분석을 받기로 결심했을 때 나는 25세의 학생이었다. 알제리 출신인 나는 제네바에서 '프롤레타리아 좌파(GP)'와 가까운 어느 단체에 가담해 열렬히 투쟁했다. 그러나 아주 실망했다. 우리는 임시직으로 일하면서 아무 권리도 없던 포르투갈 이민 노동자들을 지지하는 대규모 시위를 조직하기 위해 일 년 동안 아주 열심히 일했다. 그러나 예정된 날 아무리 대중을 선동해도 단 한 명만이 시위에 가담했을 뿐이다. 나는 뜨내기 노동자로 일하다가 좌익 정치에 가까이 다가가게 되었던 것인데, 파리에 정착하면서 공부를 다시 시작했다. 나는 '반(反)남성주의'적인 생각에서 프티 리브르 루즈(Petit Livre Rouge)를 읽기 시작했고, 그래서 페미니즘 운동에 참여하게 되었다. 나는 열다섯 살 때부터 프랑스에서 살았고, 독립한 후에는 어머니와 함께 알제리로 갔다. 그러나 나는 아랍어도 할 줄 몰랐고, 알제리 여성들에게 강요되는 고압적인 교육으로 인해 위협을 느꼈다. 그것은 여성을 모든 사회 생활에서 배제시키는 회교의 전형적인 착취 방식이었다. 좌파 활동 후 나는 1972년에 다시 파리로 돌아와 '분석과 정치' 그룹에 참여했다. 이 그룹은 여성 해방을 내세웠지만 거의 동성애자로 구성된 단체였다(나는 동성애자가 아니다). 나는 이들 여성의 공동체에 갇혀 있다고 느꼈다. 당시 나는 다른 사람들과 교류할 수 없었고, 이 여성 단체도 나에게 도움이 되지 못했다. 그들처럼 나도 '도처에서 남자들'을 보았다.

그러나 한동안 나는 이 그룹 안에서 일종의 집단 분석을 받고 있다는 환상을 가졌다. 우리는 남성 쇼비니즘과 남자다움, 남색에 관해 얘기했다. 하지만 여성성에 관해서는 전혀 얘기하지 않았다. 왜냐하면 우리는 그것이 남자들이 쳐놓은 함정이라고 생각했기 때문이다. 우리는 우리 자신을 분석하기도 하고, 우리들의 대사제인 앙투아네트 푸크의 지휘 하에 자아 비판을 하면서 시간을 보냈다. 매일 모임이 있었고, 허심탄회하게 이야기를 주고받는다는 이유로 모임은 종종 새벽까지 지속되었다. 이런 모임들은 굉장한 고통을 가져다 주었지만 동시에 나는 열정과 일종의 해방감을 느낄 수 있었던 이 여자들만의 축제를 좋은 추억으로 간직하고 있다.

나는 여자에게서 분석을 받기 시작해야 한다고 확신했었다. 그래서 '파리 프로이트 학교'에 가서 여자 분석가들의 주소를 알아보았고, 그 김에 라캉의 주소도 함께 얻었다. 물론 그에게 갈 생각은 없었고, 릴 가에 살고 있는 라드밀라 지고리스를 찾아가기로 결정했다. 그러나 그녀는 나를 위한 시간이 없었다. 그래서 나를 다른 여자 분석가에게 보냈다. 그러나 이 분석가는 나를 투사하듯 해석했기 때문에 나는 곧 발을 끊었다. 그리고 나서 나는 나 자신에게 무슨 일이 있었는지 알아보기 위해 라캉과 약속을 잡았다. 나는 그를 만난 적은 없지만 그가 어떤 사람인지 알고 있었다. 첫번째 인터뷰는 적어도 한 시간은 지속되었는데, 라캉은 내 사례에 대해 흥미를 느낀다고 분명하게 말했다. 처음엔 보름마다 그를 찾아갔다. 그는 내게 얼마나 지불할 수 있는지를 물었는데, 상담 비용은 끝날 때까지 아주 저렴했다. 처음 몇 년

동안은 상담 시간당 100프랑이었고, 마지막 2년 동안은 150프랑이었다. 나
는 보통 오후 4시에 가곤 했는데, 늦게 가면 주의를 들었다. 그는 항상 아주
정확했고, 내가 이해할 수 있는 말로 질문했다. 그는 내 말과 표현들을 어떤
은어도 사용하지 않고 그대로 반복했다.

어느 날 내가 얼마나 뛰어난 학생인지를 보여주기 위해 '텅 빈 발화'와
'꽉 찬 발화'에 대해 말하자 그는 내게 어떤 의미로 그런 말을 하는지를 물
으며 곧바로 그러한 것에 마음쓰는 것은 별 도움이 되지 않는다고 설명했다.
이 몇 해 동안 나는 '마술에 걸린' 것 같은 느낌을 받았다. 라캉이 결코 도사
처럼 행동하지도 않았고, 분석 실행중에 어떤 마법도 부리지 않았는데도 말
이다. 그는 사람의 마음을 들을 수 있는 환상적인 이해력을 갖고 있었으며
아주 솜씨 있고 예민한 인간적 접근법을 터득한 사람이었다. 나는 항상 그
가 내 고통을 이해하고 있으며 나를 무시하지 않는다는 인상을 받았다.

내가 라캉에게 가게 된 이유는 아버지 일 때문이었다. 아버지는 릴 가에
살고 계셨다. 내가 라드밀라 지고리스와 약속한 날에도 나는 아버지를 보러
갔다가 릴 가에 있는 호텔 방을 빌렸다. 아버지는 노동자였고 아주 과묵하
셨다. 알제리 독립 전쟁시 아버지는 FLN(알제리 민족 해방 전선)의 경쟁 단
체인 메살리 아디의 PPA(알제리 인민당)와 가까웠다. 사실 아버지는 투사가
되기 위해 가족을 버리셨다. 분석받는 동안 나는 오빠를 통해 아버지에 관
한 어떤 사실을 알게 되었다. 아버지는 FLN의 투사 한 명을 죽였던 것이다.
이 남자가 메살리 하지(Messali Hadi)의 지지자를 프랑스 경찰에 고발했기
때문이었다. 암살 명령을 받은 사람은 아버지였다. 나중에 아버지는 수감되
었다가 몇 년 후 독립이 되어 석방되었다. 부모님은 이혼하셨고 나는 어머
니와 살았기 때문에 이 사실을 전혀 모르고 있었다. 어머니는 우리에게 아
무런 얘기도 해주시지 않았다. 감옥에서 풀려났지만 아버지는 일을 할 수
없었다. 아버지는 폐병에 걸리셨다.

라캉은 나에게 아버지와 화해하는 법을 가르쳐주었을 뿐만 아니라 나를
전투적 페미니즘에서 벗어날 수 있도록 해주었다. 그는 소위 '집단적'으로
이루어지는 조잡한 분석(억제받지 않은 분석)을 비난했다. 나는 그와의 분석

에서 그럴듯한 아버지를 만났다. 상냥하고 예절 바른 아버지, 나를 보고 행복해 기도하고, 나를 현실에서 활동하게 만드는 아버지(가령 아버지를 더 자주 보도록)를 만났던 것이다. 1974년에 나는 너무 일찍부터 EFP나 라캉의 측근들과 어울리기 시작했다. 어느 날 칵테일 파티에서 나를 본 라캉은 나를 이들로부터 떨어진 곳으로 불러 이렇게 하면 내 분석의 정상적인 진행이 방해받을 수 있으며, 정신분석은 진지한 일이기 때문에 서두르지 않아야 한다고 말했다. 1975년부터 나는 그의 세미나와 학교 활동에 참석했다. 나는 로랑스 바타이유를 알게 되어 그녀와 친구가 되었다. 당시 라캉의 분석을 받고 있던 어떤 사람들은 ― 나를 포함해서 ― 카페나 길가에서 만나 각자의 분석을 계속하거나 비판했다. 믿을 수 없을 정도로 놀라운 분위기가 형성되었다(특히 마지막 몇 해 동안에 그러했다). 모두가 라캉이 한 말에 대해 자유로이 주석을 붙였고 제 나름대로 해석했다. 이리하여 한 사람의 아주 사적인 경험이 공동의 재산이 되었다.

내 분석과 관련해서 일이 잘못된 것은 1978년 가을이었다. 10월에 나는 갑자기 아버지가 콜레라로 막 돌아가셨다는 소식을 듣게 되었다. 나는 아연실색하여 라캉에게 가서 이렇게 말했다. "아버지가 돌아가셨어요." 라캉은 대리석처럼 아무 말 없이 잠자코 있었다. 물론 그것이 그의 '해석'일 수도 있었지만 나는 그가 내 말을 듣지 않고 있고, 내가 하는 말을 이해하지도 못하며, 자리에 없는 것 같은 인상을 받았다. 이날 상담이 끝나기도 전에 나는 자리에서 일어나 나와버렸다. 그러나 이후에도 아무 일 없었던 것처럼 상담은 계속되었다. 라캉에 대한 신뢰가 흔들리고 있었지만 분석은 약속대로 계속 받았다. 그러나 라캉은 종종 내가 말을 시작하자마자 "당신에게 말해둘 게 있는데(il faudrait que je vous dirse que)" 하는 식으로 끼여들었다. 그리고는 곧바로 "그것은 전적으로 그렇습니다"라고 말하면서 상담을 연기해버리기 일쑤였다. 나는 상담을 끝내고 나올 때마다 낙담하여 울기 시작했다. 나는 분명 라캉이 말하는 'que'에 어떤 의미를 부여하고 싶어했던 것 같다. 나는 라캉이 내 진술을 거세 및 상실감과 관련해 해석하려 한다고 믿었다. 마음을 달래기 위해 나는 드보브 & 갈래 초콜릿을 먹기 시작했다. 그래서 아홉 달 만에 9킬로그램이나 살이 불었다!

그후 나는 내게 일어나는 일을 이해할 수 있었다. 나는 더이상 라캉을 옛날의 훌륭한 분석가로 인정하지 않았다. 나는 약속대로 계속 상담에 임했다. 하지만 아무 말도 하지 않았고 마치 미친 듯한 분위기를 풍겼다. 라캉은 환자들에게 매일 오라고 했고, 이들 중 어떤 사람들을 집 밖으로 내쫓기도 했다. 가끔이지만 그는 끔찍하게 화를 내고 주먹질도 했다. 대부분 '사자의 분노'처럼 단지 '화를 내는 척'하는 것이긴 했지만. 라캉은 더이상 내 침묵을 견디지 못했다. 내가 분석 의자에 눕자 그는 화를 내는 척하면서 나에게 덤벼들어 내 머리를 잡아뜯었다. 그는 이렇게 말했다. "뭐라고 말 좀 해!" 나는 충격을 받고 그런 행동에 대해 나를 방어해야 할 것 같은 느낌이 들었다. 그는 그런 날이면 저녁에 전화를 걸어 사과하면서 상담을 계속할 것을 요구했다. 또 어떤 때는 이미 다른 환자가 누워 있는데도 대기실에 있는 나를 데리러 왔다. 내가 그에게 먼저 온 환자가 있음을 상기시키자 그는 고통스러워하며 떨기 시작했다. 그는 너무나 당황해했다. 나는 글로리아와 함께 그를 책상으로 조용히 안내했다. 글로리아는 그런 상황에서도 항상 놀라울 만큼 침착한 태도를 보여주었다

나는 정신분석가들의 작은 동아리에서 라캉에게 머리채를 휘둘린 얘기를 했는데, 그러자 이들은 그것도 일종의 해석이라고 설명했다. 가장 재치 있는 설명은 "라캉은 ses tifs('네 머리카락'의 프랑스 속어 — 옮긴이)를 잡아당겼어…… 세티프(Sétif)는 바로 네가 태어난 곳이야!"라는 말이었다. 그때 우리 모두는 사실 시니피앙에 대한 강박관념에 빠져 있었다. 우리는 라캉을 먹고 마셨다. 이처럼 그는 항상 우리와 함께 있었다. 만일 시골(la campagne)이라도 갈라치면 우리는 'Lacanpagne'를 연상하지 않을 수 없을 정도였다!

나는 라캉이 죽기 몇 달 전에 분석을 끝냈다. 그때 그는 아주 쇠약한 모습이었다. 그래서 이 노인에게 존경심을 보이고 싶었다. 그의 죽음은 나를 몹시 슬프게 했고, 정말 눈물이 나왔다. 몇 년 후 나는 새로운 분석을 시작했다. 그때서야 비로소 나는 분석의 목표에 대한 문제를 제기할 수 있었다. 이때 나는 진심으로 분석에 귀를 기울였고, 어떤 모방도 피하면서 내 나름

의 분석 방식을 개발했다. 가령 나는 짧은 상담 방식을 버렸다.[21]

다음은 또다른 증언으로서 1974년 9월부터 1979년 7월 사이에 라캉에게서 점검 분석을 받았던 클로드 알모의 글이다.

나는 열일곱 살에 정신분석가를 찾아갔다. 그는 꿈을 환기시키는 분석 기법을 사용했다. 나는 이어서 SPP에서 훈련 분석을 받은 한 분석가에게게서 다른 요법을 시험해보았다. 내가 심리학 공부를 시작하면서 라캉의 글을 발견한 것은 1969년도였다. 나는 정신분석가가 되는 문제를 고려하게 되었다. 그러자 내 정신분석가는 SPP의 훈련 분석가를 추천해주었다. 훈련 분석 비용은 엄청났다. 이 훈련 분석가는 훈련 분석을 할 자격은 없지만 분석 비용이 덜 비싼 다른 동료를 소개해주겠다고 제안했다. 그러나 나는 분석가가 되기 위해 그런 길을 밟는 것이 불가능하다는 것을 알게 되었다.
당시 나는 장애아 학교에서 강의를 하고 있었다. 이곳에서 나는 모 마노니가 창립한 본뇌이유 실험 학교에서 근무하는 사람들과 자주 만났다. 나는 곧 실습생으로 이 학교에 고용되었고, EFP의 비서인 크리스티앙 시마토시를 찾아가면서 1971년에 프란시스 호프슈타인과 분석을 시작할 수 있었다. 나는 그가 라캉에게서 훈련받은 사실을 몰랐다. 나는 라캉의 세미나에 자주 참석하지는 않았지만 1974년 가을에 점검을 받기 위해 그를 찾아갔다. 나에게 그는 유일한 점검자이자 아버지와 같은 존재였다. 그때 나는 지방에 있는 어린이 정신병원에서 정신분석가로 근무하고 있었다. 그는 나와 전화로 약속을 잡았는데, 그전에 나는 내 이름을 여러 차례 반복해서 말해야 했다.
당시 나는 여러 개의 가방이 든 큰 가방을 메고 다니는 버릇이 있었다. 라캉은 나를 맞으면서 이렇게 말했다. "정말 그것이 다 필요합니까?" 그리고 나서 내 분석가가 누구였고, 왜 분석가가 되고 싶어하는지를 물었다. 내 생각에 분석가가 되려는 내 욕망은 내가 모국어인 헝가리어를 배우는 것을 아버지가 항상 반대하셨던 일과 관련되어 있었던 것 같다. 나는 다른 사람이 헝가리어로 말하는 것을 이해하지 못했다. 나는 의미를 찾고 있었다. 상담은 45분 동안 지속되었다. 라캉은 상담 비용을 정했는데, 나는 그가 100 프랑이라고 말했다고 생각했다. 그러나 실은 300프랑이었다. 그는 이렇게 말했다. "너무 과중한 부담이 아니길 바라네." 아주 비싼 금액이었지만 나는 문제없다고 말했다.

나는 일 주일에 한 번씩 점심 시간에 라캉을 찾아갔다. 상담 시간이 얼마나 됐는지 기억나지는 않지만 꽤 긴 편이었다. 20분에서 30분 정도. 나는 여러 사례들에 대해 얘기하곤 했다. 그러면 곧 라캉이 이렇게 말했다. "그것이 당신이 점검을 위해 준비해온 전부입니까?" 나는 단지 새로운 진술만 늘어놓아서는 안 되고 이전 상담 시간에 대해 미리 숙고해야 한다는 것을 이해하게 되었다. 일련의 상담이 진행되었고, 그는 상담중에 간간히 다음과 같이 말하곤 했다. "아가씨, 당신은 굉장한 사람입니다." 이 말 때문에 나는 고통스러웠다. 나는 그에게 뭔가를 알고 싶어서 왔으며, 내가 굉장한 사람이라고는 정말 믿을 수 없다고 말했다. 그는 이렇게 대답했다. "그것이 바로 문제입니다!" 여러 가지 문제를 가진, 여자 이름을 성으로 가진 사내아이의 사례와 관련해 그는 나에게 '라캉주의자처럼' 분석을 수행하고 시니피앙에 관해 주석을 달도록 했다.

라캉은 내가 아이 어머니에게 아이를 갖기를 원했는지에 대해 물어본 적이 있는지 알고 싶어했다. 그는 이 질문으로 나를 현실로 끌어내었다. 일반적으로 말해서 그는 언제나 이미 만들어진 지식을 전수하기를 피했으며, 어떻게 하는 게 좋다는 식으로 말하는 법이 없었다. 그는 내가 어떻게 하는지를 이해하려고 노력했고, 이를테면 스스로의 '스타일'을 발견하면서 분석가가 될 수 있도록 이끌었다. 그는 다른 사람들에게 자기 자신의 개성을 살리도록 요구했으며, 이와 동시에 원칙들에 대해서는 아주 엄격했다. 분석가는 환자와 상징적인 거리를 유지하는 한에서만 모든 것을 할 수 있고 모든 것을 말할 수 있었다. 예컨대 분석가가 분석중 환자에게 자신에 관해 말하는 것은 허용되지 않았다.

1976년에 나는 정신이상자인 여덟 살 난 남자아이를 치료해야 했다. 이 아이는 창 밖으로 투신한 적이 여러 번 있었다. 아이는 글을 읽을 줄 몰랐고,

음담패설을 했다는 이유로 학교에서 정학을 당했다. 아이는 네 살 때 증조부 무덤에서 처음 간질을 일으켰고, 이후 아주 심한 혼수 상태에 여러 번 빠졌다. 도대체 이유를 알 수 없었다. 뇌염이라는 진단이 내려졌고, 치료도 아주 비관적이었다. 아이는 의사에게서 죽음을 선고받은 것이나 마찬가지였다. 그의 광기는 쌍둥이 형제를 꾸며내는 형태를 취했다. 아이는 이 쌍둥이 형제에게 이름을 붙여주고 물구나무를 서서 이것이 바로 그 형제라고 했다. 라캉은 의학과 정신분석 어느 쪽도 아닌 경계선상의 사례라고 지적했다. "20년 전만 해도 그러한 사례들은 분석 대상이 아니었다. 그러나 이제는 그런 사례들을 분석하는 것이 우리의 임무다." 아이 어머니는 정신착란을 일으킨 적이 있고, 외할머니와 외삼촌은 정신병원을 드나든 이력이 있었다. 아버지는 성도착증 환자였고, 가족과 관련된 광증을 나타냈다. 그는 나에게 당장 이렇게 말했다. "정말 당신은 이 아이를 구할 생각이 없습니까?"

라캉은 나에게 이렇게 말했다. "분명 그것은 도전이지만 우리가 대응하지 않으면 안 되는 도전입니다." 아이의 상태 때문에 확신할 수는 없었지만 상담 시간에 아이가 자기 그림과 플라스틱 모형들에 대해 하는 이야기를 들어보면 아이가 남자 가족(아버지나 삼촌)에게서 성 학대를 당했고 아마 지금도 당하고 있다는 생각이 들었다. 어머니도 여기에 가담하고 있는 것 같았다. 나는 동료들에게나 재판 과정에서 이 점을 설득하는 데 어려움을 겪었다. 증거가 없기 때문에 이들은 내가 환상을 지어내고 있다고 말했다. 그러나 몇 년 후 아이의 막내 여동생(이 아이는 정신착란을 일으킨 적이 '없었다')이 어느 날 어릴 적 유모의 집을 찾아가 찢긴 팬티를 보여주면서 부모가 "나를 갖고 놀았다"고 말했다.

라캉은 내 말을 믿었다. 그는 내 말을 들으면서 플라스틱 모형이나 그림들을 보자고 하지도 않았다. 그는 아이를 가족들로부터 떼어놓기 위해 법에 호소하도록 용기를 주었다. 분석이 진행되는 동안 그는 아이를 보호하기 위한 나의 활동을 도와주었다. 또한 그의 도움으로 아이에게 전통적인 분석을 실시할 수도 있었다. 분석의 목적은 무엇보다 아이에게 물구나무 선 세상을 올바로 세워주고, 이어서 아이가 자아를 재형성할 수 있도록 돕는 데 있었다. 아이는 곧 내게 젖병을 달라고 했다. 라캉은 나에게 그렇게 하라고 말했다. "그렇게 하세요. 결국 이 아이는 아기나 마찬가지니 말입니다." 아이는 그렇게 해서 서서히 '쌍둥이 형제' ─ 그는 자기는 병들어 있고 자신의 쌍둥이 형제는 건강하다고 주장했었다 ─ 에게서 벗어날 수 있었다. 분리가 아주 성공적이었기 때문에 나는 어느 날 상담 시간에 아이에게 의학적인 검사를 받아야 한다고 말하는 것을 잊어버렸다. 이 사실을 라캉에게 얘기하자 그는 그저 이렇게만 말했다. "그 아이는 아마 정신분열증 환자일 겁니다." 간질 발작은 아이를 부모의 방문이 금지된 곳으로 보낸 다음날부터 멈췄다. 그러나 부모가 규정을 어기고 아이를 찾아올 때마다 간질이 재발했다. 2년 반의 분석을 거친 후 아이에게 신경 장애가 나타났다. 진단 결과 척수에서 악성은 아니지만 재발성(再發性) 종양을 발견했다. 아이는 수술을 받았고, 나는 이 과정에서 아이와 함께했다. 라캉은 매일 전화로 나를 격려해주었다.

수술 후에 아이는 더이상 상담하러 오고 싶지 않다고 말하기 시작했다. 사실 전이 과정에서 아이는 자신에게 생명을 주는 어머니의 역할을 나에게 맡겼는데, 이제 이 어머니가 자기 없이도 살 수 있는지를 알아보기 위해 나를 실험하는 것이었다. 하지만 나는 이해하지 못했고, 아이에게 무슨 말을 해야 할지도 알 수 없었다. 라캉은 내가 어떻게 해야 하는지를 말해주지 않고 그저 이렇게만 말했다. "당신은 아이에게 해야 할 말을 찾고 있지요. 그러면 곧 내게 전화를 걸어 당신이 아이에게 무슨 말을 했는지 이야기해주시오." 그렇게 말함으로써 라캉은 내가 아이에게 무슨 말을 해야 하는지를 설명하고 있었다. 나는 아이에게 이제 네가 스스로 처신할 수 있게 되었다고 말해주었다. 그러자 아이는 분석을 계속하기로 결정했고, 그리고 점점 광기에서 벗어났다.

1978년 말에 나는 라캉이 점검중에 점점 주의력이 떨어져가고 있음을 알게 되었다. 나는 그의 실제 상태를 이해할 수 없었고, 따라서 나는 그의 침묵과 상담 시간의 단축이 일종의 해석이라고 생각하기 시작했다. 즉 내 실천 방식이 옳지 않다고 말하기 위한 방식이라고 생각한 것이다. 나는 모든 잘못을 내 탓으로 돌렸다. 하지만 나의 분석가가 제시한 해석이 나를 이런 상황에서 끌어내주었다. 그는 이렇게 말했다. "라캉과 당신의 전이를 통한 라캉이 있습니다. 둘은 같은 것이 아닙니다." 나는 점검을 중단하기로 결심했다. 그때 나는 라캉의 메모를 받았는데, 거기에는 줄을 쳐 지운 흔적과 흔들리는 글씨들이 보였다. 그는 돌아오라고 요청하면서 주의를 기울이겠다고 약속했다. 하지만 나는 돌아가지 않았다. 1981년 후 나는 프랑수아즈 돌토와 점검 분석을 하면서 이제 열세 살이 된 그 아이에 대해 다시 얘기했다. 그런데 아이가 수술로도 제거할 수 없는 뇌종양에 걸린 사실이 밝혀졌다. 나는 끝까지 아이와 함께했다. 내가 마지막으로 방문했을 때 아이는 죽어가고 있었다. 아이 머리맡에 있던 아버지는 나를 돌아보며 이렇게 말했다. "이제는 얘가 당신에게 대답하지 않을 겁니다."[22]

보로메오 행성의 끝없는 '보여주기 작업' 속으로 점점 더 깊숙이 파고들어가면서 라캉은 상담 시간을 환상적으로 파괴해갔다. 정신분석 사상 처음으로 비범한 임상적 재능을 타고난 천재적인 사상가가 프로이트에 의해 세워진 모든 전이 체계의 바탕을 이루는 훌륭한 기술적 원칙을 잿더미로 만들어버린 것이다. 라캉이 그렇게 한 이유는 과학에 도전하기 위해서였다. 몇 년 후 그는 ― 몇몇 환자들의 분석에서 ― 짧은 상담에서 비상담(non-seance)으로 나아갔다. 영도(零度)화된 정신분석으로의 이행은 수학소와 매듭에 대한 파우스트적인 매혹이 심화되는 과정과 동시에 진행되었다. 라캉은 침묵을 지키면서 점점 더 많은 고리와 꼰 줄들을 보여주었을 뿐만 아니라 피분석자들이 실제로 무슨 말을 하는지를 듣는 능력조차 잃어버렸다. 그는 이들과 자신이 실제로 하는 말을 듣는 대신 슈레버 판사가 『회고록』에서 서술한 것과 비슷한 정신병의 기본 언어를 들으려고 노력했다. 즉 모든 일상적인 말의 불확실성을 무로 만들 수 있는 수학소의 언어를. 비상담은 그가 이러한 언어를 추구하고 있다는 것을 보여주는 증상이었다. 짧은 상담과 달리 그것은 환자에게 말하는 것도 허용하지 않았고(환자에게는 말할 시간이 없다) 말

하지 않는 것도 허용하지 않았다. 왜냐하면 환자는 침묵으로 허비할 시간이 없기 때문이다.[23]

1977~81년까지 라캉의 피분석자들 중에서 아주 소수만이 짧은 상담이 비상담으로 변했다는 사실을 알았다. 마치 라캉이 수행한 시간의 절대적인 파괴가 이를 직접 경험한 장본인들에게조차 지각될 수 없는 것이기라도 하듯이. 지금까지도 지옥으로의 이러한 추락에 참여한 대부분의 사람들은 최소한의 상담 시간이 있었다는 신화를 믿고 있다.

세월이 흐르면서 라캉은 돈에 대해 점점 더 탐욕스러워졌고, 인색하면서도 헤픈 씀씀이를 보였다. 그는 금덩어리를 수집할 정도로 금에 대한 강한 집착을 보였다. 말년에 그는 네 개의 은행 계좌를 갖고 있었다.

1970~80년까지 십 년 동안 그는 월평균 20일 상담을 실시했고, 시간당 평균 열 명의 환자를 받았다. 그는 일 년에 10개월을 하루 8시간씩 일했다. 그래서 만일 분석을 위한 상담 비용이 100프랑에서 500프랑 사이이고, 점검을 위한 상담 비용이 300프랑에서 500프랑 사이라고 생각한다면 그는 정신분석으로 일 년에 약 4백만 프랑을 번 셈이다. 그는 또 릴 가의 아파트 외에도 두 개의 아파트를 더 갖고 있었다. 마리-루이즈 블롱댕(말루)이 살고 있는 샤젤르 가의 아파트와 알프레드 라캉의 옛 가정부가 살고 있는 아파트가 있었다. '라 프레보테'는 부동산 회사로 변해 있었다.[24]

이처럼 라캉은 죽었을 때 — 발타사르 클라에와는 달리 — 많은 재산을 남겼다. 금, 선대에서 물려받은 유산, 현금, 장서, 예술품들과 그림들.

4 파라오의 무덤

1978년 가을 어느 날 라캉은 기트랑쿠르에 가기 위해 피에르 수리와 함께 자기 차에 올랐다. 파리 변두리에서 흰색 메르세데스는 미끄러져 길을 벗어났다. 라캉은 전혀 다치지 않았지만 주위 사람들은 그가 예전과 달리 쇠약해졌다고 생각했다. 그는 점점 더 쇠약해져갔고, 그의 침묵은 더 오래 지속되었다. 26번째 세미나 주제는 '위상학과 시간'이었다. 그런데 11월 21일에 열린 첫번째 세미나에서 라캉은 청강생들 앞에서 말을 잃었다. 라캉과 마찬가지로 이들 역시 할말을 잃고 당황한 기색을 보였다. 이들은 약 25년 동안 여러 세대의 지성인과 정신분석가들에게 숨돌릴 겨를을 주지 않던 목소리를 잃어버린 지친 노인을 주시했다. 강의실은 비극의 절정에 이른 것 같았다. 천천히 매듭과 끈을 그릴 때에도 라캉은 쩔쩔맸다. 그는 청중에게 돌아서서 짧게 실수가 있었다고 말하고는 강의실을 떠났다. 누군가 중얼거리는 소리가 들렸다. "상관없어요. 그래도 우리는 당신을 사랑합니다."[1]

세미나 때마다 침묵의 순간이 찾아왔음에도 불구하고 어느 누구도 이 늙은 스승이 아프다고는 생각하지 않았다. EFP의 해체가 결정된 1979년 12월부터[2] 이들은 라캉이 병들었다고 하지 않고(게다가 이들은 병명도 알지 못했고 어떤 정확한 진단도 내리지 못했다) 나이로 인해 피로해진 것이라고 주장하기 시작했다. 어떤 사람들은 라캉이 더 잘 듣기 위해 일부러 침묵하는 것이라고 말했다. 그의 명석함은 여전히 그대로이고 그의 귀도 여전히 훌륭하다는 것이었다. 라캉이 끔찍한 고통으로 초췌해져가고 갑작스런 얼굴 수축이 일어나 웃기도 하고 눈물을 흘리기도 했으나 이들은 모두 이런 문제들을 무시해버렸다.

클로비 뱅상의 제자인 제니 오브리는 라캉과 실비아의 오랜 친구로서 신경외과 의사가 되는 과정을 밟는 중이었다. 그녀는 병원 실습에서 항상 임상 관찰에 대한 예리한 감각을 보여주었다. 1979년 봄에 그녀는 라캉의 침묵이 노년의 나이로 인한 피로가 아닌 다른 원인을 갖고 있다는 것을 알아차렸다. 어느 날 점심 식사중에 라캉은 잠깐 동안 그녀를 알아보지 못했고, 그리고 나서 이상하게 굳어진 얼굴 표정으로 실망감을 나타냈다. 그때 그녀는 그에게 생긴 국지적인 얼굴 마비가 어쩌면 가벼운 뇌혈관 장애로 인한 것일지도 모르겠다고 생각했다.[3] 그녀가 옳았다. 그녀는 병명을 알지는 못했지만 1980년 7월경까지 눈에 띄지 않게 천천히 진전된 이 병의 전조들을 간파해냈다. 그러나 라캉은 명석함을 완전히 잃지는 않았다. 단지 그는 '멍한 상태'에 빠지고, 벌컥 화를 내거나 무의식적인 행동을 하기도 했다. 그리고 나이나 피로, 또는 이밖의 다른 심리적 원인에 의한 우울증으로는 쉽게 설명될 수 없는 일종의 실어증 증세를 보였다.

처음에는 몇몇 사람들만이 라캉의 이런 '멍한 상태'를 알아차렸고, 그의 측근들은 이를 부정했다. 이러한 점에서 파멜라 타이텔이야말로 아주 소중한 증인이 될 수 있을 것이다. 1978년 말에 그녀는 자기 책의 원고를 보여주기 위해 그를 만나러 갔다. 그는 그녀의 말을 듣고 난 후 서류를 갖고 어쩔 줄 몰라했다. 바지 지퍼는 열려 있었고, 옷차림은 정돈되어 있지 않았다. 평소에 외모에 그렇게 신경을 쓰던 그에게서는 절대 생각할 수 없는 모습이었다. 그러다가 갑자기 벽에 시선을 고정시킨 채 '나비'라고 중얼거렸다. 파멜라는 라캉을 잘 알고 있는 두 여자친구에게 이 일을 얘기했다. 한 명은 그녀의 말을 믿으려 하지 않았지만 밀레에게 전화를 걸어 이 얘기를 전했다. 그러자 밀레는 모르는 척 해달라고 부탁했다.[4]

1979년 11월에 실비아와의 만남 후 제니 오브리는 파리의 큰 병원의 신경외과에서 라캉의 건강 상태를 검사하기 위해 1월 18일 날짜로 예약을 했다.[5] 하지만 곧 경솔하게도 임금님이 벌거벗고 있음을 폭로했다는 이유로 그녀에게 온갖 비난이 쏟아졌다. 전단이 사방에 뿌려졌다. 여기에는 '라캉이 머리가 이상해졌다' 혹은 그가 '1월 21일 뇌종양 수술을 받을 것'이라고 말한 'A 부인'(오브리를 말함)을 비난하는 내용이 담겨 있었다.[6]

1980년 1월 8일에 EFP 회원들은 1월 5일자로 발송된 유명한 '해체 선언문'을 우편으로 받았다. 라캉은 이 편지를 통해 학교를 해체시키고 싶다는 뜻을 밝혔다. 이 편지는 곧 신문에서 놀라운 반향을 불러일으켰고, 모두가 다음과 같은 몇몇 대목에 대해 한마디씩 하고 싶어했다. "나는 어떤 희망도 없이 말한다…… 나는 père-sévère(말 그대로 하면 '엄격한 아버지'라는 뜻이지만 'persévére'〔집요하게 계속하다〕와 동음이의어이기도 하다 — 옮긴이)이다…… 종교의 안정성은 의미가 항상 종교적이라는 사실에서 비롯된다" 등.[7] 그러나 1월 8일부터 해체를 지지하는 사람들 사이에서 약간의 의혹이 싹트기 시작했다. 일 년 전부터 세미나에서 거의 말을 하지 않던 라캉이 이날 단조로운 목소리로 편지를 천천히 읽었기 때문이다. 물론 단 한 문장도 빠뜨리지 않았지만 가끔 어떤 말들을 잘

못 판독하기도 했다. 그리고 나서 그는 다음과 같은 문장을 덧붙였는데, 이것은 EFP 회원들에게 보내진 뒤 신문을 통해 발표된 편지에는 들어 있지 않았던 대목이었다. "이것이 바로 내가 1980년 1월 5일에 기트랑쿠르에서 내 이름 자크 라캉으로 서명한 것입니다. 자, 그러면 덧붙일 말이 더 있습니까?"[8] 이러한 부연 설명은 중요한 의미를 지니는 것이었다.

1월 8일부터 6월 10일 사이에 세미나 시간이 다섯 번 더 있었고, 다섯 번 모두 똑같은 일이 되풀이되었다. 드디어 라캉은 입을 열었는데, 그것은 확실히 말이 없는 그를 보는 데 익숙해진 청강생들을 즐겁게 해주었다. 하지만 더이상 예전처럼 말하지는 않았다. 대신 그는 타이핑된 텍스트를 읽었고, 이것은 즉시 『르 몽드』지와 『오르니카?』지에 게재되었다. 1980년 3월 18일 PLM-생-자크 호텔에서도 똑같은 일이 일어났다. 이 토론회에서 루이 알튀세는 그를 '화려하지만 불쌍한 어릿광대'에 비유했다. 그리고 7월 12일에 카라카스에서 연설할 때에도 마찬가지였다. 이 연설에서 그는 '라캉-아메리칸들'('라틴-아메리카'를 빗댄 말장난이기도 하다—옮긴이)에게 새로운 '프로이트 원인'으로 재결집할 것을 호소했다.[9] 다른 한편 EFP의 해체에서 '프로이트 원인'(CF, 2월 21일)의 창립, '프로이트 원인 학파'(ECF, 10월 23일)의 창립에 이르는 과정에 발표된 라캉의 편지와 논문들(그 중에는 서명된 것도 있고 서명되지 않은 것도 있다) 가운데 그 무엇에도 라캉이 직접 쓴 것임을 증명하거나 반증해주는 증거는 남아 있지 않다. 이 때문에 1980년 1월부터 1981년 3월까지 지속되다가 라캉의 죽음으로 한층 가속화된 라캉주의 운동의 분열 과정에서는 다음과 같은 질문이 결정적인 의미를 지니고 있었다. 라캉이 마지막 세미나에서 읽은 글의 저자는 누구인가? 라캉의 서명 유무를 막론하고 EFP 회원과 신문에 보낸 편지의 저자는 도대체 누구인가?

1986년에 나는 EFP 해체 과정을 주도한 중요한 두 사람, 즉 솔랑주 팔라데와 자크-알랭 밀레의 대조적인 증언을 책으로 출판함으로써 이처럼 미묘한 문제에 대한 답을 찾아보려고 했다. 솔랑주 팔라데는 해체 결정이 12월 30일 밀레의 집에서 어떤 열띤 토의도 없이 라캉에 의해 내려졌다고 주장했다. "아직 시간이 있을 때 그와 함께 무언가를 만들어내기 위해 빨리 행동해야 했다. 라캉은 더이상 글을 쓰지 못했다. 그래서 밀레가 편지를 작성하고 라캉이 수정하기로 결정되었다. 그는 자신이 원하지 않는 대목들을 삭제했다. 나는 기트랑쿠르로 돌아가지 않았지만 이해 첫 주말에 밀레가 전화를 걸어와 편지가 타이핑되어 발송 준비가 다 되었다고 알려주었다."

이와 달리 자크-알랭 밀레는 라캉이 편지를 썼다고 주장했다. "1월 6일에 기트랑쿠르에서 그는 내게 다음날 발송하라면서 해체 선언 편지의 원본을 주었다. 화요일 새벽(1월 8일)에 나는 릴 가에 잠깐 들렀다. 사방에서 전화가 쇄도했다. 세르주 르클레르가 전화로 '안부 전하네'라고 말했다. 라캉은 세미나에 가기 전에 이 편지를 약간 더 수정했다."[10]

팔라데와 밀레는 오늘날 어느 누구도 반박할 수 없는 두 가지 사항에 대해서는 의견을 같이했다. 1) 라캉은 토론 후 학교를 해체하기로 결정을 내릴 때 정신이 아주 맑았다. 2) 그는 편지를 약간 수정했다. 이이외의 점들에 대한 팔라데의 증언은 1월 8일에 "내 이름 자크 라캉으로 서명한 것입니다"라는 라캉의 주장을 확인시켜준다(물론 이 주장은 어디에서도 공식적으로 발표되지 않았다). 게다가 이 해체 선언 편지의 원본은 발견되지 않았다. 이처럼 논란이 많은 자료의 원본이 존재하지 않는다는 것은 매우 유감스러운 일이다.[11]

세미나와 강연이 있을 때면 라캉은 항상 손으로 쓴 원고가 아니면 적어도 간단한 메모라도 준비해갔다. 학교와 관련된 공식 자료들을 준비할 때도 마찬가지였다. 편지도 몇몇 예외를 제외하면 보통 그가 직접 손으로 썼다. 이 모든 점에 비추어볼 때, 그리고 이 시기의 텍스트들이 지니는 중요한 상징적인 의미를 생각할 때 라캉이 필적을 남기지 않았을 이유는 전혀 없다고 할 수 있다. 그가 문서화된 역사 자료에 부여했던 중요성을 기억하자. 아마도 라캉이 1979년 12월에 더이상 글을 쓸 수 없게 되었다는 솔랑주 팔라데의 말은 잘못일 수도 있다. 물론 이미 1978년 6월에 라캉이 프랑수아 루앙의 전시회 카탈로그를 위해 여섯 장의 글을 쓰는 데 아주 힘들어했다는 것은 앞에서 언급한 대로다. 게다가 내가 1980~81년 사이에 참조할 수 있었던 그의 친필 편지들도 모두 그것을 증명해준다. 이 편지들은 대개 단 몇 줄로 씌어 있고, 시간이 지나면서 점점 글씨가 흔들리고 있음을 볼 수 있다.

1980년 2월 초에 라캉은 사위와 딸이 아사 가에 세를 낸 새 아파트에서 함께 살게 되었다. 그는 6년 동안의 임대차 계약서에 자크-알랭 밀레와 함께 서명함으로써 공동 임차인이 되었다.[12] 그는 저녁이면 이 집으로 갔다가 아침이면 부축을 받으며 다시 릴 가로 와서 환자들을 받았다. 환자들은 천천히 조금씩 떠났다. 이는 모두에게 너무나 고통스러운 일이었다. 라캉은 버림받았다는 느낌 때문에 참을 수 없었고, 피분석자들을 자기 주위로 모으기 위해 최선을 다했다. 한편 피분석자들은 그들대로 라캉을 떠나는 데 대한 심한 죄의식에 사로잡혔다.

상황과 합법성의 논리에 의해 밀레 부부로 대변되는 가족의 권세 ─ 그것은 글로리아 곤잘레스와 아들레 예로디아, 그리고 얼마 동안은 로랑스 바타이유의 도움으로 유지되고 있었다 ─ 가 라캉의 유일한 도피처가 되었다. 당시 밀레는 이미 피분석자들을 받고 있었다. 그래서 그는 이제 학파의 지도자로서뿐만 아니라 라캉의 옛 동지들과 결별하기를 원하는 새로운 세대를 위한 실천 분석가로 자처하기 시작했다. 앞으로 출판될 라캉 저작들의 공저자이고, 라캉이 사는 집의 공동 임차인이며, 라캉이 사랑하는 딸의 합법적인 남편이자 그녀의 아이들의 아버지인 그는 2월에 창립하기로 된 새로운 학파 CF의 정관을 작성하는 데 최고 결정권자의 위치에 있었다. 최후의 위기가 터진 것은 바로 이 시기로, 이 위기는 법적인 가족과 정신분석의 가족 간의 단절로 이어진다.

1980년 9월 27일 다수결로 확정된 EFP의 공식 해체를 기념하기 위해 '라틴 아메리카 센터'에서 열린 리셉션에서 라캉이 더이상 그룹을 이끌 수 없다는 사실이 분명해졌다. 이미 9월 20일부터 측근들은 그가 결장암에 걸린 사실을 알고 있었다. 검진 의사는 직장 검사에서 아무것도 발견하지 못했지만 라캉 스스로 이 병을 진단해냈다. 라캉은 이렇게 말한다. "그는 바보다. 내 문제는 내가 안다."[13] 그러나 라캉이 고령이었고 암은 아직 초기 단계에 있었기 때문에 생명의 위험은 없었다. 종양은 국부적으로 나타났고 다른 곳으로 전이되지도 않았다. 따라서 만일 이 시기에 절제 수술이 이루어졌다면 라캉은 회복되었을 것이다. 그러나 라캉은 수술을 고집스럽게 거부했다. 그는 외과나 신체 질병 일반에 대해 항상 공포증을 보였고, 자기 몸에 어떤 이물질이 침입해오는 것도 참지 못했다.

라캉의 암 소식은 CF의 몰락을 가속화시키는 결과를 낳았다. '진짜' 병이 확인되자 사람들은 '또다른' 병에 대해서도 눈을 뜨게 되었다. 그러나 이 병은 딱히 뭐라고 병명을 말할 수도 없고 진단을 내릴 수도 없었다. 사람들은 단지 얼굴에 나타나는 경련성 증상을 통해서만 병의 존재를 감지할 수 있었고, 그것은 곧 소문으로 퍼졌다. 따라서 '라틴 아메리카 센터'에서 열린 파티 때 처음으로 그때까지 쉬쉬해온 것에 대한 일종의 집단적인 승인이 이루어졌다. 클로드 도르쾨이유는 이렇게 쓰고 있다. "승리를 선포하면서도 라캉은 다만 희미하게 미소지을 뿐 어떤 만족감도 표시하지 않았다. (……) 그는 이 자리에서 멀리 떨어져 있는 것 같았다. 그는 자기에게 내밀어지는 손과 거의 기계적으로 악수했고, 다가오는 사람들이 누군지 알아보지 못하는 것 같았다. 사무국이 마지막으로 가진 이 짧막한 모임은 이층에서 열렸는데, 이 모임에서 EFP가 더이상 존재하지 않는다고 알리는 공보(公報)가 작성되었다. 라캉은 말 한마디 없이 자리를 떠났다."[14]

옥타브 마노니도 똑같은 인상을 받았다. "그는 나를 알아보려는 듯 오랫동안 응시했지만 여전히 말이 없었다. 그의 태도에 당황한 나머지 나는 샴페인 잔을 엎지르고 말았다. 그는 이 장면을 목격하지 못했다. 글로리아가 마치 애완 동물처럼 그를 지켜보았다."[15] 그리고 모 마노니는 이렇게 말한다. "그의 측근들이 학파의 해체를 기념하기 위해 그를 마스코트처럼 데려왔다. 그는 어머니처럼 돌보는 글로리아와 함께 혼자 테이블에 앉아 있었다. 그는 아무도 알아보지 못했다. 그의 눈은 멍해 보였고, 손에는 기력이 없었다. 이후 일 년 동안 그는 측근들에 이끌려 여러 모임에 참석했다. 참석을 통해 그의 이름으로 이루어지고 있는 것을 합법화하기 위해서였다. 우리는 아주 위독한 환자를 선보인 야비한 전시회에 참석했다. (……) 라캉은 완전히 벙어리가 되었지만 그의 전설적인 위력은 너무나 커서 암시적인 힘에 약한 사람들은 마치 그가 이러한 침묵을 통해 말하고 있는 것처럼 생각할 정도였다."[16]

10월 10일에 라캉은 마지막 임상 치료 설명을 위해 생트-안느를 방문했다. 이것은 EFP의 회원이자 1972년부터 앙리-루셀르 병원에서 조르주 도메종의 조수로 일해온 마르셀 체르마에 의해 여러 해 전부터 마련되어온 자리였다. 1978년 6월에 체르마는 라캉이 환자들을 제대로 진단하는 데 어떤 어려움을 느끼기 시작했다는 것을 감지했다. 이해 말에 생트-안느의 여러 정신과 의사 동료들도 그의 설명 능력이 쇠퇴하고 있음을 감지하게 되었다. 이들은 뇌의 장애를 원인으로 보았다. 이들 중에는 신경외과의인 루이 메리엔느 교수도 있었다.[17]

1980~81년도 학기가 시작되는 가을에 체르마크는 라캉이 훨씬 더 심한 퇴행적 증상을 보이는 것을 확인하며 애석해하고 당황스러워했다.

침을 지나치게 많이 흘리는 모습, 얼굴의 불균형, 발을 질질 끌며 잔걸음으로 걷는 걸음걸이, 쉽게 흥분하는 성격 장애, 시간과 공간의 방향을 잃어버리는 것. 밀레는 10월 10일로 예정된 임상 치료 설명회를 계단 강의실이 아니라 사적인 장소에서 가질 수 있게 해달라고 요청했다. 환자가 들어오자 라캉은 잠시 그의 말을 들었다. 그리고 자리에서 일어나 몇 마디 하고는 자리를 떠났다. 이후 더이상의 발표는 없었다.[18]

한편 장 클라브뢸도 1978년 여름에 이미 이와 똑같은 증상을 목격했다. "라캉은 주도적으로 상황을 이끌어가는 능력이 현저히 저하되고 갈등 상황에 대처할 수 없는 무능력을 드러냈다. (……) 이처럼 확실한 병적 증세를 생각해볼 때 라캉이 1979~80학년도 세미나와 카라카스 국제 회의에서 발휘했다는 능력도 의심스러운 것이다. 우리는 이 세미나 동안 라캉이 여느 때처럼 말로 설명하지 않고 글을 그대로 읽었다는 점에 주목해야 한다."[19]

그러나 현재 ECF의 회원인 장-루이 골이 1976~80년 사이에 라캉에게서 분석받으면서 감지한 라캉의 병세에 관한 이야기는 이와 전혀 다르다. 그는 1992년에 다음과 같이 말했다.

그가 마지막 세미나들의 원고를 직접 쓰지 않았다는 주장은 우스꽝스럽기 짝이 없어 보인다. 여기서는 그가 항상 주장했던 것, 즉 누구나 라캉의 욕망이라고 짐작할 수 있는 것이 그대로 제시되어 있다. (……) 그의 세미나 원고가 다른 사람에 의해 대신 쓰여졌다는 것을 누가 증명해 보인다 해도 결코 나의 확신을 바꾸지는 못할 것이다. 나의 확신은 경험적 관찰의 차원을 넘어선 것이다. 물론 이에 대해 여전히 이의가 제기될 수 있을 것이다. 사람들은 내가 너무 내 판단을 과신한다고 비난할 수도 있을 것이다. 그러나 나는 라캉의 행동의 논리와 함께 그의 욕망을 확신하게 되었는데, 이는 단지 그의 육체적 현존이나 힘에만 좌우되지는 않는다. 물론 그도 신체적 약점이 있을 수는 있다. 그러나 그것은 그의 욕망이나 그의 정신분석에 대

한 관계와는 아무 관련도 없는 것이었다.[20]

1980년 11월 13일에 라캉은 공증인과 두 명의 증인, 즉 의사와 글로리아 곤잘레스 앞에서 유언을 받아 쓰게 한 다음 유언장에 서명했다. 이 유언은 정식으로 타이핑되었다. 그는 딸인 주디트를 유산 상속자로 지정하고, 만일 그녀가 자기보다 일찍 사망할 경우에는 그녀의 자식들이 상속권을 승계하도록 했다. 자크-알랭 밀레는 출판되었거나 미출판된 저작들의 유언 집행자로 지정됐다. 이 외의 사항에 대해서는 다른 어떤 지시도 없었다.[21]

한 달 후에 밀레와 라캉의 오랜 동료들 대다수가 갈라서리라는 것이 확실시되었다. EFP의 건물을 새로운 학파인 CF에 임시로 임대하는 문제와 정관 작성에 관한 문제가 직접적인 계기가 되었다. 밀레의 분석가이자 이 시기 내내 그의 동지였던 샤를 멜망은 밀레가 '출처가 의심스러운 기록'을 사용했다고 비난했다.

이제는 정말 '노병들'이 우리가 어떤 상황에 처해 있는지 자유롭게 발언해야 할 때가 되었다. CF는 아직 결성도 되기 전부터 벌써 괴물로 변할 수도 있는 기형성을 드러내고 있기 때문이다. 왜? 왜냐하면 이 안에서 모든 것은 라캉의 이름으로 결정되고 기록되지만 라캉의 역할은 단순히 거의 자동적으로 서명을 해주는 것에 지나지 않기 때문이다. 안타깝지만 사실이다. 하지만 이러한 사실을 간파하기는 쉽지가 않다. 특히 라캉이 마침내 새로운 조직을 세우는 것을 보고 싶어하고 또 거기에 영광스럽게 소속되기를 바라는 제자들의 소망이 진실을 가리고 있다. 그러나 우리는 억지로라도 진실을 응시해야 한다. 비록 다행히 라캉이 아직 우리 곁에 있기는 하지만 CF는 라캉 없이 세워지고 있다. 나이와 피로로 인한 그의 무능은 그의 서명과 심지어 목소리까지 마음대로 사용할 수 있는 사람들, 그래서 그로 하여금 전혀 프로이트적이지 않은 대의에 사용된 출처가 의심스러운 기록을 승인하거나 말하도록 만드는 사람들에게 멋대로 행동할 여지를 준다. 라캉 텍스트의 해석자들이 최근 몇 달 동안 라캉의 이름으로 배포된 글에서 약간 강요된 듯한 매너리즘이 나타난다든가 오래된 원고들에서 골라낸 한두 가지를 제외하고는 어떤 새로운 생각도 없다든가 하는 사실을 주목하지 못하고 있는 것은 아주 놀라운 일이다.[22]

따라서 제니 오브리가 온갖 비난을 무릅쓰고 발표한 라캉의 장애를 라캉의 가장 가까운 측근들이 마침내 공식적으로 인정하기까지는 일 년이라는 기간과 학교의 해체와 관련된 일련의 사건을 거쳐야 했다. 다른 한편 밀레에게는 이 모든 공격이 스승을 '매장'시키기 위한 음모에 지나지 않았다.

라캉은 오랫동안 친구들에게 힘과 치명적인 종창(腫脹)의 이미지를 보여주었다. 아침부터 저녁까지 수많은 사람들을 분석하는 놀라운 능력을 갖춘, 작가이자 학자이고, 박식하면서도 호사스럽고 저항할 수 없는 비타협적인 사람, 보들레르의 말대로 3초를 1초로 사는 세상에 둘도 없는 사람을 지도자로 삼을 때 사람들이 얼마나 자축했고, 이렇게 말해도 좋을지 모르겠으나 '잉여 향락을 누렸는가'. 그리고 이제 그는 늙었다, 아주 많이. (……) 그를 숭배하던 많은 사람들(그럴 수밖에 없지 않았을까?)이 그가 오히려 죽기를, 벌써 매장되기를 바란다. 그러나 그는 여전히 앞의 시인의 말대로 '극히 비열한 땅으로부터 두 발자국'은 떨어져 있다.[23]

하지만 1981년 초에는 더이상 라캉의 건강이 정상이 아니라는 사실을 부정하기가 불가능해졌다. 밀레는 반대자들이 욕설을 퍼붓는다고 비난하기도 했지만 1월 17일 파리에서 CF의 후신인 '프로이트 원인 학교(ECF)'의 정관을 공표하면서 이 학파가 라캉에 의해 창립된 것이 아님을 인정해야 했다.[24] 하지만 그는 새로운 라캉-밀레 그룹을 가리켜서 입양이라는 표현을 사용하면서 라캉이 '자신의' 학파가 아니라 '제자들의' 학파의 창립을 원했다고 주장했다.[25]

그런데 입양이라는 용어의 사용이 문제를 일으켰다. 밀레는 이제 점점 라캉처럼 말하고 쓰고, 라캉의 목소리와 귀가 되고, 라캉의 정통성을 구현해야 하는 어려운 입장에 빠져들었던 것이다. 법에 의해 저작의 관리자로 지명되는 것과 이 법의 이름으로 학설의 정통성 전체를 구현할 것을 주장하는 것은 전혀 다른 문제이다. 밀레는 이 두 문제를 구분할 줄 몰랐고, 법이나 다른 법적 수단을 통해 정치적 · 이론적 갈등을 해결하려고 했다. 결국 그는 ECF를 독단주의라는 막다른 길로 이끌고 말았다. ECF는 창립 당시 가해진 온갖 비난에도 불구하고 고지 탈환의 열광 속에 EFP의 회원 90명을 끌어올 수 있었다. 그러나 향후 10년 동안 ECF는 창립 과정에 대한 의혹에 계속 시달려야 했고, 연쇄적인 탈퇴 파동을 감수해야 했다. 다음과 같은 의문들이 되풀이 제기됐다. 과연 이 학파는 다른 라캉 그룹들에 대해 특권적인 위치를 주장할 수 있는가? 이 학파는 다른 그룹들과 달리 창시자의 인정을 받았다는 점을 내세울 수 있는가? 이 학파는 아버지의 합법적 아들인가 아닌가? 이 학파는 아버지-의-이름을 요구할 권리가 있는가 없는가?

EFP의 해체로부터 ECF의 창립으로 이어지는 과정의 추이에 관해 당시 씌어진 가장 훌륭한 글 중의 하나는 「정신분석 관리하기」라는 피에르 르장드르의 글이었다. 르장드르는 이 글에서 라캉이 법적으로 정당화된 한 가족의 아버지로 변신하게 됨으로써 그의 업적의 가치가 실추되었을 뿐만 아니라 라캉 개인에 대한 사랑으로 위장된 증오를 불러일으켰음을 지적했다.[26] 이 점에 대해서는 나중에 다시 자세히 살펴보기로 하자.

죽기 전 말없는 라캉은 사람들의 질문에는 아무 대답도 주지 않은 채 자신의 삶과 학설의 기본적인 시니피앙들로 되돌아갔다. 그는 스핑크스처럼 보로메오 행성의 산중에 기거하면서 가끔 침묵을 깨고 수수께끼 같은 진리를 말하곤 했다.

1981년 8월 12일에 라캉은 기트랑쿠르에 혼자 있었다. 주디트와 자크-알랭은 코르시카로 휴가를 떠났고, 실비아는 일 드 레에 있었다. 그리고 글로리아는 병석에 누운 어머니를 간호하기 위해 스페인에 있었다. 압둘레 예로디아는 세네갈의 수도인 다카르에 머물고 있었다. 파리의 집에 혼자 있던 티보는 밤늦게 전화를 받았다. 그는 몹시 불안해하는 아버지의 희미한 목소리를 들었다.

"웬일이세요?"

"그냥."

"어디세요?"

"기트랑쿠르에 있단다."

"제가 지금 갈까요?"

하지만 라캉은 아들에게 열흘 후에 오라고만 부탁하고는 전화를 끊었다. 이것이 두 사람의 마지막 대화였다. 그리고 마지막 약속은 지켜지지 않았다.

21일에 라캉은 장 폐색으로 인해 심한 복통을 느꼈고, 소변도 볼 수 없었다. 수술을 피할 길이 없었다. 15일에 스페인에서 돌아온 글로리아는 곧 의사에게 전화를 걸었다. 의사는 서둘러 라캉을 파리로 옮기고 나서 하르트만 클리닉에 자기 이름으로 입원시켰다. 이 병원은 33년 전에 라캉의 어머니가 돌아가신 곳이었다. 주디트와 자크-알랭, 실비아, 압둘레가 모두 파리로 돌아왔다. 티보는 기트랑쿠르에서 만나기로 한 아버지와의 약속이 취소되었다는 전갈을 받았다. 글로리아는 티보에게 '모든 일이 잘 되고 있고', 입원을 하면 의무적으로 '검사를 받아야' 하는 거라고 말했다. 그러나 티보가 화를 내며 자세히 말하라고 다그치자

글로리아는 사실대로 고백하면서 아버지가 '말하는 것을 원하지 않았다'고 주장했다. 아들은 매일 와서 아버지의 병상을 지켰다.[27]

종양은 아직 확대되지 않았고, 혈관 증상 역시 더이상 진전되지 않은 상태였다. 외과적으로 두 가지 해결책이 가능했다. 임시로 인공 항문을 설치하는 수술을 2회에 걸쳐 하는 방법 아니면 의학적 봉합술이라는 새로운 기술로 수술을 한 번 하는 방법. 첫번째 방법이 좀더 확실했지만 환자에게는 더 고통스러웠고, 두번째 방법은 더 위험하지만 어떤 후유증도 ― 일시적인 후유증조차 ― 남지 않는 장점이 있었다. 외과의와 밀레가 두번째 방법에 찬성했기 때문에 그렇게 하기로 결정되었다. 라캉은 수술 전에 주사를 맞으면서 심한 욕설을 내뱉었고 간호사들에게 몹시 화를 냈다. 이후 며칠 동안 그는 아주 좋아진 것 같았다. 하지만 갑자기 상처를 꿰맨 부위가 뜯어져 패혈증을 동반한 복막염을 일으켰다. 끔찍한 고통이 뒤따랐다. 프로이트의 병상에서 막스 셔가 그랬듯이 의사는 안락사에 필요한 약을 처방했다. 마지막 순간에 라캉은 그를 노려보았다. 그는 9월 9일 수요일 오후 11시 45분에 사망했다. 그는 마지막으로 이런 말을 남겼다. "나는 집요하다. (……) 나는 사라지고 있다."[28]

시체는 한밤중에 아사 가로 옮겨졌다. 라캉의 죽음은 9월 10일 오전 9시에 제6구 시청에 신고되었다. 서류에는 라캉이 '아사 가의 자택에서' 사망했다고 기록되었다.[29] 티보를 통해 소식을 듣자마자 마르크-프랑수아는 여동생 마들렌느와 함께 오트콩브 수도원에서 왔다. 그는 형의 마지막 순간을 지켜보지 못한 것을 통탄했다. 한편 빈에 있었던 시빌 역시 너무 늦게 소식을 접했기 때문에 아버지의 임종을 지켜볼 수가 없었다.[30]

'타나토프락시스(Thanatopraxis) 프랑스 연구소'에서 훈련받은 한 전문가가 와서 매장 전에 시체에 옷을 입히고, 몸과 얼굴을 최대한 단장했다. 관에 뉘어진 라캉은 파란색과 보라색이 섞인 체크 무늬 상의에 나비 넥타이를 하고 있었다.

그는 병원에서 남의 이름으로 죽은 뒤 공식적으로는 단지 공동 임차인으로 살았던 집에서 죽은 것으로 발표되었다. 이것이 바로 이 위대한 진리의 이론가가 맞은 최후의 운명이었다.[31]

다음날 라디오와 TV 방송에서 그의 죽음을 알렸다. 시체를 직접 보지 못한 라캉주의자들 사이에는 얼토당토않은 소문들이 나돌았다. 어떤 사람들은 라캉의 '적들'이 라디오와 텔레비전 방송국에 침투해 그가 죽었다는 뉴스를 내보냈다고 생각했다. '유럽 1' 라디오 방송국의 사회자는 "라캉이 사망했습니다. 그리고 구름이 서쪽으로 몰려들고 있습니다"라고 말하면서 나쁜 소식은 계속 이어지는 법이라는 것을 재치 있게 표현했다고 믿었다. 이날 저녁 텔레비전에서는 루뱅에서의 강연 일부를 발췌해 소개했는데, 여기서 라캉은 구루의 이미지로 묘사되었다. 오직 신문과 '프랑스-퀄튀르' 라디오 방송만이 내용이 충실한 보도를 했다. 『리베라시옹』지가 유일하게 라캉의 죽음을 둘러싼 배경 기사를 '라캉 스타일'로 표현된 슬로건과 섞어서 내보냈다. 예를 들어 'Tout fou Lacan'(이것은 '완전히 미친 라캉'이라는 뜻이지만 이와 동시에 'tout fout le camp', 즉 '라캉은 다른 모든 사람들처럼 죽었다', '라캉은 라캉 자신일 뿐이다' 등으로도 들린다).[32]

아사 가의 집은 라캉의 친구와 제자들에게도 개방되지 않았다. 대표로 라캉에게 경의를 표하기 위한 몇 명의 ECF의 투사들에게만 출입이 허락되었다. 장례식 날짜는 공개적으로 발표되지 않았고, 장례식 장소도 사후에야 『르 몽드』지를 통해 알려졌다. 성직에 들어선 지 50주년이 되는 11일 금요일에 마르크-프랑수아는 생-프랑수아-드-살 교회에서 티보와 카롤린느의 아이들 앞에서 미사를 올렸다. 시빌은 참석하지 않았고 라캉의 시신도 없었다. 라캉은 언젠가 지나가는 말로 성대한 가톨릭 장례식을 꿈꾼 적이 있긴 했지만 그는 무신론자였다. 마르크-프랑수아는 자리에 참석한 사람들들에게 형을 위해 기도할 것을 제안했다. 그는 형의 모든 저작이 비록 '교회와 성경을 본질적인 부분으로 하고 있지는 않지만' 그래도 가톨릭 문화를 반영하고 있다는 것을 상기시켰다.[33]

토요일, 약 서른 명의 사람들이 좁은 시골길을 따라 기트랑쿠르에 있는 묘지로 향하는 장례 행렬에 동행했다. 라캉과 가까운 사람들 중에는 실비아의 친구들이 있었다. 미셸과 루이즈 레리스, 수잔느 메를로-퐁티. 그의 측근으로는 ECF의 대표자 한 명이 전부였다. 옛날의 동지들도 없었고 개인적인 친구도 또 저명인사도 없었다. 마르크-프랑수아는 비종교적으로 치러지는 이 장례식에 참석하지 않았고, 라캉의 두 가족이 함께 참석했다. 티보의 간단한 추도사가 있었고, 주디트는 여기 묻히는 사람이 자기 아버지라는 것을 확인했다. 마을 위쪽 언덕을 향하고 있는 묘비에는 금색 글씨로 다음과 같이 간단히 새겨졌다. "자크 라캉, 1901년 4월 13일~1981년 9월 9일."

언젠가 라캉은 친구인 마리아 안토니에타 마치오키와 얘기를 나누다 약간 감정적이 되어 이렇게 고백했다. "아! 이탈리아인들은 아주 지적입니다! 만일 죽고 싶은 장소를 선택할 수 있다면 바로 로마에서 말년을 보내고 싶습니다. 저는 로마에 대해 자세히 알고 있습니다. 골목이며 분수, 교회…… 그리고 만일 로마가 불가능하다면 베네치아나 피렌체도 괜찮을 겁니다. 저는 이탈리아의 별 아래서 태어났습니다."[34]

라캉이 사망한 후 다양한 경향의 라캉주의자들 사이에서 맹렬한 싸움이 벌어졌고, 이 싸움은 오늘날까지도 끝나지 않고 있다. 한편 가족들 사이에서는 라캉의 성을 가진 유일한 후손인 마리-루이즈 블롱댕의 자식과 손자들이 라캉의 유언에서 부당한 대우를 받았다고 생각했다.

라캉은 유언을 통해 밀레 가족에게 대부분의 재산, 이미 출판된 저작과 유작의 출판에 관한 절대 결정권을 물려주었다. 십 년 동안 이 두 가족은 일부 예술작품과 돈의 소유 문제로 법정에서 대립했다. 심지어 형사 소송으로까지 비화된 문제도 있었지만 공소 기각되었다.

미국에서 라캉의 죽음은 『뉴욕 타임즈』에 단 몇 줄로 보도되었을 뿐이다. 프로이트주의의 프랑스적 변형인 라캉주의는 프랑스의 토양에 무의식의 발견을 뿌리내리기 위한 투쟁에서 확실히 승리했다. 게다가 이 비범한 대가의 저작은 프로이트주의에 훌륭한 철학적 구조를 제공한 세계 유일의 것이기도 하다. 하지만 라캉주의 운동은 신세계를 지배하고 있는 정통 프로이트주의의 거대한 요새를 정복하지는 못했다.

9부   유산들

과거가 더이상 미래에 빛을
비추어주지 않을 때 정신은
어둠 속을 걸어가야 한다.
—알렉시스 드 토크빌

1 세미나의 역사

『에크리』가 출판되고 '프로이트의 장' 시리즈가 시작되면서 라캉에게는 『세미나』의 출판 문제가 제기되었다. 여기에는 다른 텍스트들의 경우와 마찬가지로 보류와 금지 등의 곡절이 수반되었다.

나는 이미 『세미나』가 어떻게 글로 옮겨지게 되었는지 그 파란 많은 내력을 일부나마 이야기한 적이 있는데,[1] 오늘날에는 새로운 자료들 덕분에 이에 관해 훨씬 더 정확하게 알 수 있게 되었다. 그러면 우선 이야기의 개요를 살펴보기로 하자.

1953년부터 라캉은 속기 타자수에게 세미나를 기록하도록 하고 그렇게 기록된 글을 SFP의 도서관을 담당하고 있던 블라디미르 그라노프에게 넘겨 학회 회원들이 이용할 수 있게 했다. 장-베르트랑 퐁탈리스는 라캉의 승인 하에 1956년에서 1959년까지 '대상 관계', '무의식의 형성물들', '욕망과 그 해석'에 대한 훌륭한 요약문을 작성했다.[2]

같은 시기에 솔랑주 팔라데는 더 나은 속기를 위해 자기 비서의 도움을 제공했다. 그녀는 또한 녹음기 사용도 고려했는데, 1962년부터 실제로 녹음이 이루어졌다. 게다가 아주 많은 제자들이 필기한 것이 있어 오늘날 훌륭한 정보 자료가 되고 있다. 다른 한편 라캉은 여러 형태의 세미나 기록을 툭하면 선물로 주었다. 그리고 기록들을 자주 수정하곤 했다. 이리하여 스승의 '말'에 대한 숭배가 형성되기 시작했다. EFP가 창립되면서 라캉은 '생각의 도용'을 두려워한 나머지 더이상 어디에도 기록을 맡기지 않았다. 하지만 그는 청강생들이 만든 많은 속기물이 자유로이 유포되는 것은 허용했다. 1963년에 장 우리와 지네트 미쇼가 이끄는 라 보르드 클리닉 출신의 한 팀이 세미나를 녹음해서 만든 복사물 수백 권을 배포했다. EFP의 도서관이 설립되자 이 팀은 스텐실 페이퍼를 이곳에 기탁했다. 도서관을 책임지고 있던 니콜 셀스는 제롬 타일랑디에의 도움을 받아 그것들을 문서 보관소에 정리해두었다.

라캉은 세미나의 보급을 권장하는 동시에 걱정했다. 그가 다른 저작들에 대해서 보인 이중적인 태도가 여기서도 다시 나타난 것이다. 그는 『에크리』를 출판하기 위해 '안내자(passeur)'를 필요로 했듯이 누군가가 나서서 그의 말을 글로 옮겨주기를 기다렸다. 여전히 쇠이유 출판사에서 라캉의 편집자로 있던 프랑수아 발이 그런 작업을 할 수는 없었다.

1970년에 이 임무는 자크 나시프에게 공식적으로 위임되었다. 고등사범학교 출신의 철학자로 알튀세의 제자인 그는 폴 리쾨르 밑에서 학위 논문을 준비하고 있었다.[3] EFP는 나시프에게 쇠이유 출판사에서 지불할 인세 중에서 선불 형태로 봉급을 주기로 결정했다. 나시프는 일 년에 두 개의 세미나를 기록할 것을 제안하고[4] 『대문자 타자에서 소문자 타자로D'un Autre à l'autre』(이것은 '하나에서 다른 하나로'라는 의미의 'de l'un à l'autre'를 갖고 말장난을 한 것이기도 하다 — 옮긴이)를 먼저 시작했다. 그러나 이 계획은 더이상 진척되지 않았다.[5]

1972년에 자크-알랭 밀레는 구두 강의와 두 사람의 글쓰기를 토대로 만들어진 들뢰즈와 가타리의 『앙티-오이디푸스』의 성공에 매료되어 자기도 비슷한 작업에 도전하기로 결심하고 세미나 11권에 착수했다. 그것은 라캉이 ENS에서 처음 가진 세미나였다. 밀레는 이탈리아로 가 속기 타자기로 한 달 만에 그것을 글로 옮겼다. 라캉은 출판에 동의했고, 쇠이유 출판사는 계약서 초안을 가져왔다. 계약서에는 라캉이 단일 저자로 명기되어 있었다. 이 저서는 『세미나』라는 제목의 시리즈로 출판될 예정이었다.[6)]

계약서를 읽은 라캉은 즉각 폴 플라망에게 수정을 요구했다. 그는 전체 제목이 좀더 분명해져야 한다고 하면서 '자크 라캉의 세미나'라는 제목을 제안했다. 그리고 이러한 제목 다음에 각 권의 제목과 번호가 이어지도록 했다. 또한 그는 밀레의 역할이 과소평가되었다고 지적하면서 '이 계획의 미래가 달려 있는 사람에게 할당되는 인세의 몫을 정하기'[7)] 위해 전반적인 조건을 좀더 상세하게 토의할 것을 요청했다. 이리하여 최종적으로 결정된 계약서에 당사자 모두 서명했다. 이 계약서에서 밀레는 세미나를 글로 '확정했기' 때문에 『세미나』의 공저자이며, 따라서 그의 작업에 대한 수당이 지급될 것이라고 규정되었다. 또한 이 세미나 전체는 '프로이트의 장' 시리즈로 출판할 것이 명시되었다. 그 결과 라캉은 이 시리즈의 책임자로서 추가 수당을 지급받게 되었다.[8)]

'세미나(Le Séminaire)'라는 제목과 세미나 전체를 여러 권으로 분권한다는 생각은 밀레에게서 나왔다.[9)] 작품들의 출판 순서는 라캉주의의 역사에 대한 아주 '밀레다운' 해석을 보여주었다. 1973년 2월에 출판된 첫번째 세미나는 11권으로서 1963~64년도 세미나를 토대로 한 것이었다. 이것은 라캉과 IPA의 결렬, ENS에서의 세미나 시작, 장차 공저자가 될 밀레와의 첫번째 만남이 동시에 이루어진 시기이기도 했다. 이처럼 밀레가 라캉을 읽기 시작한 1963~64년도의 세미나를 출발점으로 삼은 것은 『세미나』를 소급적으로 '밀레 이전'과 '밀레 이후'라는 두 시기로 분리하는 효과를 가져왔다. 여기서 이중적인 시간 체계가 생겨났고, 이에 따라 매년 '밀레 이전'의 세미나(1953~63) 중에서 한 권, 이후의 세미나 중에서 한 권이 동시에 출간될 예정이었다. 이 계획에 따르면 밀레 이전의 세미나들은 1권부터 차례로 11권까지 연대순으로 발간되고, 반면 이후의 세미나들은 순서가 뒤바뀌어 라캉의 마지막 세미나부터 11권으로 거슬러 올라갈 것이었다.[10]

그러나 이러한 계획은 현실적으로 불가능한 것임이 드러났다. 우선 밀레가 얼마 가지 않아 일 년에 두 권씩 출판하려는 생각을 포기했기 때문이다. 이후 그는 자신이 정한 규칙을 포기했다. 이리하여 1973년에 11권이 출판된 후 다른 두 권, 즉 1권(1953~54)과 20권(1972~73)은 1975년에야 출판된다. 1978년에 2권이 출판되기까지는 삼 년이 흘렀고, 이어서 3권(1955~56)이 출판되기까지는 다시 삼 년이 더 흘렀다. 1974~77년 사이에 밀레는 간헐적으로 『오르니카?』지에 라캉의 최근 세미나(22권, 23권, 24권)에서 발췌한 내용을 게재했다. 그리고 라캉이 사망한 후부터는 더이상 처음 계획한 구성을 따르지 않게 되었으며, 세미나들은 특별한 순서나 주기 없이 글로 옮겨졌다. 예를 들어 7권(1959~60)은 1986년에, 8권(1960~61)과 18권(1969~70)은 1991년에 출판되었다.

밀레는 세미나를 책으로 발간하는 작업을 가리켜 — 순수문학의 전통에 따라 — **텍스트 확정**(établissement)이라는 표현을 사용했지만 이 표현은 프랑스에서의 마오이즘의 역사를 상기시켰다. 1968년 5월 이후 이 표현은 공장의 작업대, 즉 'établi'로 일하러 가기로 결심한 투사의 행동을 일컫는 것이었다. 이 établi는 또한 자동차 공장에서 늙은 노동자가 조립 단계로 넘어가기 전에 자동차 문을 채우는 일을 하는 작업대의 이름이기도 했다.[11]

밀레는 『세미나』의 텍스트 확정 작업에서 다양한 속기록을 이용해 훌륭한 텍스트를 만들어냈다. 그는 모호한 부분은 없애고 군말들을 삭제했으며 구두점을 찍었다. 이 작업의 중요한 장점은 이전의 다른 종류의 텍스트가 담지 못했던 형식의 담론을 표현해주었다는 데서 찾을 수 있다. 그러나 라캉의 글이 가진 바로크적인 형식과 연속적으로 이어지는 고찰의 문체를 무디어지게 한 것은 중요한 약점이었다. 그 결과 밀레가 저자가 되고 라캉은 보증인이 된 글이 나오게 되었다. 따라서 『세미나』는 이제 완전히 라캉의 저작도 아니고, 그렇다고 완전히 밀레의 저작도 아니었다. 이렇게 확정된 글은 여전히 라캉의 것이면서도 점점 밀레의 해석이 더 가미된 학설을 표현하게 되었다.

프랑수아 발이 편집자로서 『에크리』를 오랫동안 길이 남을 획기적인 하나의 사건으로 만드는 데 성공한 반면 자크-알랭 밀레가 주도한 『세미나』의 확정은 정반대의 결과를 가져왔다. 『에크리』의 출판은 결코 어떤 논쟁도 일으키지 않았다. 물론 수많은 비판이 나오기도 했고, 오늘의 시점에서 볼 때 이 '대작'의 편집을 좀더 개선하고, 다른 주석과 이본(異本)들을 추가할 필요가 있어 보이는 게 사실이다. 하지만 만약 수정이 이루어진다고 해도 그것은 발의 원래 작업의 연장으로서 이루어질 것이다. 25년 동안 존재해온 이 판의 신뢰성을 의심할 사람은 아무도 없다. 발이 일부 수정을 가하긴 했지만 라캉이야말로 이 저작의 유일하고 진정한 저자라는 사실에 대해서는 모든 사람이 확신하고 있다. 그리고 연구자들이 이 저작의 다양한 이본을 비교해보더라도 『에크리』라는 결정판에 대한 의심은 전혀 생겨나지 않을 것이다. 라캉이 행한 강의의 '원본'을 제공한다는 구실 아래 발의 판본보다 더 '진짜'라고 주장할 수 있는 『에크리』 해적판을 만든다는 생각은 어느 누구도 한 적이 없다.

발은 『에크리』에 대해서 자유롭게 이러저러한 평가를 내릴 수 있는 자유로운 사람의 태도를 취했다. 또한 그는 『에크리』 ─ 이 저작을 통해서 라캉은 글로 표현된 사고 체계의 창시자가 되었다 ─ 의 저자가 라캉 자신 외에 누구도 아니라는 점을 인정했다.

그러나 『세미나』의 경우에는 이와 아주 달랐다. 밀레가 라캉에게 전사(轉寫)의 가능성을 얘기했을 때 그는 이미 라캉의 저작에 대한 밀레식 해석의 대표자로서 말한 것이었다. 밀레는 발처럼 편집자가 아니라 이념적으로나 가족 관계상으로나 라캉의 유산 상속자였고, 얼마 후에는 계약에 의해 공저자의 자격을 인정받았다. 그는 원문을 그대로 전사하고 자신은 개입하지 않을 것을 조건으로 작품 전체를 법적으로뿐만 아니라 이론적으로도 소유했다.

밀레의 이러한 지배욕은 엉망으로 되어 있는 속기록을 단순화시킨 그의 전사 방법보다는 출판 과정에서 이루어지는 편집 작업에서 훨씬 더 두드러지게 나타났다. 모든 형태의 아카데믹한 담론에 아주 적대적이었던(하지만 본인은 순전히 이러한 문화의 산물이었다) 밀레는 실제로 이런 형태의 출판에 반드시 필요한 학술적 장치를 포기하기로 결정했다. 그는 자신의 정치 참여 및 실용주의 노선을 그대로 이어가면서 『세미나』의 독자층을 '대중', 다시 말해 1968년 5월 이후의 새로운 정신분석 세대 — 그는 상속을 통해 이들 세대의 대변자가 된다 — 로 삼았다. 이리하여 『세미나』는 독자들이 다중적인 의미와 무수한 변화 가능성을 이해하는 데 도움이 될 수 있을 어떤 보충 자료도 없이 출판되기 시작했다. 즉 주석, 색인, 본문 비평 자료, 참고 문헌 등이 전혀 없었다. 그리고 밀레는 가독성의 환상을 만들어내기 위해 라캉이 저지른 수많은 실수를 거의 수정하지 않았다. 가령 라캉이 발자크나 라 로슈푸코의 인용구들을 뮈세나 위고의 것으로 오인하는 부분이라든지 그리스어 개념들을 잘못 사용하는 부분, 이름이나 개념을 오해하는 부분을 그대로 놔두었다. 게다가 발과는 달리 밀레는 라캉에게 글을 읽고 수정해달라고 요구하지 않았다. 그는 박학한 사상가의 사유를 순전히 라캉의 담론을 퍼뜨리는 수단으로 전환시키는 데만 혈안이 되어 있는 것처럼 보였다.

라캉이 세미나 발간 작업 전체 ─ 그것은 보로메오 행성으로의 대여행과 같은 시기에 이루어졌다 ─ 를 지지해준 것은 의심의 여지가 없는 사실이다. 세미나 11권이 인쇄되어 나왔을 때 라캉은 격분했는데, 이는 자기 저작이 오류투성이에다 주석도 없이 소개되었기 때문이 아니라 프랑수아 발과 폴 플라망이 본문에서, 특히 당시 아주 중요하게 여기고 있던 어떤 도식에서 눈에 띄는 오식(誤植)들을 간과했다는 이유에서였다. 그는 이 책을 '정말로 보기 드문 쓰레기'라고 깎아내리면서[12] 이에 대한 보상으로 출판을 기다리고 있던 피에르 르장드르의 『검열관의 사랑L'Amour du censeur』을 그의 시리즈에 포함시켜 즉시 출판할 것을 요구했다. 폴 플라망은 라캉에게 결코 위의 원고를 거절할 뜻이 없었음을 상기시키면서 그의 요구에 따랐다.[13]

라캉은 이렇게 사위의 작업을 전적으로 지지했다. 그러나 **텍스트** 확정의 의미에 대해서는 사위와 다른 생각을 가졌다. 세미나 11권의 후기에서 그는 **전사**(transcription)라는 말을 사용했으며, 밀레의 작업이 글쓰기가 아님을 강조했다. 그에 따르면 밀레는 책에 서명하지는 않았으나 책의 저자이고, 전사(轉寫)란 결국 말로 된 담론을 어떤 손실도 없이 재현하는 것이다. 말하자면 라캉은 전사를 수학소와 같은 것으로 보았다. 즉 구어에 특유한 형언할 수 없는 부분을 축소시키는 완전한 번역.

밀레는 짧은 각주에서 이와 다른 입장을 표명한다. 그는 한편으로 자신이 저자로서의 '자격이 없다'고 생각했고, 다른 한편으로는 그의 전사본이 초기의 속기본을 지워버렸다고 생각했다. "나는 아무것도 아니기를 원했고, 자크 라캉의 구술 작업으로부터 지금 존재하지 않는 원본을 대신하게 될 진정한 전사본을 만들고 싶었다." 그리고 나서 그는 이렇게 덧붙였다. "다른 모든 세미나의 텍스트들도 이와 똑같은 원칙에 따라 확정될 것이다."[14]

이처럼 두 사람의 입장은 완전히 달랐다. 라캉은 밀레가 원본을 지워버린 것이 아니라 그것을 완전하게 재구성한 전사본의 유일한 저자라고 주장했다. 반면 밀레는 전사본의 저자는 라캉이고 자신은 아무 자격도 없다고 주장하면서도 이 전사본이 이제부터는 법적이고 이론적인 권위를 가진 유일한 기본 텍스트라고 주장했다. 요컨대 라캉은 밀레의 전사본을 과학적인 용어로 정확하게 규정한 반면 밀레는 이제 라캉의 저작들이 남긴 유산을 집행할 수 있는 권한을 부여받은 입법자 같은 태도를 취했다. 그러나 당시 그는 아직 유언에 의해 그런 자격을 부여받지 않은 상태였다. 게다가 그는 이론적 토대에 대한 생각을 권리 행사와 연결시켰다.

그러나 시간이 흐르면서 두 사람의 입장은 긴밀하게 융합되어 모든 대립이 사라지게 된다. 오늘날 라캉이 세미나 11권에 쓴 후기가 그의 구술 저작의 편집 지침을 제시하고 있다고 믿는 사람들이 많다. 하지만 이러한 지침은 실은 밀레의 각주에 들어 있었다. 영향력, 잘못된 이해, 전설, 소문의 위력을 통해 사람들은 사위의 말을 장인의 것으로 여기게 되었다.

밀레는 세미나 11권의 출판과 함께 입법가로서의 권력을 행사하기 시작했다. 이를 통해 동시에 그는 파리 8대학과 EFP, 그리고 쇠이유 출판사에서 자기 위치를 확고히 굳힐 수 있었다. 쇠이유 출판사에서 그는 '프로이트의 장'에 삽입된 또다른 시리즈를 출판한 후 점차 발이 라캉에게 했던 역할을 대신하게 되었다. 1981년까지 쇠이유 출판사의 편집자와 전사자는 우호적인 협력 관계를 유지했다. 발은 세미나의 교정쇄를 보며 잘못된 점을 수정하고 자기 의견을 제시했다. 그러나 사용된 방법에 대해서는 결코 개입하지 않았으며, 편집 체제의 변경을 주장하지도 않았다. 그는 일단 라캉의 선택을 충실히 따르기로 결심한 이상 밀레에게 변함없는 지지를 보냈다. 그는 이렇게 말하고 있다. "밀레가 『세미나』를 맡게 되었을 때 나는 개입할 권리가 없다고 생각했다. 나는 그를 신뢰했다. 나는 『에크리』에 대해서는 책임을 느꼈지만 『세미나』에 대해서는 그렇지 않았다. 나는 네 권의 『세미나』를 교정보았고, 다섯번째 『세미나』(3권인 『정신병들』)는 약간, 여섯번째(7권인 『정신분석의 윤리학』)는 전혀 수정하지 않았다."[15] 1973~81년 사이에 출판된 처음 다섯 개의 세미나(11권, 20권, 1, 2, 3권)는 확실히 편집자인 밀의 흔적을 보이고 있다. '기술적인 면에서' 이들은 나머지 책들보다 오류가 적었던 것이다.

라캉의 저작에 대한 다른 사람들의 이론적이고 법적인 개입은 결국 1978년부터 속기물 배포자들을 기소한다는 결정으로 중단된다. 지난 25년 동안 이 속기록들은 법과 아무런 마찰도 일으키지 않고 유통되고 있었다. 이들은 EFP 국제 대회와 함께 열리는 전시회뿐만 아니라 서점에서도 판매되었다. 일부 파렴치한 투기꾼들이 빈약한 속기물을 가지고 많은 돈을 버는 경우도 있었다.

그러자 저작권법에 따라 쇠이유 출판사는 모든 해적판의 저자들을 기소하기로 결정했다. 속기물을 상업화시켰을 경우에는 속기록을 직접 만든 사람이라 할지라도 기소 대상이 되었다.

그러나 이것은 서로 다른 두 가지 문제에 대한 그로테스크한 혼동을 초래했다. 법 질서에 따르면 1957년 3월 11일자 법에 따라 문학과 예술의 저작권이 보호되어야 했다.[16] 하지만 학문적 이성의 논리에 따르자면 라캉의 구술 강의가 원래 어떤 것이었는지를 보여주는 훌륭한 증거로서 초기 속기물들의 존재를 인정해야 했다. 또 녹음 테이프들도 있었다.

이런 상황 속에서 밀레는 자신의 이론적 입장을 강화하고, '존재하지 않는' 것으로 간주되는 원본 대신 오직 자기 『세미나』만이 법적인 권리를 가지고 있다는 주장을 관철하기 위해 기존의 법에 의지할 수 있었다. 법은 그의 입장을 사실상 뒷받침해주었고, 반대자들에게는 불리했다. 그들은 라캉이 말한 초기 형태의 흔적을 그대로 배포하는 것이 단지 다양한 판본을 비교할 수 있도록 한다는 한 가지 취지에서만 보더라도 반드시 필요한 일이라고 생각했다.

라캉과는 달리 법적 문제와 이론적 문제를 하나로 본 밀레는『세미나』의 발행과 관련되어 제기되는 문제들을 해결하기 위해 법적인 방법을 동원했다. 그는 해적판의 저자들을 기소하도록 쇠이유 출판사에 요구하면서『세미나』출판의 '이론적' 문제를 '법적'으로 해결한 것이다. 그의 요구에 따라 쇠이유 출판사는 해적판의 책임자들을 고소하기 시작했다. 1977년 말에 라캉은 폴 플라망에게 보낼 타이핑된 자료에 서명했다. 이 문서에서 그는 미출판된 강연이 여러 개 들어 있는『연구와 연설Travaux et interventions』이라는 제목의 소책자를 전부 몰수할 것을 요구했다.[17]

2년 후에 EFP가 해체되고 한 달이 지났을 때 프랑수아 발은 모든 해적판에 대한 체계적인 조치를 취할 것을 요구하는 편지를 쓴 다음 라캉에게 이 편지에 서명할 것을 제안했다.[18] 동일한 취지에서『세미나』3권이 출판될 때 계약에 서명한 당사자들의 인세 분배에 대한 재조정이 이루어졌다.[19]

1980년 7월 7일에 타자기로 작성되고 라캉이 서명한 편지가 프랑수아 발에게 보내졌다. 편지에는 앞으로 출판될 모든 세미나가 이전의 것들과 연속선상에서 출판될 것을 요구하는 내용이 담겨 있었다. 프랑수아 발은 이렇게 쓰고 있다. "확실히 그 편지는 자발적으로 쓴 것이 아니었다. 이것은 일종의 양보, 하지만 아주 제한적인 양보의 편지였다. 쇠이유 출판사측은 나를 통해서 라캉이 계속적인 출판에 동의하는 서명을 하지 않은 점에 대해서 우려하고 있음을 그에게 알리도록 한 바 있는데, 그가 보낸 편지는 이러한 문제에 대한 대답이었다. (……) 문체는 확실히 라캉이 이러한 종류의 서신에서 주로 사용하는 것이었다."[20]

다시 말해 이 편지는 단지 기존 계약을 연장하기 위한 것일 뿐 라캉이 희망하는 『세미나』의 편집 지침을 담고 있는 것은 아니었다. 11월에 서명된 유언장에도 역시 이 문제에 대해서는 아무런 언급도 없었다.

라캉은 유언 집행자로 밀레를 지명하면서 그에게 사실상 출판과 관련된 모든 권한을 부여했다. 그는 편집 체제에 관해서는 어떤 지침도 내리지 않았고, 색인이나 주석, 수정이 있든 없든 상관하지 않았다. 게다가 라캉은 주디트를 모든 유산의 상속인으로 정함으로써 자기가 죽은 후 다른 상속자들이 계약을 통해 얻을 수 있는 인세 수입의 몫을 제한했다. 이처럼 1980년 10월의 계약 연장과 한 달 후에 작성된 유언장의 서명으로 인해 라캉과 두번째 부인 사이에서 태어난 자식들이 라캉의 저작에 대한 법적·재정적·이론적 통제권을 갖게 되었다.[21]

1973~81년 사이에 네 권의 『세미나』가 출판되기까지 라캉의 주변에서는 어떤 이의도 제기하지 않았다. 밀레의 전사본은 나중에 그의 가장 격렬한 반대자들이 될 사람들에게서도 인정받았을 뿐만 아니라 높이 평가되기까지 했다. 라캉이 생존하고 있는 한 EFP 내에서는 라캉의 저작에 대한 밀레의 해석에 대해 어떤 적대적인 경향도 통용될 수 없었다. 그러나 라캉이 사망한 직후에 『정신병들』을 다룬 세미나 3권이 출판되자 논쟁이 시작되었다. 이 세미나는 다른 것들보다 훨씬 더 오류가 많았다. 라캉 공동체에 속해 있던 대다수 회원들은 1980년 1월 이후부터 라캉의 서명이 들어 있는 글들은 실제로는 그가 쓴 것이 아니라고 믿었다. 그리고는 밀레가 '검열'과 '횡령'을 통해 문제의 세미나를 '위조'하는 데 전사본을 이용한다고 부당하게 비난했다. 이를 둘러싼 논쟁이 너무나 격렬해져 1985년까지는 더이상 이 주제에 관한 진지하고 합리적인 어떤 토론도 이루어질 수 없었다.

1980년부터는 밀레의 지지자들도 세미나의 이해를 위해서는 부록이 반드시 필요하다고 판단하게 되었다. 이들 중 일부는 EFP가 해체되는 동안 동맹을 결성해『정신병들』(세미나 3권)과『앙코르』(세미나 20권)를 위한 인명 및 개념 색인을 만들기 시작했다. 이들의 작업은 툴루즈에서 『그렇기 보다는*Pas tant*』('그렇기 보다는'이라는 의미이지만 동음이의어인 'patent'을 뜻하기도 한다. 이 말은 '명백한'이란 뜻이다 — 옮긴이)지에 미셸 라페이르의 긴 주석과 함께 소개되었다. "색인은『세미나』의 진행을 전체적으로 반영하고 기록해야 한다. (……) 그것은 주요 개념을 설명한 색인, 일종의 용어 해설의 관점에서 삽입되어야 한다. 따라서 색인의 직접적인 목적은 각 권에 대한 용어 해설에 있다. 이것은『세미나』를 전체적으로 이해하는 데 있어 올바른 방향을 제시해줄 것이다. (……) 색인은 탐색 도구이며, 따라서 그것이 전달하고 자극하는 탐구 방법과 연결된다."[22] 그러나 만일 그러한 색인이 밀레의 텍스트 확정 방법을 지지하는 사람들에 의해 반드시 필요한 것으로 생각되었다면 그들은 왜 쇠이유 출판사에서 출판된 책에 색인을 넣는 효과적인 방법을 채택하지 않고 이를 잡지에 게재한 것일까?

밀레는 법의 방어막으로 자기 위치를 지키고 있었지만 사방에서 찬탈자라는 비난에 직면하게 되었다. 이런 그가 지지자들의 눈에는 여러 해 동안 일종의 순교자로 보였다. 특히 가장 신랄한 공격이 라캉의 측근들에게서 나왔기 때문에 더욱 그러했다. 하지만 법의 힘에 의해 지적 유산을 빼앗겼다는 상실감에 빠져 있는 라캉 공동체의 다양한 파벌을 굳게 단결시키려고 노력하기는커녕 오히려 전쟁을 일으킨 것은 실은 밀레였다. 앞에서도 언급했듯이 쇠이유 출판사가 해적판의 책임자들에 대해 체계적인 법적 대응을 시작한 것은 그의 교사에 의한 것이었다.[23]

밀레는 라캉의 모든 저작에 대한 책임이 있었기 때문에 1981년부터는 프랑수아 발이『에크리』에 포함시키지 않았던 기사들, 다양한 잡지들에 산재해 있어 찾기가 아주 힘든 모든 강연문들을 모아 한두 권으로 출판할 수도 있었을 것이다. 그러나 그는 이런 작업에 전념하는 대신 라캉의 저작을 그가 죽기 이전 상태로 그냥 놔두었다. 그는 라캉의 여러 논문을 다시 발표하기는 했지만 쉽게 볼 수 있도록 한 권의 책으로 출판한 것이 아니라 『오르니카?』지의 여러 호에 나누어 소개했다. 결국 이것은 라캉의 글을 연구하고자 하는 사람들에게 더 많은 어려움을 안겨주었다. 라캉의 전 저작은 뿔뿔이 흩어져 있어 찾기가 힘들었으며, 해적판들이 증가하기 시작했다.

1984년에 밀레는 라캉이 1938년에 쓴 가족에 관한 훌륭하고 아름다운 글을 소책자로 재출간하면서 주요 개념 소개나 주석, 색인을 생략한 채 『세미나』와 동일한 편집 체제를 채택했다. 그는 라캉이 이 논문을 쓰면서 참조한 저작을 수록한 상세한 참고 문헌 목록을 삭제했다.[24] 그가 대부분 『백과사전』 편집자들이 추가해 넣은 부제들을 없앤 것은 잘한 일이다. 하지만 왜 그는 편집증에 관한 논문을 재출간할 때와는 달리 참고 문헌을 삭제해버린 것일까?

이런 식이다 보니 밀레의 편집 방법은 구술 내용을 전사하는 경우든 글로 된 저작을 손보는 경우든 점점 더 많은 반대에 직면하게 되었다.

1983년에 『리토랄』지 관련자들은 라캉의 세미나를 전사할 목적으로 조직을 결성했다. 이 조직은 회보 『스테크리튀르*Stécriture*』를 발간하고 여기에 세미나 8권(『전이』)의 여러 강의를 전재했다. 스테크리튀르는 라캉이 만들어낸 조어였다('saint'〔성인〕의 약어인 'St.'와 'écriture'〔글쓰기, 기록〕의 합성 — 옮긴이). 그들이 수행한 전사 작업에서는 속기록에 대한 개선이 이루어졌다. 틀린 부분은 라캉의 것까지 포함해 모두 수정되었다. 아카데믹한 기준은 준수되었다. 즉 각주와 주요 용어 해설이 추가되었고 이본들도 소개되었다. 그것은 밀레의 방식, 특히 『세미나』의 일반적인 편집 체제와는 근본적으로 달랐다. 이 전사본은 스승의 말을 너무 존중한 나머지 문체가 무겁고 라캉을 신성화하는 경향을 나타냈다. 게다가 주석이 너무나 많았다. 그렇다고 하더라도 이것은 과학적인 관점에서 볼 때 밀레의 전사본보다 훨씬 더 신뢰할 만한 판본이었다.

전사본의 저자들은 비용을 메우기 위해 법을 어기고 이 회보를 판매했다. 그래서 그들은 쇠이유 출판사와 라캉의 유언 집행자로부터 기소당했고, 1985년 말에 유죄 선고가 내려졌다. 변호사의 변론은 적절치 못했다. 변호사는 저작권 침해가 없었다고 주장하면서 문제되는 텍스트가 라캉의 세미나를 옮긴 단순한 전사본이 아니라 『스테크리튀르』 그룹의 독창적인 저작이라고 주장했던 것이다!

이처럼 밀레는 법적 투쟁에서 승리했다. 그는 이제 자기야말로 라캉의 말을 올바르게 해석할 수 있는 유일한 사람이라고 신문에 공표했다. "나로 말하자면…… 처음부터 라캉을 이해하는 사람이라는 명성을 갖고 있었다. (……) 나는 나의 텍스트 확정 작업이 이루어지기 전까지 사람들이 세미나를 이해하지 못했다는 것을 알고 있다. 나는 바로 그 사실을 지적하고 싶다. 편집, 특히 논리적 순서를 만들어내는 일로 구성되는 작업이 이루어지기 전까지 사람들은 세미나에 대해서 여기저기서 얻어들은 단편적인 지식 외에는 아는 것이 없었다. (……) 내가 아무 자격이 없다는 것은, 내가 '나'라고 쓸 때 그 '나'가 라캉의 '나'가 되는 상태, 즉 저자를 연속시키고 그의 죽음 너머로 그를 연장하는 '나'가 되는 상태로 나를 몰아간다는 의미이다."[25]

필리프 솔레르스는 소송에서 『스테크리튀르』 편을 들었다. 로랑스 바타이유 역시 제부인 밀레를 직접 공격하지는 않았지만 그의 반대자들을 지지했다. 1982년 11월에 그녀는 대판 싸운 뒤 ECF에서 탈퇴했다. 이로써 그녀는 밀레가 라캉의 서명이 든 회람용 편지들을 라캉이 창립하지 않은 학파의 지침서처럼 사용하는 데 대한 반대 의사를 분명히 했던 것이다. "1980년부터 라캉의 서명이 든 글을 사용하는 것은 아마도 얼마간은 유용했을 것이다. 이러한 관행은 연감에 라캉의 글을 싣는 형태로 계속되어왔다. 학파에서 훈련받는 사람들은 그런 도움 없이는 정말 혼자 설 수 없는 것일까? 그렇다면 그들은 진정한 분석가, 즉 라캉주의 분석가가 될 수 없을 것이다. 나는 더이상 이러한 모순을 묵과할 수 없다. 계속해서 그것을 묵과한다면 나는 더이상 분석가의 자리를 차지할 수 없을 것이다. 그래서 나는 ECF를 탈퇴한다."[26] 로랑스 바타이유는 『스테크리튀르』 사건이 있고 난 반 년 후에 갑자기 간암으로 사망했다.

프랑수아 발 역시 소송에서 중요한 역할을 맡았다. 하지만 그는 밀레 편을 들었다. 그는 라캉이 사위의 일에 대해 항상 적극 찬성했고, 어떤 갈등도 없었다는 것을 강조하는 장문의 편지를 썼다.[27] 이것은 그가 편집자였던 위대한 사상가를 향한 최후의 충심 어린 행동이었다. 분열되어가는 라캉주의 운동에 이론적인 단결이 유지되길 바라던 발은 콘타르도 칼리가리와의 우정에서 쇠이유 출판사가 『정신분석 담론*Le Discours psychanalytique*』지 첫 호를 발간해야 한다는 점에 동의했다. 단 합법적인 상속자인 밀레에 대한 어떤 공격도 담고 있지 않아야 한다는 조건이 붙어 있었다. 그러나 이 잡지의 편집장인 샤를 멜망은 이러한 요구 조건을 무시하고 무기명으로 된 '편집자의 글'에서 다음과 같이 썼다. "라캉의 사상은 이제 멋부리는 자들 혹은 박사 논문을 쓰는 사람들의 손에 떨어지게 되었다. 라캉은 방부 처리되고 이로써 그의 말은 상품화된다. 영묘를 세운 사람들은 매체들의 형식적인 경의에 만족해하고 있다."[28]

잡지의 내용을 알기도 전에 밀레는 쇠이유 출판사의 이름을 거기서 뺄 것을 주장했다. 발은 점잖게 양보했다. 그는 이제 이처럼 폐허가 된 판 속에서 이론적 질서를 존속시키는 것이 전혀 불가능하다는 사실을 이해했다.[29] 그때부터 그는 자기가 오랜 세월 동안 '프로이트의 장' 시리즈 전체를 담당하면서 구축해놓은 편집 체제가 서서히 무너져내리는 것을 보았다. 라캉이 사망한 이후 다른 저자들은 쇠이유 출판사를 떠났다. 그래서 자코브 가의 쇠이유 출판사에는 밀레가 장인의 후기 저작과 유고의 유일한 편집자로 남게 되었다. 발은 어쩔 수 없이 물러나면서도 품위 있는 모습을 끝까지 지켰다. 결별은 이렇게 조용히, 우아하게, 그러나 돌이킬 수 없게 이루어졌다. 1985년부터 발은 더이상『세미나』의 원고도, 교정쇄도 수정하지 않았다. 그저 가끔 의견을 내놓는 것에 그쳤다.

비록 밀레가 법적 투쟁에서 이기긴 했지만『스테크리튀르』사건은 라캉의 법률적 후계자가 라캉의 텍스트를 알고 있는 단 한 사람일 수는 없다는 사실을 공개적으로 드러냈다.

소송 후 재수록 형식으로 발표된 프랑수아 앙제르메와의 인터뷰 (1984)에서 밀레는 1973년과 마찬가지로 최초의 텍스트는 존재하지 않는다고 거듭 주장했다. 게다가 그는 여기서 한 발 더 나아가 라캉 역시 똑같이 말했다고 주장했다. 그의 말에 따르면 라캉의 모든 세미나가 1973년의 첫번째 모델에 따라 동일한 편집 체제로 확정되어야 한다고 결정한 것은 라캉 자신이었다. "라캉은 결코 속기물을 최초의 텍스트로 간주하지 않았다. (⋯⋯) 우리 두 사람은 모든 세미나가 이러한 식으로 편집되어야 한다고 결정했다⋯⋯"[30] 이런 주장을 통해 밀레는 자기 판단을 라캉의 판단으로 만들었다(그러나 우리는 이미 라캉이 세미나 11권의 후기에서 한 말이 밀레의 설명이나 이 인터뷰에서의 주장과 일치하지 않음을 확인했다).

1985년 이후부터 이 인터뷰는 라캉이 자신의 사후에『세미나』의 편집과 출판 방식에 관한 정확한 지침을 남겼다는 주장을 대중화시키는데 이용되기도 했다. 하지만 실제로 그런 일은 없었다. 단지 사위의 작업에 대한 라캉의 전반적인 승인만이 그러한 추측을 가능하게 했을 뿐이고 라캉이 직접 작성한 명확한 규정이란 존재하지 않았다. 이러한 차이는 상당히 중요하다.

그러나 사실상 밀레는 계속해서 법적 권리와 학문적 논쟁을 혼동했다. 정통 후계자라는 고독한 광채로 에워싸인 그는 또한 자신의 라캉주의와는 아주 다른 여러 라캉주의의 과거와 현재의 역사로부터도 고립되었다. 따라서 그는 자기에게 도움을 줄 수도 있었을 라캉 저작의 전문가들로부터 점차 유리되었다. 세미나가 기록되지 않았던 SFP의 시기에 그는 자신의 전사본을 개선시킬 만한 (청강생들의 필기를 포함해) 기존 자료들을 참조할 수 없었다. 그래서 그는 주로 속기물에 의지할 수밖에 없었는데, 이것은 수정 작업 이후에도 여전히 많은 오류를 남기고 있었다.

그가 1986년 가을에 7권(『정신분석의 윤리학』)을 출판했을 때는 아무도 그를 공격하지 않았다. 『스테크리튀르』 소송에서의 패배로 망연자실해진 밀레 전사본의 반대자들은 일단 침묵을 선택했던 것이다. 그러나 이 세미나는 이전 것들보다 훨씬 더 불완전했다. 아마 밀레는 위험을 예감했던 것 같다. 왜냐하면 처음으로 그는 여러 사람들의 도움을 구했기 때문이다. 그리스어 참고 문헌에 대해서는 주디트의 도움을, 독일어로부터의 인용구들에 대해서는 프란츠 칼텐벡의 도움을 구했다. 대학에 적을 둔 세 명의 학자들이 필요한 조사를 맡았고, 몇몇 친구들이 교정쇄를 수정했다. 프랑수아 발에게는 원고를 다시 읽어준 점에 대해 감사를 표했다. 하지만 공동 작업에 점점 더 불편함을 느꼈던 발은 단지 몇 가지 의견을 내놓는 것에 그쳤다.[31] 밀레는 라캉이 세미나 출판이 1973년에 정해진 '원칙'에 따라 진행되기를 바랐다고 거듭 주장했다.[32]

그는 이 책을 다음과 같은 헌사와 함께 피에르 비달-나케에게 보냈다. "'안티고네'에 관한 세 가지 강의를 읽고 싶어하실 피에르 비달-나케 씨에게 이 책을 드립니다. 자크 라캉이 살아 있었다면 당신은 분명 그로부터 직접 이 책을 받으셨을 것입니다." 비달-나케는 곧 안티고네에 관한 훌륭한 장들을 읽기 시작했는데 페이지마다 적어도 두 개 이상씩 실수를 발견하고는 깜짝 놀랐다. 그리스 용어는 하나도 정확하지 않았고, 인용문들도 상당수 잘못되어 있었다. 오식들이 많았으며, 라캉의 중대한 실수들은 전혀 지적되지 않았다.

혹시 나올지도 모를 개정판을 위해 이 전사본을 개선하려고 고심한 이 뛰어난 그리스어 문학자는 자크-알랭 밀레에게 여덟 페이지나 되는 장문의 편지를 써서 보냈다. 그는 실수들을 지적하면서 직접 주석을 붙였다. 그러나 아무런 회신도 받지 못했다. 얼마 후에 다른 일로 주디트와 만나게 된 그는 그녀에게 그 일을 상기시켰다. 그러자 그녀는 깜짝 놀라면서 편지가 밀레에게 도착하지 않았다고 대답했다. 그래서 주디트는 비달-나케에게 편지를 다시 보내달라고 부탁했다. 그는 그렇게 했다. 그러나 역시 어떤 회신도 받지 못했다.[33] 자크 데리다가 에드가 앨런 포에 대한 논쟁에서 제기한 주장대로 어떤 편지들은 수신인에게 전달될 수 없는 것이었을 수도 있다는 주장이 옳았던 걸까? 어쨌든 라캉의 안티고네와 관련된 중요한 두 통의 편지는 그날 이후로 사라져버렸다.

그럼에도 불구하고 밀레는 1981년의 신간 소개문에서 누구라도 오류를 지적하면 기꺼이 수정하겠다고 선언했다. 세미나 7권을 출판하기 전 1985년에 의미론 전문가인 가브리엘 베르구니우는 세미나 2권의 오류를 지적하는 편지를 보냈다. 여기서 그는 일곱 개의 오식과 구두점상의 오류 하나를 지적했다. 베르구니우는 라캉이 범한 실수들을 수정하지는 않았지만 아홉 개의 중요한 정정 사항('paradigme' 대신에 'paradis', 'sceau'〔도장〕 대신에 'saut'〔점프〕 등)과 그보다는 비교적 덜 중요한 또다른 아홉 개의 정정 사항('introspection'〔내성內省〕 대신에 'inspection'〔시찰〕)을 제시했다. 밀레는 베르구니우에게 작업을 계속하도록 격려하면서 그를 세미나에 초대했다. 그후 베르구니우는 세미나 3권과 7권에 관한 또다른 수정안을 보냈다. 세미나 3권(『정신병』)의 경우 중요한 실수는 16곳, 그 외 사소한 실수는 21곳이 지적되었다. 또한 79개의 오식도 지적되었다. 따라서 세미나 2권에 비해 실수가 상당히 많은 셈이었다. 세미나 7권(『윤리학』)의 경우 베르구니우는 그리스 용어의 사용에 대해 비달-나케와 똑같은 지적을 했다. 그는 중요한 실수 25개와 사소한 실수 43개, 오식 72개를 지적했다.[34]

1985년 가을에 자크-알랭 밀레와 라캉의 초기 세미나 두 개를 영어로 번역한 존 포레스터 사이에 논쟁이 벌어졌다. 뛰어난 대학 교수이자 프로이트주의 역사 전문가인 포레스터는 주목할 만한 작업을 완수했다. 그는 라캉의 실수를 거의 모두 수정했을 뿐만 아니라 독자들이 라캉 언어의 모든 미묘함과 참조문, 암시 등을 이해할 수 있도록 본문에 각주와 색인, 주석을 덧붙였다. 포레스터는 또한 영어권 독자들을 위해 특별한 정보를 제공했다. 그는 케임브리지 대학 출판사와 작업에 있어서 영미권의 학술적 저작의 규범을 따른다는 내용의 출판 계약을 맺었다. 하지만 결국 무엇 때문에 영미권에서 라캉의 저작이 쉽게 수용되지 못하는지는 잘 알려진 바대로다.

밀레는 포레스터의 『세미나』 번역서를 보고 화를 내며 그의 각주와 주석, 라캉의 실수에 관한 지적들을 없앨 것을 요구했다. 단지 색인과 몇몇 특별한 주석만이 허용되었다. 밀레는 라캉이 참조한 프로이트의 글들이 명시되는 것에는 찬성했지만 개인적인 주석에 대해서는 반대했다. 그는 '라캉이 이 부분에서 착각했다'거나 '프랑스 원문이 잘못되었다'는 식의 언급들을 참지 못했다. 그는 인쇄상의 오류는 이미 번역되면서 수정되었고 다른 언어로의 번역서들에서도 모두 마찬가지로 수정되었기 때문에 굳이 이를 주석에서 언급할 필요는 없다고 주장했다.[35] 여기서 밀레가 인쇄상의 오류들만을 언급하고 있는 점에 주목하자. 왜냐하면 일반적으로 라캉이 범한 실수들은 수정되지 않았기 때문이다.

1990년에 프랑수아 발은 쇠이유 출판사에서의 모든 임무를 양도하고 결국 은퇴했다. 그의 자리를 대신할 담당자는 채용되지 않았다. 그가 담당했던 편집 및 지적 사업은 주디트 밀레의 한 여자친구에게 위임되었다. 그녀는 몹시 까다로운 정신분석 분야와 라캉과 바르트 유작들의 출판을 맡았다. 그녀는 밀레의 편집자가 되었다.

1988년 여름에 프랑수아즈 돌토가 사망한 후 그녀의 딸 카트린느 돌토-톨리츠는 쇠이유 출판사에서 계속 책을 낼 생각이었다. 하지만 많은 갈등 끝에 그녀는 어머니의 서신과 미출간 저작을 아티에 출판사로 가져갔다. 이것은 쇠이유에는 대단한 손실이었다. 왜냐하면 프랑수아즈 돌토 ― 그녀의 저작은 생전에 폴 플라망이 편집을 담당하고 있었다 ― 는 라캉과 함께 쇠이유가 자랑할 만한 정신분석학 분야의 위대한 인물이었기 때문이다. 1981년부터 '프로이트의 장'은 형식적으로만 명맥을 유지하게 되었고, 밀레의 경향에 찬성하지 않은 프랑수아 발의 옛 저자들 중에서는 무스타파 사푸앙과 세르주 르클레르만이 계속 쇠이유에 남았다. 그때 쇠이유 출판사의 신임 사장이 된 클로드 셰르키는 주디트와 자크-알랭 밀레에게 개정된 '프로이트의 장' 시리즈의 책임을 위임하기로 결정했다. 그래서 시리즈의 제목은 본래 제목 '프로이트의 장Le champ freudien'에서 정관사를 뺀 'Champ freudien'으로 바뀌었다. 1991년 봄에 네 권의 저서가 새로 나왔다. 세르주 르클레르의 『큰 타자의 나라Le Pays de l'Autre』, 도미니크와 제라르 밀레의 『6시간 15분의 정신분석Psychanalyse 6 heures 1/4』, 그리고 두 개의 세미나, 즉 8권인 『전이』와 17권인 『정신분석의 이면』이 그것이었다.

『스테크리튀르』 소송 후 6년 뒤에 세미나 8권을 출판하면서부터 밀레는 점점 더 도발적으로 되어갔다. 모든 사람들이 이제 그가 방법을 바꾸어 실수가 거의 없는 금지된 전사본을 가지고 실수투성이 속기물을 수정할 것이라고 생각했다. 그러나 전혀 아니었다. 세미나 8권의 텍스트 확정은 이전 것들과 똑같은 식으로 이루어졌다. 그러나 이번에는 모든 실수가 금방 발견되었다. 왜냐하면 누구나 『스테크리튀르』의 것과 쇠이유에서 막 출판된 것을 비교할 수 있었기 때문이다. 논쟁은 곧 신문과 방송을 통해 놀라운 반향을 일으켰다. 두 책이 실제로 출판되기도 전인 1월부터 지식인과 정신분석가, 그리고 밀레의 추종자를 제외한 라캉주의 공동체의 거의 모든 성원들이 탄원서에 서명했다. 이들은 "세미나에 관한 기존의 모든 기록은 누구나 자유롭게 참조할 수 있도록 국립 도서관에 기탁되어야 한다"고 주장했다. 그들은 또한 라캉의 연구 노트들의 완전한 목록을 요구했다.[36]

자크-알랭 밀레는 학술 토론에 참가해달라는 제안을 거절했고, 반대자들을 적으로 간주했다. 카트린느 클레망과 클로드 세르키는 그를 옹호했다. 클레망은 『르 마가진 리테레르』의 기사에서 라캉의 후계자에 대한 '마녀 사냥'이 조직되었다고 주장했다. "정당에 의해 조직된 것과 같은 탄원, 사실보다는 억측에 기반한 고발, 라캉 본인의 최종적 의도에도 불구하고 국립 도서관에 등록되어야 한다는 주장, 밀레의 전사본에 대한 비판들(라캉이 결코 원하지 않았던 '학술적 장치'가 누락되었다는 이유로). 이러한 논쟁의 목표는 단 두 사람이었다. 라캉의 사위와 그의 아내 주디트 밀레는 결혼한 것이 죄였고, 주디트는 아마 사람들이 갈망하는 죽은 스승에게서 태어난 것이 죄였을 것이다. 나중에 정신분석 운동의 역사는 그의 가족에 대한 도전을 그 이면에 숨겨진 증오심에 비추어 평가하게 될 것이다."[37]

소문은 발빠르게 퍼져나갔다. 이제 사람들은 어떤 출처나 증거도 없이 라캉의 '마지막 소망'에 따라 모든 '학술적 장치'들이 금지됐다고 주장할 수 있게 되었다. 어디서 그러한 소망을 찾을 수 있을까? 그것들이 어디서 표명되고 기록되고 보존되었단 말인가? 이 글의 저자는 전혀 그런 이야기를 하지 않았다.

클로드 셰르키는 아주 조심스러운 편이었지만 그래도 내가 실수투성이의 『세미나』를 '쓸모없다'고 표현하자 나를 거칠게 '무식'하고 '편파적'인 사람으로 몰아붙였다. 그는 이렇게 썼다. "새로 출판되는 책들은 라캉의 소망에 전적으로 부합한다. 특히 아카데믹한 글로 작성된 저작이 아니라 말을 전사한 이러한 책에는 색인이나 주석, 참고문헌 같은 것은 필요없다." 라캉의 '소망'에 관한 이런 주장을 바탕으로 그는 밀레의 설명에서 한 구절을 인용했다. "매년 진행된 세미나의 텍스트는 전과 똑같은 원칙에 따라 확정될 것이다."[38] 다시 한번 사위의 말은 장인이 결코 발언하지 않은 지침을 장인의 것으로 만드는 데 이용되었다.

1991년 9월에 『스테크리튀르』 팀은 '전이와 그것의 온갖 오류'라는 제목으로 세미나 8권에 들어 있는 실수들의 목록을 소개했다. 이 목록에는 누락 부분들, 동음이의어에 의한 실수들('seins'〔가슴〕 대신에 'saints'〔성인들〕), 잘못 들어서 생긴 실수들('substitue'〔대체하다〕 대신에 'restitue'〔복구하다〕), 외래어의 실수들('hawk'〔매〕 대신에 'homme'〔사람〕), 속기의 잘못된 판독들('hate en logique' 대신에 'haterologie'), 잘못된 참조문과 라캉 자신의 실수들 등. 그래서 총 587가지의 실수들이 지적되었다.[39] 이 자료는 너무나 압도적이어서 밀레는 적어도 실수의 1/4은 인정할 수밖에 없었다. 그리고 처음으로 그는 어쩔 수 없이 개정판과 다양한 번역서를 위해 수정 작업을 하지 않을 수 없었다.

다음은 이 문제에 관해 1992년 9월에 내가 클로드 셰르키와 가졌던 인터뷰이다. 이 인터뷰에서는 라캉이 세미나 11권의 후기에서 자신의 구술 내용이 어떠한 주석도 없이 자크-알랭 밀레에 의해 전사될 것이라고 했다는 주장이 또다시 제기되었다.

1989년에 쇠이유 출판사의 사장직을 맡은 나는 자크-알랭 밀레에게 세미나의 전사 작업을 다시 시작할 것을 요청했다. 그는 그 일을 중단하고 있었다. 왜냐하면 쇠이유에서 정신분석 분야를 맡은 책임자들과의 관계에 변화가 있었기 때문이다. 그와 나는 서로 약간 알고 있었다. 내가 그와 같은 세대의 고등 사범학교 출신들과 자주 어울렸었기 때문이다. 우리는 함께 일을 잘하고 있으며, 나는 그를 지지한다. 생전에 자크 라캉은 유언 집행자로 지정한 자크-알랭 밀레에게 구술 내용을 전사하는 일을 책임지도록 했다. 1973년에 출판된 세미나 11권의 후기에서 그는 앞으로 출판될 저작에 대해 바라는 바를 다음과 같이 시사했다. 『세미나』는 똑같은 모델과 똑같은 방식에 따라 전사되어야 한다. 다시 말해서 자크-알랭 밀레에 의해 전사되어야 하며, 어떠한 주석도 없어야 한다. 우리는 그러한 결정을 존중한다. 오늘날 어느 누구도 라캉에 대해 프랑수아 발과 같은 도덕적 권한을 갖고 있지 않다. 라캉이 아직 살아 있었을 때 프랑수아 발은 수정을 제안할 수 있는 권한을 갖고 있었다. 오늘날 우리는 아주 다른 상황에 처해 있다. 자크-알랭 밀레는 『세미나』의 공저자이다. 그는 라캉의 저작을 위해 바람직하다고 생각하는 것을 한다. 그에게 이런 권한을 부여한 사람은 생전의 라캉이었다. 모든 유작은, 특히 구술된 내용일 때 다루기 어렵다. 라캉의 경우 비록 몇 가지 실수가 있다 해도 그의 저작을 전혀 출판하지 않는 것보다는 출판하는 편이 낫다고 생각한다.

1991년에 출간된 전이에 관한 세미나 8권의 경우에는 이런 일이 있었다. 자크-알랭 밀레가 자신의 전사 작업에 대한 비판들에 관해 논의하기 위해 나를 찾아왔다. 그는 그러한 비판들 대부분을 수긍하지 않았지만 앞으로 재판을 낼 때 수정해야 할 오류들이 있다는 점은 인정했다. 그래서 나는 그의 요구에 따라 문제의 글의 재판이 나올 때까지 번역권을 팔지 않기로 했다. 단 이미 교정쇄로 번역 작업을 시작한 브라질의 출판사는 제외했다. 덧붙이자면 나는 결코 오류들을 문제삼은 자료를 받은 적이 없었다. 온갖 종류의 탄원서를 받아보았지만 구체적인 자료는 없었다. 있을 수 있는 오류에 관한 의견을 내는 것은 나의 일이 아니다. 자크-알랭 밀레가 수정하기 위해 나를 만나러 오기 전까지 나는 그것들의 존재를 모르고 있었다. 그는 라캉의 저작에 대한 법적 관리자이고, 우리는 단지 출판업자일 뿐이다. 어느 누구도 다른 전사본이 존재하는 것을 막은 적이 없었고, 예를 들어 국립 도서관 자료로 기탁하는 것을 막은 적도 없었다.[40]

프랑수아 발은 자크 라캉의 편집자였고, 폴 플라망은 프랑수아즈 돌토의 편집자였다. 클로드 셰르키는 출판 목록에 '아버지-의-이름'을 존속시키기 위해서는 좋든 싫든 지금의 쇠이유가 법적인 권리의 소유자인 자크 알랭-밀레를 위한 발행자임을 인정하지 않을 수 없었다.

2 프랑스 프로이트주의 : 최근 동향

1985년에 프랑스의 프로이트주의는 20개의 조직으로 분열되어 있었다. 가장 오래된 '파리 정신분석학회'(SPP, 1926)와 '프랑스 정신분석협회'(APF, 1964)는 정통 프로이트주의를 잇는 프랑스의 조직을 대표했다. 회원은 IPA에서 인정받은 478명의 정신분석가들과 같은 수의 학생들로 이루어졌다. 또다른 두 학회는 온건한 프로이트주의, 즉 라캉주의와 IPA와 일정한 거리를 둔 프로이트주의를 대표했다. '프랑스어권 정신분석회' 혹은 '제4그룹'(OPLF, 1969)과 '정신분석가회'(1980)가 바로 그것이다. OPLF의 회원은 30명이었고, '정신분석가회' 회원은 120명이었다. 두 단체 모두 라캉주의의 역사와 관련이 있었다. 왜냐하면 OPLF는 EFP와의 분열에서 나왔고, '정신분석가회'는 EFP가 해체된 이후에 창립되었기 때문이다.

열세 개의 다른 그룹 역시 이러한 해체 후에 생겨났다. '프로이트 원인 학교'(ECF, 1980)는 273명의 회원으로 구성되었고, 정통 라캉주의

(밀레의 경향)를 대표했다. 열두 개의 다른 조직은 계속 보급되고 있는 좀더 온건하고 덜 독단적인 라캉주의의 가치들을 구현했다. 창립 순서로 이들 조직의 이름을 거명하자면 이렇게 된다. 123명의 회원을 가진 '프로이트 협회'(AF, 1982), 390명의 회원을 가진 '정신분석가 양성과 연구 센터'(CFRP, 1982), 50명의 회원을 가진 '프로이트 서클'(1982), 212명의 회원을 가진 '프로이트 분석의 구성 카르텔'(CCAF, 1983), 50명의 회원을 가진 '프로이트 학파'(1983), 117명의 회원을 가진 '정신분석가 연맹'(1983), 212명의 회원을 가진 '정신분석협의회'(CP, 1983), '쿠 프로이디앙(Coût freudien)'(1983), '정신분석 지역 그룹'(GRP, 1983, 마르세이유), 15명의 회원을 가진 '에라타'(1983), 45명의 회원을 가진 '라캉 정신분석학파'(ELP, 1985), 그리고 마지막으로 '오늘의 정신분석'(1985).

이 조직들 외에 두 역사학회가 있었다. 165명의 회원을 가진 '국제 정신의학과 정신분석사 학회'(SIHPP, 1983), 60명의 회원을 가진 '국제 정신분석사 협회'(AIHP, 1985)가 바로 그것이다. 그리고 마지막으로 '무의식의 이해를 위한 예비 교육 학파'(EPCI, 1985)라는 교육학파가 있었다.[1]

1985년부터 1993년 사이에 이전의 EFP에서 생겨난 그룹의 수는 상당히 많아졌다. 8년 안에 14개의 조직이 추가로 생겨났다. 그 중 6개는 새롭게 창립되었고, 2개는 EFP 해체의 결과로 생겼으며, 6개는 유럽적인 차원에서 혹은 국제주의적 관점에 따라 기존 그룹들을 통합하려는 목적으로 결성되었다. 그래서 현재 34개의 프로이트 조직이 존재한다. 여기에는 매일 파리와 지방에서 새로 태어나고 있기 때문에 목록을 만들 수 없었던 조직들은 포함되지 않는다.

다음은 6개의 새로운 조직을 창립 순서에 따라 나열한 목록이다. '프로이트와 라캉의 총서'(스트라스부르, 1985), 230명의 회원을 가진 '파리 정신분석 세미나'(1986), '정신분석과 사회 영역'(CPS, 1989), '심역을 연구하는 정신분석가 협회'(APUI, 1990. 1. 21), '정신분석 연구의 국제적 교류'(1990. 3, 액-상-프로방스), '사례의 흔적'(1991. 4). 이 6개의 그룹은 EFP의 옛 회원이나 측근들에 의해 창립되었다. 쥐앙-다비드 나지오는 '파리 정신분석 세미나'를 창립했고, 세르주 르클레르는 APUI를 창립했으며, 뤼시앙 코크는 CPS를 창립했다.

1991년 10월 12일에 창립된 '프로이트의 차원'이라는 이름의 조직은 ECF의 분열로 생겨났다. 1992년 2월 24일에 창립된 '프로이트 분석'은 CCAF의 일종의 내부 분열의 산물이다.

유럽이나 국제적 차원의 단체를 표방한 6개 조직은 서로 아주 다른 특징을 갖고 있다. 1991년 1월에 창립된 '국제 정신분석협회'는 '다양한 단체에 소속됨으로써 생겨나는 차이들을 줄이려는'[2] 프랑스 정신분석 4세대와 5세대에 의해 창립되었다. 이 협회는 현재 10개의 협회들을 연결하고 있다. 528명의 회원을 가진 CFRP, 168명의 회원을 가진 CCAF, 258명의 회원을 가진 AF, 184명의 회원을 가진 CP, '세미나', CPS, '에라타', '쿠 프로이디앙', '현재의 정신분석' 등. 다시 말해 ELP와 ECF를 제외하고는 과거의 EFP에서 생겨난 거의 모든 단체를 포괄하고 있는 것이다.

1991년 4월에 창립된 '유럽 정신분석 기금(FEP)'은 AF에서 생겨났다. 이 AF는 '국제 프로이트 협회'가 되었다. 이 FEP의 목적은 ─ 만일 국제 협회가 연합하려는 목적에 성공할 경우 ─ 국제 협회의 제도적 힘을 축소시키고 밀레의 국제주의에 반대하는 데 있었다.

오늘날 '밀레 가족'(말 그대로의 의미와 비유적 의미)으로 대표되는 정통 라캉주의가 정통 프로이트주의만큼 확고하지는 않지만 관료주의적 요새를 모델로 해서 조직되었다. 주디트 밀레가 이끄는 '프로이트의 장(CF)'은 1989년까지도 여전히 세계 각처에 있는 다양한 라캉주의 그룹들을 연결시키고 있었다. CF가 존재하는 동안 국제적 성격을 띤 또다른 조직이 하나 더 이 조직에 추가되었다. 왜냐하면 밀레 조직의 특징 중의 하나는 바로 협회, 그룹, 네트워크, 학파 등의 수를 증가시키고, 중앙의 결정에 따라 그것들을 유지시키거나 해산하게 만드는 비상한 능력이었기 때문이다.

그래서 CF가 계속 존재하는 동안 밀레는 1990년 가을에 바로셀로나에 '유럽 정신분석학파'(EEP, 1990. 9. 22~23)를 창립하기로 결정했다. 원칙상 CF 소속의 다양한 그룹이 EEP에서 만나게 되었다. 스페인은 선택된 곳이었다. 왜냐하면 오늘날까지도 정통 라캉주의가 주류를 이루는 세계 유일의 나라이기 때문이다. 그룹의 80%가 밀레와 그의 조직들에 연결되어 있다. 다른 지역, 특히 라틴 아메리카에서는 라캉 운동이 여러 종류이면서도 연합적인 성격을 나타내며, 정통주의는 비록 막강하긴 하지만 소수를 차지한다. EEP의 창립은 프로이트의 장 학교(Escuela del Campo freudiano)(카라카스, 1985)를 계승한 것이다. 1992년 1월 3일에 세번째 학파인 라캉적 지향 학교(Escuela de la orientacion lacaniana)(EOLCF)가 아르헨티나의 부에노스 아이레스에서 창립되었다. 아르헨티나에는 이미 IPA 소속의 영향력 있는 세 협회와 69개의 라캉주의 소그룹들이 공존하고 있었다. 두 그룹만이 EOLCF와의 병합에 동의했다.

1992년 초에 베네수엘라의 ECF, 프랑스의 ECF, 그리고 EEP와 EOLCF는 다채로운 색깔의 그룹을 형성하고 있었다. 이 가운데 앞의 세 그룹은 민족적 성격을 띠었고, 네번째 그룹은 유럽적인 성향을 띠긴 했지만 실질적인 활동 근거지는 스페인에 한정되었다. 이처럼 이질적인 그룹을 통합하고 '브라질 정신분석학파'(준비중)와 같은 다른 그룹을 여기에 끌어들이기 위해 밀레는 운동의 국제화를 더욱 확대시켜나가야 했다. 1992년 2월에 그는 '세계 정신분석협회'(AMP, 1992. 2. 1)를 창립했고, '파리 협약'을 제정했다. 이로써 프로이트주의 역사상 두번째로 팽창주의적인 국제 단체가 성립하게 된다. 프로이트를 계승한 IPA에서는 여전히 영어가 지배적인 언어인 반면 AMP에서는 현재 스페인어가 지배적이다. AMP와 다른 네 개의 학파를 병합하는 파리 협약의 체결과 함께 공식적인 선전포고가 이루어졌다. ECF의 회장인 프랑수아 르길은 이렇게 강조했다. "이제는 더이상 IPA와 '균형을 이루는 반대세력'을 구축하는 것이 문제가 아니다. 우리들의 팽창 전략을 제도화해야 한다. 새로운 AMP와 우리의 동맹 단체들은 우선 모두 IPA에 반대하는 힘을 결집하고, 궁극적으로는 IPA를 폐지하기 위해 함께 노력할 것이다. 선택의 여지가 없다. 즉 '안나 프로이트 패거리'가 관련된 국제 조직이 우세한 곳이면 어디서든 정신분석은 돛을 접고는 정부를 상대로 경쟁 억제를 요청하거나 혹은 정신분석 자체의 생존을 위해 시장을 조정해줄 것을 요청하고 있다."[3]

1981년에 세르주 르클레르는 새로운 학파의 창립을 거부했다. 그는 젊은 세대에게 기회를 주고 싶었다. 그러나 10년 후 그는 여느 때와 다름없이 대논쟁을 일으키며 프랑스 정신분석 운동의 현장으로 되돌아왔다. 르클레르의 APUI는 통일을 목적으로 한다는 점에서 새로웠다. 프랑스 프로이트주의는 위기에 처해 있었고, APUI는 수많은 정신분석의 실천가들, 비지성화되고 정통성을 상실하게 된 라캉의 고아들이나 IPA에서 탈퇴한 이들에게 피신처를 제공하려고 했다. 이들은 소위 인간과학이 약리학과 유전학의 발전에 힘입은 유기체론의 공격 앞에서 붕괴되어가는 역사적 과정의 희생자들이었다. 르클레르는 이렇게 말했다.

약 삼십여 년 동안 프랑스 정신분석 운동은 (……) 세계에서 가장 훌륭하고도 활발하게 전개되어왔다. 특히 미국과 비교해볼 때 이 점은 지금도 여전히 변함없는 사실이다. 그런데 나는 지금 모든 것이 일종의 종교 전쟁, 즉 더이상 새로운 발전을 가져오지 않는 이론적 논쟁들 속으로 침체되는 것 같은 인상을 받고 있다. 그리고 프랑스의 정신분석 운동이 이처럼 허약한 상태에서 1992년을 시작해야 한다는 것은 바람직하지 않다. (……) 현재는 분석이 점점 묽어지고 있고 심지어 익사의 위험마저 있다. (……) 프랑스 분석가들은 대부분 잘 알려져 있지 않다. 그들은 특정한 기관에 속해 있지 않다. 이들 세대는 35세에서 40세 사이로 선배들의 싸움에는 전혀 관심이 없다. 따라서 공간, 즉 그룹을 필요로 하고 있다. 그리고 그것이 새로운 시도를 할 수 있는 원동력이기도 하다. 그것은 기존 학회나 학파의 어떤 흔적도 갖고 있지 않은 것이다.[4]

르클레르의 계획은 정곡을 찌른 것이었다. 그는 IPA에서 ECF까지 프랑스의 모든 프로이트주의자들을 불러모으고 싶어했다. 그는 라캉의 운동과 (제도적으로는 이보다 훨씬 더 안정적이었던) 프랑스 프로이트주의 전체에 악영향을 끼치고 있던 이합집산의 문제를 지적했다. 하지만 그의 계획은 창립 문서의 제목에서 'ordinal'이라는 말을 사용함으로써 모호한 의미를 띠게 되었다. 이 말은 일반적인 ordre의 개념(질서, 명령)과 의사 협회(Ordre des medecins)를 연상시켰고, 그리하여 협회의 자유를 대체하는 입법 기관이 될 수도 있다는 가능성을 환기시켰다. 결국 르클레르는 도처에서 공격받게 되었다.

하지만 그의 계획은 반대자들, 특히 국제 협회 조직자들에 의해 받아들여졌다. 그들 역시 위기 상황을 감지하면서 재통합을 통해 이에 대처하고 싶었던 것이다. 하지만 국제 조직은 개개인을 끌어모으는 대신 단체들을 연합했다. 시작은 어려웠다. 그러나 EFP의 옛 회원들이 해체 이후 10년 만에 처음으로 소르본느 대학 계단 강의실에 모인 심포지움에는 기쁨과 축제의 기운이 감돌았다. 일간지 『리베라시옹』은 '라캉의 아들들이 다시 모였다'라는 제목으로 이를 기사화했다. 전에 르클레르를 비판했던 파트릭 기오마르는 주저하지 않고 이렇게 말했다. "그의 시도는 출발점에 있었다. 처음에는 모두가 ordre의 창립에 반대했다. (……) 하지만 그의 상황 분석은 정확했다."[5)]

하지만 단체 수의 증가는 정신분석가 수의 실제 성장을 반영하기보다는 초기부터 라캉 운동의 반전에서 보이는 고유한 특징이었다. 라캉 운동은 정통주의가 되기를 원했지만 어쩔 수 없이 그 길에서 이탈하게 되었고, 또 전체 역사도 반복적인 분열로 점철되었다. 마치 라캉주의의 역사는 라캉의 짧은 상담 시간을 본보기로 삼기라도 한 듯이 단절, 전복, 개혁을 거듭했다. 긴 상담 시간을 준수하며 시간을 일종의 영원 회귀로 구성하는 IPA와는 달리 라캉주의는 항상 끊임없는 이행과 순간적인 모험의 역사였다. 즉 일종의 초현실주의적인 시간의 역사였다. 이러한 '역사의 액팅 아웃' 방식에는 앞에서 이미 언급한 바 있는 그 유명한 프랑스적 예외의 흔적이 남아 있다. 확실히 프랑스는 백 년 동안 의학계뿐만 아니라 지성계를 통해 문화 생활의 전 영역에 정신분석이 대중적으로 보급되는 데 필요한 모든 조건이 구비되어 있는 세계 유일의 나라였다. 라캉주의는 부분적으로는 프랑스 혁명과 부분적으로는 드레퓌스 사건에서 유래한 기존 질서에 대한 저항 정신을 계승해 의식적으로 전복과 위반의 행동을 창조해냈다는 점에서 이러한 프랑스적 예외를 구현하고 있었다.

이 프랑스적 예외는 초현실주의, 후설의 현상학, 구조주의에서 근본적인 표현 형식을 찾았다. 그러나 사회적 · 정치적 관점에서 보자면 유럽 세계에서 우선 파시즘이 독일에서 프로이트적 사유의 전위들을 망명의 길로 내몰았고, 다음에는 얄타에서의 유럽 분할 결정으로 동유럽에서의 정신분석의 모든 발전 가능성이 얼어붙었다는 사실이 이러한 프랑스적 예외를 가능케 했다고 할 수 있다.

이 역사는 이제 공산주의 체제의 몰락과 베를린 장벽의 붕괴, 그리고 프로이트주의 형성의 토양을 제공했던 중부 유럽에서 민족 갈등이 부활하는 것과 함께 끝이 나고 있다. 서양의 정신분석에 독특한 형태와 지침, 지리적 분포를 부여한 것은 중부 유럽이었다. 러시아에서 60년 동안 그리고 위성 국가에서는 50년 동안 프로이트주의는 합법적인 존재가 아니었다. 운동, 학설, 단체 어느 것도 합법적이지 않았다. 그러나 1993년부터는 그렇지 않았다. 자유 정부의 등장은 비록 초기 단계이고 미약하긴 하지만 필연적으로 프로이트 사고의 재활성화로 이어질 것이다. 하지만 어떤 형태로?

잘 알려져 있듯이 무엇보다 분석가가 되기 위해 일정 기간 분석을 받아야 한다는 철칙 위에 세워져 있는 정신분석은 분석의 자유가 법치주의 정부, 즉 국민에 대한 정부의 지배력에 한계를 부여하고 또 그러한 한계를 준수하는 정부의 존재에 의해 보장될 때에만 자유롭게 실천될 수 있다. 그것은 정신분석이 왜 미국에서, 그리고 파시즘에 가장 철저하게 저항했던 유럽 국가들에서, 또한 독재에서 해방된 라틴 아메리카에서 발전하게 되었는지를 설명해준다. 정신분석은 공산주의나 나치즘의 지배를 경험했거나 법치주의 정부가 없는 곳에서는 제대로 자리 잡지 못했다.

이처럼 정신분석의 존재가 그러한 정부에 의해서만 보장되기 때문에 정신분석은 제각기 훈련 모델과 규칙, 그룹, 분파, 협회, 당파들을 자유롭게 구성할 수 있으며, 마치 정당이나 다양한 시민 집단처럼 정신분석가들도 자유롭게 이합집산을 할 수 있는 것이다.

이러한 연합의 자유로부터 저절로 그 자체의 규칙이 생겨났다. 그것은 세계 정신분석 운동을 지배하는 두 가지 중요한 훈련 모델이 된 IPA와 AMP라는 형태로 나타났다. 이 두 단체는 정통주의라는 공통점을 가진다. 즉 법적·가족적 계승자들이 운동의 공식적인 이미지와 운동의 학설과 실천을 관리하고 있는 것이다. 오랫동안 IPA에서 정통주의를 구현한 것은 안나 프로이트였다. 오늘날 그녀의 유산의 중요성은 많이 약화되었다. 국제적인 라캉 운동의 현장을 지배하는 것은 한 가족이다. 이 가족 가운데 자크-알랭 밀레는 정치적 대표자이자 라캉 저작에 관한 유언의 집행자이고, 주디트 밀레는 유산 상속자이자 커뮤니케이션의 관리자이며, 자크-알랭 밀레의 동생인 제라르 밀레는 여러 단체의 회계 담당자로서의 임무를 맡고 있다.

IPA 모델은 내부적으로 학설적 이견을 인정하지만 기술적 규칙들에 대해서만은 어떠한 위반도 허용치 않는다. 반면에 밀레의 모델은 어떠한 학설적 이견도 인정하지 않으면서도 훈련에 대해서는 아무런 기술적 규칙도 강요하지 않는다. 경험을 통해 우리는 정신분석 제국의 단결은 학설의 강요보다는 기술적인 규칙들의 강요에 의해 훨씬 더 확고해진다는 것을 알 수 있다. 이것은 정신분석 실천에 핵심적인 의미를 가지는 민주적 자유의 행사에 후자가 전자보다 더 호의적이기 때문이다. 학설의 강요는 항상 편협함으로 끝나는 반면 기술적 강요는 단지 조직의 경직화를 가져올 뿐이다. 이것은 같은 것이 아니다. 이렇게 볼 때 밀레의 국제주의가 언젠가 IPA만큼 강력해질 가능성은 거의 없을 것이다.

전복과 위반의 욕망에서 생겨난 라캉주의는 본래 취약한 것이었고 이합집산을 거듭하게 될 운명이었다. 정통 프로이트주의와는 반대로 정통 라캉주의(밀레의 라캉주의)가 라캉 사후 이를 도입한 거의 모든 나라에서 여전히 소수파로 남아 있는 것은 바로 이 때문이다. 정통 라캉주의는 지극히 중앙 집권적인 구조 속에서 라캉을 신격화하고, 엄격한 이론적 혈통을 강요함으로써 프로메테우스적이며, 바로크적이고, 일사불란함과는 전혀 거리가 먼 초기 운동의 본질과는 모순을 일으킬 수밖에 없었던 것이다.

이런 의미에서 정통파가 외관상 지니고 있는 제도적 권력은 내적인 취약성, 그리고 이견을 인정하지 못하는 무능함을 가리기 위한 가면일 뿐이다. 따라서 밀레의 라캉주의는 세계적 차원에서 생존하기 위해 내부에서는 아예 반대자의 싹을 밟아버리면서도 외부에서는 반대자에 대한 반항을 시도한다. 그래서 밀레의 라캉주의는 항상 IPA와 대적하면서 IPA를 절대적인 타자, 악마, 감히 진짜 신을 신전에서 '쫓아낸' '패거리'로 몰아붙인다. 30년이 지난 시점에서도 스톡홀름은 라캉 가족에게는 여전히 악몽으로 남아 있다. 마치 역사가 어느 날 그립스홀름 성문 앞에서 멈춘 것처럼 말이다.

따라서 미래의 대전쟁은 아마 동유럽을 겨냥하여 전개될 것이다. 이지역은 실제로 이미 두 세력의 각축장이 되었다. 정통 라캉주의가 오늘날 소수파이기 때문에 틀림없이 프랑스적인 프로이트주의 개혁의 움직임 속에서 제3세력이 등장하게 될 것이다. 제3세력이란 여러 종류의 라캉주의로서 한창 번성하고 있는 19개의 협회를 통해 프랑스에서 다수파를 이루고 있다. 그것은 또한 아르헨티나, 브라질, 심지어 이탈리아에도 존재한다. 이탈리아에서는 많은 그룹이 생전에 아르만도 베르딜리오네를 지지했던 라캉의 끔찍한 정책에도 불구하고 성공적으로 정착했다.[6] 이탈리아 학회들 중에는 '프로이트주의의 원인', '나폴리 라캉센터', '토리노 프로이트주의 연합' 등이 있다.[7]

프랑스에서의 정신분석은 20년 전부터 — 뛰어난 의사와 철학자들만이 프로이트 문화에 접근할 수 있었던 1950년대와 달리 — 더이상 엘리트의 소유물이 아니게 되었다. 이와 동시에 정신분석은 정신분석을 도입한 정신의학계와 지성계로부터도 분리되었다. 정신의학은 계몽주의 철학과 정신병자 수용 기관의 개혁으로까지 소급되는 휴머니즘 전통을 통해 정신분석을 밝혀주었고, 지성계는 정신분석에 전복적이고 이론적인 모습을 부여해주었다. 하지만 이제 이 두 분야로부터 분리되고 대중적인 실천을 향해 움직여간 정신분석은 엘리트주의를 벗어나긴

했지만 또 의도적으로 이해할 수 없게 만든 기술관료적 어휘를 사용하는 프로페셔널리즘으로 기울게 되었다. 프랑스적 예외의 역사는 이런 식으로 끝나가고 있는 것처럼 보인다.

정신분석학회들은 사회 전반에 영향을 미치는 문제들의 일부가 되었다. 회원들도 이제 더이상 스스로를 아방가르드나 엘리트로 보지 않고 자신들이 생활하고 활동하는 분야의 이상과 문제점을 공유한다. 즉 개인적 성공의 욕망, 기준의 준수, 비판적 판단의 부재, 자기 중심적 고민, 상층 인사들에 대한 자발적인 복종 등. 그러한 정신분석 그룹은 경향이 어떻든간에 이제 안으로 자꾸 움츠러들면서 자기를 방어하려는 일종의 누에고치와 비슷하게 되었다. 이들 그룹은 저마다 다른 어휘를 사용하고 있지만, 그러한 어휘는 이제는 도저히 돌이킬 수 없을 정도로 무너져버린 엘리트주의를 흉내내고 있는 은어라는 점에서는 모두 똑같다. 그들은 엘리트주의의 상실에 대한 슬픔을 여전히 극복하지 못하고 있는 것이다.[8]

프랑스적 예외의 종말은 오늘날 신라캉주의 영역에서 기이한 분열의 형태로 나타나고 있다. 철학적 담론과 아카데믹한 지식의 측면에서 라캉의 저작은 모든 임상적 관련성과 모든 집단적 목적에서 분리된 사유의 대상이 되었다. 이런 점에서 라캉의 저작은 바르트, 푸코, 레비-스트로스의 저작들과 함께 프랑스 지성사에 편입되면서 동시에 **속화되었다**. 라캉의 저작에 대한 이처럼 세속화된 해석의 가장 훌륭한 예는 1990년 5월에 국제 철학 학교에서 르네 마조르가 개최한 국제 심포지움에서 찾아볼 수 있었다. '철학자들과 함께 라캉을'이라는 주제로 열린 이 심포지움[9]에는 온갖 경향의 정신분석가, 철학자, 역사가, 논리학자, 그리스 로마 시대 전문가들이 모였다. 알랭 바디우는 라캉이 플라톤을 이용한 방식에 관한 논문을 발표했고, 필리프 라쿠-라바르트와 니콜 로로는 안티고네에 대해 이야기했다. 르네 마조르는 정신분석에서 나타나고 있는 데리다적 경향을 다루었고, 자크 데리다는 자신과 라캉의 관계에 대해 이야기했다. 한편 장-클로드 밀네는 과학의 지위에 관한 문제를 제기했다. 라캉이 하이데거 철학을 이용한 방법을 주제로 한 토론 중에는 라캉 이론의 철학적 위치에 관한 일반적 문제가 제기되었다. 베르트랑 오질비, 피에르 마슈레, 에티엔느 발리바르, 미켈 보르슈-야콥슨, 일반적으로 말해서 알튀세, 푸코, 캉길렘, 데리다의 계승자들이 모두 모인 이 심포지움은 라캉의 독자들이 아직도 얼마나 다양하게 분포되어 있는지를 보여준다. 이러한 철학적 맥락에서 라캉의 저작에 대한 해석 문제를 둘러싼 논쟁이 정신분석계에서만큼이나 활발하게 이루어졌다.[10]

철학자와 학자들에 의한 라캉 저작의 세속화와 관련해 지난 10년 동안 장-클로드 밀네의 『불명확한 이름들Les Noms indistincts』과 크리스티앙 장베의 『알라뮈에서의 위대한 부활La Grande Résurrection d'Alamut』이라는 훌륭한 저작이 출판되었다는 것을 기억해두기로 하자.[11] 두 사람 모두 이전의 GP 회원으로서 밀네는 언어학자가 되고, 장베는 한때 스승이었던 앙리 코르뱅의 뒤를 이어 회교 시아파 전문가가 되었다. 두 책 모두 '최후의 라캉', 즉 RSI(실재-상징적인 것-상상적인 것)의 라캉을 중심으로 우리 시대의 우울, 혁명의 종언, 자살, 광기, 그리고 구조주의 세대 특유의 정체성 상실을 훌륭하게 이야기한 명저였다. 자유의 가장 극단적인 형태 역시 12세기 이란을 배경으로 고찰된다. 그리고 이 두 저작에서 보로메오 행성은 결코 만화나 공식의 형태를 통해서가 아니라 말년에 릴 가의 스승의 머리에서 떠나지 않았던 절대를 향한 탐구라는 관점에서 소개된다.

이와는 달리 정신분석 운동에서는 라캉의 저작이 성서처럼 취급되었다. 훌륭한 전이의 공간인 그의 저작은 모든 그룹이 각자의 조직 방식에 관한 지침을 찾아낼 수 있는 기초적 담론으로 작용하고 있다. 라캉의 사고에 접근하는 이러한 두 가지 방식간의 차이는 라캉 생전에는 이처럼 명확한 형태로는 나타나지 않았다. 왜냐하면 한편에서 라캉 본인은 항상 치외법권을 요구했기 때문이고, 다른 한편에서는 정신분석 운동의 대중화가 지금보다는 훨씬 덜 진행되었기 때문이다.

다른 한편 자체의 요새 안에 격리된 ECF는 치밀한 논리와 과학적인 전통에서 벗어나 주로 자기 변호적인 텍스트들을 양산해낸다. 따라서 세미나에 적용된 '텍스트 확정' 방법, 즉 각주, 주석, 참조문이나 학술적 장치를 생략하는 방식은 밀레 그룹에서 큰 인기를 누리게 된다. 이 학파에서는 집단과 익명성이 대중과 융합하려는 개별 주체들 — 예컨대 모든 형태의 독재와 엘리트주의를 증오하며 '이웃의 정신분석가'를 자임하는 프랑수아 르길 — 에 우선했다.[12]

따라서 정통주의적 흐름에서 나온 라캉에 관한 두 권의 주요 저작은 자기 집단의 이해관계에 봉사하는 논문 모음집에 지나지 않는 것이었다. 출판은 역시 지배자 가족의 주도로 이루어졌다. 제라르 밀레가 첫번째 책을, 주디트 밀레가 두번째 책을 편집했다. 여기에 덧붙여서 주디트는 아름다운 사진들을 모아 아버지의 앨범을 출판했는데, 사진 설명은 '성도전'의 전통을 그대로 따른 것이었다.[13] 1986년에 출간된 『라캉』의 서문에서 제라르 밀레는 자크-알랭 밀레를 위한 긴 변명의 글을 쓴다. "그는 이 책의 공저자가 아니다. 그 이상이다. 10여 년 전부터 그의 강의와 파리 8대학에서 일 주일마다 열린 세미나는 자크 라캉의 저작에 대한 합리적이고 확고한 이해의 길을 열어주었다. 이 책의 집필에 참여한 사람들은 모두 그의 학설을 따랐거나 따르고 있으며, 『에크리』와 『세미나』 — 밀레가 라캉의 위임에 따라 세미나 텍스트를 확정했다 — 에 대한 그의 주석에서 많은 영향을 받았다."[14] 그리고 얼마 안 되는 참고문헌에는 『세미나』가 한 페이지를 차지하면서 라캉의 가장 중요한 저작으로 소개되고 있다. 그것도 밀레의 텍스트 확정 작업 덕분인 것이다. 반면에 『에크리』는 단 세 줄로 언급되고, 프랑수아 발의 이름은 언급조차 되지 않는다. 이 책에는 라캉의 주요 정리(定理)에 대한 기본적인 설명이 들어 있는데도 말이다.

라캉 사망 10주년을 기념하는 텍스트들을 모은 1992년의 『라캉을 아세요?Connaissez-vous Lacan?』에서 라캉은 위대한 조타수, '프로이트를 망각과 배반의 재난에서 구해낸' '집요한 산파'로 소개되었다.[15]

폐쇄적이고 자조적인 관행의 일반화는 ECF 회원들을 본래적인 의미의 라캉주의 역사에서 분리해버렸다. 이제 참고 대상이 된 것은 밀레에 의해 재조명된 라캉이었다. 사위가 직접 점심 시간마다 규칙적으로 세미나를 열어 장인의 세미나에 주석을 붙이고 이를 흉내낸다. 이 미사에는 400명의 청중이 참석해 공감을 표한다. 이 중 절반은 스페인어권 사람들이고 절반은 프랑스어권 사람들이다. 라캉의 전설이 낳은 이 고아들은 스스로를 죽은 아버지의 복사판과 동일시하면서 일종의 상상적인 카타르시스를 통해 영원히 잃어버렸다고 생각했던 말의 기억이 시간을 초월한 무로부터 떠오르는 듯한 인상을 받는다. 다른 라캉주의자들과는 반대로, ECF의 투사들은 다양한 라캉주의가 존재한다는 사실을 알고 있으면서도 좀처럼 자기가 속한 제도의 영역을 떠나지 않는다. 그들은 점검 분석이나 보충적인 분석을 위해 EFP의 옛 회원들이나 다른 그룹의 분석가들을 찾아갈 생각을 하지 않는다. 그래서 이들은 자기들끼리, 즉 정신분석 운동의 선구자들이 했던 것처럼 같은 세대의 '형제들'끼리 서로서로를 분석한다. 이들이 아주 열성적으로 임상 교육을 장려하는 것은 바로 이 때문이다.

물론 이것은 프로이트나 영미권 정신분석 운동의 다른 대가들과는 달리 라캉이 결코 사례 보고서를 출판한 적이 없다(그의 박사 학위 논문을 제외하고는 말이다. 하지만 누구나 잘 알고 있듯이 이 경우에도 그는 환자를 실제로 '치료'하지는 않았다)는 사실을 고려하는 한 가지 방식이다. 이 점에서는 다른 라캉 그룹들도 크게 다르지 않다. 라캉은 자신의 이론적 노력을 프로이트가 의미한 것으로의 복귀라고 이해했고, 임상학적 이론 역시 프로이트주의 역사의 중요한 사례들에 주석을 붙임으로써 발전시켰다. 따라서 그의 후계자들은 라캉주의적 임상학 이론을 주석에 대한 주석에서 끌어내야 하는 문제에 직면하게 된다.

ECF의 대부분의 대표자들은 1970년부터 1980년 사이에 라캉에게서 분석을 받았다. 따라서 그들은 점점 더 단축되어가는 상담 시간으로 인해 현기증을 느꼈을 것이다. 그리고 성도전을 통해서가 아니면 그러한 현기증의 경험을 고백할 수 없기 때문에 그들은 옛날 릴 가의 동굴에서 경험했던 실천을 다른 피분석자들에게 그대로 되풀이한다. 오늘날 이들 중 어느 누구도 감히 상담 시간을 완전히 없애지는 않았지만 15분이 ECF에서 전형적인 모델이 되었다. 어떤 사람들은 정해진 시간에 약속을 하지 않으며, 또 어떤 사람들은 상담 시간을 5분으로 줄이기도 했다. 상당수의 라틴 아메리카인들이 이러한 틀 속에서 분석받고 있다. 그들은 비행기를 타고 일 년에 한 번 파리에 와서 한 달간 머물면서 매일 서너 번씩 15분의 상담을 갖는다. 이렇게 해서 제국의 중앙 집권이 보장되는 것이다.

이 단체는 네트워크와 세포들이 복잡하게 얽혀 있는 중앙 집권적 정부처럼 조직되어 있다. 열 개의 연구 분야는 ECF와 파리 8대학의 정신분석학과를 긴밀하게 연결해주는 지식과 힘의 분업 형태에 조응하고 있다. 제라르 밀레가 이끄는 고등 임상 연구 분야가 다른 모든 연구 분야의 모델이 되고 있다. '분석적 수학소들에 관한 고찰 분야'(IRMA)는 라캉 학설의 합리화, '완전한 전달, 혹은 가능한 수학소'를 목표로 한다. 이 작업은 자크-알랭 밀레에 의해 조정되고 있다. '세레다(Céréda)'는 유아 정신분석을 위한 국제적 라캉 임상학을 장려한다는 목적을 가진 네트워크이다. 행동 위원회는 로진느 르포르, 자크-알랭 밀레, 주디트 밀레로 구성되어 있다. '그레프스(Greps)'는 심신상관(心身相關) 연구 그룹으로서, 자크-알랭 밀레가 고문의 한 사람으로 있다. '그레타 (Greta)'는 마약 중독과 알코올 중독 문제를 맡고 있다. '임상적 위상학 연구 그룹'(GRTC)은 보로메오 매듭을 연구한다. '프로이트의 장' 시리 즈의 세미나들은 전세계에서 ECF 학설의 충실한 전사(轉寫)를 보증한 다. '정신분석 개념 연구 및 정신병에의 적용'을 위한 그룹은 프랑스와 외국의 정신의학 분야를 다룬다. '프로이트 학교'는 분석가들의 연수를 실시하며 도미니크 밀레(세르주 코테와 함께)가 그 책임자이다. 마지막으 로 '실리세 II' 네트워크는『오르니카?』— 이 잡지의 발간은 중단되었 다 — 와 함께 CF의 모든 국제 출판물 사이의 연결을 책임지고 있다.[16] 이에 덧붙여 1992년부터 프랑스의 여러 지방에서 밀레의 정신분석을 장려하려는 목적으로 '프로이트 원인 협회'가 활동하고 있다. 물론 이 협회 역시 ECF와 관련되어 있다.[17]

이처럼 밀레의 국제 협회의 관료주의적 복잡성은 1964년에 라캉이 염두에 두고 있었던 규정의 단순성과 제도적 투명성과는 정반대되는 것이다. 그리고 이처럼 네트워크, 그룹, 세포들이 증가하는 것은 ECF가 창립 10년이 지난 뒤에도 여전히 초기의 정통성 문제에 대한 강박관념 에서 벗어나지 못하고 있기 때문인 것처럼 보인다. 실어증 증세를 보인 라캉이 채택한 학교의 창립 텍스트들이 진짜냐 가짜냐 하는 문제를 둘 러싸고 제기된 의혹은 로랑스 바타이유의 탈퇴 이후 밀레 식의 신라캉 주의의 짧은 역사 속에서 중요한 분쟁거리로 남아 있다. 제라르 포미에 의 추방과 카트린느 밀로의 탈퇴로 이어진 1989년 겨울의 심각한 위기 는 바로 이러한 의혹을 배경으로 한 것이었다.

1989년 9월에 포미에는『정신분석의 유아적 신경병*La névrose infantile de la psychanalyse*』을 발표했다. 이 책에는 다음과 같은 내용이 들어 있었다.

라캉의 사위인 자크-알랭 밀레는 자기 접근 방식이 대부분의 정신분석가들에 의해 거부되었음에도 불구하고 당국을 상대로든 언론매체를 통해서든 대학을 통해서든 자기가 라캉의 적법한 후계자라는 주장을 반복하고 있다. (······) 장 클라브릴의 최근 저작인 『욕망과 법』에서 우리는 다음과 같은 구절을 찾아볼 수 있다. "1980년 1월 5일의 해체 선언 편지와 이후 몇 달 동안 라캉이 공개적으로 읽은 모든 세미나 발표문은 자크-알랭 밀레가 작성한 것이다." 그러한 일 자체는 불법이 아니며 선례들도 있다. 그런데도 왜 자크-알랭 밀레는 계속 이를 부정했을까? 그는 왜 라캉이 자기에게 도움을 요청했다는 것을 인정하지 않는 것일까? 이유는 오직 한 가지다. 바로 이 시기에 발표된 텍스트들이 자신의 정통성을 유지하는 데 필요했기 때문이다.[18]

포미에의 공격은 그리 정중하지 않았다. 특히 그는 밀레의 작업과 시도를 지지했던 사람이다. ECF의 연례 회기 동안에 제라르 밀레는 판매 전시대에서 비위에 거슬리는 이 책을 빼버렸고, 포미에는 책들이 쌓인 테이블을 뒤엎어버렸다. 이 사건의 이면에는 근본적인 문제가 있었고, 자크-알랭 밀레도 그것을 잘 알고 있었다. 그래서 그는 마오이스트로서의 과거에 걸맞게 학파 내부에서 문화 혁명을 일으키기 위해 공세를 취했다. 그는 이른바 '공개 비판(Acier l'ouvert)'을 시작하면서 학파의 위기는 '바로 토대의 위기'라고 설명했다. "이러한 위기를 가속화시킨 여러 사건들은 이 위기의 논리에 비추어보면 거의 중요하지 않다. 현재의 상황에 비추어볼 때 위기를 피할 수 없다는 것은 너무나 분명해 보인다. 그것은 발생 과정의 시초부터 있었고, 첫번째 학파로부터 두번째 학파로 계속 전달되고 있다는 것이다."

이어 일종의 자전적 이야기가 이어졌는데, 여기서 밀레는 사람들에게 자기 눈치보지 말고 묻는 말에 대답할 것을 요구했다. "나는 10년 동안 나 대신에 사람들이라고 말해왔으며, 학파의 다양한 기구들의 단체 서명에서도 뒤로 물러서려고 최선을 다해왔다. 그리고 그러한 텍스트에 전체적인 의도를 반영한 비개인적이고 확실한 어조를 주려고 노력했다. 그러나 내가 아무리 그렇게 해도 소용없었다. 그들이 원하는 것은 '자크-알랭 밀레의 이름'이었다. 그들은 대포와 화염 방사기로 그를 괴롭히고 바짝 몰아세우고 자극한다. 좋다, 여러분이 이겼다. 여기 내가 있다. 이제부터 나는 학파에서 '나'라고 말한다. 그럼 이제 뭐가 더 나아지는지를 보도록 하자." 이어서 밀레는 지나간 일과 EFP에 관해 얘기했다. 그는 EFP를 '히드라'로 묘사했다. "내가 유보적인 태도를 버리도록 만드는 것은 바로 여러분들인가? 아니다. 그것은 EFP이다. 야수. 레르나 늪에 사는 머리가 일곱 개 달린 뱀. 나는 20대부터 이 야수와 대적해왔다. 나는 그놈을 해치웠다고 믿었다. 그놈은 머리가 잘렸고, 이제 더이상 존재하지 않는다고 생각했던 것이다. 그런데 지금 갑자기 그 뱀이 학파의 정중앙에서, 바로 내 앞에서 다시 일어서는 것이 보인다. 다리와 머리가 모두 원래 그대로의 모습으로 펄펄 살아 있다. 그것은 슛 소리를 내고 인상을 쓰며 으르렁거린다. 그리고 수치스러운 네수스(Nessus)의 옷으로 나를 옭아매려고 한다."[19]

몇 달 동안 ECF는 반란의 소용돌이에 휩싸였다. 그러나 체제의 변화는 없었다. 반란의 주모자들은 EFP의 옛 회원들로서 라캉의 선택에 대한 충성에서 밀레를 따랐던 사람들이었다. 이들은 학회를 떠나 '프로이트의 차원'이라는 새 그룹을 창립했다. 그들의 탈퇴는 통과 절차에 관한 문제 때문이었다.

카트린느 밀로의 탈퇴는 로랑스 바타이유의 탈퇴를 되풀이하는 것이었던 만큼 더 큰 충격을 불러일으켰다. 그녀는 아름답고 지적이며 재능 있고 존경받는 인물이었다. 그녀는 소르본느에서 철학을 전공한 후 1971년에 라캉과 분석을 시작하면서 밀레 가족에 의해 간택되었다. EFP의 회원이었다가 파리 8대학 교수가 된 그녀는 20년 동안 정통파의 후궁에 머물렀다. 그녀는 라캉이 죽었을 때 그의 결정에 대한 충성에서 ECF에 가입했고, 여기서 미셸 실베스트르에게서 첫번째 점검을, 브리지트 르메레에게서 두번째 점검을 받았다.[20] 다음은 그녀가 처음부터 '근본적인 의혹'에 시달리던 이 학파에서 가까이 지냈던 모든 사람들에게 쓴 일종의 작별 편지다.

진짜인지 의심스러운 텍스트들을 창립 문서로 내세움으로써 결국 이것은 믿음의 문제로 변질되어 버렸다. ECF에의 가입은 텍스트에 대한 보증인이 된다는 것을 의미했다. (……) 그것은 또한 그 텍스트들을 집단 최면의 대상으로 만드는 것이기도 했다. 즉 그 텍스트들이 거짓인지 진짜인지, 혹은 반쪽의 진실인지 등의 문제에 사로잡힌 이들은 이러한 조작의 목표에 대해서 생각하지 못한다. 그것은 소위 라캉의 마지막 유언이란 것에 모두의 자발적인 복종을 강요하는 집단적 초자아를 세우기 위한 눈속임에 지나지 않는다. 이제 라캉의 해석자들은 학파의 각종 심판자가 되고, '도덕적 상속자'가 필요하다면 그 대변자가 되었다.[21]

비록 밀레가 라캉의 저작에 대해 단순화된 해석을 내놓았다 해도 그는 자신이 주도하는 운동을 라캉의 근본적 입장과의 단절로 몰고 갈 생각은 없었다. 다시 말해 밀레 학파는 여전히 프로이트적이고 싶어한다. 밀레 학파는 라캉이 프로이트 본인의 텍스트로 복귀함으로써 프로이트주의의 역사와 다시 연결되었다는 생각을 고수한다. 그러나 라캉 자신의 개념과 그것에 대한 밀레의 해석이 계속 혼동되고 있는 상황에서 프로이트의 개념에 라캉의 해석을 묶어두는 시도가 과연 얼마나 오랫동안 지속될 수 있을까? 두 가지 가능성이 있을 것이다. 프로이트의 원래 생각을 라캉의 해석과 분리하고 이에 따라 라캉의 학설도 사위의 학설로부터 분리시키든가 아니면 프로이트와 라캉의 이론을 하나로 융합시키면서 프로이트가 이미 라캉적이었다는 환상을 조장하거나.

바로 이것이 ECF의 기원 및 세미나의 출판과 관련된 '근본적인 의혹'이 제기하는 주요한 이론적 문제들이다. 프랑스의 모든 라캉주의자들은 바로 라캉과의 단절이라는 위험 앞에 직면하고 있다. 이러한 위험은 라캉 본인이 결코 프로이트에 대한 자신의 독해에 어떤 지위를, 부여하는지 이론적 형태로 밝히지 않았기 때문에 더욱 심각한 것이다. 나는 이미 여러 차례에 걸쳐 라캉이 자신의 개혁을 프로이트의 것으로 돌렸음을 보여주었다.

오늘날 '폐제(forclusion)'라는 라캉의 개념을 다룬 모든 논문들을 주의 깊게 읽어보면 그러한 위험의 존재를 알 수 있다. 최상의 경우, 주석자들은 이 개념이 프로이트의 저작에서는 존재하지 않는다는 점을 인식하고 있다. 그래서 그들은 '부인(Verwerfung)'을 프로이트에 있어서 거부에 해당하는 개념으로 규정한 다음 이것이 라캉에 의해 개념화되었다고 설명한다. 하지만 때때로 그들은 이 개념이 피송에게서 왔고, 스코토미자시옹이 있었다는 데 대해서는 전혀 언급하지 않을 때도 있고, 때로는 역으로 피송이 프로이트의 무의식을 '이미 라캉적으로' 이해했다고 보기도 한다. 최악의 경우 주석자들은 프로이트에게서 폐제 개념이 나타난다는 '환각을 일으키면서' 그것이 바로 'Verwerfung'이라고 주장한다. 라캉이 이를 정신병의 영역으로 확장시켜 '폐제'라는 이름으로 번역했다는 것이다. 이때 피송의 영향은 완전히 무시되어버린다.[22] 이런 상황에서 독자들이 고급 전문 서점을 찾아가서 폐제를 다룬 프로이트의 '유명한' 텍스트를 보자고 요구하는 일이 점점 더 빈번히 일어나고 있다. 티에리 가르니에는 이렇게 말한다. "이런 현상은 라캉 사망 이후 더 빈번해졌다."[23]

물론 비라캉적이거나 반라캉적인, 혹은 '탈라캉화된' 프로이트주의자들의 경우에는 이런 식의 혼동은 있을 수 없을 것이다. 하지만 이와 정반대의 위험이 나타날 수도 있다. 즉 그들은 라캉의 해석을 전적으로 오해하거나 심지어 지나치게 해석하여 라캉이 피숑에 이어 프로이트에 프랑스적 특성이라는 '외피'를 뒤집어씌웠으며 여기서 벗어난 '독일적인' 프로이트, 즉 초기의 프로이트로 복귀할 수 있다는 믿음에 빠질 수 있는 것이다. 이것이 장 라플랑슈와 앙드레 부르기뇽이 주도한 프로이트 전집 번역 계획에서 제기된 주요 쟁점이었다. 이 계획은 1988년에 격렬한 논쟁을 불러일으켰다.[24]

라캉 정신분석학교(ELP)는 오늘날 연속성의 협약을 파기할 위험성이 가장 큰 그룹이다. 그러나 라캉 저작을 다룬 가장 독창적인 연구들은 이 학교의 회원들에게서 나왔다. 이중 에릭 포르주, 필리프 쥘리앙, 기르 고페이, 다니엘 아르누, 장 알르슈, 그리고 『리토랄』지의 여러 기고자들이 중요하다.[25] 이 학파는 '프로이트주의'가 아닌 '라캉주의'를 내세우면서 단절을 시도한 첫번째 학파였다. 따라서 이 학파가 가장 '과도한 해석' 경향에 지배될 경우 프로이트의 저작과 라캉의 저작 사이의 역사적인 연속성을 파괴하고 라캉의 이론을 일종의 환각적이고 신비로운 해석학처럼 만들어버릴 위험이 생겨난다.

1990년대 프랑스 정신분석 운동의 중심에 선 CRFP는 다수의 라캉주의가 모인 가장 대표적인 조직으로서, IPA를 포함한 프로이트주의의 모든 단체들에 개방적이었다. 그래서 이 협회는 지속적인 성장 과정에 있고 그 결과 거인증에 걸릴 위험에 직면하고 있다. 1985년에만 해도 상상할 수 없었던 이처럼 화려한 성공 뒤에는 두 가지 이유가 있었다. 통과 절차의 폐지와 집단 체제가 바로 그것이다. 그 가치는 의심의 여지가 없었지만 광기로까지 이어질 수도 있는 통과 절차를 버림으로써 CFRP는 훈련 문제에서 온건한 라캉주의를 수용했다. CRFP는 절충주의의 위험을 무릅쓰고 IPA와 옛날의 EFP를 병합하려고 했다. 다른 한편 집단 체제는 4, 5세대에게 선배들과 끊임없이 이런저런 이유로 싸우지 않아도 되는 실세의 자리를 보장해주었다. 이와 관련해 모 마노니는 벨기에 학회의 회원 자격을 통해 여전히 IPA의 회원으로 있었기 때문에 세르주 르클레르와 비슷한 통합의 역할을 맡고 있다. 그렇지 않아도 갈등이 심한 라캉의 유산 속에서 다름아닌 한 명의 여자가 논란이 많은 프로이트 유산으로의 복귀에 필요한 조건들을 창출했다는 사실은 이 작업이 발한 광채를 생각할 때 의미 있는 것이었다.

한 가지 의문이 남아 있다. 책 같은 것은 전혀 쓰지 않고, 전문 용어, 줄세우기, 관료주의를 한결같이 거부하는 무의식의 실천가들은 오늘날 어디에 있는가? 이에 대해 말하기는 어렵다. 하지만 여전히 이들은 존재하며 활동하고 있다. 어떤 이들은 규격화의 압력을 피하면서도 충성심 때문에 각자의 그룹에 머물기도 하고 어떤 이들은 조직에서 탈퇴해 내적 망명을 택하고 있기도 하다. 프로이트 자신이 끊임없이 의혹에 시달리던 저항적 유대인이었다는 것을 상기하면서.

어떤 사람들은 다른 것을 찾아 자유로이 모든 그룹을 왕래한다. 그래서 일종의 '문화주의'가 출현하는데, 이것은 프랑스에서 아주 새로운 현상이다. 이러한 문화주의란, 과거와의 비교를 통해 현재의 문제들에 대한 해답을 발견하기 위해, 또는 다른 상담 기술을 연구하기 위해 정신분석사 — 이 분야는 지금 크게 성장하고 있다 — 의 제문제에 대해 숙고하는 것이다. 이들 실천가들은 프로이트, 위니콧, 멜라니 클라인, 돌토, 라캉, 페렌치에게서 임상학을 배웠다. 그들은 이민자, 광인, 소외된 사람, 어린이, 에이즈 환자들을 돌보는 기관에서 일하며, 각자의 진찰실에서는 일상적인 신경병이나 우울증에 시달리는 환자들을 치료한다. 나이와 신념은 서로 달라도 이들은 모두 정신분석의 미래이자 영광이며 열정이다.

어쨌든 한 가지만은 분명하다. 이들은 이제 옛날처럼 어떤 기술이

다른 기술보다 반드시 우수하다고는 믿지 않는다. 그리고 엄격한 프로이트주의자가 되기를 원하면서도 10년 전부터 정신분석 운동뿐만 아니라 피분석자들의 말하는 방식에도 변화가 생겨났음을 고려하여 무의식에 대한 청취 방법을 수정하려고 시도한다. 환자들은 변했다. 이제 그들의 병은 눈에 더 잘 보이게 되었다. 그들은 매일 사회적 성공, 자유로운 합의, 환상, 신비주의, 과학 만능주의 같은 강력한 이상들과 직면하기 때문에 도움을 받고자 하는 욕망도 그만큼 더 강해졌다. 그리고 그들은 절분(節分, scansion), 수학소, 스톱워치와는 다른 것을 원하고 있다. 이전 세대와는 달리 새로운 세대의 환자들은 특정한 기술이나 이론, 또는 학파를 선택하려 할 때 필요한 지침을 잃어버렸다. 아마 이러한 실천가들과 피분석자들이 프로이트의 발견에 새로운 자극제를 가져올 수 있을 것이다.

부디 이 책이 이들이 이룬 침묵의 역사에 바치는 경의의 표시가 될 수 있기를.

■ 주

4. 향연과 격동

1. 프랑스의 정신분석가 제3세대의 역사와 SFP와 IPA 간의 협상에 대해서는 *HPF*, 2, pp. 288~376을 보라.

2. Daniel LAGACHE에 대해서는 *ibid.*, pp. 218~236을 보라.

3. F. D.와의 인터뷰. *HPF*, 2, p. 239에 실려 있다.

4. 표준적인 규칙 중 글로 명기된 일부 규정은 기술과 관련되어 있었다. 그리고 다른 일부는 '말로만 되어 있는 것'으로서 함축적인 것이며 주로 윤리와 관련되어 있었다. IPA 내에서 동성애자들이 모든 훈련 활동에서 배제당한 것은 이러한 '말로 된' 규칙 때문이었다.

5. *HPF*, 2, p. 331. 이 위원회는 2회에 걸쳐 연속적인 심문을 실시했는데, 먼저 1961년 5월 15일과 6월 말까지 1차 심문이 있었다. 그리고 1963년 1월에 2차 심문이 있었는데, 이때 다섯번째 위원인 솔름스가 원래의 위원회에 가담했다. 나는 이미 *HPF*, 2권에서 이 심문에 대해 상세히 설명한 바 있다.

6. Phyllis GROSSKURTH, *op. cit.*, pp. 540~543.

7. 나는 1982년에 런던에서 Ilse HELLMAN을 만난 적이 있다. 하지만 그녀는 견해를 바꾸지 않았다.

8. "troïka"에 대해서는 *HPF*, 2, pp. 288~296을 보라.

9. 피에르 터켓의 두 보고서는 오늘날까지 비밀로 남아 있다. 우리는 그라노프, 르클레르, 터켓, 라캉 그리고 페리에가 주고받은 편지를 통해 첫번째 논문의 개요를, 그리고 그라노프와 페리에의 노트를 통해 두번째 보고서의 개요를 추측해볼 수 있다. 라캉은 이 행위를 스피노자에 대한 헤렘(herem)을 연상시키는 '대 파문'으로 묘사하게 된다. *L'Excommunication, Ornicar?*(별권), 8호(1977), pp. 41~45. 에딘버러 '권고 사항'과 스톡홀름 '권고안'에 대해서는 *HPF*, 2, pp. 19, 81, 82을 보라.

10. 이들은 집단을 이루어 'motionnaires'로 알려진 발의를 한다. J. L.aplanche, J.-L. Lang, J.-B Pontalis, D. Wi Dlöcher, V. Smirnoff, J.-C. Lavie.

11. 파스(passe) 절차에 대해서는 *HPF*, 2, PP. 450~468을 보라.

12. J. L., "Variantes de la cure type", *E.*에 수록. 이 논문은 대폭 개작되었다. 모리스 부베와의 토론에 대해서는 *HPF*, 2, pp. 280~285을 보라.

13. E. R., "L'Amérique freudienne", *Magazine littéraire*, 271(1989년 11월).

14. J. L., "Situation de la paychanalyse", *E.* 이 논문은 거의 고치지 않은 채 재수록되었다.

15. J. L., *E.*, p. 483.

16. J. L., "La direction de la cure et les principes de son pouvoir", *E.* 이 논문은 대폭 개작되었다.

17. J. L., *E.*, p. 601.

18. 정신분석의 역사에서 아이디어의 도용과 표절에 대한 환상이 어떻게 나타나는지에 대해서는 *HPF*, 1. pp. 102~103과 Michel SCHNEIDER, *Blessures de mémoire*, Paris, Gallimard, 1981을 보라.

19. 이것은 쓴 날짜를 알 수 없는 이 시기의 세르주 르클레르의 편지에 나오는 용어들이다. "Situation de la psychanalyse"에서 라캉은 욕망의 승인으로 나가는 길 위에는 어떤 장애물도 없어야 한다고 쓰고 있다.

20. 라캉은 앙리 에스티엔느(Henri Estienne)가 번역한 1578년 판 *Banquet*을 사용했는데, 그는 이 책의 초판본을 갖고 있었다. 이 책은 1991년 10월 5일에 열린 경매에서 팔렸다. 기 루드머(Guy Loudmer)의 경매 목록 p. 14을 보라.

21. Jean-Louis HEURION, *L'Agalma: la Référence platonicienne dans le discours de Lacan*. EHESS sous la dir. Heinz Wismann, Paris, 1989, Paris, Point Hors-Ligne, 1993.

22. J. L., *S. XII*, 1965년 3월.

23. J. L.과 장 이폴리트 간의 토론, *E.* pp. 369~380. *S. I.*, Paris, Seuil, *op. cit.*, pp. 63~78. Pierre MACHEREY, "Le Leurre hégélien", *Bloc-notes de la psychanalyse, 5*, Geneva, 1985.

24. *L'Inconscient*, actes du colloque de Bonneval, Paris, Desclée De Brouwer, 1966. 이 콜로키움에서 벌어진 여러 사건들, 라플랑슈와 라캉 간의 토론 그리고 메를로-퐁티의 텍스트의 집필 과정에 대해서는 *HPF*, 2, pp. 317~328을 보라.

25. 1961년 7월 27일에 J. L.이 블라디미르 그라노프에게 보낸 편지. W. G. 소장. 각각 1961년 6월 20일과 7월 14일에 마리 보나파르트가 안나 프로이트와 IPA 평의회에 보낸 편지. Library of Congress, Washington. D. C.

26. '협상 대상'이 된 문제에 대해서는, *S. XIII*, Paris, Seuil, 1973, p. 10을 보라.

27. 라플랑슈가 J. L.에게 보낸 편지. S. L. 소장. 다니엘 비들뢰혀와의 인터뷰로 *HPF*, 2, pp. 366~367에 실려 있다.

28. 이 과정에서 라캉은 제자들 특히 크리스티앙 시마토스를 옹호했다. W. G. 소장 문서와 *HPF*, *op. cit.*을 보라.

29. 1963년 6월 24일에 S. L.이 J. L.에게 보낸 편지. W. G.에게 전해졌다. S. L.과 W. G.가 보관하고 있다.

30. 그리고 1963년 6월 24일에 J. L.이 W. G.에게 보낸 편지. S. L. 소장

31. 1963년 6월 27일에 J. L.이 파울라 하이만에게 쓴 편지로 막상 보내지는 않았다. S. L. 소장. 이 세 편의 편지는 모두 *HPF*, 2, p. 356에 실려 있다.

32. *HPF*, 2, p. 359.

33. 에스나르에 대해서는 E. R., "À propos d'une lettre de A. Hesnard", *Les Carnets de psychanalyse,* 2, pp. 159~162를 보라.

34. 레이몽 드 소쉬르는 1971년에 사망했으며 루돌프 뢰벤슈타인은 1976년에 사망했다.

35. Françoise Dolto, *La Croix,* 1981년 9월 12일.

5. 구조와 아버지-의-이름

1. 마들렌느 샵살의 인터뷰들은 *Enboyez la petite musique,* Paris, Grasset, 1984라는 책으로 묶여 나왔다.

2. 1991년 11월 21일에 가진 마들렌느 샵살과의 인터뷰.

3. Madeleine CHAPSAL, *La Chair de la robe,* Paris, Fayard, 1989.

4. *Envoyez. . ., op. cit.,* p. 36.

5. Madeleine Chapsal, cité.

6. 1956년 12월 28일과 1957년 1월 18일에 J. L.이 마들렌느 샵살에게 보낸 편지.

7. *Envoyez. . ., op. cit.,* p. 37.

8. 이 글은 *L'Âne,* 48(1991년 10월~12월)에 개정본이 수록되었다. 하지만 마들렌느 샵살의 이름은 언급되지 않았다.

9. Sigmund FREUD, "Une difficulté de la psychanalyse", *Essais de psychanalyse appliquée,* Paris, Galimard, coll. "Idées", 1971.

10. *Envoyez. . ., op. cit.,* p. 41.

11. *HPF,* 2, pp. 105~108.

12. E. R., *Études d'histoire du freudisme* 참조.

13. C. G. JUNG, *L'Homme à la découverte de son âme,* Paris, Albin Michel, 1987.

14. 1989년 11월 21일에 가진 롤랑 카엥과의 인터뷰에서.

15. 당시에는 아직 존스의 프로이트 전기 중에서 1권만이 출판되어 있는 상태였다. 이 책은 융과 프로이트의 결별과 함께 끝난다.

16. J. L., "La chose freudienne. . .", *E.* 이 논문은 대폭 개작되었다. 그리고 *S. III,* Paris, Seuil, p. 83과 p. 266도 함께 참조하라. 이본들간의 차이에 대해서는 서지 목록을 보라.

17. 어떤 프로이트주의 역사가도 이 페스트라는 구절을 언급하지 않았다. Pamela TYTELL, *La Plume sur le divan,* Paris, Aubier, 1982를 보라.

18. Richard STERBA, *Réminiscences, op. cit.* 그리고 "Vienne et la psychanalyse", *Austriaca,* 21(1985년 11월호), Jacques Le Rider가 편집한 텍스트들, Université de Haute-Normandie.

19. J. L.은 종종 "Wo es war"로 되돌아간다. *S. I,* Paris, Seuil, *op. cit.,* p. 257을 보라. *S. VII, S. XVII, S. XIV*도 보라. 그리고 1956년 11월 6일에 있었던 Angelo Hesnard, *La Psychanalyse,* 3, 1957와의 토론도 함께 참조하라. *HPF,* 1, p. 380. Sigmund FREUD, "La décomposition de la personnalité psychique", *Nouvelles Conférences d'introduction à la psychanalyse,*

Paris, Gallimard, 1984, p. 110(Trad: "Là où était du ça, doit advenir du moi").

20. M. MERLEAU-PONTY, *Éloge de la philosophie, op. cit.,* p. 56.

21. 루이 브뉘엘의 영화인 <엘 *El*>은 1953년 개봉되었다.

22. J. L., *S. I,* Paris, Seuil, *op. cit.,* pp. 271~295.

23. J. L., *S. II,* Paris, Seuil, pp. 207~224, 225~240, 27~302. 그리고 *S. IX,* 1962년 1월 10일의 세션.

24. J. L., *S. III,* Paris, Seuil, p. 248. "L'instance. . .", *E.,* p. 818.¹ 이와 함께 *S. IX,* 1961년 12월 6일의 세션도 참조하라.

25. J. L., "Subversion du sujet. . .", *E.,* p. 819. *S. IX.* 1961년 12월 6일 세션.

26. 루아요몽 콜로키움에서 발표된 논문들은 *La Psychanalyse,* 6, Psris, 1961에 다시 실렸다. 1960년 부활절에 쓴 라캉의 글은 *E.* pp. 647~684에 재수록되어 있다. Daniel LAGACHE, "Structure de la personnalité", *Œuvres complètes,* IV, Paris, PUF, 1982를 보라. 그리고 이 두번째 구조주의적 재해석 단계의 또다른 중요한 글로는 "Position de l'inconscient", *E.* pp. 829~850, "La métaphore du sujet", *E.* pp. 889~892. "Séminaire sur les noms-du-père"(1963년 11월 20일, 미출간) 그리고 *S. V, VI, IX, X*을 보라.

27. 데리다는 이 주제에 대해서 라캉의 글을 비판했다. 이 주제는 *HPF,* 2에서 자세히 검토되고 있다.

28. Spaltung이라는 용어의 역사에 대해서는 *HPF,* 1, pp. 115~133을 보라.

29. Roman JAKOBSON, *Langage enfantin et aphasie,* Paris, Minuit, 1969.

30. J. L., *E.,* p. 517과 p. 800.

31. Anika LEMAIRE, *Jacques Lacan,* Brussel, Mardaga, 1977. 그리고 "Radiophonie"(1970). 서지 목록을 보라.

32. J. L., *E.,* p. 799. '누빔점'은 이때 처음으로 도입된다. *S. III,* 1956년 6월 6일자 세션. 라캉이 소쉬르와 피숑을 어떻게 연결하고 있는지에 대해서는 *HPF,* 2, pp. 317~319를 보라. Francoise GADET, *Saussure, une science de la langue,* Paris, PUF, 1987

33. Roman JAKOBSON/Jean-José MARCHAND, "Entretiens", *Archives du XXᵉsiècle* (1973년 1월 2일과 1974년 9월 14일). 1990년 10월 7일에 La Sept TV 채널에서 방영되었다. "Jakobson", *L'Arc,* 60, 1975. *Poétique,* 7, 1971을 보라. Roman JAKOBSON, *Russie, folie, poésie,* Paris, Seuil, 1986. 그리고 Roman JADOBSON/K. POMORSKA, *Dialogues,* 1978을 보라. François DOSSE, *Histoire du structuralisme,* I, Paris, La Découverte, 1991, pp. 76~83. *Hypothèses,* Paris, Seghers-Laffont, coll. "Change", 1972. Dominique DESANTI, *Les Clefs d'Elsa,* Paris, Ramsay, 1983.

34. Xavier DAUTHIE, "La filiation de Husserl" 그리고 Léon ROBEL, "Les Années de formation", *Cahiers Cistre, op. cit.* Elmar HOLENSTEIN, *Jakobson,* Paris, Seghers, 1975.

35. Tzvetan TODOROV, *Théorie de la littérature,* Paris, Seuil, 1966(이 책은 러시아 형식주의자들의 텍스트를 모은 것이다). *Action poétique,* 63, 1975.

36. S. TRETIAKOV, *Dans le front gauche de l'art*, textes présentés par Henri Deluy, Paris, Maspero, 1977. *Action poétique*, 48, 1971.

37. Roman JAKOBSON, "Structuralisme et téléologie", *L'Arc*, 50, *op. cit.*

38. Nicolas TROUBETZKOY, *Principes de phonologie*, Paris, Klincksieck, 1949. "Thèses du cercle de prague", *Change*, 4, 1969. Roman JAKOBSON, "Formalisme russe, structuralisme tchèque", *Change*, 3, 1969, pp. 59~60.

39. *HPF*, 1에서 나는 올리비아 플루르누아(Olivier Flournoy)에게서 얻은 증거에 기대 야 콥슨이 레이몽 드 소쉬르에게 그의 아버지의 저서의 중요성을 알려주었다고 말한 바 있다. 하지만 클로드 레비-스트로스, 미레이유 시팔리(Mireille Cifali)와 앙리 베르모렐(Henri Vermorel)이 이러한 해석을 수정해주었다. H. VERMOREL, "Notice inédite de Raymond de Saussure, avec citation de Raymond de Saussure à Bally", *Bloc-notes de la psychanalyse*, 5, Geneva, 1985, p. 147을 보라.

40. "Entretien avec Robert Georgin", *loc. cit.*, p. 17.

41. *De près et de loin*, *op. cit.*, p. 41.

42. J. L., *S. XIV*, 1967년 2월 10일 세션.

43. R. J., "Entretien svec Robert Georgin", *op. cit.*, p. 17.

44. 1992년 3월 13일에 가진 로베르 조르쟁과의 인터뷰.

45. Théodore FLOURNOY, *Des Indes à la planète Mars*, Paris, Seuil, 1983. Saussure와 아나그램에 대해서는 Francoise GADET, *op. cit.* 그리고 Jean STAROBINSKI, *Les Mots sous les mots*, Paris, Gallimard, 1971을 보라.

46. *HPF*, 2, pp. 190~202.

47. 1990년 1월 11일에 가진 엘렌느 그라시오-알팡데리와의 인터뷰.

48. René ZAZZO, "Nécrologie de A. Léontiev", *L'Année psychologique*, 82, 1982, p. 541.

49. A. MASSUCO COSTA, *La Psychologie soviétique*, Paris, Payot, 1977.

50. 각각 1992년 6월 10일에 모리스 드 강디악과 이반 스반겔스키(Ivan Svagelski)와 가진 인터뷰.

51. 1985년 11얼 4일에 장 라쿠튀르가 E. R.에게 보낸 편지.

52. *De près et de loin*, *op. cit.*, p. 85, 1992년 1월 20일에 클로드 레비-스트로스가 E. R.에게 보낸 편지.

53. 1992년 1월 31일에 가진 프랑수아즈 지루와의 인터뷰. Francoise GIROUD, *Lecons par-ticulières*, Paris, Fayard, 1991, p. 132.

54. 1972년 1월 3일의 상속법이 이러한 문제를 제거해버렸다.

55. 1992년 1월 8일에 에드몽드 샤를-루가 E. R.에게 보낸 편지.

56. 장례식은 10월 19일에 있었다. 1983년 3월에 가진 마들레느 올롱과의 인터뷰. 그리고 1990년 5월 3일에 가진 마르크-프랑수아 라캉과의 인터뷰. 그리고 1990년 6월 4일에 가

진 시빌 라캉의 인터뷰.

57. J. L., S. VIII, Paris, Seuil, op. cit., p. 329. 여기서 인용된 구절은 Le Transfert dans tous ses Errata, Paris, EPEL, 1991, p. 121에서는 정정되어 있다.

58. Madeleine CHAPSAL, Envoyez. . ., op. cit., p. 75.

59. J. L., S. III, Paris, Seuil, 1981.

60. Ibid., p. 361.

61. J. DAMOURETTE/E. PICHON, "Sur la signification psychologique de la négation en francais", Le Bloc-notes de la psychanalyse, Geneva, 5, 1985. Correspondance Freud/Laforgue, présentée par André Bourguignon, NRP, 15, André BOURGUIGNON/A. MANUS, "Hallucination, déni de la réalité et scotomistion", Annales médico-psychologiques, vol. 138. Sigmund FREUD "La négation", RFP, 8, 2, 1934. Maurice MERLEAU-PONTY, Phénoménologie de la perception, Paris, Gallimard, coll. "Tel" 1976. HPF, 1. pp. 314~320, 376~395. HPF, 2, pp. 310~312. J. L., "Introduction au commentaire de Jean Hyppolite sur la verneinung de Freud" 그리고 "Répons au commentaire de Jean Hyppolite, La Psychanalyse, 1, Paris, 1956, 개정본은 E.에 실림. 또한 S. I, Paris, Seuil, op. cit., pp. 53~73을 보라. "D'une question préliminaire. . .", La Psychanalyse, 4, Paris, 1957, S, III, Seuil, op. cit., pp. 21~361.

62. André GREEN, "L'objet (a) de Lacan, sa logique et la théorie freudienne", au S. XIII, Cahiers pour l'analyse, 3, Paris, Seuil, 1966.

63. S. I. op. cit., 1954년 3월 24일과 31일 그리고 4월 7일 세션.

64. Herman NUNBERG, Principes de psychanalyse, Paris, PUF, 1957.

65. J. L., S. I. op. cit., p. 161.

66. J. L., S. III, op. cit., p. 329.

67. J. L., S. IX, 1961년 12월 6일의 세션.

68. D.-P. SCHREBER, Memoires d'un névropathe, P. Duquenne/N. Sels 번역, Paris, Seuil, 1975. Octave MANNONI, "Schreber als Schreiber", Clefs pour l'imaginaire, Paris, Seuil, 1969. A. TABOURET-KELLER, "Une étude: la remarquable famille Schreber", Scilicet, 4, Paris, Seuil, 1986. Schreber inédit, coll., H. Israëls/J. Quackelbeen, Paris, Seuil, 1986. Maud MANNONI, Éducation impossible, Paris, Seuil, 1973. Sigmund FREUD, "Remarques psychanalytiques sur l'autobiographie d'un cas de paranoïa", Cinq Psychanalyses, op. cit. Correspondance Freud/Ferenczi, Paris, Calmann-Lévy, 1992, p. 249.

69. HPF, l, pp. 127~128.

70. Correspondance Freud/Ferenczi, op. cit., p. 331. Correspondance Freud/Jung, II, Paris, Gallimard, 1975, p. 118. Henri ELLENBERGER, op. cit., pp. 450~451. 또 Chawki AZOURI, J'ai réussi là où le paranoïaque échoue, Paris, Denoël, 1991도 참조하라. 아주리(Azouri)는 프로이트가 슈레버의 아버지에 대해 언급하지 않은 것은 그렇게 함으로써 스스로를 자기 작업의 아버지로 제시하고 있는 부권적 요소를 감추기 위해서였다고 생각하고 있다. 따라서 편집증의

핵심에는 동성애가 자리잡고 있다는 이론은 아버지 문제에 대한 저항인 셈이다. 아주 흥미로운 가설이지만 나로서는 전적으로 동의하기가 어렵다.

71. *Le Cas Schreber,* ouvrage collectif, Paris, PUF, 1979. 그 중에서도 특히 MACALPINE /Richard HUNTER의 논문(1953). Henri ELLENBERGER, *op. cit.,* p. 450. Peter GAY, *Freud,* Paris, Hachette, 1991, pp. 377~378.

72. 슈레버 사례에 대한 라캉의 해석의 연대기는 이렇다. J. L., *S. I,* p. 185. *S. II,* pp. 275~288, *S. III,* pp. 11~24과 pp. 349~363. "D'une question préliminaire. . .", rédaction 1957~1958년 12월, *La Psychanalyse,* 4, 1959. 대폭 개작되어 *E.* pp. 531~583에 실렸다. 슈레버의 『회상록』은 *Cahiers pour l'analyse*에 연재되었으며 라캉은 1966에 *Ornicar?,* 38, 1986에 수록된 글을 위해 서문을 썼다.

7부 권력과 영광

1.루이 알튀세와의 대화

1. 대중적 분석의 역사에 대해서는 *RIHP,* 3, Paris, 1990을 보라.

2. Georges CANGUILHEM, "Qu'est-ce que la psychologie?", *Études d'histoire et de philosophie des sciences,* Paris, Vrin, 1968.

3. Michel FOUCAULT, Paris, Gallimard, 1972. Didier ÉRIBON, *Michel Foucault,* Paris, Flammarion, 1989.

4. Michel FOUCAULT, "Entretien avec Madeleine Chapsal", *La Quinzaine littéraire,* 15(1966년 5월 15일자).

5. Louis ALTHUSSER, *Revue de l'enseignement philosophique*(1963년 7월)

6. Yann MOULIER-BOUTANG, *Louis Althusser. Une biographie,* Paris, Grasset, 1992, p. 363. 그리고 1991년 11월 6일에 가진 얀 몰리에르-보탕(Yann Moulier-Boutang)과의 인터뷰.

7. 1985년 1월 18일에 가진 루이 알튀세와의 인터뷰.

8. Yann MOULIER-BOUTANG, *op. cit.,* p. 375.

9. 이 문제에 대해서는 Michel DE CERTEAU, *La Fable mystique,* Paris, Gallimard, 1982을 보라.

10. Louis ALTHUSSER, *L'avenir. . .,* *op. cit.,* p. 163.

11. *Ibid.,* p. 116.

12. Raymond KLIBANSKY, Erwin PANOFSKY/Fritz SAXL, *Saturne et la mélancolie,* Paris, Gallimard, 1989.

13. Louis ALTHUSSER, *L'avenir. . .,* *op. cit.,* p. 125.

14. J. L.이 1963년 11월 21일에 루이 알튀세에게 보낸 편지, IMEC. 또 *Magazine littéraire,* 304(1992년 11월호). 죽기 전에 가진 인터뷰에서 알튀세는 라캉을 처음 만난 것은 1963년 7월의 어느 날 점심 때였다고 말했는데, 물론 그것은 잘못된 것이었다. 이러한 오류는

L'avenir. . . 에서도 반복되고 있다. IMEC에 위탁된 일기들과 1963년 11월 21일자 편지들을 보면 만남은 실제로는 저녁 식사 때 이루어졌으며 날짜도 1963년 12월 3일에 있었음을 보여준다. *HPF*, 2, p, 387을 보라.

15. 1963년 11월 21일에 J. L.이 루이 알튀세에게 보낸 편지. 이 논문은 먼저 *La Pensée*지에 실렸으며 나중에 *Pour Marx*, Paris, Maspero, 1965에 재수록되었다.

16. 1963년 11월 26일에 루이 알튀세가 J. L.에게 보낸 편지.

17. 이날 저녁은 1963년 12월 1일자 알튀세의 편지에 입각에 재구성해볼 수 있을 것이다. IMEC

18. 나중에 즉 1966년 7월 11일에 쓴 편지에서 라캉에게 『자본』을 읽을 것을 촉구하면서 이렇게 설명하고 있다. IMEC.

19. Louis ALTHUSSER, *L'avenir. . .*, *op. cit.*

20. 1963년 12월 4일에 루이 알튀세가 J. L.에게 보낸 편지. IMEC.

21. 1963년 10월 13일의 세미나. *Excommunication, op. cit.*, p. 87. *HPF*, 2, P. 363.

22. 스피노자의 파문에 대한 라캉의 해석에 대해서는 *HPF*, 2, pp. 368~381을 보라.

23. 나는 *HPF*, 2, p. 398에서 이 에피소드를 자세히 기록해두었다. 그리고 J. L., *E.*, pp. 851~854을 보라. 1985년 3월 7일에 가진 폴 리쾨르와의 인터뷰 그리고 1985년 7월 12일에 가진 장-폴 리쾨르(Jean-Paul Ricoeur)와의 인터뷰에서 좀더 상세한 정보를 얻을 수 있었다. 1991년 8월 20일자 편지에서 폴 리쾨르의 전기 작가인 찰스 레이건(Charles Reagan)은 리쾨르가 라캉의 편지나 사진을 하나도 보관하고 있지 않다고 말해주었다.

24. 1989년 11월 10일에 가진 모리스 드 캉디악과의 인터뷰.

25. 이 시기에 대해서는 *HPF*, 2, pp. 381~393을 보라. 1985년 3월 1일에 가진 자크 랑시에르와의 인터뷰 그리고 1985년 2월 7일에 가진 엔티엔느 발리바르와의 인터뷰와 그의 강의 노트에서 이에 관한 자세한 정보를 얻었다.

26. Louis ALTHUSSER, 미발간 강의, IMEC.

27. *Positions*, Paris, Éditions sociales, 1973, p. 13. *Écrits sur la psychanalyse. Freud et Lacan*, Paris, Stock, 1993.

28. 1964년 7월 6일에 J. L.이 루이 알튀세에게 보낸 편지. IMEC.

29. 샤토루(Châteatoux)에서 있었다.

30. Jacques-Alain MILLER, "Entretien avec François Ansermet sur le *Séminaire*", Paris, Navarin, 1985, p. 21.

31. 1964년 1월 21일과 2월 4일에 행한 J.-A. M.의 강의에 대한 루이 알튀세의 노트들을 보라. IMEC. 그리고 발리바르의 강의 노트도 함께 참조하라. 발리바르는 밀레보다 조금 앞서 1932년의 명제와 폐제라는 개념을 언급했다. 1963년 12월 17일자 루이 알튀세의 노트를 보라.

32. J. L., *S. XI*, Paris, Seuil, 1973.

33. 1964년 2월 22일에 J. L.이 루아 알튀세에게 보낸 편지. IMEC.

34. *Lire le Capital*, collectif, 그리고 Louis ALTHUSSER, *Pour Marx*, Paris, Maspero, 1965.
Donald MARTEL, *L'Anthropologie d'Althusser*, Éd. de l'université d'Ottawa, 1984.

35. Louis ALTHUSSER, *L'avenir. . .*, *op. cit.*, p. 201.

36. 제니 오브리의 개인적 회고

37. *Le Débat*, 50, Paris(1988년 5월~8월).

38. Lucien SEBAG, *Marxisme et structuralisme*, Paris, Payot, 1967.

39. Louis ALTHUSSER, *L'avenir. . .*, *op. cit.*, p. 180. Louis Althusser도 1985년에 이와 똑같은 이야기를 들려주었다. *HPF*, 2, pp. 292~293. 1990년 1월 11일에 가진 엘렌느 그라시오-알팡데리와의 인터뷰 그리고 1985년 1월 6일에 가진 마리-클레어 분스(Marie-Claire Boons)와의 인터뷰도 이 점을 확인해준다.

40. Louis ALTHUSSER, 1966년 7월 18일에 르네 디아트킨느에게 보낸 편지. IMEC.

2. "나는 창립한다" : 사드와 함께 칸트를

1. 창립 문서들은 EFP의 1965년도 연보에 최초로 실렸다. 녹음기 이야기는 René MAJOR, "Depuis Lacan", *Césure*, 1(1991), *Bulletin de la CP*, Paris, 1991, p. 178과 Dominique BONNET, "Ces grands médecins", Bulletin de liaison du SNPP/de l'FPEP, *Dire et Agir*, 45가 들려주었다. 나는 EFP의 역사나 이 조직의 분열(이것은 OPLF의 창립으로 이어졌다)에 대해서는 다루지 않을 생각이다. 이것은 이미 *HPF*, 2, pp. 425~482에서 자세히 검토한 바 있기 때문이다.

2. *HPF*, 2, p. 440을 보라.

3. EFP의 1965년 연보에 실린 텍스트들.

4. 1964년 9월 19일자 EFP 회람. S. L.이 소장하고 있는 초고들은 이 텍스트를 라캉이 썼음을 보여준다.

5. 1991년 11월 19일에 가진 프랑수아 발과의 인터뷰.

6. J. L., *S. VII*, Paris, Seuil, 1986. E. R., "Lacan et Spinoza, essai d'interprétation", communication au colloque *Spinoza au XX° siècle*, sous la dir. Olivier Bloch, Paris, PUF, 1992.

7. J. L., *S. XI*, Paris, Seuil. *op. cit.*, pp. 237~247.

8. J. L., *Critique*, 191(1963). *E.*, pp. 765~790. 이 논문은 중요한 부분에서 대폭 개작되어 있다.

9. *E.*에서 *Histoire de la folie*에 대한 서지 사항은 빠져 있다. Max HORKHEIMER/Theodor ADORNO, *Dialectique de la raison*, Paris, Gallimard, coll. "Tel", 1989에서 제기된 주장들이 프랑스 문학에 가한 충격에 대해서는 Jean-Pierre SALGAS, "Métamorphoses de Lazare, écrire après Auschwitz", *Art Press*, 172(1992년 10월호)를 보라.

10. Emmanuel KANT, *La Critique de la raison pratique*, Picavet 번역, Paris, PUF, 1960.

11. André TOSEL, *Kant révolutionnaire, droit et politique*, Paris, PUF, 1988, p. 18을 보라. 또 Hans Dieter GONDEK, *Angst Eimbildungskraft Sprache, Kant, Freud, Lacan*, München Boer

Berlag, 1990.

12. Hannah ARENDT, *Eichmann à Jérusalem*, Paris, Gallimard, 1965.

13. Marcelle MARINI, *Lacan*, Paris, Belfond, 1986은 라캉의 사유와 아렌트의 사유의 유사성을 지적한 최초의 저서였다. Philippe JULIEN, "Trois réponses à la folie des passions", *Littoral*, 27~28(1989년 4월). Myriam REVAULT D'ALLONNES, "Amor mundi, la persévérance du politique", *Ontologie et politique*, Paris, Tierce, 1989.

14. J. L., "Kant svec Sade", *op. cit.* 1966년도 판에서 라캉은 'liberté de désirer'(욕망할 자유) 다음에 en vain(헛되이)이라는 말을 덧붙이며 'la seule pour laquelle on meurt'(사람이 목숨을 바칠 유일한 것)을 'la liberté de mourir'(죽을 자유)라는 말로 대체하고 있다. *E.*, p. 783. 이처럼 EFP의 창립 2년 후에 그는 주체가 진정한 자유를 얻을 가능성에 대한 회의를 표명했던 것이다.

15. *Ibid.*, p. 785.

16. 이 문제에 대해서는 Myriam REVAULT D'ALLONNES, *D'une mort à l'autre*, Paris, Seuil, 1989을 보라.

17. SAINT-JUST, *Œuvres complètes*, Paris, éd. Gérard Lebovici, 1984, p. 979.

18. Amos FUNKENSTEIN, "Interprétations théologiques de l'Holocauste: un bilan", *L'Allemagne nazie et le génocide juif*, Paris, Gallimard-Seuil, 1985.

19. J. L., *S. XI*, *op. cit.*, p. 246. "Kant avec Sade"는 ECF와 가까운 슬라보예 지젝(Slavoj Zizek)에 의해 미국 대학의 일부 서클에 널리 알려지게 되었다. 참으로 기이한 그의 해석은 라캉의 사드를 스탈린주의적 전체주의에 전형적인 인물과 비슷하게 만들어버리는데, 이러한 인물은 '신자유주의 사회의 리비도적 주체'에 비견될 수 있을 것이다. 그리고 이것은 라캉을 포스트모더니트의 이데올로그로 만들어버리고 만다. 그의 "Sur le pouvoir politique et les mécanismes idéologiques", *Ornicar?*, 34, 1985, pp. 41~60을 보라. 또 그의 *The Sublime Object of Ideology*, London, Verso, 1989도 함께 참조하라..

20. 다양한 그룹과 잡지들의 역사에 대해서는 *HPF*, 2에 들어 있는 통계표와 목록을 참조하라.

21. 무엇보다 Serge LECLAIRE, *État des lieux de la psychanalyse*, Paris, Albin Michel, 1991을 보라.

22. EFP 지도부로부터 프랑수아 페리에가 사임하게 된 문제에 관해서는 *HPF*, 2, pp. 450~468을 보라.

23. 1965년 1월 12일에 프랑수아 페리에가 J. L.에게 보낸 편지. J. S. 소장.

24. 1965년 1월 12일에 J. L.이 프랑수아 페리에에게 보낸 편지. J. S. 소장.

3. 『에크리』: 편집자의 초상

1. *HPF*, 2, pp. 414~425.

2. Jacques DERRIDA, "Pour l'amour de Lacan", *Lacan avec les philosophes*, *op. cit.*, pp. 406~407.

3. 1992년 9월 8일에 가진 프랑수아 발과의 인터뷰.

4. Jean ALLOUCH, *Marguerite*, op. cit., p. 43. 이와 똑같은 상황에 처하게 된 제니 오브리는 라캉으로 하여금 이 명제에 나오는 구절들을 타이핑해 책 속에 보관해달라고 부탁해 이 책을 그녀의 도서관에 보관해두었다.

5. A. POROT, *Manuel alphabétique de psychiatrie*, [1951], Paris, PUF, 1975. 1990년 3월 9일에 가진 프랑수아 발과의 인터뷰.

6. 1990년 3월 9일에 가진 프랑수아 발과의 인터뷰.

7. *Ibid*.

8. *Ibid*.

9. *Ibid*.

10. 1992년 11월 19일에 가진 프랑수아 발과의 인터뷰.

11. Umberto Eco, *L'Âne*, 50(1992년 4월~6월호), p. 13. *L'Œuvre ouverte*, Paris, Seuil, coll. "Points", 1979. *La Structure absente*, Paris, Mercure de France, 1984.

12. *L'Âne*, op. cit., p. 14.

13. Umberto Eco, *La Structure absente*에 붙인 서문. 이 서문은 프랑스어본이나 영어본에는 들어 있지 않다.

14. 1989년 12월 4일에 가진 폴 플라망과의 인터뷰.

15. *Ibid*.

16. 1964년 4월 3일에 있었던 '프로이트의 장'을 위한 계약서.

17. 1964년 5월 20일자 계약서. 사인되지는 않았다.

18. 1장을 참조하라.

19. 1990년 3월 9일과 1991년 11월 19일에 가진 프랑수아 발과의 인터뷰. *HPF*, 2, P. 421.

20. *HPF*, 2, P. 413.

21. *Ibid*.

22. J. L., *S. XII*에 들어 있는 J.-A. M.의 논문(1965년 2월 24일 세션).

23. *Les Cahiers pour l'analyse*에 "La Suture"라는 제목으로 실려 있는 이 글은 1965년 2월 24일에 발표했던 것과는 아주 달랐다.

24. Gottlob FREGE, *Les fondements de l'arithmétique*, Paris, Seuil, 1969.

25. 결혼식은 1966년 11월 12일에 기트랑쿠르에서 있었다.

26. 조르주 바타이유의 이름은 *E*. p. 583에 나온다.

27. 일람표는 *Les Cahiers pour l'analyse*, 2, 1966에 발표되었다.

28. J. L., *E*., p. 894.

29. *E*.를 위한 계약은 1966년 11월 30일에 있었다. 책이 발간되는 동시에 사인되었다.

30. André ROBINET, *Les Nouvelles littéraires*, 1967년 2월 9일의 서평을 보라. Lucien SÈVE, *La Nouvelle Critique*, 1967년 3월호에 실린 서평을 보라. François CHÂTELET, *Le Nouvel*

Observateur, 1967년 1월 11일과 17일자에 실린 서평을 보라. Louis BEIRNAERT, *Érdes*, 1967 년 3월호에 실린 서평을 보라. Jean-François REVEL, *L'Express*, 1986년 12월 18~25일에 실린 서평을 보라.

31. Didier ANZIEU, *La Quinzaine littéraire*(1966년 11월 15일자).

32. *Scilicet*를 위한 계약(1968년 3월 11일).

33. 5개의 텍스트는 ① "Le séminaire sur *La Lettre volée*." ② "Le stade du miroir." ③ "Fonction et champ. . ." ④ "La chose freudienne." ⑤ "L'instance de la lettre"였다.

34. 1970년 1월 9일에 브뤼노 플라망이 J. L.에게 보낸 편지. 1970년 1월 12일에 J. L.이 브뤼노 플라망에게 보낸 편지. 1970년 1월 19일의 브뤼노 플라망의 답장.

35. 1970년 2월 13일에 브뤼노 플라망이 J. L.에게 보낸 편지.

36. 1970년 2월 21일자 프랑수아 발의 노트와 1970년 2월 24일에 J. L.이 브뤼노 플라망에게 보낸 편지.

37. 1990년 3월 3일에 가진 프랑수아 발과의 인터뷰.

38. J. L., 1972년 5월 12일 밀라노에서의 강연 *Lacan in Italia*, La Salamandra, 1978, p. 42. *S. XIX*, 1972년 6월 14일 세션. Jean ALLOUCH, *Marguerite* op. cit에 *TPP*의 모든 언급이 실려 있다. pp. 511~516. Didier ANZIEU, *L'Auto-analyse de Freud*, Paris, PUF, 2 vol., 1975.

39. 1972년 3월 3일에 J. L.이 자크 포스텔에게 보낸 편지.

40. *L'Arc*, 58, 1974.

41. J. L., *TPP*. 1975년 3월 19일자 계약서.

42. 1975년 3월 27일자 내부 문건인 *TPP* 복각본에 붙인 서문. 또 프랑수아 발이 Alain BADIOU, *Conditions*, Paris, Seuil, 1992에 붙인 서문도 함께 참조하라.

43. 가에탕 가티앙 클레랑보 대신에 조르주 드 클레랑보를.

4. 혁명 : 장-폴 사르트르와 자크 라캉, 엇갈린 동시대인

1. 디디에 에리봉은 라캉의 사망 직후인 1981년 9월에 이 미발표 인터뷰를 가졌다. 푸코가 *Corriere della sera*지와 가진 인터뷰는 *L'Âne*, 37(1989년 1월~3월호)에 번역되어 실렸다.

2. Jean-Paul SARTRE, *Le Scénario Freud*, Paris, Gallimard, 1984.

3. 베르나르 펭고가 *L'Arc*지 라캉 특집호에 붙인 서문, rééd. Duponchelle, 1990. pp. 3~4.

4. *Ibid.*, pp. 87~96.

5. J. L., *Le figaro littéraire*, 9(1966년 12월호)를 위해 쥘 라포르그와 가진 인터뷰.

6. Jean-François SIRINELLI, *Manifestes et pétitions au XXᵉ siècle*, Paris, Fayard, 1990, p. 231.

7. *HPF*, 2, pp. 551~583.

8. GP의 역사는 아직까지 제대로 쓰어지지 않았다. 사르트르와 베니 레비와의 관계에 대해서는 아래의 두 사람의 상반되는 설명을 보라. Annie COHEN-SOLAL, *Sartre*, Paris, Gallimard, 1985. Deirdre BAIR, *Simone de Beauvoir, op. cit.* 또 Simone DE BEAUVOIR, *La*

Cérémonie des adieux, Paris, Gallimard, 1974도 함께 참조하라. Hervé HAMON/Patrick ROTMAN, *Génération*, 2 vol., Paris, Seuil, 1987/1988. 라캉과 마오이즘의 관계와 관련해 우리의 흥미를 끄는 유일한 책은 Bernard SICHÈRE, *Le Moment lacanien*, Paris, Grasset, 1983 뿐이다. Philippe SOULEZ, "L'action de la formule: une contribution à la lecture de la 4e question de 'Radiophonie'", *Littoral*, 36(1992년 10월호). Ernest GELLNER, *La Ruse de la déraison*, Paris, PUF, 1990. Sherry TURKLE, *La France freudienne*, Paris, Grasset, 1982.

9. 1992년 10월 5일에 가진 이렌느 디아망티와의 인터뷰. Samuel LEPASTIER, "La rencontre entre psychanalystes et étudiants à la faculté de médecine de Paris en mai 1968", *RIHP*, 5, 1992, pp. 404~405도 이 이야기를 하고 있으나 많은 점에서 부정확하다.

10. 1968년 5월 15일의 세션. *HPF*, 2, p. 461. Irène Diamantis와의 인터뷰.

11. Francoise GIROUD, "Quand l'autre était dieu", rééd. *RIHP*, 5, *loc. cit.*

12. J. L., "Radiophonie", *op. cit.* 또 *S. XIX*, 미발간, 1972년 6월 14일 세션. *S. XX*, Paris, Seuil.

13. 1969년 7월 9일에 세르주 르클레르가 J.-A. M.에게 보낸 편지. 그리고 세르주 르클레르 가 미셸 푸코에게 보낸 편지. *HPF*, 2, p. 557.

14. 1991년 11월 19일에 가진 프랑수아 발과의 인터뷰.

15. 이 meute라는 말은 라캉이 ENS에 있는 자신의 청년 수비대를 가리키기 위해 솔레르스 에게 한 말 중에 들어 있던 것이다. *HPF*, 2, p. 731. n. 116.

16. Hervé HAMON/Patrick ROTMAN, *Génération*, *op. cit.*, vol. II, p. 182.

17. Marie-Pierre DE COSSÉ-BRISSAC, "Lacan ou 'l'heur' de la vie", *Connaissez-vous Lacan?*, ouvrage collectif, Paris, Seuil, 1992, p. 18. *HPF*, 2, p. 456 sq. *Scilicet*, 1. Paris, Seuil, 1968.

18. 분열은 1969년 1월 25~26일에 일어났다. 그리고 3월 17일에 OPLF가 창립된다.

19. Michel FOUCAULT, "Qu'est-ce qu'un auteur?", rééd. *Littoral*, 9(1983년 6월호). 또 같은 호에 실린 Jean ALLOUCH, "Les trois petits points du retour à"도 함께 참조하라.

20. 이 주제는 당시 막 마무리 작업을 하고 있던 *L'Archéologie du savoir*(Paris, Gallimard, 1969)에서 한층 더 자세히 전개된다. 정신의학과 정신분석의 역사에서의 푸코의 위치에 대해서는 Maurice PINGUET, "Lesannées d'apprentissage", *Le Débat*, 41(1986년 9월~11월 호), Paris를 참조하라.

21. *Ibid.*, p. 31. 그리고 Jean ALLOUCH, "Freud ou, Ouan l'inconscient s'afole", *Littoral*, 19~20(1986년 4월).

22. *Ibid.*, p. 28.

23. *Ibid.*, p. 32. François DOSSE, *Histoire du structuralisme*, vol. II, *op. cit.*, pp. 159~161.

24. 나도 1968년 5월에 '구조들'을 지키기 위해 거리로 뛰쳐나간 소르본느 대학 언어학과 학생 중의 하나였다.

25. *HPF*, 2, pp. 542~543.

26. J. L., *S. XVII*, Paris, Seuil, 1991, p. 239. *HPF*, 2, pp. 557~583.

27. père-sévère는 라캉 본인의 신조어이다. 1967년 11월 10일에 생트-안느 정신의학 서클 앞에서 가진 강연에서 최초로 이 말을 사용했다.

28. 이와 관련해 롤랑 카스트로(Roland Castro)와 장-미셸 리베테스(Jean-Michel Ribettes)의 설명을 참조하라. 이것은 HPF. 2, p. 431에 재수록되어 있다.

29. Pierre GOLDMAN, *Souvenirs obscurs d'un Juif polonais né en France*, Paris, Seuil, 1975, pp. 87~88.

30. 1985년 2월 7일에 가진 무스타파 사푸앙과의 인터뷰.

31. *HPF*, 2, p. 558.

32. Alain BADIOU는 이 논리학을 형이상학에 비교한 바 있다. 그의 "Marque et manque: à propos du zéro", *Cahiers pour l'analyse*, 10, 1969을 보라. 또 *L'Être et l'événement*, Paris, Seuil, 1988도 함께 참조하라.

33. *HPF*, 2, pp. 563~566. Ludwig WITTGENSTEIN, *Tractacus logico-philosophicus*, Paris, Gallimard, 1961. Pierre Klossowski의 번역.

34. 디디에 에리봉이 지식인과 정치에 관한 저술을 쓰기 위해 만들어놓은 노트들. *Nouvel Observateur* 16~22. 질 들뢰즈와의 인터뷰.

35. 마리아 안토니에타 마치오키의 미발간 일기에서.

8부 절대의 추구

1. 동양을 향한 동경과 계속되는 가족의 죽음

1. François CHENG, "Entretien avec Judith Miller", *L'Âne*, 48(1991년 12월), p. 48.

2. LAO-TSEU, *Le Livre de la Voie et de sa vertu*, 42장, Paris, Maisonneuve, 1953. K. T. HOUANG/Pierre LEIRIS, *Lao-tesu, la voie et sa vertu*, Paris, Seuil., 1949.

3. François CHANG, "Entretien. . .", *op. cit.*, p. 54.

4. *Tel quel*, 59, 1974, p. 7. Philippe SOLLERS, *Femmes*, Paris, Gallimard, 1983, pp. 87~89. Maria Antonietta Macciocchi. *Visages de mon père*, *op. cit.*, p. 14. M. A. Macciocchi, *De la Chine*, Paris, Seuil. 1971.

5. Dominique AUFFRET, *Alexandre Kojève*, *op. cit.*, p. 341.

6. 이 문제에 대한 J.-A. M.의 탁월한 설명인 "Lacan et la chose japonais", *Analytica*, Paris, 1988을 보라. J. L., "Avisau lecteur japonais", *Lettre mensuelle de l'ECF*. J. L., *S. XVIII*, 1971년 5월 12일 세션. "Lituraterre", *Littérature*, 3(1971년 10월호).

7. 1971년 4월 26일에 J. L.이 모리스 크뢱에게 보낸 편지. 모리스 크뢱의 서면 증언. 이 두 자료 모두 티보 라캉이 소장하고 있다.

8. *Ibid*.

9. 실비아 라캉 소장의 재산 목록. 그리고 기 루드머의 1991년 6월 27~28일자 카탈로그

10. 1991년 3월 23일에 가진 티보 라캉과 가진 인터뷰. 피에르 라캉은 1969년 12월 16일에 태어나 1969년 12월 19일에 죽었다.

11. 1991년 6월 9일에 가진 브뤼노 로제와의 인터뷰. 그리고 1990년 4월 14일에 가진 시빌 라캉과의 인터뷰.

12. 1992년 6월 17일에 가진 카트린느 밀로와의 인터뷰.

13. 시빌 라캉과의 인터뷰.

14. 1973년 6월 14일에 J. L.이 폴 플라망에게 보낸 편지.

15. 1991년 7월 3일에 가진 시릴 로제-라캉과의 인터뷰.

16. 1991년 9월 11일에 가진 파브리스 로제-라캉과의 인터뷰.

17. *Ibid.*

2. 수학소와 보로메오 매듭

1. 1966년에 볼티모어에서 발표되었다.

2. 베를린 출신의 학자인 빌헬름 플리스와 작가인 오토 바이닝어(Otto Weininger) 또한 인간의 성(sexualité)의 수학을 구축하려 했다는 점을 잊어서는 안 될 것이다. Jacques LE RIDER, *Le Cas Otto Weininger. Racines de l'antisémitisme et de l'antiféminisme*, Paris, PUF, 1982. 그리고 Frank Sulloway, *Freud biologiste de l'esprit*, Paris, Fayard, 1981도 함께 참조하라.

3. J. L., *S. XIX*. 그리고 "Le savoir du psychanalyste"(1971~1972)을 보라.

4. 수학소에 대해서는 *HPF*, 2, pp. 566~567. 파리 8대학의 정신분석학과의 접수에 대해서는 pp. 557~583을 보라.

5. A. LALANDE, *Vocabulaire technique de la philosophie*, Paris, PUF, 1976.

6. 아래의 내용을 보라.

7. 이 필름은 "Un Certain Regard"라는 연속물의 일부로서 1974년 3월 9일 토요일과 16일 토요일 밤 11시에 연속 방영되었다. 라캉은 1974년 2월 19일에 이 프로그램을 위한 계약서에 사인했다. 1974년 2월 25일에 폴 플라망이 J. L.에게 보낸 편지.

8. '프로이트의 장과의 연계'를 위한 계약(1975년 1월 28일). 1974년 12월 20일에 프랑수아 발이 폴 플라망에게 보낸 편지.

9. Gérard MILLER, *Les Pousse-au-jouir du maréchal Pétain*, Paris, Seuil, 1975.

10. *Ibid.*, p. 9.

11. 1974년 9월에 J.-A. M.과 장 클라브뢸이 돌린 회람. *HPF*, 2, p. 576을 보라.

12. J.-A. MILLER, "Théorie de Lalangue", *Ornicar?*, 1(1975년 1월).

13. *HPF*, 2, P. 577.

14. 조르주 길보와의 인터뷰. *HPF*, 2, pp. 564~565에 재수록되어 있다. *Abords topologiques*, *Littoral*, 5/6, F. TINGRY, *Recherches logiques et linguistiques pour la psychanalyse. Nom propre et topologie des surfaces*, thèse de IIIe cycle.

15. 1990년 6월 8일에 가진 미셸 토메와의 인터뷰.

16. *HPF*, 2, p. 567.

17. 이 위상학은 *S. XVII*(1970~1971)부터 *S. XXVI*까지 제시되어 있다.

18. Pierre SOURY, *Chaînes et noeuds*, 3, vol., 1988, Michel Thomé/Chiristian Léger 편.

19. *Ibid.* vol. 3, doc. 30.

20. 미셸 토메와의 인터뷰.

21. Pierre SOURY, *op. cit.*, vol. 3, doc. 46.

22. 돌로레스 졸랭(Dolorès Jaulin)과 크리스틴느 티보(Christine Thibault)의 설명, *ibid.*, vol. 2. doc. 230 그리고 232.

23. *HPF*, 2, pp. 511~530.

24. Carlos CASTANEDA, *L'Herbe du diable et la petite fumée*, Paris, Soleil noir, 1972. 1973년 12월 18일자 미셸 토메의 편지.

25. 미셸 토메와의 인터뷰.

26. Philippe JULIEN, Erik PORGE, Mayette VILTARD, *Littoral*, *op. cit.*

27. 1977년 6월 14일의 베르나르 졸랭(Bernard Jaulin)의 보도. Pierre SOURY, *op. cit.*, vol. 2, doc. 236 그리고 104.

28. 1976년 2월 9일에 J. L.이 피에르 수리에게 보낸 편지. 미셸 토메 소장.

29. *Ibid.*

30. 수학자인 에밀 아르탱(Émile Artin)은 *The Collected Papers*, Addison-Wesley Publishing Company, 1965에서 이렇게 주장하고 있다. M. GARDNER, *Le Paradoxe du pendu et autres divertissements mathématiques*, Paris, Dunod, 1971.

31. Jean-Toussaint DESANTI, *Les Idéalités mathématiques*, Paris, Seuil, 1968.

32. 1980년 2월 5일에 가진 장-투생 드상티와의 인터뷰.

33. 1991년 5월 7일과 12월 5일에 가진 장-미셸 바프로와의 인터뷰. 1992년 11월에 장-미셸 바프로가 E. R.에게 보낸 편지.

34. *Ibid.*

35. Jean-Michel VAPPEREAU, "Début de la lecture de Jacques Lacan", *Cahiers de lecture freudienne*, 5, Lysimaque, 1984년 10월, pp. 25~44. "D'un calcul dans les champs d'existence du noeud", *Ornicar?*, 28, pp. 113~143. *Essaim, fascicule de résultats* n° 1, Paris, Point Hors-Ligne, 1985. *Etoffe, Topologie en extension*, 2, Paris, 1988.

36. J. L., *S. XIX*, 1972년 3월 3일과 8일 세션. 이 점에 대해서는 조엘 도르(Joël Dor)의 탁월한 저서 *Introduction à la lecture de Lacan*, vol. 2, Paris, Denoël, 1992을 보라. Pierre LAVALLE, "Les négations et les univers du discours", *Lacan avec les philosophes*, *op. cit.*

37. J. L., *S. XX*, Paris, Seuil, *op. cit.* 1973년 2월 20일과 3월 13일의 세션.

38. J. L., Marguerite DURAS의 소설인 *Lol V. Stein*(1965)에 관해.

39. Sigmund FREUD, *L'Interprétation des rêves*, *op. cit.* Perry MEISEL, Walter KENDRICK, *Bloomsbury-Freud. James et Alix Strachey, correspondance 1924~1925*, Paris, PUF, 1990. J. L., *S. XXII*, 1975, *Ornicar?*, 4, p. 94.

40. 조이스의 작품은 갈리마르에서 출판되었다. *Ulysse*, Valéry Larbaud 번역, Paris, 1937. *Stephen le héros*, L. Savitzky의 서문, Paris, 1948. *Finnegans Wake*, A. du Bouchet 번역, Michel Butor의 서문, Paris, 1962.

41. "Entretien avec Jacques Aubert", *L'Âne*, 6(1982년 가을호), p. 6.

42. Jean Paris, *Joyce par lui-même*, Paris, Seuil, 1967. 그리고 *Tel quel*, 30(1967년 여름호). 『피네건의 경야』에 대해서는 *Change*, I, 1968. *L'Arc*, 36(조이스 특집호), *Change*, II, 1972년 5월호를 보라. 마지막 책에는 장 파리의 "L'agonie du signe"이 들어 있다.

43. 1992년 12월 1일에 가진 장 파리와의 인터뷰.

44. "Joyce, le symptôme II"라는 제목으로 개최된 심포지엄(Lille, CNRS, 1979) 회의록에 재수록된 J. L.의 텍스트는 문제의 그날에 라캉이 발표한 것이 아니라 3년 후에 쓴 것이었다. 실제로 발표한 텍스트는 에릭 로랑(Eric Laurent)의 노트들에 기반해 J.-A. M.이 전사한 것으로 "Joyce, le symptôme I"라는 제목으로 Jacques Aubert(편), *Joyce avec Lacan*, Paris, Navarin, 1987년에 실렸다.

45. *Ibid.*, pp. 22~23.

46. *Ibid.*, p. 22.

47. Catherine MILLOT, *La Vocation de l'écrivain*, Paris, Gallimard, 1991.

48. J. L., "Le sinthome", *Ornicar?*, 7. 1976년 6월~7월호, 1975년 12월 16일 세션, p. 3. 1992년 11월 14일에 가진 미셸 토메와의 인터뷰.

49. *Ornicar?*, 8, p. 13. *Ornicar?*, 7, *op. cit.* Eric Laurent, "Jouissance le symptôme", *L'Âne*, 6.

50. Jean Paris, *Joyce par lui-même*, op. cit., p. 173.

51. *Ornicar?*, 8, *op. cit.*, p. 6, 1976년 2월 10일 세션.

52. 심포지엄 회의록. Aubert(편), *Joyce avec Lacan*에 재수록되어 있다.

53. 미국으로의 첫번째 여행에 대해서는 J. L., *S. XIII*. 1966년 3월 23일 세션을 보라.

54. 이 시기에 영어로 번역된 J. L.의 주요 저서는 아래와 같다.
"The Mirror-Phase as Formative of the Function of the I", Jean Roussel 번역, *New Left Review*, n° 51, pp. 71~77.
"The Function of Language in Psychoanalysis", Anthony Wilden 번역, *The Language of the Self*, Baltiomre, Johns Hopkins Press, 1968.
"The Insistence of the Letter in the Unconscious", Jean Miel 번역, *Structuralism*, New York, Doubleday Anchor, 1970, pp. 101~137.
Seminar at Johns Hopkins University; "Of Structure as an Immixing of an Otherness Prerequisite to Any Subject Whatever", *The Structuralist Controversy*, Baltimore, Johns Hopkins Press, 1970.

"The Purloined Letter", Jeffrey Mehlman 번역, *Yale French Studies*, n° 48, 1974.

그리고 라캉에 관한 주요 영어 문헌들은 아래와 같다.

John P. MULLER/William J. RICHARDSON, *Lacan and Language. A Reader's Guide to Ecrits*, International Universities Press, New York, 1982. 불어판, Erès Toulouse, 1989. Bice BEN-VENUTO/Roger KENNEDY, *The Works of Jacques Lacan. An Introduction*, St. Martin's Press, New York, 1986. David MACEY, *Lacan in Contexts*, Londen, Verso, 1998. Slavoj ZIZEK, *The Sublime Object of Ideology*, *op. cit*. Ellie RAGLAND-SULLIVAN and Mark BRACHER, *Lacan the Subject of Language*, New York, 1990.

55. Stuart SCHNEIDERMAN, 불어판, *Lacan, maître zen?*, Paris, PUF, 1986. 카트린느 클레망 역시 *Vies et légendes de Jacques Lacan*, Paris, Grasset, 1981, p. 30에서 같은 이야기 — 적어도 전투 이야기만큼은— 를 하고 있다. 나는 1986년에 실비아 라캉과 로랑스 바타이유의 증언을 토대로 진실의 복원에 착수했다.

56. 1992년 11월 13일에 가진 파멜라 타이텔과의 인터뷰. *Scilicet*, 6/7, 1976, p. 9.

57. *Ibid.*, p. 20

58. Paul NEWMAN, "Lettre d'Amèque", *Ornicar?*, 7, *op. cit.*, p. 103.

59. 파멜라 타이텔과의 인터뷰.

60. 1992년 11월 24일에 가진 세르주 두브로프스키와의 인터뷰.

61. 파멜라 타이텔과의 인터뷰

62. 나도 바로 현장에 함께 있었다.

63. Sherry TURKLE, *La France freudienne*, *op. cit.*, p. 293. 속기록에 대해서는 *Scilicet*, 6/7(1976), *op. cit.*을 보라.

64. 이 구절은 *Scilicet*의 필사본에서는 보이지 않는다. 로베르 조르쟁이 이 구절을 "Jakobson", *Cahiers Cistre*, *op. cit.*, p. 129에서 그대로 살려놓고 있다.

65. *La France freudienne*, *op. cit.*, p. 300. 그리고 파멜라 타이텔과의 인터뷰.

66. 미국의 유명한 자동차 회사.

67. Sherry TURKLE, *op. cit.*, p. 276. 그리고 파멜라 타이텔과의 인터뷰.

68. J. L.과 피에르 수리(그리고 다른 사람들) 간의 서신 왕래는 1973년 12월 18일에 시작되어 1979년 3월 2일에 끝났다.

69. Denis HOLLIER, *La Figure du fond*, Paris, Galilée, 1992, p. 104.

70. François ROUAN, "Entretien avec Bernard Noël", *La Quinzaine Littéraire*(1975년 6월 15일자). 또 Hubert DAMISCH, "La peinture est un vrai trois", *Catalogue du Musée national d'Art moderne*, 1983도 참조하라.

71. Denis HOLLIER, *op. cit.*, p. 55. 그리고 Edward FRY, *Catalogue*, *op. cit.*, p. 87.

72. 1992년 2월 17일에 가진 프랑수아 루앙과의 인터뷰. François ROUAN, "Voyage autour d'un trou"(강의록), *Actes*(ECF 기관지), p. 136.

73. J. L., S. XX, *op. cit.*, p. 105.

74. François Rouan, cité.

75. *Ibid.*

76. *Ibid.*

77. *Catalogue du Musée national*에 재수록되어 있다. 이후 라캉은 아주 짤막한 몇몇 편지와 그림만을 일부 내놓는다.

78. *HPF*, 2, pp. 636~641. 여기서는 EFP의 해소의 역사에 대해서는 반복하지 않겠다.

79. 1977년 3월 4일에 J. L.이 E. R.에게 보낸 편지. *HPF*, 2, p. 638을 보라.

80. Pierre Soury, *op. cit.*, vol. 3, doc. 55 그리고 57.

81. *Ibid.*, doc. 59 그리고 61. 미셸 토메와의 인터뷰에서 이러한 정보를 얻었다.

82. Pierre SOURY, *op. cit.*, vol. 3, doc. C, p. 2.

3. 정신분석의 영도(零度)

1. 도빌 대회에 대해서는 *HPF*, 2, pp. 639~641을 보라.

2. 『대결*Confrontation*』지의 실험에 대해서는 *ibid.*, pp. 583~618을 보라.

3. François ROUSTANG, *Un destin si funeste*, Paris, Minuit, 1976. *L'Anti-CEdipe*에 대해서는 *HPF*, 2, p. 635을 보라.

4. Cornélius CASTORIADIS, "La psychanalyse, projet et élucidation. 'Destin' de l'analyse et responsabilieé des analystes", *Topique*, 1977년 4월 19일자.

5. *Ibid.*, p. 73.

6. *Ibid.*, p. 74.

7. *Ibid.*, pp. 28~29.

8. 라캉과의 치료에 대한 설명을 담고 있는 대표적인 책은 아래와 같다. François WEYERGANS, *Le Pitre*, Paris, Gallimard, 1973. 라캉이 살아 있을 때 발간된 유일한 책은 Stuart SCHNEIDERMAN, *Jacques Lacan, maître zen?*, Paris, Laffont, 1989. Jean-Guy GODIN, *Jacques Lacan, 5, rue de Lille*, Paris Seuil, 1990. Françoise GIROUD, *Leçons particulières*, Paris, Fayard 1990. 또 내가 *HPF*, 2에 실어놓은 아래의 사람들의 설명도 함께 참조하라. Didier Anzieu, Octave Mannoni, Anne-Lise Stern, Francis Hofstein, Antoinette Fouque, Danièle Arnoux, Gèrard Pommjer, Jean-Michel Ribettes, Roland Castro, Colette Soler, Rosine Lefort. 또 Jean ALLOUCH, *132 bons mots avec Jacques Lacan*, Toulouse, Erès, 1988도 함께 참조하라.

9. 앞에서 인용한 프랑스어 번역본을 보라.

10. *Ibid.*, pp. 161~162.

11. 1992년 1월 22일에 가진 피에르 레이와의 인터뷰.

12. *Une Saison. . .*, *op. cit.*, p. 32.

13. *Ibid.*, p. 132.

14. *Ibid.*, p. 113.

15. *Jacques Lacan, 5, rue de Lille, op. cit.*, p. 155.

16. *Ibid.*, p. 109.

17. *Leçons particulières, op. cit.*, p. 124.

18. *Ibid.*, p. 128.

19. 1992년 1월 31일에 가진 프랑수아 지루와의 인터뷰.

20. 이 주제에 대해서는 *Revue de l'École de la cause freudienne*, 20(1992년 2월)에 실려 있는 다양한 증언을 보라.

21. 1992년 9월 31일에 가진 우다 오몽과의 인터뷰.

22. 1993년 5월 13일에 가진 클로드 알모와의 인터뷰.

23. *Action poétique*, 82~83(1980)에서 이러한 제안을 해보았다.

24. 1991년 9월 8일에 가진 티보 라캉과의 인터뷰. 1991년 9월 3일에 가진 시빌 라캉과의 인터뷰. 1991년 7월 3일에 가진 시릴 로제-라캉과의 인터뷰.

4. 파라오의 무덤

1. Catherine DAVID, *Le Nouvel Observateur*, 1981년 10월 12일자.

2. 나는 여기서는 EFP의 해체 과정에 대해서는 자세히 다루지 않는다. 나는 이것을 *HPF*, 2, pp. 648~677에서 자세히 살펴본 바 있다. 이 에피소드가 이 장의 배경을 이루고 있다.

3. 1990년 2월 10일에 가진 제니 오브리와의 인터뷰. 오브리는 종종 이 점심 시간 때 벌어진 사건에 대해 이야기해주곤 했다. 얼굴 근육의 마비에 대한 진단 결과는 라캉의 주치의 중의 하나(여럿이 있었다)가 내게 확인해주었는데, 그는 이름을 밝히고 싶어하지 않았다. 뇌 혈관의 퇴행 현상은 1980년 8월에 보고되었다.

4. 1992년 11월 13일에 가진 파멜라 타이텔과의 인터뷰.

5. 제니 오브리의 미발간 수고.

6. *Almanach de la dissolution*, Paris, Navarin, 1986, p. 11.

7. 이 편지는 1980년 1월 9일자 *Le Monde*에 실렸으며 *Ornicar?*, 20/21, 1980에 재수록되었다.

8. 1980년에 가진 세미나의 기록들은 파트릭 발라스(Patrick Valas)가 내게 주었다.

9. PLM-생-자크-오텔에서 가진 회의에서 알튀세가 발표한 글은 IMEC에서 찾아볼 수 있다. J. L.의 마지막 텍스트에 대해서는 서지 목록을 보라.

10. *HPF*, 2, p. 654. 1986년 2월 13일에 가진 솔랑주 팔라데와 가진 인터뷰. 그리고 1985년 5월 11일에 가진 J.-A. M.과의 인터뷰. 솔랑주 팔라데의 이야기는 로랑스 바타이유에 의해 확인된 바 있다(1985년 5월 15일에 가진 인터뷰). J. L.의 글과 사인에서 나타나는 변화에 대해서는 Jacqueline PINON, "Présentation d'écriture", E. R., *La Graphologie*, 2, 202, 1991년 4월, pp. 13~28을 보라.

11. 1985년에 나는 Jacques-Alain Miller에게 원본을 보여줄 것을 요청했으나 소용이 없었다.

12. 1980년 2월 1일자 계약서. 시빌 라캉 소장.

13. 1992년 11월 10일에 가진 카트린느 밀로와의 인터뷰.

14. Claude DORGEUILLE, *La Seconde Mort de Jacques*, Actualité freudienne, Paris, 1981, p. 26.

15. 1982년에 옥타브 마노니가 수고로 보내준 설명. J. A. 소장.

16. 1982년 3월 8일에 가진 모 마노니와의 녹음 인터뷰. J. A. 소장.

17. 1982년 4월 22일에 루이 마리엔느가 티보 라캉에게 보낸 편지. 그리고 1982년 3월 9일에 마르셀 체르마크가 티보 라캉에게 보낸 편지. J. A. 소장.

18. Marcel Czermak, *ibid.*

19. 1982년 3월 3일에 가진 장 클라브뢸의 녹음 인터뷰. J. A. 소장.

20. Jean-Louis GAULT, *Revue de l'École de la cause freudienne*, 20, *op. cit.*, p. 125.

21. J. L.의 유언장. 실비아 라캉 소장.

22. Claude DORGEUILLE, *La Seconde Mort, op. cit.*, pp. 28~29.

23. 1981년 2월 14일에 가진 J.-A. M.과의 인터뷰. *Almanach de la dissolution, op. cit.*, p. 75.

24. 나는 *HPF*, 2, pp. 648~679에서 이 모든 문제를 자세히 살펴본 바 있다. 1981년 1월 19일에 파리 시청에 의해 재가된 ECF 정관은 *La Seconde Mort, op. cit.*, 그리고 *Revue de l'École de la cause freudienne, op. cit.*, pp. 85~86에 재수록되었다. 처음에는 J. L.의 이름이 나오는데, 그가 회장으로 되어 있다.

25. *Revue de l'École de la cause freudienne*, 20, *op. cit.*, p. 86. Jacques-Alain MILLER, "Acier l'ouvert", *L'Âne*, 42(1990년 4월~6월), p. 21.

26. Pierre LEGENDRE, "Administrer la psychanalyse", *Pouvoirs*, II Paris, 1981, pp. 205~218.

27. 1991년 4월 14일에 가진 티보 라캉과의 인터뷰.

28. *HPF*, 2, p. 679.

29. 사망 증명서에 따르면 라캉은 아사 가에 살았던 것으로 되어 있다.

30. 1991년 9월 3일에 가진 시빌 라캉과의 인터뷰. 그리고 1993년 1월 3일에 가진 마르크-프랑수아 라캉과의 인터뷰.

31. 이러한 장례 준비는 오늘날 아주 일반적인 관행이다. 1963년에 창립된 프랑스 사망 연구소가 제공한 정보. 라캉의 죽음을 어떤 식으로 설명하건 이러한 역설은 여전히 그대로 남는다.

32. 라캉의 죽음에 대한 언론의 반응을 개괄하고 있는 *HPF*, 2, pp. 680~682을 보라.

33. 마르크-프랑수아 라캉과 가진 인터뷰.

34. 마리아 안토니에타 마치오키의 미발간 일기.

1. 세미나의 역사

1. *HPF*, 2, pp. 568~573.

2. 자크 라캉의 세미나에 대해서는 뒤의 서지 목록을 보라.

3. 자크 나시프의 학위 논문은 결국 출판되었다. *Freud l'inconscient*, Paris, Galilée, 1977.

4. 1970년 4월 21일에 프랑수아 발에게 보낸 편지.

5. *HPF*, 2, p. 570.

6. 1972년 10월 19일에 체결된 계약으로 취소되었다.

7. 1972년 11월 6일에 J. L.이 폴 플라망에게 보낸 편지.

8. Jacques-Alain MILLER, *Entretien sur le Séminaire avec François Ansermet*, Paris, Navarin, 1985.

9. 1985년 10월 27일에 가진 J.-A. M.과의 인터뷰. *HPF*, 2, p. 568.

10. 1991년 11월 19일에 가진 프랑수아 발과의 인터뷰.

11. Robert LINHART, *L'Établi*, Paris, Minuit, 1978.

12. 제니 오브리에게 바친 헌사에서. *HPF*, 2, p. 571 참조.

13. 1973년 2월 13일에 J. L.이 폴 플라망에게 보낸 편지. 그리고 1973년 2월 14일에 폴 플라망이 J. L.에게 보낸 편지.

14. Jacque-Alain Miller의 논평, *S. XI*, p. 249, J. L.의 후기, pp. 251~254, Paris, Seuil, 1973.

15. 1991년 11월 19일에 가진 프랑수아 발과의 인터뷰.

16. 이것은 1957년 3월에 개정된 문학 및 예술 저작권법의 문제이다.

17. 1977년 12월 6일에 J. L.이 폴 플라망에게 보낸 편지.

18. 1980년 2월 14일자 편지 초안. 나는 J. L.의 답장을 발견하지 못했다.

19. 1980년 10월 23일의 *S. III* 계약서. 시빌 라캉 소장.

20. 1992년 5월 25일에 프랑수아 발이 E. R.에게 보낸 편지.

21. 1987년 8월 28일자 법적 문서. 시빌 라캉 소장.

22. 이 논쟁에 대해서는 *HPF*, 2, p. 690을 보라. Michel LAPEYRE, "Constitution d'un index du *Séminaire* de Jacques Lacan: observations et avertissements", *Pas tant*, Toulouse.

23. 1982년 5월 6일에 J.-A. M.이 프랑수아 발에게 보낸 편지.

24. 재간행된 텍스트는 *Les Complexes familiaux*, Paris, Navarin, 1984로 출판되었다.

25. 1985년 12월 14~15일자 *Libération*지.

26. 1982년 11월 25일에 로랑스 바타이유가 콜레트 솔레(Colette Soler)에게 보낸 편지. *HPF*, 2, p. 693을 보라. 로랑스 바타이유는 죽기 전에 탈퇴 편지들과 이에 대한 답신들을 보여주었다.

27. 프랑수아 발의 서면 인터뷰(1991년 7월 27일).

28. *Le Discours psychanalytique*, 1, 1981년 10월.

29. 1981년 9월 29일에 프랑수아 발이 콩타르도 칼리가리에게 그리고 1981년 9월 30일에 J.-A. M.에게 보낸 편지.

30. Jacques-Alain MILLER, *Entretien sur le Séminaire*, op. cit., pp. 14 그리고 17.

31. 1991년 11월 19일에 가진 프랑수아 발과의 인터뷰.

32. J. L., *S. VII*, Paris, Seuil, 1986, p. 377.

33. 1992년 11월 4일에 가진 피에르 비달-나케와의 인터뷰. 나는 그가 교정한 부분의 사본을 구해볼 수 있었다. 또 Annick BOUILLAGUET, "Remarques sur l'usage du grec prêté à Jacques Lacan par les éditeurs de son VIIe séminaire: l'éthique de la psychanalyse", *Psychiatries*, 79, 1987/4을 참조하라. 1984년 봄에 J.-A. M.은 J. L.이 교정을 본 *S. VII*의 19매를 발표했다. 그는 이것을 어느 종이 상자에서 찾아냈다. *Ornicar?*, 28, pp. 7~18을 보라.

34. Gabriel Bergouniou의 미발표 편지와 문헌들(1985년 10월 1일과 11월 1일자, 그리고 1987년 6월 15일자). 같은 저자의 "Comment la sémantique se fit un nom", *Ornicar?*, 42도 함께 참조하라.

35. The Seminar Book I/II, John Forrester/Sylvana Tomaselli 번역, CUP, 1998. 존 포레스터와 J.-A. M. 사이의 서신들, 존 포레스터 소장. 1985년 9월 26일에 J.-A. M.이 존 포레스터에게 보낸 편지. 그리고 1986년 2월 2일에 존 포레스터가 J.-A. M.에게 보낸 편지. 또 1993년 2월 11일에 존 포레스터가 보낸 편지. *S. XVII*로부터의 *Radiophonie*의 발췌 수록은 J.-A. M.이 책에 로베르 조르쟁의 이름이 실리는 것을 거부했기 때문에 출판이 금지되었다 (1992년 1월 26일에 가진 로베르 조르쟁과의 인터뷰).

36. 이 청원서는 1991년 1월 14일자 *Le Monde*지에 실렸다.

37. Catherine CLÉMENT, *Magazine littéraire*, 288(1991년 5월호), p. 99.

38. E. R., "Lacan retranché", *Libération*, 1991년 3월 7일자. 1991년 3월 21일자에는 클로드 셰르키가 이에 응답하는 글을 보내왔다. 나는 이 응답에서 J. L.은 아무런 지침을 남기지 않았다는 셰르키의 비판을 그대로 따르고 있다.

39. *Le Transfert dans tous ses errata*, ouvrage collectif, Paris, EPEL, 1991. 특히 Danièle ARNOUX, "À qui la faute?"를 보라. 또 Catherine MILLOT, "Lacan au jugé", *L'Infini*, 34(1991년 여름호).

40. 1992년 9월 22일에 있었던 이 인터뷰는 테이프에 녹음되었다. 여기 실려 있는 내용은 클로드 셰르키가 다시 읽으면서 교정한 것이다. 나는 19월 17일자 편지에서 *S. XI*의 후기의 구절 중 이러한 발언을 라캉이 했다고 볼 수 있는 근거를 명시해달라고 요청하는 편지를 보냈다(그리고 후기를 한 부 복사해 첨가해 보냈다). 하지만 나는 아무런 답장도 받지 못했다. EPEL의 도미니크 드 리에쥬(Dominique de Liège)는 셰르키에게 *Le Transfert dans tous ses errata*를 한 부 보내지 않았음을 확인해주었다.

2. 프랑스 프로이트주의 : 최근 동향

1. 다양한 정신분석 그룹의 현재의 회원 상태를 기록해놓은 부록을 참조하라. 또 Serge

LECLAIRE/APUI, *Etat des lieux de la psychanalyse*, Paris, Albin Michel, 1991도 함께 참조하라.

2. *Bulletin de l'Inter-Associatif de psychanalyse*, 1, 1991년 10월.

3. François LEGUIL, "L'école en famille nombreuse", *L'Âne*, 51, p. 35. 또 1992년 2월 9일에 로베르토 하라리(Roberto Harari)가 E. R.에게 보낸 편지. 1990년 2월 16일에 가진 이시도로 베그(Isidoro Vegh)와의 인터뷰도 중요한 정보가 될 수 있을 것이다. 아르헨티나에서의 정신분석의 역사에 대해서는 *Freud en Buenos Aires 1910~1939*, ourage collictif sous la dir. de Hugo Vezzetti, Buenos Aires: Punto Sur, 1989. A. CUCURULLO/H. FAIMBERG/Leonardo WENDER, "La psychanalyse en Argentine", *Histoire de la psychanalyse*, vol. 2, ouvrage collectif sous la dir. de Roland JACCARD, Hachette, 1982. Oscar ASOTTA, "Sur la fondation de l'EF de Buenos Aires", *Ornicar?*, 20/21, 1980.

4. Serge LECLAIRE, *Libération*(1990년 1월 17일에 가진 인터뷰). 이 조직의 창립 문헌인 "Association pour une instance ordinale des psychanalyses"에는 Jacques Sédat, Serge Leclaire, Lucien Israël, Philippe Girard Daniéle Lévy가 서명했으며 1989년 12월 15일에 *Le Monde*에 공개되었다. 이것은 수많은 논쟁을 불러일으켰다(1990년 1월 23일자 *Le Monde*). Jacques-Alain MILLER, "Le paradoxe du psychanalyste", 1990년 2월 22일자 *Le Monde*. Jean Clavreul, "Mais si! Les psychalystes aiment l'ordre", 1990년 1월 26일자 *Libération*. 이밖에 1990년 1월 22일자 *Libération*에도 다양한 반응이 실렸다. André GREEN, "Instance tierce ou rapport du tiercé", 1990년 2월 10일자 *Le Monde*.

5. 1990년 1월 21일자 *Libération*.

6. 아르만도 베르딜리오네의 경력에 대해서는 *HPF*, 2, pp. 547~550을 보라.

7. 1991년 6월 15일에 가진 뮈리엘 드라지앙(Muriel Drazien)과의 인터뷰

8. E. R., "Repli individuel et malaise collectif", *Magazine littéraire*, 264(1989년 4월호).

9. *Lacan avec les philosophes, op. cit.*

10. 이 논쟁의 일부분은 Bibliothèque du Collège internationale de Philosophie, *Lacan avec les philosophes*에 부록으로 붙어 있다.

11. Jean-Claude MILNER, *Les Noms indistincts*, Paris, Seuil, 1983. Christian JAMBbet, *La Grande Résurrection d'Alamût*, Lagresse, Verdier, 1990. E. R., "Entretien avec Christian Jambet", *Les Lettres francaises*. 이와 함께 언급한 가치가 있는 다른 저서로는 Bertrand OGILVIE, *Lacan, le sujet*, PUF, 1987라는 빼어난 저작이 있다. 또 Alain JURANVILLE, *Lacan et la philosophie*, PUF, 1984. 그리고 A Kremer-Marietti, *Lacan et la rhétorique de l'inconscient*, Aubier-Montaigne, 1978을 보라. 그리고 Anika LEMAIRE, *Jacques Lacan*, Routeledge and Keagan Paul, 1977에 대해서는 *HPF*, 2, pp. 325~326을 보라. 라캉에 대한 가장 격렬한 비판에 대해서는 François George, *L'Effet 'Yau de Poêle*, Hachette, 1979. 그리고 François Roustang, *Lacan, De Equivoque à l'impasse*, Minuit, 1986. Luc FERRY 그리고 Alain RENAUT, La Pensée 68(Paris, Gallimard, 1985)도 함께 참조하라. 여기서 라캉의 독트린은 데리다나 푸코의 독트린과 마찬가지로 니체적-하이데거적 반휴머니즘으로 해석된다. 즉 필자들의 견해에 따르면 이성과 계몽(주의)에 적대적인 반민주적 철학으로, 다시 말해 몽매주의로 규정되고 있다.

12. 1992년 11월 20일에 가진 프랑수아 르길과의 인터뷰에서.

13. *Lacan*, ouvrage collectif sous la dir. de Gérard MILLER, Paris, Bordas, 1986. *Connaissez-vous Lacan?*, *op. cit.* Judith MILLER, *Visages de mon père*, *op. cit.*

14. *Lacan*, Bordas, *op. cit.*, p. 6.

15. *Connaissez-vous Lacan?*, *op. cit.* 프랑수아 지루와 마리-피에르 드 코세-브리삭 (Marie-Pierre de Cossé-Brissac)의 글은 이 책의 전반적인 분위기를 이루고 있는 성도전적인 논조를 따르지 않고 있다.

16. *Programme de psychanalyse, 1990~1991*, Paris, éd. Analytica.

17. *Le Courrier de l'ECF*(1992년 9월). ECF 내에서의 치료 기술에 대해서는 헬레나 슐츠-카일(Helena Schulz-Keil)의 놀라운 설명, "A Trip to Lacania", *Hystoria, Lacan Study Notes*, 6~9, N.Y.-Paris, 1988을 참조하라.

18. Gérard POMMTER, *La Névrose infantile de la psychanalyse*, Paris, Point Hors-Ligne, 1989, pp. 59~60. Jean CLAVREUL, *Le Désir et la loi*, Paris, Denoël, 1987, p. 49.

19. Jacques-Alain MILLER, "Acier l'ouvert"(1988년 12월 9/11일), *La Lettre mensuelle*, 85(1990년 4월호), p. 4. 또 Judith Miller, Serge Cottet, Éric Laurent, *L'Âne*, 42에 들어 있는 증언을 참조하라.

20. 1992년 6월 17일과 1992년 11월 10일에 가진 카트린느 밀로와의 인터뷰.

21. Catherine MILLOT, "Du symptôme de l'École de la cause freudienne", *L'Infini*, 29(1990년 봄호), pp. 29~30.

22. 예를 들어 Sol APARICIO, "La forclusion, préhistoire d'un concept", *Ornicar?*, 28(1984년 봄호). Joël DOR, *Introduction à la lecture de Lacan*, 1, Paris, Denoël, 1992, pp. 123~127. Juan David NASIO, *L'enseignement de sept concepts cruciaux de la psychanalyse*, Paris, Rivages, 1989, pp. 227~249. 프로이트에게서 폐제(forclusion)라는 개념을 발견할 수 있다고 주장하는 사람은 나지오뿐이다. Claude RABANT, "Déni et forclusion, théme conceptuel", *Inventer le réel*, Paris, Denoël, 1992. Marie-Claude LAMBOTTE, *Le Discours mélancolique*, Paris, Anthropos, 1993. *Grand dictionnaire de la psychologie*(Larousse, 1991)에 실려 있는 "forclusion"이라는 논문에서 '프로이트 협회' 회원인 파스칼 데그랑주(Pascale Dégrange)는 라캉이 번역한 Verwerfung을 프로이트적인 개념으로 인정하고 있다(p. 310). 이러한 혼합물의 기원에 대해서는 *HPF*, 2, p. 472를 참조하라. 어느 정도 이것은 샤를 멜망의 책임 감수 하에 개념들의 사전을 만들려고 한 시도로까지 소급되어 올라간다. 또 *Livre compagnon de Lacan*를 위한 기획도 함께 참조하라. EFP 소장.

23. 1993년 2월에 있었던 서점 주인인 티에리 가르니에와의 인터뷰.

24. Jean LAPLANCHE, André BOURGUIGNON, Pierre COTET 그리고, François ROBERT, *Traduire Freud*, Paris, PUF, 1988. 그리고 E. R., "Freud à vos souhaits", *Libération*(1984년 4월 14일자).

25. 이와 관련된 저서는 이미 앞에서 모두 인용되었다.

■ 약어표

<기관과 잡지>

AAAP	American Association for the Advancement of Psychoanalysis
AAGP	Allgemeine Ärztliche Gesellschaft für Psychotherapie
AE	Analyste de l'École(EFP)
AF	Association freudienne
AIHP	Association internationale d'histoire de la psychanalyse
AME	Analyste membre de l'École(EFP)
AMP	Association mondiale de psychanalyse
AP	Analyste praticien(EFP)
APA	American Psychoanalytic Association
APF	Association psychanalytique de France
APUI	Association pour une instance tierce des psychanalystes
BPS	British Psychoanalytical Society
CCAF	Cartels constituants de l'analyse freudienne
CERF	Centre d'études et de recherches freudiennes
CERM	Centre d'études et de recherches marxistes
CF	Champ freudien
CFRP	Centre de formation et de recherches psychanalytiques
CHU	Centre hospitalo-universitaire
CMPP	Centre médico-psycho-pédagogique
CNRS	Centre national de la recherche scientifique
CP	Convention psychanalytique
DPG	Deutsche Psychoanalytische Gesellschaft
DPV	Deutsche Psychoanalytische Vereinigung
DSM III	*Diagnostic and Statistical Manual of Mental Disturbances(APA)*
ECF	École de la cause freudienne
EEP	École européenne de psychanalyse
EF	École freudienne
EFP	École freudienne de Paris
ELP	École lacanienne de psychanalyse

EMP	Externat médico-pédagogique
ENS	École normale supérieure
EP	Évolution psychiatrique(학회)
EP	*Évolution psychiatrique*(학회지)
EPCI	École propédeutique à la connaissance de l'inconscient
ESI	Éditions sociales internationales
FAP	Fédéraration des ateliers de psychanalyse
FEP	Fédéraration européenne de psychanalyse
GEP	Groupe d'études de la psychanalyse(Study Group)
GP	Gauche prolétarienne
GRP	Groupe régional de psychanalyse
IJP	*International Journal of Psychoanalysis*
IMP	Inthernat médico-pédagogique
IP	Institut de psychanalyse
IPA	International Psychoanalytical Association
ME	Membre de l'École(EFP)
MLF	Mouvement de libération des femmes
NC	*La Nouvelle Critique*
NRF	*Nouvelle Revue fraçaise*
NRP	*Nouvelle Revue de psychanalyse*
OPLF	Organisation psychanalytique de langue française(Quatrième Groupe)
PCF	Parti communiste français
RFP	*Revue française de psychanalyse*
RHLF	*Revue d'histoire littéraire de la France*
RIHP	*Revue internationale d'histoire de la psychanalyse*
SASDLR	*Le Surréalisme au service de la révolution*
SBP	Société belge de psychanalyse
SFP	Société française de psychanalyse
SHC	Sciences humaines cliniques
SIHPP	Société internationale d'histoire de la psychiatrie et de la psychanlyse
SPP	Société psychanalytique de Paris
TM	*Les Temps modernes*
TQ	*Tel quel*
UEC	Union des étudiants communistes
UER	Unité d'enseignement de recherche
UJCML	Union des jeunesses communistes marxistes-léninstes
UV	Unité de valeur
WPA	World Psychiatric Association

<주요 문서 소장자>

E. R.   Elisabeth Roudinesco
J. A.   Jenny Aubry
J.-A. M.   Jacques-Alain Miller
J.-L. D.   Jean-Luc Donnet
R. E.   Renée Ey
R. M.   René Major
S. L.   Serge Leclaire
W. G.   Wladimir Granoff
X. A.   Xavier Audouard
J. S.   Jacques Sédat
L. A.   Louis Althusser
F. D.   Françoise Dolto
M.-F. L.   Marc-François Lacan
S. La.   Sibylle Lacan
IMEC   Institut Mémoire de l'édition contemporaine

<참고문헌>

HPF, 1·2   Elisabeth Roudinesco, *Histoire de la psychanalyse en France. La   bataille de cent ans*, 1·2권, Paris, Seuil, 1986.

<자크 라캉 관련 약어>

J. L.   Jacques Lacan

E.   *Écrits*

TPP   *De la psychose paranoïaque dans ses rapports avec la personnalité*(thèse de J. L., rééd. 1975)

S.   *Séminaire*(S라는 문자 뒤에 붙어 었는 로마 숫자는 세미나 각 권의 번호를 가리킨다)

F.   *Encyclopédie française*에 들어 있는 「가족」이라는 논문

■ 부록

1. 국제 정신분석학회(IPA, 1993)

IPA 지부
American Psychoanalytic Association
Affiliate Societies of the American Psychoanalytic Association
Approved Training Institutes of the American Psyohoanalytic Association

IPA 정회원 조직
Argentine Psychoanalytic Association
Australian Psychoanalytical Society
Belgian Psychoanalytical Society
Brazilian Psychoanalytical Society of Rio do Janeiro
Brazilian Psychoanalytical Society of São Paulo
British Psychoanalytical Society
Buenos Aires Psychoanalytical Association
Canadian Psychoanalytic Society
Chilean Psychoanalytic Association
Colombian Psychoanalytic Society
Danish Psychoanalytical Society
Dutch Psychoanalytical Society
Finnish Psychoanalytical Society
French Psychoanalytical Association
German Psychoanalytical Association
Hungarian Psychoanalytical Society
Indian Psychoanalytical Society
Israel Psychoanalytic Society
Italian Psychoanalytical Society
Japan Psychoanalytic Society
Madrid Psychoanalytical Association
Mendoza Psychoanalytic Society
Mexican Psychoanalytic Association
Norwegian Psychoanalytical Society
Paris Psychoanalytical Society
Peru Psychoanalytic Society
Porto Alegre Psychoanalytic Society
Portuguese Psychoanalytical Society
Rio de Janeiro Psychoanalytic Society

Spanish Psychoanalytical Society
Swedish Psychoanalytical Society
Swiss Psychoanalytical Society
Uruguayan Psychoanalytic Association
Venezuelan Psychoanalytic Association
Viennese Psychoanalytical Society

IPA 준회원 조직

Caracas Psychoanalytic Society
Cordoba Psychoanalytic Society
Institute for Psychoanalytic Training and Research(IPTAR)
Los Angeles Institute and Society for Psychoanalytic Studies
Monterrey Psychoanalytic Society
New York Freudian Society
Psychoanalytic Center, California(PCC)

IPA 스터디 그룹

Hellenic Psychoanalytical Study Group
Pelotas Psychoanalytic Study Group
Recife Psychoanalytic Study Group

유럽

오스트리아	Viennese Psychoanalytical Society
벨기에	Belgian Psychoanalytical Society
덴마크	Danish Psychoanalytical Society
핀란드	Finnish Psychoanalytical Society
프랑스	French Psychoanalytical Association
	Paris Psychoanalytical Society
독일	German Psychoanalytical Association
그리스	Hellenic Psychoanalytical Study Group
헝가리	Hungarian Psychoanalytical Society
이탈리아	Italian Psychoanalytical Society
네덜란드	Dutch Psychoanalytical Society
노르웨이	Norwegian Psychoanalytical Society
포르투갈	Portuguese Psychoanalytical Society
스페인	Spanish Psychoanalytical Society
	Madrid Psychoanalytical Association
스웨덴	Swedish Psychoanalytical Society
스위스	Swiss Psychoanalytical Society
영국	British Psychoanalytical Society

라틴 아메리카

아르헨티나	Argentine Psychoanalytic Association
	Buenos Aires Psychoanalytical Association
	Cordoba Psychoanalytic(Provisional) Society
	Mendoza Psychoanalytic Society

브라질	Brazilian Psychoanalytical Society of Rio de Janeiro
	Brazilian Psychoanalytical Society Of São Paulo
	Rio de Janeiro Psychoanalytic Society
	Pelotas Psychoanalytic Study Group
	Porto Alegre Psychoanalytic Society
	Recife Psychoanalytic Study Group
칠레	Chilean Psychoanalytic Association
콜롬비아	Colombian Psychoanalytic Society
페루	Peru Psychoanalytic Society
우루과이	Uruguayan Psychoanalytic Association
베네수엘라	Caracas Psychoanalytic(Provisional) Society
	Venezuelan Psychoanalytic Association

북미
캐나다	Canadian Psychoanalytic Society
멕시코	Mexican Psychoanalytic Association
	Monterrey Psychoanalytic(Provisional) Society
미국	American Psychoanalytic Association
	Affiliate Societies of the American Psychoanalytic Association
	Approved Training Institutes of the American Psychoanalytic Association
	Institute for Psychoanalytic Training and Research (IPTAR)(Provisional Society)
	Los Angeles Institute and Society for Psychoanalytic Studies(LAISPS)(Provisional Society)
	New York Freudian(Provisional) Society
	Psychoanalytic Center, California(PCC)(Provisional Society)

중동과 극동 아시아
인도	Indian Psychoanalytical Society
이스라엘	Israel Psychoanalytic Society
일본	Japan Psychoanalytic Society

오스트레일리아	Australian Psychoanalytical Society

2. IPA 조직

Institutions	1985	Nombre d'adhérents 1992
États-Unis		
* Institute for Psychoanalytic Training and Research		
* Los Angeles Institute and Society for Psychoanalytic Studies		
* The N.Y. Freudian Society		
* Psychoanalytic Center of California		78 }
American Psychoanalytic Association		42 }
35 sociétés affiliées		168 }
4 groupes d'études		20 }
27 instituts	2 100	2 639 } 2 947
Canada		
Canadian Psychoanalytic Society		
(Société canadienne de psychanalyse)		
6 branches : CPS - Montréal - Toronto - Ottawa - Alberta - Ontario	270	342
Argentine		
Asociacion Psicoanalitica Argentina	420 }	693 }
Asociacion Psicoanalitica de Buenos Aires	160 } 592	273 } 1005
Asociacion Psicoanalitica de Mendoza	12 }	27 }
Brésil		
Sociedade Brasileira de Psicanalise do Rio de Janeiro	150 }	128 }
Sociedade Psicanalitica do Rio de Janeiro	140 }	150 }
Sociedade Brasileira de Psicanalise de São Paulo	200 } 520	251 } 626
Sociedade Psicanalitica de Porto Alegre	30 }	42 }
Chili		
Asociacion Psicoanalitica chilena	30	36
Colombie		
Sociedad Colombiana de Psicoanalisis	45	61
Uruguay		
Asociacion Psicoanalitica del Uruguay	46	82
Venezuela		
Asociacion Venezolana de Psicoanalisis		
* Sociedad Psicoanalitica de Caracas	64	41
Belgique		
Belgische Vereniging voor Psychoanalyse		
(Société belge de psychanalyse)	50	49
Grande-Bretagne		
British Psychoanalytical Society	378	418
Danemark		
Dansk Psykoanalytisk Selskat	26	30
Hollande		
Nederlandse Vereniging voor Psychoanalyse	164	195
Finlande		
Suomen Psykoanalyyttinen Yhdistys		
Finlands Psykoanalytiska Förening	84	138

Pays	Société		
Mexique	Asociacion Psicoanalitica Mexicana Asociacion Regiomontana de Psicanalisis	124	90 28
France	Association psychanalytique de France Société psychanalytique de Paris. Institut de psychanalyse	APF SPP	50 418	51 + 100 élèves 419
République fédérale allemande	Deutsche Psychoanalytische Vereinigung 12 instituts	390	651
Italie	Società Psicoanalitica Italiana 8 branches : Rome (2) - Milan - Bologne - Florence - Palerme - Naples - Venise 3 instituts	300	428
Espagne	Asociacion Psicoanalitica de Madrid Sociedad Espanola de Psicoanalisis (Barcelone)	30 23 } 53	50 55 } 105
Norvège	Norsk Psykoanalytisk Forening	38	44
Suède	Svenska Psykoanalytiska Föreningen	114	138
Portugal	Sociedade Portuguesa de Psicanalise	23	31
Suisse	Schweizerische Gesellschaft für Psychoanalyse (Société suisse de psychanalyse)	120	123
Autriche	Wiener Psychoanalytische Vereinigung	25	54
Inde	Indian Psychoanalytical Society	36	30
Israël	Hahevra Hapsychoanalitite Be-Israel	70	74
Japon	Nippon Seishin-Bunseki Kyokai	22	31
Australie	Australian Psychoanalytical Society	35	55
Hongrie	Ideiglenes Magyar Pzichoanalitikus Tarsasag	23	31
Pérou	Sociedad Peruana de Psicoanalisis		24
	Groupes d'études		
	-- Grupo de Estudios psicoanalitico de Pelotas -- Grupo de Estudios psicoanalitico de Recife -- Hellenic Psychoanalytical		8 19 10

Total 1992 = 8 435

* Sociétés provisoires

IPA대회(1908~1983)

연도		장소	의장
제1차 대회	1908	잘츠부르크, 오스트리아	비공식 모임
제2차 대회	1910	뉘른베르크, 독일	카를 J. 융
제3차 대회	1911	바이마르, 독일	카를 J. 융
제4차 대회	1913	뮌헨, 독일	카를 J. 융
	1914~1918 : 1차 세계대전		
제5차 대회	1918	부다페스트, 헝가리	카를 아브라함
제6차 대회	1920	헤이그, 네덜란드	어네스트 존스
			(임시의장)
제7차 대회	1922	베를린, 독일	어네스트 존스
제8차 대회	1924	잘츠부르크, 오스트리아	어네스트 존스
제9차 대회	1925	바트 홈부르크, 독일	카를 아브라함
제10차 대회	1927	인스브루크, 오스트리아	막스 아이팅곤
제11차 대회	1929	옥스퍼드, 영국	막스 아이팅곤
제12차 대회	1932	비스바덴, 독일	막스 아이팅곤
제13차 대회	1934	루체른, 스위스	어네스트 존스
제14차 대회	1936	마리엔바트,체코슬로바키아	어네스트 존스
제15차 대회	1938	파리, 프랑스	어네스트 존스
	1939~1945 : 2차 세계대전		
제16차 대회	1949	취리히, 스위스	어네스트 존스
제17차 대회	1951	암스테르담, 네덜란드	레오 바르테마이어
제18차 대회	1953	런던, 영국	하인츠 하르트만
제19차 대회	1955	제네바, 스위스	하인츠 하르트만
제20차 대회	1957	파리, 프랑스	하인츠 하르트만
제21차 대회	1959	코펜하겐, 덴마크	윌리엄 H. 질레스피
제22차 대회	1961	에딘버러, 영국	윌리엄 H. 질레스피
제23차 대회	1963	스톡홀름, 스웨덴	맥스웰 기텔슨
제24차 대회	1965	암스테르담, 네덜란드	윌리엄 H. 질레스피
			필리스 그리네이커
제25차 대회	1967	코펜하겐, 덴마크	P. J. 판 데 레브
제26차 대회	1969	로마, 이탈리아	P. J. 판 데 레브
제27차 대회	1971	빈, 오스트리아	레오 랑겔
제28차 대회	1973	파리, 프랑스	레오 랑겔
제29차 대회	1975	런던, 영국	세르주 르보비치
제30차 대회	1977	예루살렘, 이스라엘	세르주 르보비치
제31차 대회	1979	뉴욕, 미국	에드워드 D. 조셉
제32차 대회	1981	헬싱키, 핀란드	에드워드 D. 조셉
제33차 대회	1983	마드리드, 스페인	애덤 리멘타니
제34차 대회	1985	함부르크, 서독	애덤 리멘타니
제35차 대회	1987	몬트리올, 캐나다	로버트 S. 월러스타인
제36차 대회	1989	로마, 이탈리아	로버트 S. 월러스타인
제37차 대회	1991	부에노스아이레스, 아르헨티나	조셉 샌들러
제38차 대회	1993	암스테르담, 네덜란드	조셉 샌들러
제39차 대회	1995	샌프란시스코, 미국	

3. IPA

France + extension	Nombres d'adhérents		
		1985	1992
Organisation psychanalytique de langue française (Quatrième Groupe) (1969) OPLF		25	
Collège de psychanalystes (1980)		122	153
Champ freudien CF École de la Cause freudienne (1981) ECF AMP	273	France : 246 Autres pays : 27	315 Belgique : 41 Autres pays : 18
Association freudienne (1982) devenue « internationale » en 1992 AF		123	258
Centre de formation et de recherches psychanalytiques (1982) CFRP		390	273 (membres) + 255 (autres) = 528
Cercle freudien (1982)		5 fondateurs	78
Cartels constituants de l'analyse freudienne (1983) CCAF		212	168
École freudienne (1983)		50	
Fédération des ateliers de psychanalyse (1983)		54 + 63	
Convention psychanalytique (1983) Besançon		212	184
Le Coût freudien (1983)			
Groupe régional de psychanalyse (1983) Marseille GRP			
Errata (1983)		15	15
Société internationale d'histoire de la psychiatrie et de la psychanalyse (1983) SIHPP		165	263
Bibliothèque de recherche freudienne et lacanienne (1985) Strasbourg		15	
École lacanienne de psychanalyse (1985) ELP		45	120
Escuela del Campo freudiano (1985) Caracas-Venezuela AMP			

École propédeutique à la connaissance de l'inconscient (1985) EPCI		
Association internationale d'histoire de la psychanalyse (1985) AIHP	60	466 + 23 associations
La Psychanalyse actuelle (1985)		
Séminaires psychanalytiques de Paris (1986) SéPP		230
Champ psychanalytique et social (1989)		
Association pour une instance des psychanalystes (22 janvier 1990) APUI		120
Échanges internationaux de recherches psychanalytiques (mars 1990) Aix-en-Provence		
École européenne de psychanalyse (22/23 septembre 1990) Paris-Barcelone AMP	EEP	
L'Inter-Associatif de psychanalyse (janvier 1991)		Fédération de 10 associations
Fondation européenne pour la psychanalyse (avril 1991)		
Le Trait du cas (avril 1991)		
Dimensions freudiennes (12 octobre 1991)	Scission de l'ECF	
Escuela de la Orientacion lacaniana del Campo freudiano (3 janvier 1992) Buenos Aires - Argentina AMP		
Association mondiale de psychanalyse (1er février 1992) *Pacte de Paris*	AMP ECF Venezuela EEF Espagne ECF France EOLCF Argentine	
Analyse freudienne (24 février 1992)	Scission des CCAF	

$$\frac{\text{France} + \text{extension}}{\text{32 associations} + \text{2 IPA}} = \frac{\text{Total}}{\text{34}}$$

En projet : École brésilienne (AMP) et Association russe (IPA).

1985년 이후 창간된 주요 잡지들

—École de la cause freudienne :
Palea(스트라스부르)
L'impromptu psychanalytique de Picardie(1987)
Pas tant(툴루즈)

—Conventions psychanalytiqye :
Le Feuillet(슈트라스부르, 1986)
Huit intérieur(엑-상-프로방스)
Césure(1991)

—Association freudianne internationale :
Le Trimestre psychanalytique(그르노블, 1987)
L'Éclat du jour(1987)

—École lacanienne de psychanalyse :
L'Unebévue(1992)

—Errata :
Les Carnets de psychanalyse(1991)

—Association internationale d'histoire de la psychanalyse :
Revue internationale d'histoire de la psychanalyse(총 5호, 1988~1992)

Le Curieux(스트라스부르, 1985)
Trames(니스, 1986)
Cahiers pour la recherche freudianne(파리 10대학[낭테르], 1986)
Apertura(스트라스부르, 1987)
L'Agenda de la psychanalyse(총 2호, 1987~1988)
Io(1992)

가족에 대한 라캉의 서지 목록

L'ENCYCLOPÉDIE FRANÇAISE(1938)

OBJETS DE L'ACTIVITÉ PSYCHIQUE

LA FAMILLE

Définition sociologique. - BONALD. Démonstration philosophique du principe constitutif de la société, Le Clerc, 1830. - Id. Essai analytique sur les lois naturelles de l'ordre social. Le Clerc, 1840. - COMTE A. Système de politique positive, 1854, t. 2 et 4. - BUYTENDIJK F. Psychologie des animaux, tr. BREDO, Payot 1928. - DURKHEIM E. La famille conjugale, ds Rev. Philosophique, 1921. - ENGELS F. L'origine de la famille, de la propriété privée et de l'État tr. BRACKE, Costes, 1931. - ESPINAS A. Des sociétés animales, 2ᵉ éd., 1878. - FAUCONNET P. Les institutions juridiques et morales. Le famille, Cours de Sorbonne, 1932. - FRAZER J.-G. Les origines de la famille et du clan. - FUSTEL DE COULANGES. La cité antique, Hachette, 1864. - LE PLAY, La réforme sociale en France, III. La famille, Mame, Tours, 1878. - LOWIE R. Traité de sociologie primitive, tr. METRAUX, Payot 1935. - PICARD, Les Phénomènes sociaux chez les animaux, Colin, 1933. -RIVERS, Art. : La mère ds HASTINGS, Encyclopédie de religion et de morale. - WESTERMARCK Ed. Histoire du mariage, tr. VARIGNY, Guillaumin, 1895. - ZUCKERMANN S. La vie sexuelle et sociale des singes, tr. PETITJEAN, Gallimard, 1937.

Complexes familiaux. - Sevrage et intrusion : BAUDOIN C. L'âme enfantine et la psychanalyse, Neuchâtel, Delachaux, 1931. - Id. Kind und Familie (av. BAAR, DANZINGER, FALF, GEDEON et HORTNER), Iéna, Fischer, 1937. - BUHLER C. Kindheit und Jugend, Genese des Bewusstseins, Hirsel, Leipzig, 1931. - BUYTENDIJK F. J. J. Les différences essentielles des fonctions psychiques de l'homme et des animaux, ds Cahiers de philosophie de la nature, t. 4, Vrin, 1930. - FREUD S. Au-delà du principe du plaisir, ds Essais de psychanalyse, tr. JANKÉLÉVITCH, Payot, 1927. - GUILLAUME, La psychologie de la forme, Flammarion, 1937. - ISAACS S. Psychologie sociale des jeunes enfants, ds Journ. de psych., 1931. -KELLOGG W. N. et KELLOGG L. A. The ape and the child, Wittlesey House, Mc Graw Hill, N.Y., Londres, 1933. - LACAN J. Le stade du miroir, Congrès internat. de Marienbad, 1936. - LUQUET G. H. Le dessin enfantin, Alcan, 1935. - PREYER W. L'âme de l'enfant, tr. VARIGNY, Alcan, 1837. - RANK O. H. Don Juan. Une étude sur le double, tr. S. LAUTMAN, Denoël, 1932. - Id. Le traumatisme de la naissance, tr. JANKÉLÉVITCH, Payot, 1928. - RUYER R. La conscience et le verbe, Alcan, 1937.

Œdipe. BACHOFEN. Le droit de la mère. Préf. de l'ouvrage : Das Mutterrecht, 1861, tr. fr. au Groupe français d'études féministes, 1903. - DECLAREUIL. Rome et l'organisation du droit, Bibl. de synthèse historique, t. 19. -DURKHEIM E. Introduction à la sociologie de la famille, ds Ann. de la Faculté des lettres de Bordeaux, Leroux, 1888. - Id. La prohibition de l'inceste et ses origines, ds Année social., 1897. - FERENCZI S. Die Anpassung der Familie an das Kind, ds Zeitschrift für Psychoanalytische Pädagogik, 1928. - FREUD S. Totem et tabou, tr. JANKÉLÉVITCH, Payot, 1925. - Id. Psychologie collective et analyse du moi, ds Essais de psychanalyse, Ibid. - KLEIN L. Les premiers stades du conflit œdipen, ds Rev. fr. de psychanalyse, 1930~1931. - Id.

Die Psychoanalyse des Kindes. Internat. Psychoanalytischer Verlag, Vienne, 1932. - LEFEBVRE C. La famille en France dans le droit et dans les mœurs, Giard, 1920. - MALINOWSKI B. La sexualité et sa répression dans les sociétés primitives, tr. JANKÉLÉVITCH, Payot, 1932. -Id. La vie sexuelle des sauvages du nord-ouest de la Mélanésie, tr. JANKÉLÉVITCH, Ibid., 1930. - MORGENSTERN S. La psychanalyse infantile, ds Hygiène mentale, 1928. RAGLAN Lord, Le tabou de l'inceste, tr. RAMBERT, Payot, 1935. - RICHARD. La femme dans l'histoire. Doin, 1909. - RUSSEL B. Le mariage et la morale, Gallimard, 1930. - SOMBART W. Le bourgeois, Payot, 1926. - Studien über Autorität und Familie, av. résumés fr., Alcan, 1936.

Pathologie familiale. - Psychoses : CEILLIER A. Les influences, syndromes et psychoses d'influence, ds Encéphaie, 1924. - CLÉRAMBAULT G. de. Les délires passionnels, érotomanie, revendication, jalousie, ds Bull. soc. de médecine mentale, 1921. -GUIRAUD P. Les meurtres immotivés, ds Évolution psychiatrique, 1931. - KRETSCHMER E. Die sensitive Beziehungswahn, Springer, Berlin, 1927. - LACAN J. De la psychose paranoïaque dans ses rapports avec la personnalité. Le François, 1932. - Id. Motifs du crime paranoïaque, ds Minautore, 1933. - LAFORGUE R. Schizophrénie et Schizonoïa, ds Rev. franç. de psychanalyse, 1927. - LEGRAND DU SAULLE. Le délire des persécutions. Plon, Paris, 1871. - LOEWENSTEIN R. Un cas de jalousie pathologique, ds Rev. fr. de psychanalyse, 1932. - MEYER A. The Treatment of paranoic and paranoid States, ds WHITE et JELLIFFE, Modern Treatment of nervous and mental Diseases, Londres, 1913. - MINKOWSKI E. Jalousie pathologique sur fond d'automatisme mental, ds Ann. méd.-psych. 1920. - SCHIFF P. Les paranoïas et la psychanalyse, ds Rev. fr. de psychanalyse, 1935. - SÉRIEUX et CAPGRAS J. Les folies raisonnantes. Le délire d'interprétation, Alcan, 1909. - Id. Les interprétateurs filiaux, ds Encéphale, 1910.

Névroses : FREUD S.(v. aussi Introd. La psychanalyse) Hemmung, Sympton und Angst, Neurosenlehre, 1926. - Id. Cinq psychanalyses, tr. fr. M. BONAPARTE et R. LOEWENSTEIN, Denoël, 1936. - HESNARD G. et LAFORGUE R. Les processus d'autopunition en psyohologie des névroses et des psychoses, ds Rev. fr. de psychanalyse, 1936. - LAFORGUE R. La névrose familiale, C. R. Conf. des psychanalystes de langue fr. - LEUBA J. La famille névrotique et les névroses familiales, ds Rev. fr. de psychanalyse, 1936. - ODIER C. La névrose obsessionnelle, ds Rev. fr. de psychanalyse, 1927. - PICHON E. Sur les traitements psychothérapiques courts d'inspiration freudienne chez les enfants, ds Rev. fr. de psychanalyse, 1928. - Id. Le développement psychique de l'enfant et de l'adolescent. Masson, 1936. - PICHON E. et LAFORGUE R. La névrose et le rêve : la notion de schizonoïa, ds Le rêve et la psychanalyse, Maloine, 1926. - PFISTER O. Die Behandlung schwererziehbarer und abnormer Kinder, ds Schriften zur Seelenkunde und Erziehungskunst, Berne-Leipzig, 1921. - Id. Die Liebe des Kindes und ihre Fehlentwicklungen, Ibidem, 1922.

Lacan Jacques Année Scolaire 19 16 19 17

NOTES DES PROFESSEURS ET DES SURVEILLANTS	COMMUNICATIONS FAITES AUX PARENTS
1ᵉ Trimestre	**1ᵉ Trimestre**
Maladif, bon élève — Huyberechts	Jacques est un très bon
Gênant un peu faire comme les autres — Nouvel	élève, malheureusement trop
T.13. L.14. O.14- T14. Très bon élève qui	souvent absent. Ces efforts
doit malheureusement limiter son	sont limités par sa santé et
effort. — Calvet	ne sait pas assez bien les es-
16 — Très bon. — Antoine	tubuer. Peut-être un peu
13. 13 — Bon élève, absent une classe	de vanité en est-il la cause?
sur deux — Rebouü	
11 L'application laisse un peu à	
désirer. — Jolivald	
16. 9.15 — Très bon élève, travailleur, intel-	
ligent, parait souvent fatigué, obligé de	
s'excuser pour une leçon qu'il n'a pas eu le temps	
de préparer. Distribue-t-il bien ses heures de travail?	
2ᵉ Trimestre Durandin	**2ᵉ Trimestre**
16. Appliqué et sérieux (Van den Driesch)	La conduite de Jacques est toujours
16. 15. Bon élève (Gineste)	très bonne. Il est très bon élève,
13. 14. 14. 14. Très bon élève ; un peu fantaisiste ;	mais un peu fantaisiste. En sciences,
les progrès seraient plus sensibles s'il donnait tout son	les résultats sont très bons en
effort. (Calvet)	physique, passables en math.
11. 13. Travail régulier, résultats passables (Rebouü)	
15. 15. Très bon élève, donne cette fâcheuse impression	
d'être empêché, incapable de travail ou retenu par	
l'état de sa santé (Durandin)	
16. Très bon (Antoine)	
12. Trop souvent absent pour faire des progrès (Jolivald)	
12. Très bon élève (Beaussart)	
3ᵉ Trimestre	**3ᵉ Trimestre**

psychose c'est bien la limite que rencontre tout ce qui socialement s'agite sous ce drapeau, sous cette idéologie qui est actuellement la seule dans laquelle l'homme de la civilisation se formule et cherche sa voie, il est clair que nous devons voir dans la façon dont c'est posée pour nous avec le témoignage de nos amis et collègues anglais de leur expérience de la psychose qu'ils aillent justement dans ce champ et justement avec ces partenaires à instaurer des modes, des méthodes où le sujet en somme sont invités à promouvoir ce qui peuvent se représente comme des manifestations de cette liberté.

Mais n'est-ce pas là une perspective un peu courte, je veux dire, est-ce que cette liberté suscitée, suggérée par une certaine pratique s'adressant à ces sujets, mais ce qu'elle ne porte pas en quelque sorte en elle-même sa limite et son leurre?

Pour ce qui est de l'enfant, de l'enfant psychotique, assurément, nous trouvons ici, si pas cisées, les lois de cette même dialectique et qui sont en quelque sorte résumées dans l'observation pertinente que le Dr Cooper nous a faite, que pour faire un enfant psychotique il y faut au moins le travail de deux générations, lui-même en étant à la troisième je crois Que si pour nous la question se pose d'une institution qui soit proprement en rapport avec ce champ de la psychose, il est normal aussi que ce soit à l'intérieur de cette institution que se pose d'une façon technique, d'une façon concrète, l'ordre, l'ordonnance conditionnée par une certaine finalité qui est celle d'un exercice de la liberté.

Qu'est-ce à dire? Assurément pas que j'entende ainsi d'aucune façon clore ces problèmes, ni non plus les ouvrir, comme on dit, ou encore les laisser ouverts. Il s'agit de les situer. de les situer par rapport au point de référence d'où nous pouvons les traiter sans nous-mêmes rester pris dans le certain leurre, rendre compte du contrôle, de ce qui fait que nous pouvons les traiter par certain distance qui nous permette de saisir cette corrélation sans en être nous-mêmes prisonniers. Le facteur commun qu'il y a dans toutes ces problème est la question plus brûlante qui se présente à notre époque, dans cette époque qui, la première à prendre conscience de ce qu'il en est de la remise en question de toutes les structures sociales par le progrès de la science. Ce à quoi, pas seulement dans notre domaine, pas seulement pour nous psychiatres, mais dans toute l'étendue de l'Univers, nous allons avoir à faire toujours d'une façon de plus plus pressante, et cette question s'appelle la ségrégation. Les hommes s'engagent dans un temps où les rapports entre eux dans ce mur qu'on appelle planétaire, poseront à tous les niveaux des problèmes définis par ce quelque chose qui surgit de la destruction d'un ancien ordre social, celui que je symboliserai par le terme, général et vague, de l'Empire tout que son ombre longtemps profilée dans le champs où, dans le monde, où se trouvé une grande civilisation, s'échroulée jusqu'à un terme qui est le nôtre, où ce terme n'a plus de sens, où s'y substitue quelque chose de bien autre et qui n'a pas du tout le même sens, les impérialismes, le problème auxquels les impérialismes ont affaire est celui-ci comment scinder, comment isoler des zônes humaines à l'intérieur les unes des autres, et en maintenir les barrières dont la question est la suivante : Comment faire pour.

C'est pourquoi notre problème, celui que Oury a articulé tout à l'heure précisément en employant le terme justement de la ségrégation, n'est qu'un point local. Il est qu'un petit modèle de ce dont il va s'agir pour nous de savoir que nous pourrons y répondre, j'ai à tende comme psychanalystes, ce problème de la ségrégation inutile de dire on effet qu'à l'intérieur du collectif, comme nous le dit-il à l'heure Oury le psychotique est par essence la contradiction interne en tant qu'il est justement le porteur, désigne du signe en impasse de ce qui s'appelle la liberté.

Le plus grand péché, nous dit Dante, c'est la tristesse. il s'agit de savoir comment nous autres engagés dans ce champ que je viens de cerner, nous pouvons être au dehors Chacun sait que je suis gai, gamin même on dit je m'amuse il m'arrive sans cesse, dans

■ 가계

자크 라캉과 친인척들

1. 자크-마리 에밀 라캉은 1901년 4월 13일에 파리(3구)에서 태어나 1981년 9월 9일에 파리(6구)에서 사망해 기트랑쿠르(이블린 주)에 묻혔다.

여러 정신의학 병원에서 인턴 생활을 거쳤다.

의학 박사.

1934년 1월 29일에 파리(17구)에서 마리-루이즈 블롱댕과 결혼하다. 부인은 1906년 11월 16일에 파리(17구)에서 태어나 1983년 9월 23일에 파리(9구)에서 사망했다. 의사인 폴-마리 블롱댕과 카롤린느-베르트 루소의 딸이다. 오빠인 실뱅 블롱댕은 1901년 7월 25일에 파리(17구)에서 태어나 1975년 1월 8일에 뇌이유-쉬르-세느(오트-드-센느 주)에서 사망했다. 그는 1928년 6월 25일에 드니즈 드쿠르드망슈와 결혼해 1946년 7월 3일에 이혼했다. 1949년 7월 16일에 마들렌느 시몽과 재혼했다.

자크 라캉과 마리-루이즈 블롱댕은 1941년 12월 15일에 세느 구의 가정 법원에서 이혼했다. 둘 사이에는 세 명의 아이가 있었다.

카롤린느 마리 이마주는 1937년 1월 8일에 태어나 1973년 5월 30일에 앙티브에서 사망했다. 1958년 6월 26일에 파리(17구)에서 막스 로제와 마들렌느 시몽의 아들인 브루노 로제와 결혼했다.

티보 라캉은 1939년 8월 27일에 태어났다. 마리-클로드 베루와 재혼했다.

시빌은 1940년 11월 26일에 태어났다.

라캉은 1953년 7월 17일에 툴로네(부슈-뒤-론 주)에서 1908년 11월 1일에 실비아 마클레스와 재혼했다. 실비아는 1993년 12월 12일에 파리에서 사망했다. 앙리 마클레스와 나탈리 쇼앙의 딸로 태어난 그녀는 조르주 바타이유와 결혼했다가 1946년 8월 9일에 이혼했다. 1897년 9월 10일에 비용(퓌이-드-돔 주)에서 태어난 바타이유는 1962년 7월 8일에 파리(6구)에서 사망해 베즐레에 묻혔다. 실비아는 두 아이를 남겼다. 바타이유와의 사이에서 낳은 로랑스는 1930년 6월 10일에 태어나 1986년 5월 8일에 파리(14구)에서 사망했다. 주디트는 1941년에 태어나 1964년에 라캉에 의해 친자 확인을 받았으며 1944년 2월 14일에 샤토루(앵드르 주)에서 태어난 자크-알랭 밀레와 1966년에 결혼한다.

형제자매

마들렌느-마리 엠마뉘엘. 1903년 12월 25일에 파리(3구)에서 태어났으며, 1925년 1월 20일에 파리(6구)에서 자크 울롱과 결혼했다.

마르크-마리(후에는 마르크-프랑수아)는 1908년 12월 25일에 파리(3구)에서 태어나 Ganagobie 수도원에서 1994년 5월 5일에 사망했다.

부모

2. 1873년 4월 12일에 오를레앙(루아르 주)에서 태어난 알프레드 샤를 마리 폴 라캉은 1960년에 10월 15일에 불로뉴-쉬르-세느(센느 주)에서 사망해 샤토-티에리(엔느 주)에 묻혔다. '영업사원' 또는 '회사 대표'로 불렸다. 1900년 보마르셰 가 93번지(파리 3구)에 살다가 1934년에는 불로뉴-빌랑쿠르에 있는 강베타 가 33번지로 이주했다.

3. 1876년 8월 20일에 파리(3구)에서 태어난 에밀리 필리핀느 마리 보드리는 1948년 11월 21일에 불로뉴-빌랑쿠르에서 사망했다. 아버지인 샤를 보드리는 1837년생이며 어머니인 마리-안느 파비에는 1848년생이다.

알프레드 샤를 마리 폴 라캉과 에밀리 필리핀느 마리 보드리는 1900년 6월 23일에 파리(3구)에서 결혼했다.

조부모

4. 에드메 에밀 라캉은 1839년 8월 18일에 샤토-티에리에서 태어나 1915년에 파리에서 사망했다. 1866년 6월 15일에 오를레앙에서 결혼했다. 그 당시 그의 직함은 '대형 상사 직원'이었으며 파리 3구에 있는 세바스토폴 가 74번지에 살고 있었다.

5. 마리 줄리 레오니드 드소는 1844년 9월 15일에 오를레앙에서 태어나 결혼할 당시에는 부모와 함께 오를레앙의 아프리캔느 가 2번지에 살고 있었다.

신부측 증인인 피에르 외젠느 그레피에는 외삼촌으로서 법무성 민사국장이었으며 레지옹 도뇌르 훈장을 받았다. 당시 46세였던 그는 파리에서 살고 있었다.

또다른 증인이었던 삼촌인 실뱅 쥘 드소는 상사 직원으로서 당시 46세였으며 오를레앙에서 살고 있었다.

외조부모

6. 샤를 앙리 보드리는 1837년에 파리에서 태어났다. 결혼 당시 파리의 생-드니 가에 살고 있었다. 1908년에 은퇴해서 파리 3구에 있는 보마르셰 가 88번지에 살고 있었다. 평생 금박공으로 일했다. 『라루스 19세기 사전Larousse du dix-neuvième siècle』(파리, 1867), 2, p. 377을 보라. 프랑스 대혁명 이전에 파리의 금박공들은 조폐창의 관할 하에 있는 길드에 속해 있었다.

7. 마리-안느 파비에는 1848년에 요세프 파비에(1843년생)의 여동생으로 태어났다. 마리-안느 파비에와 샤를 보드리는 에밀리 외에도 마리라는 딸을 하나 더 두었는데, 마리는 마르셀 랑글레와 결혼했다. 두 사람 사이에는 로제, 앙토냉, 안느-마리 그리고 장이 있었다.

증조부모

8. 앙리 루이 마리 라캉은 1812년 9월 14일에 샤토-티에리에서 태어나 1896년 4월 15일에 샤토-티에리에서 사망해 그곳에서 묻혔다. 샤토-티에리에서 식료품상으로 일하다가 은퇴했다. 『알마나슈-보탱Almanach-Bottin』 1840년 판(p. 504)은 '샤토-티에리'라는 항목 아래 '라캉-길베르 식료품상. 루앙 식 홑이불 제품 취급'이라고 기록하고 있다. 마들렌느 가에 집을 한 채 소유하고 있었다.

9. 래티시아 클레망스 에메 길베르는 1815년 1월 3일(루이 18세 치하)에 태어나 샤토-티에리에 묻혔다.

10. 샤를-로랑 드소는 1814년 9월 20일에 오를레앙에서 태어나 1894년 1월 5일에 오를레앙에서 사망했다. 드소에 있는 성당 묘지에 묻혔다. 오를레앙의 식초 제조업자였다. 트루아-마리 가에 있던 공장은 투르-뇌브 가 끝에 있는 두 채의 건물로 옮겨갔다가 다시 아프리캔느에 있는 빌딩으로

이주했다. 마리-테레즈 에메 그레피에와 1835년 10월 7일에 오를레앙에서 결혼했다.

신랑측 증인은 외삼촌인 루이 레이몽 봉파르로서 당시 32세로 염창(鹽倉) 관리인이었으며 오를레앙의 알레바르드 가 6번지에 살고 있었다. 사촌인 실뱅 바타이유는 40세로 기름 도매상인으로서 오를레앙의 카루아에리 가 11번지에 살고 있었다.

11. 마리-테레즈 에메 그레피에는 1814년 6월 8일에 오를레앙에서 태어나 1886년 11월 17일에 오를레앙에서 사망했다. 오를레앙에 있는 드소 성당 묘지에 묻혔다. 1835년에는 오를레앙의 투르-뇌브 가 17번지에 살고 있었다. 상인인 피에르 그레피에와 마리-카트린느 방데의 딸이다. 1819년에 오를레앙에서 태어나 1895년 파리에서 사망한 피에르 외젠느 그레피에를 동생으로 두었다. 그는 처음에는 오를레앙에서 변호사로 일하다가 나중에는 판사가 되었다. 지역 법조계의 명사로 1869년에는 국책회의의 선임 위원이 되었으며 1870년에는 항소원의 판사가 되었다. 1894년에 항소원의 명예원장으로 은퇴했다. 레지옹 도뇌르 3등 훈장 소유자였다. '박학한 법률학자'로 이름이 높았고 몇 권의 법률서를 출판했다.

신부측 증인은 외종조부인 앙드레 실베스트르 푸아나르로서 금박공 장인이었다. 오를레앙의 크루아파르-디외 가에 살고 있었다. 그리고 사촌인 노엘 가브리엘 마송은 당시 49세의 상인이었으며 오를레앙의 샤틀레 강변 120번지에 살고 있었다.

12~13~14~15 : 보드리 가의 조상은 알려져 있지 않음.

고조부모

16. 앙투안느-앙리 라캉은 1787년 7월 8일에 라 페르-앙-타르드누아(엔느 주)에서 로랑 라캉과 테레즈 피에로 사이에서 태어나 1872년 12월 27일에 샤토-티에리의 뇌브 가에 있는 집에서 사망했다. 그는 샤토-티에리의 곡물 상인이었다. 『알마나슈-보탱』 1828년 판(p. 374)에는 '샤토-티에리'라는 항목 아래 '곡물과 홉이불상 : 라캉-바슐레'를 등재하고 있다. 레지옹 도뇌르 5등 훈장 수훈자였으며 '큰 재력가'로 알려졌다. 아들인 앙리 루이 마리 라캉과 69세로 수아송에서 연금 생활자로 생활하고 있던 사위 루이 파스키에가 임종을 지켜보았다.

17. 루이즈 에드메 바슐레는 1788년 1월 22일에 샤토-티에리에서 에드메 니콜라 프랑수아 바슐레와 마리 마르그리트 오잔느 사이에서 태어나 1872년 11월 10일에 그곳에서 사망했다. 아들인 앙리 루이 마리 라캉과 사위인 루이 파스키에가 임종을 지켜보았다(위를 보라).

18. 레옹 질베르.

19. 클레망틴 사자랭.

20. 샤를 프로스페 알렉상드르 드소는 1790에 오를레앙에서 태어나 1861년에 오를레앙에 있는 샤르팡테리 가 60번지에서 사망해 오를레앙 공동 묘지에 묻혔다. 포목상인 기욤므 필리프 드소와 마리-프랑수아즈 그리보의 아들로 태어났다. 트루아-마리 가에 있는 그레피에-아종 식초 공장에서 일하다가 1824년부터 자기 공장을 운영하기 시작했다. 1826년에 그레피에-방데와 합작했다. 폴린느 윌랄리 비라르와 결혼했으며 홀아비가 된 다음에는 마리-마들렌느 엘리자베트 테시르와 재혼했다. 사위이자 상인으로서 오를레앙의 아프리캥 가 2번지에 살고 있던 알프레드 마르탱 자매(당시 50세)가 임종을 지켜보았으며, 공장주로서 오를레앙의 딜리에르 가 31번지에 살고 있던 처남 루이 레이몽 봉파르(당시 57세)가 함께 임종의 자리를 지켰다.

21. 폴린 윌랄리 비라르.

22. 피에르 그레피에(오를레앙의 상인).

23. 마리-카트린느 방데.

자크 라캉 총 저작 목록

1. 저작, 논문, 발표문들(1926~1978)
2. 세미나(1951~1979)
3. 자크 라캉의 이름이나 서명이 들어 있는
   타이핑된 텍스트와 인쇄된 텍스트들(1980~1981)
4. 가족에 관한 논문(1938)의 목차와 세목
5. 왕복 서한
6. 전거(典據)
7. 번역

1. 저작, 논문, 발표문들(1926~1978)

1926   Th. Alajouanine, P. Delafontaine(공저자)

"Fixité du regard avec hypertonie, prédominant dans le sens vertical avec conservation des mouvements automatico-réflexes; aspect spécial du syndrome de Parinaud par hypertonie associé à un syndrome extrapyramidal avec troubles pseudo-bulbaires", *Revue neurologique,* II, 1926, pp. 410~418.

1928   M. Trénel(공저자)

"Abasie chez une traumatisée de guerre", *Revue neurologique*, II, 1928, pp. 233~237.

J. Lévy-Valensi et M. Meignant

"Roman policier. Du délire type hallucinatoire chronique au délire d'imagination", *Revue neurologique*, I, 1928, pp. 738~739.

Annales médico-psychologiques, I, 1928, pp. 474~476.

L'Encéphale, 5, 1928, pp. 550~551.

1929   L. Marchand, A. Courtois(공저자)

"Syndrome comitio-parkinsonéen encéphalitique", *Revue neurologique*, 1, 1928, pp. 233~237.

Annales médico-psychologiques, II, 1929, p. 185.

L'Encéphale, 7, 1929, p. 672.

G. Heuyer(공저자)

"Paralysie générale avec syndrome d'automatisme mental",*L'Encéphale*, 9, 1929, pp. 802~803.

R. Torgowla(공저자)

"Paralysie générale prolongée", *L'Encéphale*, 1, 1930, pp. 83~85.

1930   A. Courtois(공저자)

"Psychose hallucinatoire encéphalitique", *Annales médico-psychologiques*, 1, 1930, pp. 284~285.

L'Encéphale, 4, 1930, p. 331.

P. Schiff, Mme Schiff-Wertheimer(공저자)

"Troubles mentaux homodromes chez deux frères hérédosyphilitiques", *L'Encéphale*, 1, 1931, pp. 151~154.

"Crises toniques combinées de protusion de la langue et du trismus se produisant pendant le sommeil chez une parkinsonienne post-encéphalitique. Amputation de la langue consécutive", *L'Encéphale*, 2, 1931, pp. 145~146.

Annales médico-psychologiques, II, 930, p. 420.

1931   "Structures des psychoses paranoïaques", *Semaine des hôpitaux de Paris*, 7. 7. 1931, pp. 437~445.

Ornicar?, 44, printemps 1988, pp. 5~18.

H. Claude, P. Migault(공저자)

"Folies simultanées", *Annales médico-psychologiques*, I, 1931, pp. 483~490.

"Écrits inspirés : schizographie", *Annales médico-psychologiques*, II, 1931, pp. 508~522.

De la psychose paranoïaque dans ses rapports avec la personnalité(1932)에 수록됨.

2판: Paris, Seuil, 1975, pp. 365~382.

J. Lévy-Valensi, P. Migault(공저자)

"Troubles du langage écrit chez une paranoïaque présentant des éléments délirants du type paranoïde(schizographie)", Résumé dans *Annales médico-psychologiques*, II, 1931, pp. 407~408.

요약문이 *L'Encéphle*(sous le titre : "Délire et écrits à type paranoïde chez une malade à présentation paranoïaque")에 실림.

H. Ey(공저자)

"Parkinsonisme et syndromes démentiels(protusion de la langue dans un des cas)", *Annales médico-psychologiques*, II, 1931, pp. 418~428.

1932 H. Claude, P. Migault(공저자)

"Spasme de torsion et troubles mentaux post-encéphalitiques", *Annales médico-psychologiques*, I, 1932, pp. 546~551.

Traduction de "De quelques mécanismes névrotiques dans la jalousie, la paranoïa et l'homosexualité"(Sigmund Freud, 1922), *Revue française de psychanalyse*, 3, 1932, pp. 391~401.

De la psychose paranoïaque dans ses rapports avec la personnalité(파리 의학부 의학 박사 학위 논문), Paris, Le François, 1932.

2판 : Paris, Seuil, 1975. 또한 collection "Points", 1980.

1933 "Hiatus Irrationalis"(詩), *Le Phare de Neuilly*, 1933(Lise Deharme이 발간한 잡지). *Magazine littéraire*, 11, 1977, p. 121.

H. Claude, G. Heuyer(공저자)

"Un cas de démence précocissime", *Annales médico-psycholosiques*, 1, 1933, pp. 620~624.

G. Heuyer(공저자)

"Un cas de perversion infantile par encéphalite épidémique précoce diagnostiquée par un syndrome moteur fruste", *Annales médico-psyhologiques*, 11, 1933, pp. 221~223.

G. Heuyer(공저자)

"Alcoolisme subaigu à pouls normal ou ralenti. Coexistence du syndrome d'automatisme mental", *Annales médico-psychologiques*, II, 1933, pp. 531~546.

"Le problème du style et la conception psychiatrique des formes paranoïaques de l'expérience", *Le Minotaure*, 1, 1933, pp. 68~69.

De la psychose paranoïaque dans ses rapports avec la personnalité(1932)에 실림.

2판 : Paris, Seuil, 1975, pp. 383~388.

"Motifs du crime paranoïaque : le crime des sœurs Papin", *Le Minotaure*, 3/4, 1933, pp. 25~28.

Obliques, 1972, pp. 100~103.

De la psychose paranoïaque dans ses rapports avec la personnalité(1932)에 실림.

2판 : Paris, Seuil, 1975, pp. 389~398.

"Exposé général de nos travaux scientifiques", *De la psychose paranoïaque dans ses rapports avec la personnalité*(1932)에 실림.

2판 : Paris, Seuil, 1975, pp. 399~406.

Comte rendu de la 84ᵉ de la Société suisse de psychiatrie tenue à la Société suisse de psychiatrie Nyons-Prangins, *L'Encéphale*, 11, 1933, pp. 686~695.

J. Piaget의 강연에 대한 논평: "La Psychanalyse et le développement intellectuel", 8ᵉ Congrès des psychanalystes de langue française(1933년 12월 19일), *Revue française de psychanalyse*, 1, 1934, p. 34.

Ornicar?("Valeur représentative du crime paranoïaque"), 31, 1984, p. 8.

1934   Ch. Odier의 강연에 대한 논평 : "Conflits instinctuels et bisexualité", *Revue française de psychanalyse*, 4, 1935, p. 683.
Ornicar?("Psychanalyse et perversion"), 31, 1984, p. 8.
M. Friedman의 강연에 대한 논평 : "Quelques réflexions sur le suicide", *Revue française de psychanalyse*, 4, 1935, p. 686.
Ornicar?("Le suicide"), 31, 1984, p. 9.

1935   P. Schiff의 강연에 대한 논평 : "Psychanalyse d'un crime incompréhensible", *Revue française de psychanalyse*, 4, 1935, pp. 690~691.
Ornnicar?, 31, 1984, pp. 9~10.
H. Ey의 *Hallucinations et délires*에 대한 논평 : *Évolution psychiatrique*, 1, 1935, pp. 87~91.
E. Minkowski의 *Le Temps vécu. Études phénoménologiques et psychologiques*에 대한 논평, *Recherches philosophiques*, 5, 1935~1936, pp. 424~431.
O. Codet의 강연에 대한 논평 : "À propos de trois cas d'anorexie mentale", *Revue française de psychanalyse*, 1, 1936, p. 127.
Ornicar?("L'anorexie mentate"), 31, 1984, p. 10.

1936   "Le stade du miroir, Théorie d'un moment struchurant et génétique de la constitution de la réalité, conçu en relation avec l'expérience et la doctrine psychanalytique", Communication au 14° Congrès psychanalytique international, Marienbad, 1936년 8월 2일/8일(출판되지 않음).
Index du titre de la communication : "The looking-glass-phase", *International Journal of Psychoanalysis*, 1, 1937, p. 78. 또한 1936년 6월 16일 F. Dolto의 노트.
"Au-delà du principe de réalité", (Marienbad/Noirmoutier), *Évolution psychiatrique*, 3, 1936, 특별호, pp. 67~86.
Écrits, Seuil, 1966, pp. 73~92에 수록됨.
P. Mâle의 강연에 대한 논평 : "La formation du caractére chez l'enfant(la part de la structure et celle des événements)", *Évolution psychiatrique*, 1, 1936, pp. 57~58.
H. Kopp의 강연에 대한 논평 : "Les troubles de la parole dans leurs rapports avec les troubles de la motricité", *Évolution psychiatrique*, 2, 1936, pp. 108~110.
J. Rouart의 강연에 대한 논평 : "Du rôle de l'onirisme dans les psychoses de type paranoïaque et manéaque dépressif", *Évolution psychiatrique*, 4, 1936, pp. 87~89.

1937   M. Bonaparte의 강연에 대한 논평 :"Vus paléobiologiques et biopsychiques", *Revue française de psychanalyse*, 3, 1938, p. 551. *Ornicar?*("L'angoisse et le corps morcelé"), 31, 1984, pp. 10~11.
D. Lagache의 강연에 대한 논평 :"Deuil et mélancolie", *Revue française de psychanalyse*, 3, 1938, pp. 564~565.
Ornicar?("Fixation maternelle et narcissisme"), 31, 1984, pp. 11.

1938   M. Bonaparte의 강연에 대한 논평 : "L'origine du masochisme et la théorie des pulsions", 10° Conférence des psychanalystes de langue française, 1938년 2월 21/22일. *Revue française psychanalyse*, 4, 1938, pp. 750~752.
Ornicar? ("L'instinct de mort"), 31, 1984, pp. 12~13.
"La famille", *Encyclopédie française*, Paris, Larousse, 1938, 8. 40. 3~16과 42. 1~8.

다음 제목으로 재발간 : *Les Complexes familiaux dan la formation de l'individu*, Navarin, 1984(소제목과 참고문헌이 빠짐).
"De l'impulsion au complexe", 어느 논평의 요약, *Revue française de psychanalyse*, 1939, pp. 137~141.
Ornicar?, 31, 1984, pp. 14~19.
H. Ey의 강연에 대한 논평 : "Les problémes physiopathologiques de l'activité hallucinatoire"(11. 1. 1938), *Évolution psychiatrique*, 2, 1938, pp. 75~76.

1939   H. Baruk의 강연에 대한 논평 : "Des facteurs moraux en psychiatrie. La personnalité morale chez les aliénés", *Évolution psychiatrique*, 2, 1939, pp. 32~33.

1945   "Le temps logique et l'assertion de certitude anticipée : un nouveau sophisme", *Cahiers d'art*, 1940~1944, pp. 32~42.
Écrits, Paris, Seuil, 1966, pp. 197~213에 수록됨.
조르주 귀스도르프의 기획에 따라 울름가의 ENS에서의 발표. 출간되지 않음.

1946   "Le nombre treize et la forme logique de la suspicion", *Cahiers d'art*, 1945~1946, pp. 389~393.
Ornicar?, 36, 1986, pp. 7~20.
Bulletin de l'Association freudienne, 16, 1986, pp. 3~12.
"Propos sur la causalité psychique", Journées psychiatriques de Bonneval, 1946년 9월 28일.
Le Problème de la psychogenèse des névroses et des psychoses(L. Bonnafé, H. Ey, S. Follin, J, Rouart와 공저), Paris, Desclée De Brouwer 1950, pp. 123~165(폐회사 수록, pp. 215~216), 그리고 *Écrits*, Paris, Seuil 1966, pp. 151~194(폐회사 빠짐).
A. Borel의 강연에 대한 논평 : "Le symptôme mental. Valeur et signification" (1~1946), *Évolution psychiartrique*, 1, 1947, pp. 117~122.
G. Ferdiére의 강연에 대한 논평 : "Intérêt psychologique et psychopathologique des comptines et formulettes de l'enfance"(5. 1946), *Évolution psychiartrique*, 3, 1947, pp. 61~62.

1947   "La psychiatrie anglaise et la guerre", *Évolution psychiatrique*, 1, 1947, pp. 293~312.
Bulletin de l'Association freudienne, 22, 9. 16. 1987.
La Querelle des diagnostics, Paris, Navarin, 1986, pp. 15~42에 실림.
"La psychiatrie anglaise et la guerre"과 관련된 질문에 대한 답변, *Évolution psychiatrique*, 1947, pp. 317~318.
L. Bonnafé의 강연에 대한 논평 :"Le personnage du psychiatre(étude methodologique)" (1947년 3월 25일), *Évolution psychiartrique*, 3, 1948, pp. 52~55.
"Problèmes psychosomatiques en chirugie"에 대한 텍스트들(1947), *Annuaire de l'Académie de chirurgie de Paris*, 73, 1947, pp. 370~373.

1948   F. Pasche의 강연에 대한 논평 : "La délinquance névrotique", *Revue française de psychanalyse*, 2, 1949, p. 315.
Ornicar?("Délinquance et passage à l'acute"), 31, 1984, p. 19.
J. Leuba의 강연에 대한 논평 : "Mère phallique et mère castratrice", *Revue française de psychanalyse*, 3, 1949, p. 317.
J. R. Cuel의 강연에 대한 논평 : "Place nosographique de certaines démences préséniles (types Pick et Alzheimer)"(1948년 6월 25일), *Évolution psychiatrique*, 2, 1948, p. 72.

H. Hécaen의 강연에 대한 논평 : "La notion de schéma corporel et ses applications en psychiatrie", *Évolution psychiatrique*, 2, 1948, pp. 119~122.

"L'agressivité en psychanalyse", 11ᵉ Congrès des psychanalystes de langue française, 1948년 5월, Brussel, *Revue française de psychanalyse*, 3, 1948, pp. 367~368. *Écrits*, Paris, Seuil, 1966, pp. 101~124에 실림.

"Essai sur les réactions psychiques de l'hypertendu", Congrès français de chirurgie (1948년 10월 4일/9일), *Actes du congrès*, pp. 171~176.

Ziwar의 강연에 대한 논평 : "Psychanalyse des principaux syndromes psychosomatiques", *Revue française de psychanalyse*, 2, 1949, p. 318.

S. A. Shentoub의 강연에 대한 논평 : "Remarques méthodologiques sur la socio-analyse", *Revue française de psychanalyse*, 2, 1949, p. 319.

1949   "Règlement et doctrine de la Commission de l'enseignement de la Société psychanalytique de Paris", *Revue française de psychanalyse*, 3, 1949, pp. 426~435.

La Scission de 1953, Supplément à *Ornicar?*, 7, 1976, pp. 29~36에 실림.

"Les conseillers et les conseillères d'enfants agréés par la Société psychanalytique de Paris", *Revue française de psychanalyse*, 3, 1949, pp. 436~441.

R. Held의 강연에 대한 논평 : "Le problème de la thérapeutique en médecine psychosomatique", *Revue française de psychanalyse*, 3, 1949, p. 446.

"Le stade du miroir comme formateur de la fonction du Je, telle qu'elle nous est révéléé dans l'expérience psychanalytique", 16ᵉ Congrès international de psychanalyse, Zürich (1949년 7월 17일), *Revue française de psychanalyse*, 4, 1949, pp. 449~455. *Écrits*, Paris, Seuil, 1966, pp. 93~100에 실림.

F. Dolto의 강연에 대한 논평 : "À propos de la poupée-fleur", *Revue française de psychanalyse*, 4, 1949, p. 566.

Ornicar?("La poupée-fleur de F. Dolto"), 31, 1984, pp. 21~22.

J. Fretet의 강연에 대한 논평(R. Lyet와의 공동 작업) "La relation hallucinatoire", *Évolution psychiartrique*, 2, 1949, pp. 151~152.

J. Rouart의 강연에 대한 논평 :"Délire hallucinatoire chez une sourde-muette", *Évolution psychiartrique*, 2, 1949, pp. 236~238.

M. Bonaparte의 강연에 대한 논평 : "Psyché dans la nature ou les limites de la psychogenèse", *Revue française de psychanalyse*, 4, 1949, p. 570.

Ornicar?("Le vivant et son Umwelt"), 31, 1984, p. 22.

M. Bouvet의 강연에 대한 논평 : "Incidences thérapeutiques de la prise de conscience de l'envie du pénis dans des cas de névrose obsessionnelle féminine", *Revue française de psychanalyse*, 4, 1949, pp. 571~572.

Ornicar?("La mère phallique"), 31, 1984, p. 22.

1950   M. Cenac(공저자)

"Introduction théorique aux fonctions de La Psychanalyse en criminologie" 13ᵉ Conférence des psychanalystes de langue française(1950년 5월 29일), *Revue française de psychanalyse*, 1, 1951, pp. 5~29. *Écrits*, Paris, Seuil, 1966, pp. 125~149에 실림.

13ᵉ Conférence에서의 논평에 대한 라캉의 답변, *Revue française de psychanalyse*, 1, 1951, pp. 5~29.

Ornicar? ("Psychanalyse et criminologie"), 31, 1984, pp. 23~27.

제1차 Congrès mondial de psychiatrie에 대한 논평, Paris,(1950년 9월 18일/27일) Les actes du congrès, Paris, Hermann et Cie, 1952에 실림.

Ornicar?, 30, 1984, pp. 7~10.

1951   Intervention sur le transfer, 14ᵉ Conférence des psychanalystes de langue française(1951), *Revue française de psychanlyse,* 1/2, 1952, pp. 154~163.

        Écrits, Paris, Seuil, 1966, pp. 215~226에 실림.

        "Some reflections on the Ego", British Psychoanalysis Society(1951년 5월 2일), *International Journal of Psychoanalysis,* 34, 1953, pp. 11~17.

        Le Coq Héron, 78, 1980, pp. 3~13.

        G. Amado의 강연에 대한 논평 : "Éthique et psychologie d'un groupe d'adolescents inadaptis", *Évolution psychiatraque,* 1, 1951, pp. 28~29.

        P. Fouquet의 강연에 대한 논평 : "Réflexions cliniques et thérapeutiques sur l'alcoolisme", *Évolution psychiatrique,* 2, 1951, pp. 260~261.

        A. Berge의 강연에 대한 논평 : "Psychothérapie analytique et psychanalytique", *Évolution psychiatraque,* 3, 1951, p. 382.

        S. Lebovici의 강연에 대한 논평 : "À propos du traumatisme sexuel chez la femme" (1951년 6월 19일), *Évolution psychiatraque,* 3, 1951, pp. 403~404.

        F. Pasche의 강연에 대한 논평 : "Cent cinquante biographies de tuberouleux pulmonaires", *Évolution psychiatrique,* 4, 1951, pp. 554~556.

        "Psychanalyse dialectique?", 1ʳᵉ conférence devant la SPP(1951년 12월). 미발간.

        IJP, vol. XXXV, Part. III에 예고됨.

1952   J. Dreyfus-Moreau의 강연에 대한 논평 : "Étude structluale de deux cas de névrose concentrationnaire", *Évolution psychiartrique,* 2, 1952, pp. 217~218.

        M. Benassy의 강연에 대한 논평 : "Sur la théorie des instincts" 그리고 M. Bouvet의 강연에 대한 논평 :

        "Le Moi dans la névrose obsessionnelle, relations d'objets et mécanismes de défense", 15ᵉ Conférence des psychanalystes de langue française(Paris, 1952), 미발간. *Revue française de psychanalyse,* 1, 1953, p. 212 참조.

        "Psychanalyse dialectique?", 2ᵉ Conférence devant la SSP(1952년 6월). 미발간.

1953   Statuts proposés pour l'Institut de psychanalyse(1953년 1월), *Scission de 1953,* supplément à *Ornicar?,* 7, 1976, pp. 57~63에 실림.

        J. Aubry의 강연에 대한 논평 : "Les formes graves de la carence de soins materiels" (1953년 1월 23일), *Évolution psychiartrique,* 1, 1955, p. 31.

        "Psychanalyse dialectique?", 3ᵉ Conférence devant la SPP(1953년 2월), 미발표.

        R. Lévy, H. Danon-Boileau(공저자) "Considérations psychosomatiques sur l'hypertension artérielle", *Évolution psychiartrique,* 3, 1953, pp. 397~409.

        Ornicar?, 43, 1987, pp. 5~16.

        "Le mythe individuel du névrosé ou Poésie et Vérité dans la névrose", Collège philosephique, *Centre de doumentation universitaire,* 1953.

텍스트 확정 : Jacques-Alain Miller, *Ornicar?*, 17/18, 1979, pp. 289~307.

전사 : Michel Roussan.

"Le Symbolique, l'Imaginaire et le Réel", *Bulletin de l'Association freudienne*, 1, 1982, pp. 4~13.

"Fonction et champ de la parole et du langage en psychanalyse", 로마 학술 회의(1953 년 9월 26/27일), *La Psychanalyse*, 1, 1956, pp. 81~166.

Écrits, Paris, Seuil, 1966, pp. 229~322에 실림.

"Discours et réponse aux Interventions", 로마 학술 회의(1953년 9월 26/27일), *La Pyschanalyse*, 1, 1956, pp. 202~211, 그리고 242~255.

1954   "Introduction au commentaire de Jean Hyppolite sur la Verneinung de Freud", "Réponse au commentaire de Jean Hyppolite sur la Verneinung de Freud", 1954년 2월 10일의 세미나, La Psychanalyse, 1. 1956, pp. 17~28과 41~49.

Écrits, Paris, Seuil, 1966, pp. 363~367과 369~399에 실림.

1955   J. Favez-Boutonier의 강연에 대한 논평 : "Psychanalyse et philosophie", Société française de philosophie(1955년 1월 25일), *Bulletin de la Société française philosophie*, 1, 1955, pp. 37~41에 요약문이 실림.

Rencontres psychanalytiques d'Aix-en-Provence(1984년 3월), Belles Lettres, Paris, 1985.

"Variante de la cure type", *Encyclopédie médico-chirurglicele*(*EMC*).

Psychiatrie, 1955년 2월 3일, 37812~C-10호.

(이 텍스트는 1960년에 *EMC*에서 빠짐.)

Écrits, Paris, Seuil, 1966, pp. 323~362에 실림.

"Le séminaire sur *La Lettre volée*"(1955년 4월 26일), *La Psychanalyse*, 2, 1957, pp. 174.

Écrits, Paris, Seuil, 1966, pp. 9~61에 실림.

"Le Moi dans la théorie de Freud et dans la technique de la psychanalyse", Le Séminaire, livre II, 1954~1955, Paris, Seuil, 1978, pp. 225~240도 참조.

"La chose freudienne ou Sens du retour à Freud en psychanalyse", 빈의 신경 정신과 클리닉 발표(1955년 7월 11일)의 재수록, *Évolution psychiartrique*, 1, 1956, pp. 225~252.

Écrits, Paris, Seuil, 1966, pp. 401~436에 실림.

Intervention au colloque sur l'anorexie mentale(1955년 11월 28일). 미발표.

La Psychanalyse, 1, 1956, p. 290에 게시됨.

1956   M. Heidegger : "Logos"의 번역, *La Psychanalyse*, 1, 1956, pp. 59~79(텍스트의 마지막 부분은 번역되지 않음).

W. Granoff(공저)

"Fetishism : the Symbolic, the Imaginary and the Real", *Perversions : Psychodynamics and Therapy*, New York, Random House Inc., 1956에 실림. 2판 : S. Lorand, M. Balint편, Londres, Ortolan Press, 1965, pp. 265~276.

C. Lévi-Strauss의 강연에 대한 논평 :

"Sur les rapports entre la mythologie et le rituel", Société française de philosophie(1956 년 5월 21일), *Bulletin de la Société française de philosophie*, 3, 1956, pp. 113~119.

"Situation de la psychanalyse et formation du psychanalyste en 1956", *Études philosophiques*, 4, 1956(특별호), pp. 567~584.

Écrits, Paris, Seuil, 1966. pp. 459~491에 실림.

Intervention sur l'exposé d'A. Hesnard : "Réflexions sur le *Wo Es war, soll Ich werden*, de S. Freud", *La Psychanalyse*, 3, 1957, pp. 323~324.

1957 Intervention sur l'exposé de D. Lagache :"Fascination de la conscience par le moi", *La Psychanalyse*, 3, 1957, p. 329.

G. Favez의 강연에 대한 논평 : "Le rendez-vous avec le psychanalyste", *La Psychanalyse*, 4, 1958, pp. 308~313.

"La Psychanalyse et son enseignement", Société française de philosophie(1957년 2월 23일), *Bulletin de la Société française de philosophie*, 2, 1957, pp. 65~101.
Écrits, Paris, Seuil, 1966, pp. 437~458에 실림.
Ornicar?("Dialogue avec les philosophes français"), 32, 1985, pp. 7~22.

J. Favez-Boutonier의 강연에 대한 논평 :
"Abandon et névrose", Société française de psychanalyse(1957년 5월 7일)
La Psychanalyse, 4, 1958, pp. 318~320.

"L'instance de la lettre dans l'inconscient ou la raison depuis Freud",
Groupe de philosophie de la Fédération des étudiants ès lettres, Sorbonne-Paris(1957년 5월 9일),
La Psychanalyse, 3, 1958, pp. 47~81.
Écrits, Paris, Seuil, 1966, pp. 493~528에 실림.

P. Matussek의 강연에 대한 논평 : "La psychothérapie des schizophrènes", *La Psychanalyse*, 4, 1958, p. 332.

"Clefs pour La Psychanalyse", *L'Express*지(1957년 5월 31일자) Madeleine Chapsal과의 인터뷰, M. Chapsal, *Envoyez la petite musique*, Paris, Grasset, 1984, pp. 38~66에 재수록됨. 또한 *L'Âne*, 48, 1991(여기서는 M. Chapsal의 이름이 빠짐).

"D'une question préliminaire à tout traitement possible de la psychose"(1957년 12월 ~1958년 1월), *La Psychanalyse*, 4, 1958, pp. 1~50.
Écrits, Paris, Seuil, 1966, pp. 531~583에 실림.

1958 "Jeunesse de Gide ou la lettre et le désir",
Critique, 131, 1958, pp. 291~315.
Écris, Paris, Seuil, 1966, pp. 739~764에 실림.

"Die Bedeutung des Phallus", Institut Max Planck, Munich(1958년 5월 9일),
Écrits, Paris, Seuil, 1966, pp. 685~695에 실림.

"La direction de la cure et les principes de son pouvoir", 루아요몽 국제 콜로키움 (1958년 7월 10/13일), *La Psychanalyse*, 6, 1961, pp. 149~206.
Écrits, Paris, Seuil, 1966, pp. 585~645에 실림.

Daniel Lagache의 보고에 대한 논평 : "Psychanalyse et structlue de la personnalité", 루아요몽 국제 콜로키움(1958년 7월 10/13일).
La Psychanalyse, 6, 1961, pp. 111~147.
Écrits, Paris, Seuil, 1966, pp. 647~684에 실림.

제 4차 국제 정신요법 학술회의에서의 입장 표명(바르셀로나, 1958년 10월),
L'Âne, 51, 1992년 7월~9월("La Psychanalyse vraie et la fausse").

S. Leclaire의 강연에 대한 논평 : "L'obsessionnel et son désir"(25. 11. 1958),
Évolution psychiatrique, 3, 1959, pp. 409~411.

1959 "À la mémoire d'Ernest Jones : sur sa théorie du symbolisme"(1959년 1월~3월),

La Psychanalyse, 1959, 5, pp. 1~20.

Écrits, Paris, Seuil, 1966, pp. 697~717에 실림.

1960 "Éthique de La Psychanalyse. La psyohanalyse est-elle constituante pour une éthique qui serait celle que notre temps nécessite?", Facultés unéversitaires de Saint-Louis, Brussel(1960년 3월 9/10일), *Quarto(La Lettre mensuelle de l'École de la cause freudienne*의 벨기에 판 부록), 6, 1982, pp, 5~24.

C. Perelman의 강연에 대한 논평 : "L'idée de rationalité et la règle de justice", Société française de philosophie(1960년 4월 23일), *Bulletin de la Société française de philosophie,* 1, 196l, pp. 29~33.

"La métaphore du sujet"라는 제목으로 *Écrits*에도 실림.

"Propos directifs pour un congrès sur la sexualité féminine", Colloque international de psychanalyse, université municipale d'Amsterdam(1960년 9월 5/9일), *La Psychanalyse,* 7, 1964, pp. 3~14.

Écris, Paris, Seuil, 1966, pp. 725~736에 실림.

"Subversion du sujet et dialectique du désir dans l'inconscient freudien", Congrès de Royaumont. Les colloques philosophiques internationaux(1960년 9월 19/23일), *Écrits,* Paris, Seuil, 1966, pp. 793~827에 실림.

"Position de l'inconscient", Congrès de Bonneval(1960년 10월 31일/11월 2일), 요약문은 *L'Inconscient,* Paris, Desclée De Brouwer, 1966, pp. 159~170에 실림. *Écrits,* Paris, Seuil, 1966, pp. 829~850에 실림.

1961 "Maurice Merleau-Ponty", *Les Temps modernes,* 184/185, 1961, pp. 245~254.

Intervention aux journées provinciales d'octobre, SFP.

기록 : Vladimir Granoff.

1962 "Kant avec Sade", *Critique,* 191, 1963, pp. 291~313.

Écrits, Paris, Seuil, 1966, pp. 765~790에 실림(서문격의 언급이 빠짐).

Intervention aux journées provinciales de mars, SFP.

미발표.

EP에서의 발표, "De ce que j'enseigne"(1963년 1월 23일).

전사 : Michel Roussan.

1963 "Les noms du père"(1963~1964 세미나의 제목, 2차 분열에 의해 1963년 11월 20일에 중단됨.

기록 : Françoise Dolto, Nicole Guillet, Jean Oury.

전사 : Version Laborde.

1964 "Du "Trieb" de Freud et du désir du psychanalyste", 콜로키움 "Technique et casuistique"(1964년 1월 7일/12일), 로마 대학, *Archivio di filosofia, tecnica e casistica,* Padova, Cedam, 1964, pp. 51~53 et 55~60.

Écrits, Paris, Seuil, 1966, pp. 851~854에 실림.

P. Ricœur의 강연에 대한 논평 : "Technique et non-technique dans l'interprétation", 콜로키움 "Technique et casuistique", *Ibid.,* p. 44.

A. de Waelhens의 강연에 대한 논평 : "Note pour une épistémologie de la santé mentale", 콜로키움 "Technique et casuistique", *Ibid,* pp. 87~88.

Filiasi Carcano의 강연에 대한 논평 : "Morale tradizionale et societa contemporanea", 콜로키움 "Technique et casuistique", *Ibid.,* p. 106.

R. Marlé의 강연에 대한 논평 : "Casuistique et morales modernes desituation", Colloque "Technique et casuistique", *Ibid*, p. 117.

Acte de fondation de l'École freudienne de Paris(1977년 6월 21일).

Note adjointe.

Préambule.

Fonctionnement et administration.

Ier Annuaire de l'École freudienne de Paris, 1965, 그리고 이하.

Note sur quelques éléments de doctrine(1964년 9월 19일), Circulaire de l'École freudienne de Paris(서명 없음).

Lacan의 手稿, Serge Leclaire의 협조로 작성됨. S. L. 소장.

"Le Sujet", ENS de la rue d'Ulm에서의 강연.

기록 : Étienne Balibar(1964년 12월 11일).

Étienne Balibar 소장.

1965   "Hommage fait à Marguerite Duras du *Ravissement de Lol V. Stein*", *Cahiers Renaud-Barrault*, 52, Paris, Gallimard 1965, pp. 7~15.

Ornicar?, 34, pp. 7~13.

"La science et la vérité", *Cahiers pour l'analyse*, 1, 1966, pp. 7~30.

Écrits, Paris, Seuil, 1966, pp. 855~877에 실림.

1966   "Réponse à des étudiants en philosophie"(1966년 2월 9일), *Cahiers pour l'analyse*, 3, 1966, pp. 5~13.

미국 대학에서 "Le désir et la demande"(février-mars 1966)라는 제목으로 행한 6차례의 강연.

미발간.

"Of Structure as an Inmixing of an Otherness Prerequisite to any Subject Whatever", Johns Hopkins 대학 심포지움에서의 발언과 토론(1966년 10월 18/21일), *The Languages of Criticism and the Sciences of Man : The Structuralist Conroversy*, J. H. U. P. , 1970, pp. 186~201.

역자 미상의 불어 번역본이 있음.

Collège de médecine에서 다음 주제에 대한 논평 : "La place de La psychanalyse dans la médecine"(G. Raimbault, J. Aubry, P. Royer, H. P. Klotz와 공저), *Cahiers du Collège de médecine*, 12, 1966, pp. 761~724.

Lettres de l'École freudienne(sous le titre "Psychanalyse et médecine", 1, 1967, pp. 34~61.

Le Bloc-notes de La psychanalyse, Geneva, 7, 1987.

Écrits, Paris, Seuil, 1966.

지금까지 언급된 논문과 논평들, 그리고 미발표 텍스트들(총 34개의 텍스트)을 함께 수록.

미발표 텍스트들 :

— "Ouverture de ce recueil"

— "Présentation de la suite"

— "Parenthèse des parenthèses"

— "De nos antécédents"

— "Du sujet enfin en question"

— "D'un dessein"

— "D'un syllabaire après-coup"

— "La métaphore du Sujet"(2판).

Jacques-Alain Miller가 작성한 주요 개념 목록 및 해설이 있는 도표 목록(2판), 편집자
: François Wahl.

P. Duquenne의 번역 *Mémoires d'un névropathe*(D. P. Schreber)에 대한 서평, *Cahiers pour
l'analyse*, 5, 1966, pp. 69~72.

Ornicar?, 38, 1986, pp. 5~9(P. Duquenne/N. Sels의 번역판, Paris, Seuil, 1975에는
수록되지 않음).

Pierre Daix와의 대담, *Les Lettres françaises*, 1966년 11월 26일.

Gilles Lapouge와의 대담, "Un psychanalyste s'explique. Auteur mystérieux et
prestigieux : Jacques Lacan veut que la psychanalyse redevienne la peste", *Le Figaro
littéraire*, 1966년 12월 1일자.

"Petit discours à l'ORTF"(1966년 12월 2일), *Recherches*, 3/4, 1976, pp. 5~9.

RTB 인터뷰(1966년 12월 14일), *Quatro*, 7, 1982, pp. 7~11.

Gilles Lapouge와의 대담, "Sartre centre Lacan : bataille absurde".
Le Figaro littéraire, 1966년 12월 22일.

François Wahl과의 대담, 1967년 2월 8일 라디오 방송, *Bulletin de l'Association freudienne*,
3, 1986, pp. 6~7.

1967   Proposition du 9 octobre 1967, 최초의 버전, *Analytica*, 8, 1978, pp. 3~26.

Proposition du 9 octobre 1967 sur le psychanalyste de l'École, *Scilicet*, 1, 1968,
pp. 14~30.

Discours de clôture des Journées sur les psychoses chez l'enfant, Paris(1967년 10월
22일), *Recherches*, 10월(특별호).

Enfance aliénée, II, 1968, pp. 143~152.

Enfance aliénée, Paris, UGE(10/18), 1972, pp. 295~306에 실림.

이어서 *Enfance aliénée, l'enfant, la psychose et l'institution*, Denoël, 1984, pp. 255~267,
"Petit discours aux psychiatres"(1967년 11월 10일), Cercle psychiatrique H.
Ey-Sainte-Anne.

Fiera letteraria 인터뷰, 1967, pp. 11~18.

École freudienne de Paris에서의 강연(1967년 12월 6일), *Scilicet*, 73, 1970, pp. 9~24.

"La méprise du Sujet supposé savoir"(1967년 12월 14일), Institut français(나폴리),
Scilicet, 1, 1968, pp. 31~41.

"Une procedure pour la passe"(1967년 10월 9일), *Ornicar?*, 37, 1986, pp. 7~12.

"De Rome 53 à Rome 67 : La psychanalyse. Raison d'un échec", 로마 대학(1967년
12월 15일), *Scilicet*, 1, 1968, pp. 42~50.

"De la psychanalyse dans ses rapports avec la réalité"(1967년 12월 18일), Institut
français(밀라노),*Scilicet*, 1, 1968, pp. 51~60.

1968   "Introduction de *Scilicet* au titre de la revue de l'École freudienne de Paris", *Scilicet*, 1,
1968, pp. 3~13.

"Jacques Lacan commente la naissance de *Scilicet*", R. Higgins와의 대담, *Le Monde*,
1968년 3월 16일자.

Congrès de l'École freudienne de Paris에서 다음 주제에 대한 논평 : "Psychanalyse et
psychothérapie", Strasbourg(1968년 10월 12일), *Lettes de l'École feudienne*, 6, 1969,
pp. 42~48.

P. Benoît(공저)

"Thérapeutique-Psychanalyse-Objet", Congrès de Strasbourg(1968년 10월 12일), *Lettres de l'École freudienne*, 6, 1969, p. 39.

M. Ritter의 강연에 대한 논평 : "Du désir d'être psychanalyste, ses effets au niveau de la pratique psychothérapique de l'élève analyste", Congrès de Strasbourg(1968년 10월 12일) *Lettres de l'École freudienne*, 6, 1969, pp. 92~94.

J. Nassif의 강연에 대한 논평 : "Sur le discours psychanalytique", Congrès de Strasbourg(12. 10. 1968), *Lettes de l'École freudienne*, 7, 1970, pp. 40~43.

M. de Certeau의 강연에 대한 논평 : "Ce que Freud fait de l'histoire". Note à propos d'"Une névrose démoniaque au XVII° siécle", Congrès de Strasbourg(1968년 10월 12일),*Lettres de l'École freudienne*, 7, 1970, p. 84.

J. Rudrauf의 강연에 대한 논평 : "Essai de dégagement du concept psycbanalytique de psychothérapie", congrès de Strssbourg(12. 10. 1968), *Lettres de l'École freudienne*, 7, 1970, pp. 136~137

J. Oury의 강연에 대한 논평 : "Stratégie de sauvetage de Freud", Congrès de Strasbourg(1968년 10월 12일), *Lettres de l'École freudienne*, 7, 1970, pp. 146과 151. "En guise de conclusion", Congrès de Strasbourg(1968년 10월 12일) 폐회사, *Lettres de l'École freudienne*, 7, 1970, pp. 157~166.

1969   Adresse au jury d'accueil de l'EFP à l'Assemblée avant son vote(1969년 1월 25일), *Scilicet*, 2/3, 1970, pp. 49~51.

M. Foucault의 강연에 대한 논평 : "Qu'est-ce qu'un auteur?", Société française de philosophie, 1969년 2월 22일, *Bulletin de la Société française de philosophie*, 3, 1969, p. 104.

Littoral, 9, 1983, pp. 31~32.

J. Aubry에게 맡겨진 Jacques Lacan의 텍스트들(1969년 10월), *Enfance abandonnée*. *La carence de soins maternels*, Paris, Scarabée, A.-M. Métailié, 1983에 실림. *Ornicar?*("Deux notes sur l'enfant"라는 제목으로), 37, 1986, pp. 13~14.

Réponse à la demande de renseignements bio-bibliographiques, *Anthologie de psychologues contemporains*(D. Hameline와 H. Lesage 감수), Paris, PUF, 1969, pp. 322~323.

Premier impromptu de Vincennes : "Le discours de l'unéversitaire"(1969년 12월 3일), 1969~1970 세미나에서 계획된 4차례의 강연("Analyticon"이라는 제목으로 함께 묶일 예정이었음) 중 첫 번째 강연, *Magazine littéraire*, 121, 1977, pp. 21~24.

Présentation de la publication des *Écrits I*(1969년 12월 14일), *Écrits I*, Paris, Seuil, coll. "Points", 1970.

"Préface"(Noël 1969), *Jacques Lacan* d'Anika Lemaire, Brussel, P. Mardaga, 1970, 2판.

1970   Second impromptu de Vincennes : "Des unités de valeur"(1970년 3월 14일), 1969~1970 세미나에서 행한 4차례의 강연 중 두번째 강연. *L'Envers de la psychanalyse, Séminaire*, XVII 참조. 나머지 두 강연은 무산됨.

Ph. Rappard의 강연에 대한 논평 : "De la conception grecque de l'éducation et de l'enseignement de la psychanalyse", Congrès de l'École freudienne de Paris sur "L'enseignement de la psychanalyse"(1970년 4월 17일/19일), *Lettres de l'École freudienne*, 8, 1971, pp. 8~10.

M. Montrelay와 F. Baudry의 강연에 대한 논평 : "Sur l'enseignement de la psychanalyse à Vincennes", Congrès de l'École freudienne de Paris(1970년 4월 17일/19일), *Lettres de l'École freudienne*, 8, 1971, pp. 187.

Ch. Melman의 강연에 대한 논평 : "Propos à prétention roborative avant le Congrès", Congrès de l'École freudienne de Paris(1970년 4월 17일/19일), *Lettres de l'École freudienne*, 8, 1971, pp. 199와 203~204.

Congrès de l'École freudienne de Paris(1970년 4월 19일) 폐회사, *Scilicet*, 2/3, 1978, pp. 391~399.

Lettres de l'École freudienne, 8, 1971, pp. 205~217.

"Radiophonie", Robert Georgin 제작(1970년 6월 5/10/19/26일 - RTB, 1970년 6월 7일-ORTF), *Scilicet*, 2/3, 1970, pp. 55~99.

1970년 4월 8일에 낭독된 최초의 버전. *Le Séminaire*, XVII 참조. 타자된 원본 텍스트 Robert Georgin 소장.

Liminaire(1970년 9월), *Scilicet*, 2/3, 1970, pp. 5~6.

Commentaire au discours de l'EFP du 6. 12. 1967(1970년 10월 1일), *Scilicet*, 213, 1970, pp. 24~29.

Dr. G. Daumézon 집에서 발표, *Bulletin de l'Association freudienne*, 1987년 1월.

1971   Ch. Bardet-Giraudon의 강연에 대한 논평 : "Du roman conçu comme le discours même de l'homme qui êcrit", Congrès de l'École freudienne de Paris sur "La technique psychanalytique", Aix-en-Provence(1971년 5월 20/23일), *Lettres de l'École freudienne*, 9, 1972, pp. 20~30.

Intervention sur l'exposé de P. Lemoine : "A propos du désir du médecin", Congrès de l'École freudienne de Paris sur "La technique psychanalytique", Aix-en-Provence (1971년 5월 20/23일), *Lettres de l'École freudienne*, 9, 1972, pp. 69와 74~78.

J. Guey의 강연에 대한 논평 : "Contribution à l'étude du sens du symptôme épileptique", Congrès de l'École freudienne de Paris sur "La technique psychanalytique", Aix-en-Provence(1971년 5월 20/23일), *Lettres de l'École freudienne*, 9, 1972, pp. 151~155.

Intervention sur l'exposé de S. Ginestet-Delbreil : "La psychanalyse est du côté de la vérité", Congrès de l'École freudienne de Paris sur "La technique psychanalytique", Aix-en-Provence(1971년 5월 20/23일), *Lettres de l'École freudienne*, 9, 1972, p. 166.

A. Didier-Weill와 M. Silvestre의 강연에 대한 논평 : "À l'écoute de l'écouté", Congrès de l'Éole freudienne de Paris sur "La technique psyohanalytique", Aix-en-Provence (1971년 5월 20/23일), *Lettres de l'École freudienne*, 9, 1972, pp. 176~182.

P. Mathis의 강연에 대한 논평 : "Remarques sur la fonction de l'argent dans la technique analytique", Congrès de l'École freudienne de Paris sur "La technique psychanalytique", Aix-en-Provence(1971년 5월 20/23일), *Lettres de l'École freudienne*, 9, 1972, pp. 195~196와 202~205.

S. Zlatine의 강연에 대한 논평 : "Technique de l'intervention : incidence de l'automatisme de répétition de l'analyste", Congrès de l'École freudienne de Paris sur "La technique psychanalytique", Aix-en-Provence(1971년 5월 20/23일), *Lettres de l'École freudienne*, 9, 1972, pp. 254~255와 260.

C. Conti와 L. Beirnaert의 강연에 대한 논평 : "De l'analyse des résistances au temps de l'analyse", Ccongrès de l'École freudienne de Paris sur "La technique psychanalytique", Aix-en-Provence(1971년 5월 20/23일), *Lettres de l'École freudienne*, 9, 1972, pp.

334~336.

J. Rudrauf의 강연에 대한 논평 : "De la règle fondamentale", Congrès de l'École freudienne de Paris sur "La technique psychanalytique", Aix-en-Provence(1971년 5월 20/23일), *Lettres de l'École freudienne*, 9, 1972, p. 374.

S. Leclaire의 강연에 대한 논평 : "L'objet a dans la cure", Congrès de l'École freudienne de Paris sur "La technique psychanalytique", Aix-en-Provence(1971년 5월 20/23일), *Lettres de l'École freudienne*, 9, 1972, pp. 445~450.

P. Delaunay의 강연에 대한 논평 : "Le moment spéculaire dans la cure, moment de rupture", Congrès de l'École freudienne de Paris sur "La technique psychanalytique", Aix-en-Provence(1971년 5월 20/23일), *Lettres de l'École freudienne*, 9, 1972, pp. 471~473.

Écrits II, Paris, Seuil, collection "Points", 1971.

Congrès d'Aix-en-Provence(1971년 5월 20/23일)의 폐회사, *Lettres de l'École freudienne*, 9, 1972, pp. 507~513.

D. Desanti의 "Un métier de chien"에 대한 Lacan의 견해, *Le Monde*, 1971년 11월 19일.

"Lituraterre", Littérature, 3, 1971, pp. 3~10.

Le Séminaire, XVlll, 1971년 5월 12일 모임.

Ornicar?, 41, 1984, p. 513.

1972 "Avis aux lecteurs japonais", *Écrits* 일본어판 서문, *La Lettre de l'École de la cause freudienne*, 3, 1981, pp. 2~3.

"L'Étourdit"(1972년 7월 14일), *Scilicet*, 4, 1973, pp. 5~52.

Journées de l'École freudienne de Paris(1972년 9월 29/30일과 10월 1일) 개회사, *Lettres de l'École freudienne*, 11, 1972, pp. 2~3.

C. Conté의 강연에 대한 논평 : "Sur le mode de présence des pulsions partielles dans la cure", Journées de l'École freudienne de Paris(1972년 9월 29일/10월 1일), *Lettres de l'École freudienne*, 11, 1972, pp. 22~24.

M. Safauan의 강연에 대한 논평 : "La fonction du père réel", Journées de l'École freudienne de Paris(1972년 9월 29일/10월 1일), *Lettres de l'École freudienne*, 11, 1972, pp. 140~141.

J. Allouch의 강연에 대한 논평 : "Articulation entre la position médicale et celle de l'analyste", Journées de l'École freudienne de Paris(1972년 9월 29일/10월 1일), *Lettres de l'École freudienne*, 11, 1972, p. 230.

Intervention au cours d'une table ronde réunie autour de J. Clavreul, Journées de l'École freudienne de Paris(1972년 9월 29일/10월 1일), *Lettres de l'École freudienne*, 11, 1972, p. 215.

"Propos en guise de conclusion aux Journées de l'École freudienne de Paris"(1972년 10월 1일), *Lettres de l'École freudienne*, 11, 1972, p. 215.

"Du discours *psychanalytique*", 밀라노 대학, 의학부 심리학과Institut de psychologie de la Faculté de médecine(1972년 5월 12일), *Lacan in Italia*, 1953~1978, Milano, La Salamandra, 1978에서 발췌.

Bulletin de l'Association freudienne, 10, 1984, pp. 3~15.

"La mort est du domaine de la foi", Grande rotonde de l'université de Louvain(13. 10. 1972), *Quatro*(*Letre mensuelle de l'École de la cause freudienne*, 3의 벨기에 판 부록), 1981, pp. 5~20.

Océaniques, FR3, 1988년 11월 1일 방영(MK7).

"Jacques Lacan à l'École belge de psychanalyse", Séance extraordinaire de l'École belge de psychanalyse(1972년 10월 14일), *Quatro*(*Letre mensuelle de l'École de la cause freudienne*, 3의 벨기에 판 부록), 1981, pp. 4~22.

1973 "La psychanalyse dans sa référence au rapport sexuel", 밀라노 과학 기술 박물관, Scuola Freudiana(1973년 2월 3일), *Bulletin de l'Association freudienne*, 17, 1986, pp. 3~13.

Scuola Freudiana의 주관으로 열린 회의에서의 입장 표명, Milano(1973년 2월 4일), *Bulletin de l'Association freudienne*, 18, 1986, pp. 3~13.

B. Poirot-Delpech와 Lacan의 대담 : "Propos élucidés", *Le Monde*, 1973년 5월 4일.

"Note italienne"(1973), *Ornicar?*, 25, 1982, pp. 7~10.

다음 제목으로도 발표됨 : "Lettre adressée à trois psychanalystes italians"(1974년 4월), *Spirales*, 9, 1981, p. 60.

Lettre mensuelle de l'École de la cause freudienne, 9, 1982, p. 2.

Intervention sur l'hystérie, Journées d'études de l'Alliance française(1973년 6월), 미발표.

Déclaration de Lacan à France-Culture à propos du 28ᵉ Congrès international de psychanalyse, Paris(1973년 7월), *Le Coq Héron*, 46/47, 1974, pp. 3~8.

Écrits 독일어 판 서문, Walter-Verlag(1973년 10월 7일), *Scilicet*, 5, 1975, pp. 11~17.

"이탈리아 프로이트 학파l'École freudienne en Italie"에 관한 워크숍에서의 입장 표명, Congrès de l'École Freudienne de Paris, La Grande-Motte(1973년 11월 1/4일), *Lettres de l'École freudienne*, 15, 1975, pp. 235~244.

J. Clavreul과 J. Oury의 강연에 대한 논평 : Congrès de l'École freudienne de Paris, La Grande-Motte(1973년 11월 1/4일), *Lettres de l'École freudienne*, 15, 1915, pp. 16~19.

S. Leclaire의 강연에 대한 논평 : Congrès de l'École freudienne de Paris, La Grande-Motte (1973년 11월 1/4일), *Lettres de l'École freudienne*, 15, 1975, pp. 26~28.

Intervention, Congrès de l'École freudienne de Paris, La Grande-Motte(1973년 11월 1/4일), *Lettres de l'École freudienne*, 15, 1975, pp. 69~80.

"분석가 양성La formation des analystes"에 관한 토론에서의 입장 표명, Congrès de l'École freudienne de Paris, La Grande-Motte(1973년 11월 1/4일), *Lettres de l'École freudienne*, 15, 1975, pp. 132~139.

"통과 절차La passe"에 대한 워크숍에서의 입장 표명, Congrès de l'École freudienne de Paris, La Grande-Motte(1973년 11월 1/4일), *Lettres de l'École freudienne*, 15, 1975, pp. 185~193.

Ornicar?, "Sur l'expérience de la passe", 12/13, 1977, pp. 117~123.

Ch. Melman이 소개한 "Le Dictionnaire"에 관한 워크숍에서의 입장 표명, Congrès de l'École freudienne de Paris, La Grande-Motte(1973년 11월 1/4일), *Lettres de l'École freudienne*, 15, 1975, pp. 206~210.

1974 *Télévision*, Jacques-Alain Miller와의 대담, Benoît Jacquot 제작, 1974년 3월 9일과 16일 ORTF에서 방영.

*Télévision*이란 제목으로 출간(Paris, Seuil, 1974).

카세트 테이프 : Vision-Seuil, 1990.

"L'Éveil du printemps", Wedekind의 희곡에 대한 서문.

L'Éveil du printemps, Paris, Gallimard, 1974에 실림.

"La logique et l'amour", 신경 및 정신 질환 클리닉, 로마(1974년 3월 21일), 미발표.

Intervention, Centre culturel français, Roma(1974년 3월 22일), 미발표.

Intervention, Scuola Freudiana, Milano(1974년 3월 30일), 미발표.

Lettre adressée à trois psychanalystes italiens(1974년 4월), *Spirales*, 9, 1981, p. 60.

La Lettre mensuelle de l'École de la cause freudienne, 9. 2. 1982.

다음 제목으로도 발표됨 : "Note italienne"(1973), *Ornicar?*, 25, 1982, pp. 7~10.

"La cause freudienne"라는 주제 아래 열린 회의에서의 입장 표명, Milano, 1974년 6월 1일, 미발표.

기자회견, 7ᵉ Congrès de l'École freudienne de Paris, Roma(1974년 10월 31일/11월 3일), *Lettres de l'École freudienne*, 16, 1975, pp. 6~26.

학술 대회 개회사, Congrès de Rome(1974년 10월 31일/11월 3일), *Lettres de l'École freudienne*, 16, 1975, pp. 27~28.

La troisième, Congrès de Rome에서의 입장 표명(1974년 10월 31일/11월 3일), *Lettres de l'École freudienne*, 16, 1975, pp. 177~203.

대회 폐회사, Congrès de Rome(1974년 10월 31일/11월 3일), *Lettres de l'École freudienne*, 16, 1975, pp. 360~361.

1975   "Peut-être à Vincennes?", Proposition de Lacan(1975년1월), *Ornicar?*, 1, 1975, pp. 3~5.

제기된 질문에 대한 Lacan의 답변, Strasbourg(1975년 1월 26일), *Lettres de l'École freudienne*, 17, 1976, pp. 221~223.

Journées de l'École freudienne de Paris(1975년 4월 12/13일) 개회사, *Lettres de l'École freudienne*, 18, 1976, pp. 1~3.

M. Ritter의 질문에 대한 Lacan의 답변, Journées de l'École freudienne de Paris(1975년 4월 12/13일), *Lettres de l'École freudienne*, 18, 1976, pp. 8~12.

"Les concepts fondamentaux et la cure"에 관한 워크숍에서의 입장 표명, Journées de l'École freudienne de Paris(1975년 4월 12/13일), *Lettres de l'École freudienne*, 18, 1976, pp. 35~37.

"La forclusion"에 관한 워크숍에서의 입장 표명, Journées de l'École freudienne de Paris(1975년 4월 12/13일), *Lettres de l'École freudienne,?* 18, 1976, p. 89.

"L'éthique de la psychanalyse"에 관한 워크숍에서의 입장 표명, Journées de l'École freudienne de Paris(1975년 4월 12/13일), *Lettres de l'École freudienne*, 18, 1976, p. 154.

"Du plus un"에 관한 워크숍에서의 입장 표명, Journées de l'École freudienne de Paris, Paris(1975년 4월 12/13일), *Lettres de l'École freudienne*, 18, 1977, pp. 220~245.

"Introduction à cette publication", présentation de RSI, *Ornicar?*, 2, 1975, p. 88.

"Du plus un et de la mathématique"에 관한 워크숍에서의 입장 표명, Journées de l'École freudienne de Paris, Paris(1975년 4월 12/13일), *Lettres de l'École freudienne*, 18, 1976, pp. 246~257.

Journées de l'École freudienne de Paris, Paris(1975년 4월 12/13일), *Lettres de l'École freudienne*, 18, 1976, p. 258.

"Joyce, le symptôme", Actes du 5ᵉ *symposium James Joyce*, Éditions du CNRS, Paris, 1979. *L'Âne*, 6, 1982, pp. 3~5.

Joyce avec Lacan, sous la direction de Jacques Aubert, Paris, Navarin, 1987("Joyce, le symptôme II"), pp. 31~36.

"Joyce, le symptôme I", Ouverture du 5° symposium international James Joyce(1975년 6월 16일), Éric Laurent의 기록을 토대로 Jacques-Alain Miller가 확정한 텍스트들, *Joyce avec Lacan, op. cit.*, pp. 21~29에 실림.

제네바에서의 "Le symptôme"에 대한 발표(1975년 10월 4일), *Le Bloc-notes de La Psychanalyse*, 5, 1985, pp. 5~23.

Columbia University-Auditoriunm, School of International Affairs(1975년 12월 2일), *Scilicet*, 6/7, 1975, pp. 53~63.

Pamela Tytell의 미발표 전사본.

Massachusetts Institute of Technology(1975년 12월 2일), *Scilicet*, 6/7, 1975, pp. 53~63, 보완 : Thérèse Parisot, 미발표 전사본; Sherry Turkle, *La France freudienne*, Paris, Grasset 1982, p. 293 ; Robert Georgin, *Jakobson*, Cahiers, Cistre, 5, Lausanne, L'Âge d'homme, 1978, p. 129.

Journées d'études de l'École freudienne de Paris(1975년 6월 14/15일) 개회사, *Lettres de l'École freudienne*, 24, 1975, p. 7.

A. Albert의 강연에 대한 논평 : "Le plaisir et la règle fondamentale", Journées d'études de l'École freudienne de Paris(1975년 6월 14/15일), *Lettres de l'École freudienne*, 24, 1978, pp. 22~24.

"Freud à jamais", 로마에서 Emilio Granzotto와의 대담, 미발표.

Journées d'études de l'École freudienne de Paris(1975년 11월 8/9일) 폐회사, *Lettres de l'École freudienne*, 24, 1978, pp. 247~250.

Conférences et entretiens dans les universités nord-américaines, Yale Univeraity, Kanzer Seminar(1975년 11월 24일), *Scilicet*, 6/7, 1975, pp. 7~37, Yale University-Law School Auditorium(1975년 11월 25일), *Scilicet*, 6/7, 1975, pp. 38~41.

"Freud y el psicoanalisis"에 대한 대담, Biblioteca Salvat 28, Barcelona, 1975, pp. 10~19.

1976   Intervention aux conférences du Champ freudien(1976년 3월 9일), *Analytica(Ornicar?* 9호, 1977의 부록).

8ᵉ Congrès de l'École freudienne de Paris, Strasbourg(1976년 3월 21/24일) 폐회사, *Lettres de l'École freudienne*, 19, 1976, pp. 555~559.

"Faire mouche", Benoît Jacquot의 영화 : *L'Assassin musicien*에 대하여, *Le Nouvel Observateur*, 1976년 3월 29일.

Séminaire, XI의 영어판 서문 : "Les quatre concepts fondamentaux de la psychanalyse" (1976년 5월 17일), *Ornicar?*, 12/13, 1977, pp. 124~126.

Note liminaire à la présentation de la scission de 1953, *La Scission de 1953*, supplément à *Ornicar?*, 7, 1976, p. 3에 실림.

M. Ritter의 강연에 대한 논평 : "À propos de l'angoisse dans la cure", Journées de l'École freudienne de Paris(1976년 10월 31일/11월 2일), *Lettres de l'École freudienne*, 21, 1977, p. 89.

J, Petitot의 강연에 대한 논평 : "Quantification et opérateur Hilbert", Journées de l'École freudienne de Paris(1976년 10월 31일/11월 2일), *Lettres de l'École freudienne*, 21, 1977, p. 129.

매듭과 무의식에 관한 질문에 대한 Lacan의 답변, Journées de l'École freudienne de Paris(1976년 10월 31일/11월 2일), *Lettres de l'École freudienne*, 211 1977, pp. 471~475.

폐회사, Journées de l'École freudienne de Paris(1976년 10월 31일/11월 2일), *Lettres de l'École freudienne*, 21, 1977, pp. 506~509.

1977   "Ouverture de la Section clinique"(1977년 1월 5일), *Ornicar?*, 9, 1977, pp. 7~14.

"Propos sur l'hystérie", Brussel(1977년 2월 26일), *Quarto* (*Lettre mensuelle de l'École de la cause freudienne*, 2, 1981 벨기에 판 부록), pp. 5~10.

"C'est à la lecture de Freud", Robert Georgin, *Lacan*의 서문, Cahiers Cistre, Lausanne, L'Âge d'homme, 1977.

Journées d'études de l'École freudienne de Paris(1977년 9월 23/25일), *Lettres de l'École freudienne*, 22, 1978, pp. 499~501.

1978   M. Safauan의 강연에 대한 입장 표명 : "La proposition d'octobre 1967 dix arts après", Assieses de l'École freudienne de Paris : "L'expérience de la passe", Deauville(1978년 1월 7/8일), *Lettres de l'École freudienne*, 23, 1978, pp. 19~21.

UNESCO에서 아리스토텔레스 탄생 2300주년 기념식에 즈음해서(1978년 6월 1일) 미발간.

J. Guey의 강연에 대한 논평 : "Passe à l'analyse infinie", Assises de l'École freudienne de Paris sur : "L'expérience de la passe", Deauville(1978년 1월 7/8일), *Lettres de l'École freudienne*, 23, 1978, p. 94.

폐회사, Assises de l'École freudienne de Paris sur : "L'expérience de la passe", Deauville(1978년 1월 7/8일), *Lettres de l'École freudienne*, 23, 1978, pp. 180~181.

9e Congrès de l'École fieudienne de Paris, Paris(1978년 7월 6/9일)의 폐회사, *Lettres de l'École freudienne*, 25, 1979, pp. 219~220.

"Objets et représentations", Hôpital Sainte-Anne, service Deniker(1978년 11월 10일), 미발간.

"Lacan pour Vincennes"(1978년 10월 22일), *Ornicar?*, 17/18, 1979, p. 278.

François Rouan의 전시회 카탈로그를 위한 글, Marseille, Musée Cantini(1978).

조르주 퐁피두 센터 국립 미술관의 François Rouan 전시회(1983년 10월 27일~1984년 1월 2일)에 즈음하여 *Catalogue du musée national d'Art moderne*에 재수록(pp. 88~94).

계획
— "Morale de la psychanalyse", *NRF*(1935년 4월 1일)에 예고됨.
— "Essai de logique collective", "Le temps logique et l'assertion de certitude anticipée : un nouveau sophisme", 1945에 예고됨.
— "Le cas Rudolf Hess", *Critique*, 1947에 예고됨.

2. 세미나(1951~1979)

아래의 목록은 자크 라캉의 세미나의 노트, 속기록, 전사본 전부를 포괄하고 있지는 못하다.

26권

1953~1963 : 생트-안느 병원
1964~1969 : ÉNS
1969~1980 : 소르본느 법과 대학(팡테옹)

1964년부터 1980년까지 세미나는 고등실천연구학교(École pratique des hautes études)의 주관 하에 라캉이 강사로서 강의하는 형태로 진행되었다.

Séminaire - 1 : L'Homme aux loups(늑대 인간)

Séminaire 0 : L'Homme aux rats(쥐 인간)
1951~1953. 세미나 이전에 열린 이 두 세미나에 대해서는 다음 기록이 있다 :
— Jacques Lacan의 수고.
— 청강생 노트

I : Les écrits techniques de Freud
1953~1954
— 속기 : version Jacques Lacan(J. L.).
— 텍스트 확정 : Jacques-Alain Miller(J.-A. M.), Paris, Seuil, 1975.

II : Le moi dans la théorie de Freud et dans la technique psychanalyse
1954~1955
— Version J. L.
— 텍스트 확정 : J.-A. M., Paris, Seuil, 1977.
— 교정 : Gabriel Bergounioux(G. B.).

III : Structures freudiennes dans les psychoses
1955~1956
— Version J. L.
— Jean Laplanche(J. La.)의 기록.
— 텍스트 확정 : J.-A. M., Parisg, Seuil, 198l, sous le titre : Les Psychoses.
— 교정 : G. B. Marcel Czermak, Le Discours psychanalytique, 1983년 6월 2일.

IV : La relation d'objet et les structures freudiennes
1956~1957
— Version J. L.
— J. La.의 기록
— Paul Lemoine(P. L.)의 기록.
— 요약 : Jean-Benrand Pontalis(J.-B. p.), Bulletin de psychologie, X, 1956~1957, 7, 10, 12, 14
; XI, 1957~1958, 1.
— 텍스트 확정 : J.-A. M., Paris, Seuil 1994(책의 제목 : La relation d'objet).

Livre V : Les formations de l'inconscient
1957~1958
— Version J. L.
— J. La.의 기록.
— 요약 : J.-B. P., Bulletin de psychologie, XI, 1957~1958, 4, 5; XII, 1958~1959, 2, 3, 4.
— P. L.의 기록
— 1958년 3월 5일의 세미나는 Magazine littéraire(313, 1993년 9월)에 발표됨. 텍스트 확정 :
J.-A. M.

Vl : Le désir et son interprétation
1958~1959
— Version J. L.
— J. La.의 기록
— 요약 : J.-B. P., Bulletin de psychologie, XIII, 1959~1960, 5, 6.
— 부분적인 녹음 자료

VII : L'éthique de la psychanalyse
1959~1960
— Version J. L.
— J. La.의 기록.
— 전사 : Moustapha Safouan.
— 녹음 자료.

— 수고 판본 : Jean Oury(J. O.).
— Version Laborde.
— 텍스트 확정 : J.-A. M., Paris, Seuil, 1986.
— 교정 : G. B., Annéck Bouillaguet, "Remarques sur l'usage du grec prêté à Jacques Lacan", *Psychiatries,* 79, 1984, p. 4.
— Pierre Vidal-Naquet : 안티코네의 장에 관한 교정. Jacqucs-Alain Miller에게 보낸 두 통의 편지.
— 윤리 세미나에 대한 간략한 보고. J. L.의 기록, *Ornicar?,* 28, 1984, pp. 7~18.

VIII : Le transfert dans sa disparité subjective, sa prétendue situation, ses excursions techniques
1960~1961
— Version J. L.
— J. La.의 기록.
— P. L.의 기록
— J. O.의 녹음 자료.
— 속기 : version Laborde.
— 속기 타이핑 : Madame Brivette.
— 전사 : *Stécriture,* 1983~1985. 교정, 주석, 본문 비평 자료 등이 딸림.
— 텍스트 확정 : J.-A. M., Paris, Seuil, 1991(책의 제목 : *Le transfert*).
— *Le Transfert dans tous ses errata,* Paris, EPBL, 1991. Seuil 판에 대한 교정.

IX : L'identification
1961~1962
— Version J. L.
— 속기 : version Monique Chollet(M. C.).
— 속기 타이핑 자료.
— 기록 : Claude Conté, P. L., Iréne Roubleff, J. La.
— 전사 : Michel Roussan, 교정, 주석, 색인, 본문 비평 자료 등이 딸림.

X : L'angoisse
1962~1963
— Version J. L.
— 녹음 : Solange Faladé(S. F.).

Les noms du pére(1963년 11월 20일에 열린 한 차례의 세미나).
— Version Laborde.
— Monique Guillet.
— Françoise Dolto의 기록.
— 수고 판본 : J. O.

XI : Les quatre concepts fondamentaux de La Psychanalyse
1964
— Version J. L.
— EFP의 속기 타이핑 자료, 녹음 자료 : S. F. ; 속기 타이핑 : Madame Pierakos.
— 텍스트 확정 : J.-A. M., Paris, Seuil, 1973(J. L.의 발문), Points-Seuil, 1990.
— 요약 : Annuaire de l'EPHE.
— 네 차례의 세미나(5월 27일, 6월 3/10/17일)에 대한 루이 알튀세의 기록, IMEC.

XII : Problèmes cruciaux de la psychanalyse

본래 제목 : Les positions subjectives de l'existence et de l'être
1964~1965
— EFP의 속기 타이핑 자료, 녹음 자료 : S. F.
— Version J, L.
— Version Laborde.
— Jenny Aubry(J. A.)의 기록.
— 요약문 : Annuaire de l'EPHE.

XIII : L'objet de la psychanalyse
1965~1966
— EFP의 속기 타이핑 자료, 녹음 자료 : S. F.
— Version J. L.
— Version Laborde.
— 요약문 : EPHE.

XIV : La logique du fantasme
1966~1967
— 녹음 자료.
— EFP의 속기 타이핑 자료 : S. F.
— Version J. L.
— Version Laborde.
— Version Patrice Fava(P. F.).
— J. A.의 기록.
— 요약문 : Annuaire de l'EPHE.
— 보고 : Jacques Nassif.
Lettres de l'École freudienne, 1, 2, 3, 1967, pp. 11~17, 7~23, 3~33.

XV : L'acte psychanalytique
1967~1968
— 녹음 자료
— EFP의 속기 타이핑 자료 : S. F.
— Version J. L.
— Version Laborde.
— Version P. F.
— J. A.의 기록
— 요약문 : Annuaire de l'EPHE.
— Jacques Nassif : 보고,
Lettres de l'École freudienne, 4, 1967, pp. 3~23.

XVI : D'un Autre à l'autre
1968~1969
— 녹음 자료 : Patrick Valas(P. V.).
— EFP의 속기 타이핑 및 녹음 자료 : S. F.
— Version J. L.
— Version Laborde.
— Version P. F.
— J. A. 기록.
— 전사 : Jacques Nassif.

— Version M. C.
— 청강생들의 기록.
— 요약문 : EPHE.
— 1969년 2월 26일 세미나의 발췌, *Littoral*, 9, 1983.

XVII : L'envers de la psychanalyse
1969~1970
— 녹음 자료 : P. V.
— 속기 타이핑.
— Version Laborde.
— Versions Patrick Guyomard(P. G.), Lucien Kokh.
— Version M. C.
— 1969년 12월 3일의 세미나, "Premier impromptu de Vincennes"라는 제목으로 *Magazine littéraire*, 121(1977년 2월)에 발표됨.
— 1970년 4월 8일의 세미나 : premiére version de "*Radiophnie*".
— 텍스트 확정 : J.-A. M., Paris, Seuil, 1991.

XVIII : D'un discours qui ne serait pas du semblant
1970~1971
— 속기 타이핑 자료.
— 녹음 자료 : P. V.
— Version M. C.
— Version P. G.
5월 12일의 세미나는 "Lituraterre"라는 제목으로 *Littérature*, 3, 1971에 발표되고 *Ornicar?*, 41, 1984에 재수록됨.

XIX : ...ou pire(Le savoir du psychanalyste)
1971~1972
— 속기 타이핑.
— 녹음 자료 : P. V.
— Version M. C.
— Version P. G.
— 요약문 : EPHE.
두 계열의 강연이 교대로 진행됨. 일부는 생트-안느 병원에서, 일부는 법학부에서 열림.

XX : Encore
1972~1973
— 속기 타이핑 자료.
— 녹음 자료 : P. V.
— Vesion M. C.
— 텍스트 확정 : J.-A. M., Paris, Seuil, 1975.

XXI : Les non-dupes-errent
1973~1974
— 속기 타이핑 자료.
— 녹음 자료 P. V.
— Version M. C.
— Version P. G.

XXII : RSI
1974~1975
— 속기 타이핑.
— 녹음 자료 : P. V.
— Versions M. C., P. G.
— 텍스트 확정 : J.-A. M., *Ornicar?*, 2, 3, 4, 5, 1975.

XXIII : Le sinthome
1975~1976
— 속기 타이핑 자료.
— 녹음 자료 : P. V.
— Versions M. C., P. G.
— 텍스트 확정 : J.-A. M., *Orncar?*, 6, 7, 8, 9, 10, 11, 1976~1977.
— 전사 : *Littoral* 편집진

XXIV : L'insu que sait de l'une bevue s'aile a mourre(L'insuccès de l'Unbewusste)
1976~1977
— 속기 타이핑 자료.
— 녹음 자료 : P. V.
— Versions M. C., P. G.
— 텍스트 확정 : J.-A. M., Ornicar?, 12/13, 14, 15, 16, 17/18, 1977~1979.

Livre XXV : Le moment de conclure
1977~1978
— 속기 타이핑 자료.
— 녹음 자료 : P. V.
— Versions M. C., P. G.
— 텍스트 확정 : J.-A. M., 1977년 11월 15일의 한 차례의 세미나가, "Une pratique de bavardage"라는 제목으로 *Ornicar?*, 19, 1979에 발표됨.

XXVI : La topologie et le temps
1978~1979
— 속기 타이핑 자료.
— 녹음 자료 : P. V.
침묵의 세미나.

3. 자크 라캉의 이름이나 서명이 들어 있는 타이핑된 텍스트와 인쇄된 텍스트들 (1980~1981)

Lettre de dissolution(1980년 1월 5일),
1980년 1월 8일에 세미나에서 낭독됨.
녹음 자료 : Patrick Valas(P. V.).
Le Monde, 1980년 1월 9일자.
Ornicar?, 20/21, 1980, pp. 9~l0.
Annuaire et testes statutaires de 1982(ECF).

"L'autre manque"(1980년 1월 15일),
세미나에서 낭독됨.

녹음 자료 : P. V.
Le Monde, 1980년 1월 26일자.
Ornicar?, 20/21, 1980, pp. 11~12.
Annuaire et textes statutaires de 1982(ECF).

*Le Monde*지에 보낸 편지(1980년 1월 24일),
Le Monde, 1980년 1월 26일.
Ornicar?, 20/21, 1980, p. 13.
Annuaire et textes statutaires de 1982(ECF).

"Delenda est"(1980년 3월 10일),
Le Monde, 1980년 3월 17일.
Delenda(Bulletin temporaire de la Cause freudienne), 1980년 1월, p. 1.

"Décollage"(1980년 3월 11일),
세미나에서 낭독됨
녹음 자료 : P. V.
Ornicar?, 20/21, 1980, pp. 14~16.
Annuaire et textes statutaires de 1982(ECF).

PLM-Saint-Jacques에서의 라캉의 연설.
Le Matin, 1980년 3월 18일자.

"Monsieur A"(1980년 3월 18일자),
세미나에서 낭독됨.
녹음 자료 : P. V.
Ornicar?, 20/21, 1980, pp. 17~20.
Annuaire et textes statutaires de 1982(ECF).

EFP 회원에게 보내는 편지(1980년 3월 24일).
(1980년 4월 27일 정기 총회 위원회 선거를 위한 "라캉" 리스트).
EFP 내부에서 배포됨.

"Lumière"(1980년 5월 15일),
세미나에서 낭독됨.
녹음 자료 : P. V.
Delenda(Bulletin temporaire de la Cause freudienne), 1980년 4월, p. 1~4.
Ornicar?, 22/23, 1981, pp. 7~10.

"Le malentendu"(1980년 6월 10일),
세미나에서 낭독됨.
녹음 자료 : P. V.
Courrier de la Cause freudienne, 1980년 7월.
Ornicar?, 22/23, 1981, pp. 11~14.

EFP 회원에게 보내는 편지.
EFP 내부에서 배포됨.

마지막 세미나의 소개(1980년 6월 10일)
Courrier de la Cause freudienne 1호(1980년 6월 29일)를 위한 서문.
Courrier de la cause freudienne, l, 1980년 7월.

Le séminaire de Caracas
(라캉의 이론과 라틴아메리카에서의 정신분석에 관한 회의),
Caracas(1980년 7월 12/15일).
L'Âne, 1981년 1월, pp. 30~31.

1982년 2월 파리 국제 회의에의 초대장
Courrier de la Cause freudienne, 1980년 9월 2일.

편지 : "Il y a du refoulé, toujours, c'est irréductible. . ."
(Lettre pour la Cause freudienne, 1980년 10월 23일).
Courrier de la Cause freudienne, 1980년 10월 3일.
Annuaire et textes statutaires de 1982(ECF).

SCI 회원에 대한 편지(1980년 12월 4일),
Courrier de la Cause freudienne, 1980년 12월.

편지 : "Voilà un mois que j'ai coupé avec tout, ma pratique exceptée. . ."
(포룸에 보내는 첫 편지, 1981년 1월 26일).
Actes du Forum de l'École de la cause freudienne(1981년 3월 28일/29일).
Courrier de l'École de la Cause freudienne, 1981년 1월.
Annuaire et textes statutaires de 1982(ECF).

편지 : "Mon fort est de savoir ce qu'attendre signifie. . ."
(포룸에 보내는 두번째 편지, 1981년 3월 11일).
Courrier de l'École de la Cause freudienne, 1981년 3월.
Actes du Forum de l'École de la cause freudienne(1981년 3월 28/29일).
Annuaire et textes statutaires de 1982(ECF).

1982년 연감(Annuaire)에 실린 텍스트들은 이어지는 연감에서는 빠짐.

4. 가족에 관한 논문(1938)의 목차와 세목

1) 논문의 원래 제목(1938) :
   Situation de la réalité familiale
2) Jacques-Alain Miller가 새로 정한 제목(1984) :
   Les Complexes familiaux dans la formation de l'individu
   부제 : *Essai d'analyse d'une fonction en psychologie*
   세목 : — Le complexe, facteur concret de la psychologie familiale
   — Les complexes familiaux en pathologie.
3) Encyclopédie française(1938)에 실려 있는 제목과 세목

Section A

LA FAMILLE

INTRODUCTION : *L'INSTITUTION FAMILIALE, STRUCTURE CULTURELLE DE LA FAMILLE HUMAINE*
— hérédité psychologique
— parenté biologique
— la famille primitive : une institution

388

Déteminisme de la psychose
Facteurs familiaux

2) LES NÉVROSES FAMILIALES
— Symptôme névrotique et drame individuel
— De l'expression du refoulé à la défense contre l'angoisse
— Déformation spécifique de la réalité humaine
— Le drame existentiel de l'individu
— La forme dégradée de l'œdipe

MATURATON DE LA SEXUALITÉ

CONSTITUTION DE LA SEXUIALITÉ

RÉPRESSION DE LA SEXUALITÉ
— Origine maternelle du surmoi archaïque

SUBLIMATION DE LA RÉALITÉ
— Originalité de l'identification œdipienne
— L'imago du père

LE COMPLEXE ET LA RELATIVITÉ SOCIOLOGIQUE
— Matriarcat et patriarcat
— L'homme moderne et la famille conjugale
— Rôle de la formation familiale
— Déclin de l'imago paternelle

NÉVROSES DE TRANSFERT
— L'hystérie
— La névrose obsessionnelle incidence intellectuelle des causes familiales

NÉVROSES DE CARACTÈRE
— La névrose d'autopunition
— Introversion de la personnalité et schizonoïa
— Dysharmonie du couple parental prévalence du complexe de sevrage
— Inversion de la sexualité
— Prévalence du principe mâle

5. 왕복 서한

아래의 목록이 모든 편지를 포괄하는 것은 아니다 : 247통의 편지들

수취인	보관자와 문서 보관소
— Louis Aragon 1통, 1967년 9월 15일 명함 1장	Fonds Elsa Triolet-Aragon CNRS
— Ferdinand Alquié 6통, 1928~1956 6통의 편지(한 통은 1956년에 보낸 데카르트에	Bibliothèque municipale de Carcassonne, 6081 7~ALQ MS 34

관한 중요한 편지이다)

— Louis Althusser
8통, 1963~1978

— Jenny Aubry
3통, 1953~1978.

— Xavier Audouard
5통, 1963~1969
(분열과 '통과'의 위기에 관해)

— Jean Ballard
2통, 1941~1952

— Michaël Balint
3통, 1953
(분열과 로마에 관해 아주
길게 쓴 1953년 8월 6일자
편지도 들어 있다)
1통, 1953년 7월 14일

— Georges Bataille
우편엽서 1통

— Francçois Baudry
1통, 1974년 10월 16일

— Georges Bernier
6통, 1934~1949

— Sylvain Blondin
2통, 1939~1940
(프랑스의 붕괴에 대해)

— Madeleine Chapsal
17통, 1955~1974
시가 함께 들어 있는
연서(戀書)

— Irène Diamantis
1통, 1969년 7월 13일

— Françoise Dolto
13통, 1960~1979

— Jean-Luc Donnet
1통, 1969년 3월 17일

— Georges Dumézil
1통, 1969년 3월 4일

IMEC. 두 통의 편지는 *Magazine littéraire*, 304,
11. 1992와 Louis Althusser, *Écrits sur la
psychanalyse*, Paris, Stock, 1993에 실림.

Jenny Aubry. 한 통의 편지는 *La Scission de 1953*
par Jacques-Alain Miller, 1977에 출판됨.

Xavier Audouard

RIHP, 1, 1988, p, 179

André Haynal

*La Scission de 1953, op. cit.*에 실림.

Bibliothèque nationale

François Baudry

Georges Bernier

Thibaut Lacan

Madeleine Chapsal

Irène Diamantis

Françoise Dolto 소장 자료

Jean-Luc Donnet,
HPF, 2 pp. 589~590에 실림.

Didier Eribon

— Henri Ey
  10통, 1935~1977

Renée Ey

— Michel Foucault
  1통, 1968년 3월 8일

Foucault, une histoire de la vérité,
Paris, Syros, 1985에 실림.

— Claude Frioux
  1통, 1974년 11월 10일
  Paris 8대학에서의
  정신분석학과의 개설에 관해

Jacques-Alain Miller,
HPF, 2, p. 578에 실림.

— Wladimir Granoff
  9통, 1953~1963
  (그 중 1961년 7월 24일자
  편지는 7페이지의 장문의
  편지로 가장 길고 또
  두번째 분열을 이해할 수
  있도록 해주는 가장
  정치적인 것이기도 하다)

Wladimir Granoff,
HPF, 2, pp. 288~368에 한 통이 인용됨.

— Heinz Hartmann
  1통, 1953년 6월 21일

La Scission de 1953, op. cit.

— Paula Heimann
  1통, 영어. 발송 안 됨
  1963년 6월 27일

Serge Leclaire,
HPF, 2, pp. 356~357에 인용됨.

— Lucien Israël
  1통, 1981년 1월 21일
  (글씨체가 떨리고
  불과 몇마디 말로 된 편지)

Sibylle Lacan

— Maurice Kruk
  2통 1971년 4월 16일

Thibaut Lacan

— Marc-François Lacan
  3통, 1953~1962
  1953년 6월 17일자 편지는
  교황을 만나게 해달라는
  편지임

Marc-François Lacan

— Sibylle Lacan
  18통, 1959~1973

Sibylle Lacan

— Daniel Lagache
  1통, 1958년 6월 26일

Wladimir Granoff

— Serge Leclaire
  1통. 1963년 11월 10일
  16통, 1959~1963. 장문의
  이 편지들은 두 번의
  분열을 이해하기 위해서는

L'Excommunication, Documents édités
par J.-A. Miller, 1977에 실려 있다
Serge Leclaire,
HPF, 2, pp. 288~368에 실려 있다.

필수불가결한 것이다.

— Michel Leiris 4통, 1935~1976	Fonds Jacques Doucet.
— Rudolph Loewenstein 1통, 1953년 7월 14일	*La Scission de 1953, op. cit.*
— Maria Antonietta Macciocchi 1통. 1972년 6월 23일	Maria Antonietta Macciocchi
— Maud Mannoni 6통. 1970~1976	Maud Mannoni
— Sacha Nacht 1통, 1953년 1월 16일	Marc Nacht
— Jenny Pdosse 2통, 1960~1966	Jenny Pdosse
— François Perrier 5통, 1964~1969	Jacques Sédat
— Niccolo Perrotti 1통, 1953년 7월 14일	*La Scission de 1953, op. cit.*
— Michel Plon 2통, 1976년 5월 17일자는 게임 이론에 관한 것이다	Michel Plon
— Jacques Postel 1통, 1972년 3월 23일 박사 학위 논문의 재판 발행과 관련해	Jacques Postel
— Robert Pujol 2통, 1963	Robert Pujol
— Elisabeth Roudinesco 1통, 1977년 3월 14일자 Juliette Labin의 자살에 관해	Elisabeth Roudinesco
— Roaman Sarro 1통, 1972년 10월 26일	*Freudiana*, 4, 5, Barcelona, 1992와 *L'Âne*, 51, 1992년 7월~9월
— Jacques Sédat 1통, 1977년 10월 10일	Jacques Sédat
— Thomás Segovia *Écrits*의 스페인어 번역과 관련해 보낸 몇 통의 편지	Thomás Segovia
— Olesia Sienkiewicz	Olesia Sienkiewicz

5통, 1933~1934
아주 아름다운 연서

— Pierre Soury와 Michel Thomé   Michel Thomé
53통, 1973~1979

— Guillaume de Tarde   Françoise de Tarde-Bergeret
우편엽서 1통, 1951년 4월 1일

— Pamela Tytell   Pamela Tytell
5통, 1975~1976

— Alphonse de Waelhens   Institut supérieur de philosophie de
5통, 1954~1959   l'université de Louvain

— François Wahl
   Paul Flamand
   Bruno Flamand
   17통, 1968~1978

— Jean Wahl   IMEC
1통, 1958년 3월 26일

— Donald W. Winnicott   *Ornicar?*, 33, 1985, pp. 7~10
1통, 1960년 8월 5일

— SPP 회원들에게 보낸 편지   *La Scission de 1953, op. cit.*

— 수취인 미상   Sibylle Lacan
1통, 1981년 1월 28일
(글씨체가 떨리고
몇 마디 말로 된 편지)

— 1965년 10월 27일자   *Visages de mon père*, Judith Miller 편,
행정적 편지   Paris, Seuil, 1991

— 포의 프란체스코 회 수도원   *Ibid.*
부속병원장
1통, 1940년 6월 24일

— "Pour Vincennes"   Jacques-Alain Miller
2통의 회람 편지,
1974년 10월 18일과
1976년 9월 20일

자크 라캉의 서명이 들어 있는 타이핑된 편지들

— François Wahl
1통, 1980년 7월 7일
— 파리 경찰국   Jenny Aubry
1통, 1980년 2월 21일
서명과 '이상 틀림없음'이라는
문구가 들어 있다.

La Cause freudienne
창립 선언문

— EFP의 SCI 지도부에게 Jenny Aubry
　1통, 1980년 12월 18일

— EFP 회원들에게 Jenny Aubry
　1통, 1980년 6월 16일

6. 전거(典據)

1) Michel DE WOLF, "Essai de bibliographie complète", *Magazine littéraire*, 121, 1977년 2월.

2) Joël DOR, *Bibliographie des travaux de Jacques Lacan*, Paris, Interéditions, 1983.

보유 : *Esquisses psychanalytiques*, 9, 1988년 봄호. 신판 : *Nouvelle bibliographie des travaux de Jacques Lacan*. EPEL, 1993.

3) Marcelle MARINI, *Lacan*, Paris, Belfond, 1986.

4) Gérôme TAILLANDIER, "Chronique du Séminaire", *Littoral*, 13, 18, 22, 23/24, 26, Toulouse, Erès, 1984년 6월, 1986년 1월, 1987년 4월, 1987년 10월.
"Le Phallus : une note historique", *Esquisses psychanalytiques*, 9, 1988년 봄호.

5) *Le Transfert dans tous ses errata*, collectif de l'École lacanienne de psychanalyse, Paris, EPEL, 1991.

6) Angel DE FRUTOS SALVADOR, *Revisión en Ecrits de Jacques Lacan. Elementos para una edición crítica*. Facultad de psicología, universidad complutense de Madrid, 박사 학위 논문 1990년 9월, Siglo Veintiuno Editores, 1994.

7) Michael CLARK, *Jacques Lacan : An Annotated Bibliography*, 전2권, New York, London, Garland Publishing, 1988.

8) Heinrich HANS-JÜRGEN, "Bibliographie der Schriften von Jacques Lacan", *Psyche*, 34, 1980.

9) Anthony WILDEN, "Jacques Lacan : A partial Bibliography", *Yale French Studies*, 36~37, 1966.

10) John MULLER and William RICHARDSON, *Lacan and Language : A Reader's Guide to Écrits*, N. Y, IUP, 1982.

11) "Index Séminaire III - Les Psychoses", concepts, notions, noms propres, 와 "Index Séminaire XX - Encore", *Pas tant*, 8/10, Toulouse, 1982년 6월/1983년 7월. Michel Bousseyroux, Pierre Bruno, Marie-Jean Sauret, Éric Laurent으로 구성된 "cartel" 내에서 Michel LAPEYRE의 지휘 아래 작업이 이루어짐.

12) Denis Lécuru, *Thesaurus Jacques Lacan : Citations d'auteurs et de publications dans l'ensemble de l'œvre écrite*, 1권, EPEL, 1994.

7. 번역

『에크리』
일본	고분도	1972
이탈리아	에이나우디	1974
스페인과 라틴 아메리카	시글로 XXI 멕시코	1971(번역자 : 토마스 세고비아)

『에크리』(부분 번역)
독일(34편의 논문 중 17편)	크바드리가(2권)	1986

―「남근의 의미」
―「치료를 이끌기와 그 힘의 원리들」
―「주체의 전복과 프로이트적 무의식에서의 욕망의 변증법」

세르비아(34편의 논문 중 7편)   프로스베타   1983
―「'나'의 기능의 형성자로서의 거울 단계」
―「정신분석에서의 말과 언어의 기능과 장」
―「프로이트적 사물」
―「무의식에서의 문자의 심급」
―「치료를 이끌기와 그 힘의 원리들」
―「남근의 의미」
―「주체의 전복과 프로이트적 무의식에서의 욕망의 변증법」

노르웨이(34편의 논문 중 7편)   귈렌달 노르스크   1985
―「전이에 대한 발언」
―「정신분석에서의 말과 언어의 기능과 장」
―「치료 유형의 변형태들」
―「프로이트적 사물」
―「무의식에서의 문자의 심급」
―「치료를 이끌기와 그 힘의 원리들」
―「프로이트의 '트리브(Trieb)'와 정신분석가의 욕망에 대해」
―「무의식의 위상」

스웨덴(34편의 논문 중 3편)   나투르 오흐 쿨투르   1989
―「'나'의 기능의 형성자로서의 거울 단계」
―「정신분석에서의 말과 언어의 기능과 장」
―「무의식에서의 문자의 심급」
부록
―「어느 신경증 환자의 개인적 신화」, 자크-알랭 밀레, 『오르니카?』, 17/18, 1979
―「자크 라캉」, 자크-알랭 밀레, *Encyclopedia Universalis*, 1979, 개정판, 『오르니카?』,
   24, 1981.

『텔레비전』

미국과 영국	노튼	1990
독일	크바드리가	1988
이탈리아	에이나우디	1982
스페인과 라틴 아메리카	아나그라마	1977
네덜란드	정신분석의 전망(그란드 대학)	1990
이스라엘	에트 바세페르	1992
일본	솔다샤	1987

『인성과의 관계에서 본 편집증적 정신병』

이탈리아	에이나우디	1980
스페인과 라틴 아메리카	시글로 XXI 멕시코	1976
브라질	포렌세	1987
일본	아사히 신문사	1987

『세미나』
1권.프로이트의 기술에 관한 글들

미국	노튼	1988
영국	케임브리지 대학 출판부	1988
독일	크바드리가	1990
이탈리아	에이나우디	1978
스페인과 라틴 아메리카	파이도스	1981
브라질	자하르	1979
포르투갈	돈 키호테	1986
일본	이와나미 서점	1991

2권 프로이트 이론과 정신 분석 기술에서의 자아

미국	노튼	1988
영국	케임브리지 대학 출판부	1988
독일	크바드리가	1991
이탈리아	에이나우디	1991
스페인과 라틴 아메리카	파이도스	1983
브라질	자하르	1985

3권 정신병

이탈리아	에이나우디	1985
스페인과 라틴 아메리카	파이도스	1984
브라질	자하르	1985
일본	이와나미 서점	1987(1권)
		1987(2권)

7권. 정신분석의 윤리학

미국과 영국	노튼	1992
스페인과 라틴 아메리카	파이도스	1988
브라질	자하르	1988
슬로베니아	델라프스카 에노트노스트	1988

8권. 전이

브라질	자하르	1992

11권. 정신분석의 네 가지 기본 개념

미국	노튼	1978
영국	호가스 프레스	1977
	샤토 & 윈더스	1979
	펭귄(포켓판)	1979
독일	크바드리가	1987
이탈리아	에이나우디	1979
스페인과 라틴 아메리카	파이도스	1986
브라질	자하르	1979
세르비아-크로아티아	나프리제드	1986
슬로베니아	칸타르제바 잘롬바	1980
그리스	케드로스	1980

17권. 정신분석의 이면

스페인과 라틴 아메리카	파이도스	1992
브라질	자하르	1992

23권. 앙코르

독일	콰드리가	1986
이탈리아	에이나우디	1983
스페인과 라틴 아메리카	파이도스	1981
슬로베니아	프로블레미	1986

■ 찾아보기

(가나순, [1]은 2권을 [2]는 2권을 표시한다)

418

424